111 GRÜNDE, UNIONER ZU SEIN

Frank Nussbücker

111 GRÜNDE, UNIONER ZU SEIN

Eine Liebeserklärung
an die wundervollsten
Fans der Welt

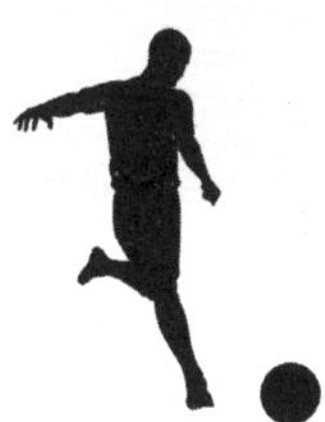

WIR SIND DER ZWÖLFTE MANN,
FUSSBALL IST UNSERE LIEBE!

Inhalt

EIN WORT ZUVOR ODER

1. GRUND

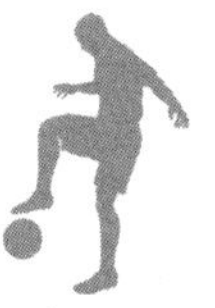

Weil ich meine Eiserne Liebe auf meine Weise leben darf

»Schmetterling, komm ma her. Meinste nich, dassde watt anderet besser kannst?«[1] Mit diesen Worten sortierte dereinst die Eiserne Legende Joachim »Bulle« Sigusch einen bis eben hoffnungsvollen Jungen aus, der mit glühendem Herzen zum Sichtungstraining seines geliebten 1. FC Wundervoll angetreten war.

Auch ich hatte bereits als kleiner Junge mein Herz an diesen legendären 1. FCU verloren, wäre jedoch aufm Platz nie so weit gekommen wie jener Junge, der heute nicht nur in der Eisernen Familie als der renommierte Künstler Andora bekannt ist. Ich konnte nicht die Bohne Fußball spielen. Weil ich also niemals bei Union kicken würde und mich deshalb so minderwertig fühlte, blieb ich lange Zeit ohne Freundin. Vielleicht lag es daran, dass ich von Geburt an nicht vermochte, räumlich zu sehen, und daher einen auf mich zurasenden Ball als zunehmend größer werdenden Kreis ausmachte, bei dem ich nie so genau wusste, wo und wann er mich treffen würde. Erst recht war es mir unmöglich, ihm meine nach den Regeln des Fußballspiels erlaubten Körperteile derart entgegenzubewegen, dass ich jenem Kreis nicht mehr nur schutzlos ausgeliefert war, sondern ihm im Gegenteil eine einzig von meinem Willen bestimmte neue Richtung verpasste. Am Willen mangelte es mir nicht, ebenso wenig am Wissen, dass es sich bei jenem Etwas nicht wirklich um einen Kreis handelte, sondern um ein Körperlichkeit, Gewicht und eine nicht unerhebliche Härte besitzendes Geschoss.

Durch fleißiges Training mauserte ich mich zum besten Ersatzmann der »Nationalmannschaft« meiner Schulklasse – hin- und hergerissen vom unbändigen Wunsch, auf dem Platz die große Heldentat zu vollbringen, und dem tief gefühlten Wissen, dass die Bank weit eher der mir gemäße Aufenthaltsort war.

Musste ich doch mal auflaufen, flehte ich stumm, dass keiner meiner Mannschaftskameraden auf die überaus unsinnige Idee kam, mich anzuspielen. Daran, dass mich Gegenspieler mit Bemerkungen wie: »Watt schielst'n so?«, »Watt stehst'n draußen vorm Fenster, komm doch rinn!«, »Mal wieder Fensterputzen, Brillenschlange!« auf die Unzulänglichkeiten meiner Sehorgane aufmerksam machten, hatte ich mich bald gewöhnt. Ich nahm diese verbalen Schläge hin wie Sisyphos das erneute Herunterrollen des von ihm gerade auf den Berg hinaufgewuchteten Steins. Sie waren der Preis, den ich für meine durch keinerlei Können gerechtfertigte Teilnahme am Spiel der Spiele zu zahlen hatte.

Ich brauchte viele Jahre, bis ich begriff, dass auch ich irgendwas konnte, zum Beispiel schreiben oder Geschichten aufspüren. Das Leben lehrte mich, dass ich weder der sinnlichen Liebe, noch dem Fußball oder gar meinem Herzensverein fernbleiben musste. Andora schaffte auf seine Weise, lebendiger Bestandteil unseres 1. FC Wundervoll zu werden, wovon ich dir in Grund 34 dieses Buches mehr erzähle. Ich bin kein bildender Künstler wie er, der dank eines seiner Werke bei jedem Heimspiel quasi auf dem Platz steht, sogar an allen vier Ecken des Spielfelds zugleich.

Ich machte meine beiden Professionen zum Beruf und wurde Schriftsteller. Wie übergroß war meine Freude, als ich 2013 ein Buch über meine große Fußball-Liebe schreiben durfte. Ein Buch, durch das ich viele meiner Unionfreunde besser kennenlernte, weil sie mir aus ihren Eisernen Leben erzählten. Viele neue Freunde, die mir bis heute und hoffentlich noch lange wichtige Wegbegleiter sind, lernte ich seit dem Erscheinen jenes Buches kennen.

Es enthält 263 Seiten über einen von mir heiß geliebten Star, der seit Generationen aus vielen Tausend Menschen besteht und von dem ich, genau wie jede Unionerin und jeder Unioner, ein kleiner

Teil bin. *Mein* 1. FC Wundervoll, das ist nicht dieser oder jener Spieler, Trainer oder Präsident, sondern wir alle, die wir teilweise schon lange vor Unions Neugründung im Jahre 1966 jede Woche für den Sieg der Eisernen ackern, egal ob mit fußballerischem Kampfgeist aufm Platz, Stimmgewalt von den Rängen oder Daumendrücken aus weiter Ferne. Die meisten von uns leben längst nicht nur an Spieltagen ihre Eiserne Liebe. Egal, ob wir Unionschals oder -fahnen in alle Welt tragen, Bilder malen, elend lange Wege gehen, Spenden für jute oder sehr jute Zwecke sammeln, Lieder komponieren, … oder eben Texte verfassen. All das tun wir »nur«, um unserem 1. FC Wundervoll nahe zu sein, um gemeinsam mit Gleich-»Bekloppten« was auf die Beine zu stellen und dabei, ein jeder auf seine ganz eigene Art, ein Stück Geschichte unseres Vereins zu schreiben.

Natürlich ist hie und da auch eine Portion Eigenliebe dabei. So bin ich immer wieder überglücklich, klopft mir im Wohnzimmer oder auf dem Weg dorthin ein mir bis dato völlig fremder Mensch auf die Schulter: »Haste jut jeschrieben, unser Buch, danke!« Ganz ehrlich: Was kann es Steileres geben für einen Schreiber?

Nur eines: *Noch* ein Buch über Union schreiben! Vieles ist geschehen, seit ich am 30. April 2013 mein damaliges Manuskript aus der Hand gab. Hinzu kommt etliches, was ich »damals« noch nicht wusste oder noch nicht begriff. Kurzum: Noch einmal durfte ich etliche Monate meine Eiserne Leidenschaft zum Beruf machen. Ich lade dich, liebe Leserin und lieber Leser, ganz herzlich ein: Schau dir an, was dabei rauskam. Und sollte ich an irgendeiner Stelle Mist verzapft haben, hau mir das Ding um die Ohren. Gern im Wohnzimmer, ich stehe Block P, ’nen Tick rechts von der Mittellinie, Richtung »Zuckertor«. Jetzt aber viel Spaß beim Schmökern. Und niemals vergessen: Eisern Union!

Frank Nussbücker

1. KAPITEL

DIE »WAHRE« HISTORIE DES 1. FC WUNDERVOLL

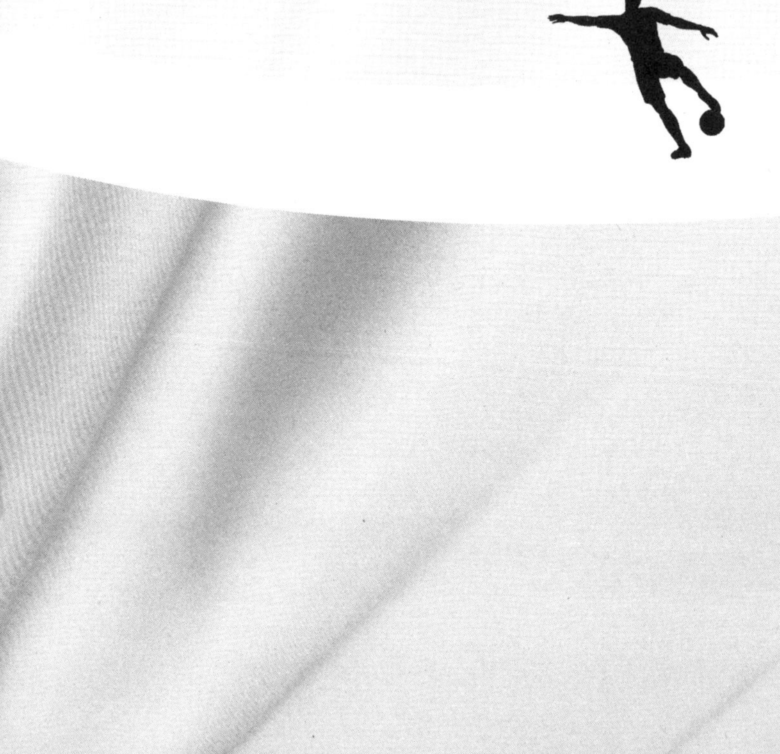

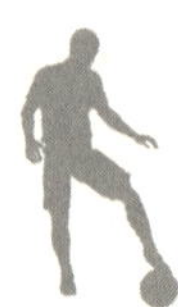

2. GRUND

Weil ein chancenloser Endfünfziger der 1. Unioner aller Zeiten war

Wilhelm hatte geklaut, sogar mehrfach, dazu Urkunden gefälscht. Und er hatte dafür seine Strafe abgesessen, zuletzt 15 lange Knastjahre für einen simplen Brechstangen-Einbruch im Gericht. Aus der Haft entlassen, versuchte der mittlerweile 57-Jährige seinen Lebensunterhalt fortan mit harter, ehrlicher Arbeit zu verdienen. Er wechselte den Wohnort, zog nach Mecklenburg, bekam eine Hilfsarbeiterstelle vermittelt. Wilhelm klotzte ran, zur vollen Zufriedenheit seines Meisters. Die örtlichen Behörden jedoch störte Wilhelms Vergangenheit. Ungeachtet der Tatsache, dass er seine Strafe abgebüßt und sich seit seiner Entlassung bemüht hatte, ein rechtschaffener Mensch zu sein, erklärten sie ihn zur »unerwünschten Person« und verwiesen ihn des Landes.

Wilhelm packte seine paar Habseligkeiten und zog in die Nähe von Berlin zu seiner Schwester und ihrem Mann. Auch hier bemühte er sich um Arbeit, auch hier fand er die recht bald, auch hier sahen die Behörden nicht sein Bemühen, sondern ausschließlich seine Vergangenheit. Ihr Urteil: Aufenthaltsverbot für den Großraum Berlin.

Was sollte er tun? Sich in Luft auflösen, wie es Schiedsrichter immer wieder gern von unseren Fußballern verlangen? Oder sollte er einfach einsehen, dass er in dieser Gesellschaft nun mal keine Chance hatte? Er könnte sich von einem hohen Dach stürzen oder, das macht weniger Umstände bei der »Restebeseitigung«, einfach bei Nacht und Nebel in der Spree ertränken. Wilhelm jedoch beschloss: Ich kämpfe! Er bezog in Berlin illegal ein Zimmer und ging weiter seiner Arbeit nach, bis ihn ein weiteres Mal seine Vergangenheit einholte. Keine offiziell eingetragene Adresse, keine Arbeitserlaubnis – und umgekehrt. Und alles zusammen nicht für einen, dem die

Behörden den Stempel »unerwünscht« auf das bürokratische Pendant jener Stelle über seinen Augen, auf die Stirn gedruckt hatten.

Also doch Selbstmord, Selbstauflösung – zumindest erst mal Schwanz einziehen und Kofferpacken. Aber Wilhelm dachte auch in dieser scheinbar ausweglosen Situation nicht daran, aufzugeben. Wenn er schon die Flocke machen musste, dann mit einem lauten Knall. Nein, der mittellose und vogelfreie Schuhmachergeselle Wilhelm Voigt warf keine Bombe ins Justizgebäude, er sprengte sich auch nicht zur Hauptverkehrszeit in der Innenstadt in die Luft. »Wenn die Behörden unbedingt Katz und Maus mit mir spielen wollen, spiele ich eben selbst Behörde«, sagte er stattdessen und besorgte sich von seinen vorletzten Penunzen beim Trödler eine Offiziersuniform.

Der Rest ist bekannt und seit Anfang der Dreißigerjahre des letzten Jahrhunderts Weltliteratur. Als Hauptmann verkleidet, rekrutierte Wilhelm Voigt am 16. Oktober 1906 in Plötzensee »uff Befehl von janz oben!« zehn Gardesoldaten und trat mit ihnen per öffentlicher Verkehrsmittel die Reise nach Köpenick an. Als guter Mannschaftskapitän gab er seinen Männern unterwegs ein Bier aus und steckte jedem ein Handgeld zu. Im Köpenicker Rathaus angekommen, ließ er sämtliche Ausgänge absperren, Oberstadtsekretär und Bürgermeister verhaften und sich selbst den Inhalt der Stadtkasse aushändigen. Nicht mit Gewalt und Brechstange, sondern ordnungsgemäß mit Quittung und der »originalen« Unterschrift seines letzten Gefängnisdirektors.

Vor seinem Abgang befahl er seiner Truppe, das Rathaus noch eine halbe Stunde besetzt zu halten. Zeit genug, um mit der Stadtkasse in der Hand das Bad in der mittlerweile vorm Rathaus versammelten Menge zu nehmen, zum Bahnhof zu marschieren und in der Bahnhofsstampe erst mal ein großes Helles auf Ex zu zischen. Ich bin sicher, dieses Bier schmeckte ihm so gut wie niemals eines zuvor, und ganz sicher offerierte er dem Wirt ein Trinkgeld, das sich gewaschen hatte. Arme Leute sind nun mal spendabler als reiche.

Ein paar Tage später verhafteten sie Wilhelm beim Frühstück und brummten ihm weitere vier Jahre Zuchthaus auf, doch schon 1908 ließ ihn der Kaiser begnadigen. Wilhelms Geniestreich hatte den hohen Herrn offenbar tief beeindruckt. Ich sage: zu Recht!

Völlig aussichtslos hatte Voigt mit dem Rücken zur Wand gestanden. Und seine Devise war klar: Du hast keine Chance, also nutze sie! Damit ist er nichts Geringeres als ein Vorkämpfer jener berühmten Schlosserjungs aus Oberschöneweide, die auf dem Fußballplatz auch gegen scheinbar unbezwingbare Gegner niemals aufgaben und durch ihren Eisernen Durchhaltewillen so manchen Sieg errangen. Fast auf den Tag genau drei Monate vor Wilhelm Voigts Geniestreich im Köpenicker Rathaus hatten gar nicht weit entfernt in einer Kneipe ein paar fußballverrückte Jungs deren Vorläuferverein FC Olympia Oberschöneweide gegründet.

Etliche Jahrzehnte später, mittlerweile kickte der 1966 gegründete Schlosserjungs-Nachfahrenverein 1. FC Union Berlin in der DDR-Oberliga, hatte sich am Underdog-Dasein des von Wilhelm Voigt von Beginn an mitgeprägten Fußballclubs nichts geändert. Nicht Union sollte siegen, hatten die neuen Herren verfügt, sondern sein Rivale, der übermächtige wie verhasste Club aus Hohenschönhausen. Nicht immer ging diese Rechnung auf, und warum? Torhüter-Legende Wolfgang »Potti« Matthies, von den Unionfans 100 Jahre nach Wilhelms Tat zum wertvollsten Unioner aller Zeiten gekürt, verrät des Rätsels Lösung, indem er im Grunde Wilhelm Voigt zitiert: »Ich habe gekämpft bis zum Letzten, auch wenn ich wusste, dass wir keine Chance haben.«[2] Den 1. FCU gibt es bis heute und in alle Ewigkeit. Und Wilhelm Voigt, der mutige Hauptmann von Köpenick, ist nichts Geringeres als der womöglich erste Unioner aller Zeiten.

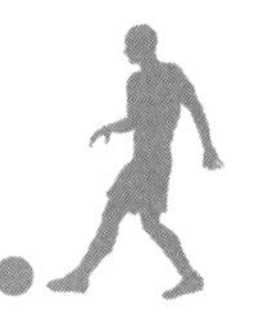

3. GRUND

Weil Union schon Deutscher Meister war, als es uns noch gar nicht gab

»Sag amol«, nahm mich neulich auf der Geburtstagsfeier eines Kindergartenfreundes unserer Kleenen dessen Vater beiseite, wobei er fragenden Blickes auf meinen Unionschal deutete. Ich wusste sofort, was der gute Mann von mir wollte. Er konnte absolut nicht nachvollziehen, warum ich als Hauptstädter ausgerechnet diesen, zumindest auf den ersten Blick, so gar nicht erfolgreichen Club aus dem Osten verehrte (O-Ton: »Unjon … ware das net die von der Staaasi?«). Zumindest schien er gewillt, die Gründe für meines Herzens Entscheidung zu erfahren. Was sein Fußballherz anging, hatte mir jener gemütliche Württemberger, der vor ein paar Jahren in den »Prenzle-Berg« gezogen war, kurz nach dem Champions-League-Finale 2014 anvertraut: »Isch hab ja zwoi Lieblingsveroine. Natschjonal de FC Boiern, und internatschjonal Real Madrid.« Was Berlin anging, hatte er ebenfalls seine Wahl getroffen: »Isch bin ja mehr für Herda, scho alloi wege dem Hauptschtatt-Ding, woischt?«

»Sag amol«, sagte er also, dabei auf meinen Unionschal deutend, »isch des net fruschtrierend, in dr oigenen Schtadt nur de Nummer zwoi zu soi?«

»Wieso denn?«, fragte ich zurück. »Ich *bin* doch Unioner!«

Der gute Mann brauchte einige Augenblicke, meine Erwiderung zu verarbeiten, doch schließlich wandte er ein: »Aber Herda isch doch erfolgreicher, odr?«

»Na ja, in manchen Dingen schon«, erwiderte ich, dabei an Disziplinen wie Tor-Hymne, Sponsor of the day oder Ähnliches denkend, »aber was die wichtigen Dinge angeht, da liegen wir eindeutig vorn!«

»Du moinscht des mit der Stadtmeischterschaft?«

Ich schüttelte entschieden den Kopf. »Da liegen wir gleichauf, nach vier Spielen haben wir beide 5 Punkte und ein Torverhältnis von 6:6. Würden wir noch in verschiedenen Ländern kicken, läge Union sogar vorn, weil wir ein Auswärtstor mehr geschossen haben als Hertha. Aber das meine ich nicht. Ich meine, dass wir zum Beispiel viel eher Deutscher Meister waren als die heutigen Charlottenburger!«

Der Württemberger nickte. Was blieb mir also übrig, als ihm das Ganze zu erklären: »Seit wann firmiert dein Berliner Lieblingsverein unter dem Namen Hertha BSC?«

»Woisch i net.«

»Seit 1923«, besserte ich sein Geschichtswissen dank meiner Lektüre von Knut Beyers Buch *111 Gründe, Hertha BSC zu lieben* auf. »Am 25. Juli 1892 gründeten vier fußballverrückte Weddinger Jungs den BFC Hertha 1892, der sich 1923, also 31 Jahre später, mit dem Berliner SC zusammentat. Seitdem heißt dein hiesiger Lieblingsclub Hertha BSC. ... Und wann wurde Hertha zum ersten Mal Deutscher Meister?«

»Im Jahre 1929!«, kam ich seinem nächsten »woisch i net« zuvor. »Also 37 Jahre nach Herthas Gründung beziehungsweise sechs Jahre nach der Namensgebung Hertha BSC, gar nicht mal schlecht. Aber wir waren bedeutend schneller!«

»Wirklich?«

»Wenn ich's doch sag. Wir waren bereits Deutscher Meister, da gab es uns noch gar nicht!«

»Ja ... wie das denn?«

»Guck dir einfach mal die Meisterschale an, wenn du mal wieder zu Gast bei deinem nationalen Lieblingsclub bist. Auf der 1949 gefertigten »Salatschüssel« sind sämtliche Deutschen Fußballmeister eingraviert, und wer steht hinter der Saison 1904/05? ... *Union Berlin*!«

»Und das wart's ihr?«

»Nicht direkt – und doch niemand anderes! Pass auf, das kam so: Im Jahre 1906 hatten ein paar fußballverrückte Pennäler aus

Oberschöneweide in einer Kneipe einen Fußballclub mit dem stolzen Namen Olympia gegründet. Weil die Jungs keine Lust hatten, lediglich hin und wieder mal in einem Freundschaftsspiel um den goldenen Pferdeappel zu kicken, beschlossen sie: ›Wir schließen uns als Jugendmannschaft einem großen Berliner Verein an!‹ Gesagt, getan, landeten sie nach kurzem Umweg im Jahre 1907 beim Berliner Thor- und Fußballclub Union 1892, der zunächst auf dem Tempelhofer Feld, schließlich auf dem Union-Platz in Mariendorf kickte. Diese Unioner gab es also genauso lange wie Hertha, im Gegensatz zu denen hatten sie aber bereits 1905 das Endspiel um die Deutschen Meisterschaft gewonnen. Nicht lange, und die Oberschöneweider stellten bereits Unions 2. Mannschaft! 1910 sagten sie sich: ›Jetzt sind wir stark genug, unter eigener Flagge ins heimische Oberschöneweide zurückzukehren!‹ Die 92er Unioner gaben ihren Segen und sorgten sogar dafür, dass ihre Gäste aus dem Osten als eigenständiger Verein in den Verband Berliner Ballsportvereine aufgenommen wurden. Aus Dankbarkeit gegenüber ihrem bis eben Mutterverein übernahmen die flügge gewordenen Olympioniken Unions Vereinsfarben Blau und Weiß und vor allem: den Namen! So also entstand am 14. März 1910 der alsbald legendäre SC Union Oberschöneweide, ohne den wiederum mein 1966 neu gegründeter Verein niemals 1. FC Union Berlin heißen würde. Also verdanken wir Unioner unsere Existenz letztendlich niemand anderem als dem Deutschen Fußballmeister von 1905, dem BTuFC Union 1892. Einmal Unioner – immer Unioner, heißt es bei uns, und das gilt vor- wie rückwärts. Folglich waren wir bereits 1905 Deutscher Fußballmeister, fünf Jahre vor der Gründung des SC Union Oberschöneweide und ganze 61 Jahre vor der Geburt meines 1. FCU. Sag dazu, was du willst, so was können nur Unioner!«

Als der gute Mann seine Sprache wiedergefunden hatte, schien er einen Augenblick kurz davor, seinen Berliner Lieblingsverein zu wechseln. Aber er war Württemberger genug, um für einen solchen

Gesinnungswandel eine Sicherheit einzufordern: »Na ja, aber … wann werdet's ihr denn mal wieder Moister?«

Darauf konnte ich ihm nur singen, was Unioner zu diesem Thema zu singen haben: *Eine Abwehr aus Granit / So wie einst Real Madrid / Und so zogen wir in die Bundesliga ein / Und wir werden auch mal Deutscher Meister sein / FCU, FCU, Deutscher Meister das wirst Du: IRGENDWANN!*

4. GRUND

Weil der 1. FC Union aller Wahrscheinlichkeit nach tatsächlich gegründet wurde

Es passt zur Geschichte des 1. FC Wundervoll, dass zwar »unsere« sensationelle Meisterschaft des Jahres 1905 in Metall gemeißelt, aber das Gründungdokument des bekanntlich 1966 aus der Taufe gehobenen 1. FC Union Berlin bis heute verschollen ist. Viele Quellen und auch mein Unionfreund Opi bezeugen, dass die dazugehörige Gründungskonferenz am 20. Januar 1966 stattgefunden hat. Opi, damals 16 Jahre alt, war an jenem Tag höchst persönlich dabei im Kulturhaus des Transformatorenwerkes »Karl Liebknecht« in Oberschöneweide. »Meen Vater war als stellvertretender Vorsitzender des DTSB Berlin verantwortlich für alle sportlichen Großveranstaltungen in der Hauptstadt, also von nun an ooch für den 1. FC Union«, erzählte er mir dieser Tage. Papa verrichtete dabei seinen Job, während sein Sohn einfach nur staunte: »Watt loofen denn hier für Typen rum?, dachte ick mir. Parka, lange Haare, janz ehrlich: Dit hat mir imponiert!«

So weit, so gut – aber wo befindet sich das schriftliche Zeugnis jener Gründung? Unions Chronist Gerald Karpa ist sicher, dass er es eines Tages tatsächlich entdeckt. Sein Problem: Das ihm unterstellte Archiv unseres Vereins enthält kaum Akten aus DDR-Zeiten.

»1990 haben sie die alten Unterlagen kistenweise weggeschmissen«, berichtete er mir. »Längst nicht nur Akten, die vielleicht irgendwelche verfänglichen Informationen enthalten hätten können, sondern auch zu Ostzeiten wie Goldstaub gehandelte Unionaufnäher.«

Seine Suche nach jenem Dokument führte Gerald erstmals 2005, und dann immer wieder, nach Lichterfelde, zum *Archiv der Parteien und Massenorganisationen der DDR* mit der wunderschönen Abkürzung SAPMO. Auf die wäre so mancher alte Ostfunktionär sicher stolz gewesen. Auf Mikrofiche gebannt, fand Gerald in Lichterfelde die Durchschlag-Kopien einiger Gründungsdokumente der zehn[3] fortan als Leistungszentren fungierenden Fußballclubs, von denen der 1. FC Union Berlin zunächst der einzige war, der nicht in der Oberliga kickte. Karpa sah Mikroform-Aufnahmen der Gründungsdokumente aus Jena, Erfurt, Halle, Magdeburg … und schließlich auch von den beiden Ostberliner Militärvereinen. Was Union anging, fand sich lediglich, datiert auf den 28. Januar 1966, das Übergabe-Übernahme-Protokoll der Fußball-Sektion des TSC Berlin zum 1. FC Union Berlin sowie, auf einem separaten Blatt, die namentliche Aufstellung unserer 1. Herrenmannschaft. Unter einem anderen Datum sind die Vorstandsmitglieder des neuen Vereins aufgelistet. Dessen Gründungsprotokoll oder irgendetwas Vergleichbares fehlte jedoch!

In Karpas Sammlung zeitgenössischer Zeitungsartikel zu diesem Thema gibt es einen einzigen, der inmitten des üblichen Drumherumgeredes tatsächlich Zeugnis vom eigentlichen Akt unserer Vereinsgründung ablegt. Er entstammt der *FuWo*-Beilage »Berliner Fußball« vom 24. Januar 1966.

Der Überschrift *Das dritte Fußballkind: 1. FC Union*[4] folgt zunächst die einschläfernde, weil sich ewig hinziehende Nennung all der im besagten Kulturhaus versammelten »hochgradig ›verdienten‹ Kader des Volkes« samt ihrer mannigfaltigen Funktionen in Partei- und Staatsapparat. Daran schließt sich die sprachlich ebenso »meisterhaft« im Partei-Singsang gehaltene Vorstellung der mit der Gründung des dritten (und einzigen zivilen!) Fußballclubs der DDR-Hauptstadt verbundenen Hoffnungen und Verpflichtungen. Alsdann kommt der Schreiber zu den Dankesworten von Unions Mannschaftskapitän Ulrich Prüfke und Trainer Werner Schwenzfeier – und damit unmittelbar zu der im Saale herrschenden Stimmung. Als Schwenzfeier allen dafür dankte, dass sie gekommen waren, dem neuen Kinde *das Bett (…) zu bereiten*, habe der Einwurf des ranghohen SED-Funktionärs Paul Verner: *»Es ist aber nicht zum Schlafen da!«*[5] für *viel Heiterkeit unter den Anwesenden* gesorgt. Verner übrigens war ein ausgesprochener Sympathisant unseres Vereins und Union, im Gegensatz zu vielen anderen Vertretern seiner Zunft, sehr wohlgesinnt.

Genau hier nun kommt der Autor, direkt aus dem üblichen Bürokraten-Ostdeutsch heraus, urplötzlich auf den Punkt: … *erklärte der Vorsitzende des DTSB-Bezirksvorstands Berlin, Heinz Busch, mit dem Ruf »Es lebe der 1. FC Union Berlin!« den neuen Club für gegründet.*[6] Punktum – es gibt uns also … zumindest wahrscheinlich … wirklich!

Karpa ist sicher: »Ich finde auch noch das Gründungsdokument!« Ich für meinen Teil weiß nur: Wenn es tatsächlich existiert, wovon auch ich ausgehe, wird Gerald derjenige sein, der es eines Tages ans Licht der Öffentlichkeit bringt und damit – wahrscheinlich grau auf vergilbt – endgültig beweist, dass es meinen, unseren Verein tatsächlich gibt! Wie auch immer: *Es lebe der 1. FC Union Berlin!*

5. GRUND

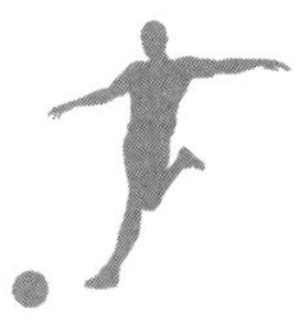

Weil unser Wohnzimmer beinahe umbenannt worden wäre

Nichts steht heute bei Union derart felsenfest wie der Name unserer Spielstätte: Stadion An der Alten Försterei. Das war nicht immer so. Eine lange abgesetzte Vereinsführung überlegte angeblich in Zeiten böser Not, den jedem Unioner heiligen Namen an einen Investor zu verkaufen. Dass unser Stadion um ein Haar tatsächlich umbenannt wurde, ist jedoch das Werk eines altgedienten und unserem Verein bis heute dienenden Unioners.

Frühjahr 2000: Der 1. FC Wundervoll arbeitet daran, aus den Niederungen der Regionalliga Nord/Ost in die erlauchten Höhen der 2. Bundesliga aufzusteigen. Sportlich gesehen durchaus machbar, aber wo in des großen Fußballgottes Namen soll Union dann seine Heimspiele austragen? Unsere seit vielen Jahrzehnten angestammte Herzens-Spielstätte galt seitens der DFL als nie und nimmer Bundesliga-tauglich. Ein grundlegender Umbau war dringend erforderlich, doch für eben den fehlte unserem stetig klammen Verein das Geld. Die Senatsverwaltung schüttelte vehement den Kopf: Wozu das »olle Ding« für zig Millionen renovieren? Außerdem gäbe es da ja noch dieses andere Stadion in Prenzlauer Berg. Soll Union doch in den Jahn-Tierpark umziehen, will der Verein partout Profifußball spielen! Kurzum: Besagte Verpflanzung Unions in die bei vielen, vielen Eisernen verhasste ehemalige Spielstätte des ehemaligen Schiebermeisters aus Hohenschönhausen schwebte im Falle eines Aufstiegs wie ein Damoklesschwert über uns.

PROGRAMMierer Götz stand derweil vor einem weiteren Problem. Unions nächstes Heimspiel fiel auf ein ganz besonderes Datum! Dem wollte er unbedingt Rechnung tragen – und gleichzeitig den Fokus der Eisernen Familie auf unsere angespannte Stadion-Situation gerichtet wissen. Da fiel ihm ein, dass die Senatsverwaltung unsere »unliebsame« Spielstätte mit Jahresbeginn an die Köpenicker Stadtbezirksverwaltung »abgeschoben« hatte. In der Tat kümmerte sich der Stadtbezirk innerhalb seiner bescheidenen Möglichkeiten fortan weitaus fürsorglicher um unser Stadion als zuvor der Senat, und genau hier setzte Götz an: Angesichts der veränderten Zuständigkeit wäre es doch angebracht, dass das Vorwort des fraglichen Unionprogramms aus der Feder des amtierenden Köpenicker Sportamts-Chefs Herrn Retzlaff stammte! Zumindest per Unterschrift und Foto, den Text verfasste Götz natürlich höchstselbst, sozusagen als Ghostwriter.

In seinem Machwerk ließ er den Politiker seine unbändige Freude darüber zum Ausdruck bringen, dass die Alte Försterei nun endlich verwaltungstechnisch zu Hause angekommen sei! Um nun das Herzblut seiner Eisernen Fankollegen restlos in Wallung zu bringen, ließ Götz seinen aus meiner Sicht erstklassigen Ghost-Text mit folgenden, in mustergültigem Amtsstuben-Singsang verfassten Sätzen ausklingen: *Um die Verbundenheit des 1. FC Union und Köpenick zum Ausdruck zu bringen und diese auch nach außen hin zu signalisieren, haben wir uns entschlossen, diese nun auch im Stadionnamen erkennbar werden zu lassen. Wir sind uns sicher, mit der Umbenennung, die auch Symbol sein soll für einen Aufbruch in einen neuen Zeitabschnitt in der Geschichte des Stadions, den Nerv aller Unioner zu treffen und mit der Änderung des schon lange nicht mehr zeitgemäßen und eben für alte, vergangene Zeiten stehenden Namens »Alte Försterei« auf Ihre Zustimmung zu stoßen. Herzlich willkommen also im Hauptmann-von-Köpenick-Stadion!*[7]

Götz erklärte Herrn Retzlaff das Warum und Wieso, was diesen überzeugte, besagtem Text mittels Unterschrift und Porträt-Foto sämtliche Insignien absoluter Glaubwürdigkeit zu verleihen. Ohne Zweifel hätte dieses Vorwort, komplettiert durch die Headline auf der Titelseite: *Stadionumbenennung*, wie eine Bombe in der Eisernen Familie eingeschlagen, wenn, ja wenn das Wetter mitgespielt hätte.

Offenbar bekam der große Fußballgott, welcher ja Mitglied unseres Vereins ist, doch ein wenig Sorge um das gesundheitliche Wohlergehen seines Völkchens. Viele, viele Unioner hätten sich nach dem Lesen dieser Ungeheuerlichkeit, begleitet von plötzlich einsetzender Schnappatmung, schockiert ans Herz gegriffen. Einige Jahre zuvor hatte Götz anlässlich eines am gleichen Kalendertag angesetzten Spiels eine »letzte Meldung« mit ins Heft genommen, welche besagte: Das Ergebnis eines wichtigen Spitzenspiels gegen Lok Leipzig wurde nachträglich annulliert, da zwei gegnerische Spieler mit Stutzen falscher Farbe aufgelaufen seien. Trotz dieser hanebüchenen Behauptung und des sehr offensichtlichen Fakes hatte er etliche Zuschriften folgenden Wortlauts erhalten: *Für jeden Spaß gibt es Grenzen, und mit SO WAS treibt man keine Scherze. Ich hab fast 'nen Herzkasper bekommen!*

Damit genau dies nun nicht tatsächlich und obendrein massenhaft geschah, schüttete Gott einige Tage vor dem Spiel aus vollen Kübeln lang anhaltenden Regen über Berlin aus. Derart, dass die seit dem 1. Januar für unsere Spielstätte zuständige und tatsächlich sehr um ihr Wohl bemühte Stadtbezirksverwaltung das Stadion An der Alten Försterei für jenes am 1. April 2000 angesetzte Spiel gegen den FC Carl Zeiss Jena für unbespielbar erklärte. Damit retteten Herr Retzlaff und seine Leute zwei Tage vor Anpfiff dankenswerterweise unseren heiligen Rasen. Leider verhinderten sie somit zugleich den bis heute garantiert meistdiskutierten Eisernen Aprilscherz aller Zeiten. Sein wunderbares Vorwort musste Götz angesichts der Terminverschiebung natürlich in die Tonne kloppen. Das Titelfoto, welches unseren heiligen Rasen samt unüberdachter und von einigem Grün verzierter Ränge zeigte, konnte er immerhin verwenden, als das Spiel 25 Tage später tatsächlich stattfand. Und die neue Cover-Schlagzeile war alles andere als ein Aprilscherz: *Fußballvereine verpflanzt man nicht, und Union schon gar nicht!*

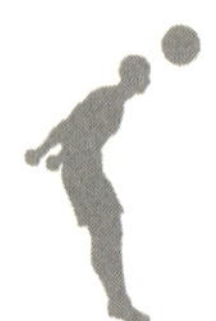

6. GRUND

Weil: Pinkeln für Union!

Im Jahre 2004 wollten die neuen Herren von ganz oben, die (Fußball-)Behörden des geeinten Deutschlands, meinem Verein ans Leder wie dereinst Justitia dem armen Schustergesellen Wilhelm Voigt. Union sollte innerhalb weniger Wochen 1,46 Millionen Euro auftreiben – oder sich vom Acker machen!

Voigts Nachfahren besetzten nicht noch einmal das sich mittlerweile in Mitte befindliche städtische Rathaus. Sie raubten auch keine Banken aus, sondern stachen sich – im wörtlichen wie übertragenen Sinne – ins eigene Fleisch. »Bluten für Union« hieß die Kampagne von Fans, Verein und gerade gegründetem Wirtschaftsrat, und sie erregte beinahe so viel Aufsehen wie dereinst Voigts Köpenicker Geniestreich.

Auch mein Freund Bancro und sein Kumpel Olli alias Schrubbeldiekatz sagen sich: »Wir müssen watt tun!« Am Samstag, dem 22. Mai wollen sie nach Wolfsburg, um daselbst ihre Schalker Freunde im Stadion zu unterstützen. Seit dem Pokalfinale 2001 hatten sie enge Beziehungen zu den Knappen-Fans, also heißt es: Nehmen wir doch'n paar Bluten-Shirts mit und verkaufen die vor Ort! »Unions Merchandising kam seinerzeit noch etwas laienhaft daher«, erklärt mir Bancro, »und die Bluten-Shirts waren optisch …, na ja, heute würde man sagen: suboptimal. Kurzum: die Dinger liefen nicht so besonders jut, da wollten wir mit Hilfe unserer Schalker Freunde ein wenig nachhelfen.«

Mit diesem Ansinnen traten sie an den Leiter des Fanshops heran. Der gab ihnen besagte Shirts mit, doch als Bancro ihn anstupste: »Pack ruhig noch paar Schals und Trikots mit ruff!«, winkte er entschieden ab. »Nee, nee, von mir gibt's nur Bluten-Shirts!«

In Ollis vier Jahre altem T4-Transporter reisten sie gen VW-Burg. Die Stadt befand sich fest in der Hand der Schalker: 20.000 Gästefans gegenüber 10.000 Wolfsburg-Anhängern. Die Schalker hatten vor dem Stadion einen mobilen Fanshop aufgebaut. Als Bancro und Olli dort aufschlugen, luden ihre blau-weißen Fußballfreunde sie sofort ein: »Kommt ran, baut euren Stand gleich neben unserm auf!« Das ließen sich die Unioner nicht zweimal sagen. Mittels einiger Tischdeckchen aus mitgebrachten Unionfähnchen richteten sie ihren provisorischen Verkaufsstand her – und ab ging's. »Die Schalker haben uns die Bluten-Shirts geradewegs aus den Händen, ja was sage ich, vom Leibe gerissen!«, ist Bancro noch heute begeistert. »Ich erinnere mich noch gut an einen XXXL-Hünen, der nur noch eins in Größe S abbekam. Als ich ihm sagte: ›Det passt dir doch jar nich!‹, winkte der ab: ›Gib her, das Ding, hier ist das Geld! Ihr sollt nicht kaputtgehn, das allein zählt!‹«

Kaum ein VW-Fan habe sich an ihren Stand verirrt, erzählt mir Bancro. Immerhin ein paar kauften je ein Shirt. Viele, viele Schalker griffen zu und gaben weit mehr als die veranschlagten 15 Euro. Im Nu waren die Unioner ihre gesamte Ware einschließlich Tischdeko los. »Nur die *gelbe* Variante der Bluten-Shirts kam nich janz so jut an«, erinnert sich mein Freund. »Die bezahlten sie zwar ooch allesamt, aber gaben sie uns umgehend wieder zurück.« Das hatte allerdings nichts mit Union zu tun, sondern war der farblichen Nähe jener Trikotagen zum Intimfeind aller Schalker geschuldet. »Zum Glück hatten wir nicht so viele Gelbe dabei«, schmunzelt Bancro.

Bei aller Solidarität und Freude offenbarte jener Nachmittag vor dem Wolfsburger Stadion jedoch zwei Probleme, die eng miteinander verknüpft waren, einander gar bedingten: Es gab an diesem gottverlassenen Ort weder Bier noch Toiletten. Ersteres Problem hatten rot- wie blau-weiße Fans mittels groß angelegter Eigeninitiative schnell gelöst, blieb Problem Nummer 2: All das Bier wollte irgendwann wieder raus! Zumal die zahlreich anwesenden Polizisten bereits signalisiert hatten: »Pinkelt hier auch nur einer von euch in die Büsche, gibt's *aber so richtig* Stress!«

Die Lösung fand sich auch hier schnell: »In Ollis Transporter standen hinten ein paar leere Farbeimer. Also funktionierten wir den T4 kurzerhand zum Miet-Klo um: *Pinkeln für Union! 1 Euro – und du bist dabei!* Auch hier zeigten sich die Schalker äußerst spendabel, so mancher löhnte für seine Erleichterung gern mit einem 2-Euro-Stück.

Wieder in Berlin, ließ Bancro den Fanshop-Mann wissen: »Hätteste uns mal noch Schals und Trikots mitgegeben, wir hätten dir locker deinen jesamten Fanshop vertickt.«

Seine Antwort: »Hättet ihr doch mal watt jesagt!« Die etwa 1.100 Euro, die ihm Bancro als Erlös von T-Shirt-Verkauf, sonstigen Spenden und der, genau wie die Mutter-Kampagne aus purer Not ins Leben gerufenen, *Pinkeln für Union*-Aktion übergab, nahm er dennoch mit strahlenden Augen entgegen. Der Rest ist bekannt: Die Aktion wurde ein Erfolg, und unseren 1. FC Wundervoll gibt es bis heute. Auch dank Bancros und Ollis Aktion!

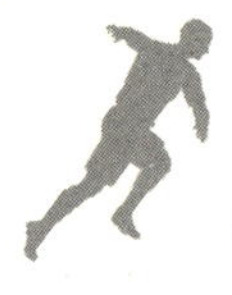

7. GRUND

Weil eine simple Frage im Unionforum womöglich unseren Verein rettete

Is vielleicht 'ne alberne Frage. Aber mich haben schon ständig Leute gefragt, wie viel Strom unser Flutlicht verbraucht und was das wohl kostet. Quizfrage in die Runde: Wie viel kostet eine Stunde unseres Flutlichtes in EURO? UNVEU. Eben diese Frage, am 19. Mai 2003 von einem User namens Jörn ins Unionforum gestellt, eröffnete die bis heute längste wie intensivste elektronische Diskussion in der Historie unseres Vereins: *Was kostet Flutlicht?* Sie offenbarte sehr schnell, dass zweifellos Unioner diejenigen sind, die am tiefsten schürfen. Sogleich deckten sie die erschreckende Nähe von Unions Fahne zu jener des kriegerischen Japanischen Kaiserreichs auf und hinterfragten den Begriff »Flutlicht« derart allumfassend wie niemand sonst. Flutlicht beim Fußball, ist diese Begrifflichkeit nicht ein direkter Brückenschlag zu den Lichterdom-Inszenierungen der Nazis? Erinnern im Stadion gezündete Bengalos sofort an all die nationalsozialistischen Fackelzüge durchs Brandenburger Tor? Ist gar unser Schlachtruf, beleuchten wir ihn genauer, Nazijargon in Reinkultur? Eisern Union – beschwört das nicht direkt jenes Menschenbild herauf, nach welchem wir hierzulande so zäh wie Biker-Bekleidung, so geschwind wie eine sehr schlanke Hunderasse und so hart wie der bis heute von einer hiesigen Rüstungsfirma verwendete, hauptsächlich aus Eisen bestehende Werkstoff sein sollten?

Zwischendrin kehrte die Diskussion immer wieder zur Kernfrage zurück: Was kostet eine Stunde Flutlicht An der Alten Försterei? Das sei abhängig von der seit Dezember 2000 unser Stadion bei Bedarf in besagtes Licht tauchenden Anlage, hieß es darauf. Genauer gesagt, von der Anzahl sowie dem Stromverbrauch der in ihr vereinten Glühbirnen, wie ein allzu Eiliger anmerkte, womit er sofort den Protest eines unionweit bekannten Oberlehrers auslöste. Es heiße Glühlampe, bestand dieser vehement auf korrekter Begrifflichkeit. Während diese ab sofort weitgehend eingehalten wurde, tauchten alsbald weitere Fragen auf, welche die Antwort auf jene nach den stündlichen Flutlicht-Kosten keineswegs vereinfachte: Was, wenn unsere Flutlichtanlage Energiesparlampen enthielt? Zudem handele es sich bei deren stündlichem Stromverbrauch keineswegs um eine konstante Größe. Und dürfen wir denn nun überhaupt noch Flutlicht sagen?

Als ein User versuchte, stattdessen den aus seiner Sicht politisch völlig korrekten Begriff »Fußball-Illumination« ins Spiel zu bringen, beleuchtete dies sogleich weitere, geradezu gigantische Diskussionsräume, die bis gerade eben noch im Dunkel dahingeschlummert hatten. War man hier doch sofort bei der Geheimloge der freimaurerischen Illuminati angelangt, bei der magischen Zahl 23, was wiederum gänzlich neue, noch weit gigantischere Räume ins erleuchtende Licht jener Diskussion tauchte.

So lustig das alles daherkommen mag, war jene Zeit doch eine der härtesten in der Historie unseres 1. FC Wundervoll. Sportlich wie wirtschaftlich ging es steil bergab, das Präsidium schien die Lage längst nicht mehr im Griff zu haben, die blanke Existenz des Vereins stand auf dem Spiel. *Wie geht es weiter mit Union?*, hieß die Frage, die ein Trupp hochgradig besorgter Unioner immer wieder nächtelang diskutieren ließ, vornehmlich auf der Terrasse des Eisernen RBB-Redakteurs Jörg H.. »Wir gründen den 2. FC Union Berlin und lassen den Namen markenrechtlich schützen«, lautete ein Lösungsansatz. Doch die nächtlichen Diskutierer waren weit eher Aktionisten denn Verfechter des langen Wegs durch die Instanzen. So wandten sie sich zunächst mal einem konkreten Problem zu, dem einzig durch gezielte Action zu begegnen war: Unsere Mannschaft hatte schon ewig nicht mehr ins Wuhletor getroffen! Urgrund für diesen untragbaren Zustand konnte nur ein Fluch sein, der auf jenem Tor lastete. Und wie bannt man den? Mit einem noch mächtigeren Gegenfluch, sprich: mit verschärftestem Voodoo-Zauber. Dieser wurde, da sich unser Stadion im Allgemeinen und jenes Tor im Besonderen in unmittelbarer Nähe des gleichnamigen Stroms befindet, zum wuhDoo-Zauber.

Bei Nacht suchte die verschworene Truppe unser Stadion auf, um jenen dringend notwendigen Exorzismus zu praktizieren. Ich als Ungläubiger vermag keinesfalls, dessen Übernatürlichkeit zu fassen, also schreibe ich ganz prosaisch: Sie vergruben hinter der Torlinie unter anderem eine Hühnerkralle, Überreste eines Fußballs sowie Teile der Töppen von Goran Markov. Der hatte mit selbigen vom 20. Mai 1993 bis zum 28. Mai 1995 in 81 Pflichtspielen für unseren 1. FC Wundervoll sage und schreibe 53 Mal in des Gegners Tor getroffen – und nun sollten seine Zauberschuhe dafür sorgen, dass endlich auch wieder die richtige Mannschaft das Netz unseres Wuhletors zum Erbeben brachte.

Die Mitglieder des verschworenen Haufens zeigten sich als wahre Meister jener ursprünglich westafrikanischen Religion. Bereits wenig später traf nicht von ungefähr der westafrikanischstämmige Unionspieler Salif Keita ins bis dahin verhexte Aluminium-Gestänge. Der Zauber hatte gewirkt, auch wenn Keita auf die Frage des RBB-Redakteurs Jörg H. ausdrücklich verneinte, dass sein Torerfolg einem Voodoo … ähm wuhDoo-Zauber geschuldet sei.

Das Interessante an dieser Geschichte: Bei jenen, die Keitas Tor ermöglicht und somit allen Eisernen einen Felsblock vom Herzen geschossen hatten, handelte es sich um den Kern jener Leute, die seit dem 19. Mai im Unionforum der heiligen Frage *Was kostet Flutlicht?* nachgingen. Ihr erfolgreicher Wuhletor-Exorzismus schweißte sie endgültig zu einem Geheimorden zusammen, der in Eisernland als die wuhDoos bekannt und in Forumsdebatten gefürchtet wurde. Der von ihnen angebetete Gott trug den Namen Akebono und wohnte auf Erden im überaus kräftigen Körper der Katze des genannten RBB-Redakteurs. Ihr Gruß: u.n.v.L.a.!

8. GRUND

Weil Frau Puppendoktor Pille An der Alten Försterei das Spiel der Spiele entschied

Wurden die überaus verdienstvollen wuhDooisten geehrt, wie es ihrer Leistung angemessen gewesen wäre? Wurden sie von allen Unionern auf Händen getragen oder zumindest auf die Brücke unseres noch immer heillos dahinschlingernden Vereins-Schiffes gehievt? Nichts dergleichen, im Gegenteil: Ihre nach wie vor mit aller Tiefgründigkeit geführte heilige Diskussion um unser Flutlicht rief immer mehr Widersacher auf den Plan. Diese schlossen sich 2004 zu einer Gegenbewegung zusammen, die nur zwei Ziele kannte: Licht aus! WuhDoo, halt's Maul! Unter dem Namen FC User 04 forderten sie die Fußball-Abteilung der wuhDooisten, die 1. WKF wuhDoo 23, zum alles entscheidenden Duell heraus. Das seither als Spiel der Spiele bekannte »Battle of Light« stieg am 24. September 2004 um 19.23 Uhr, dank bester Beziehungen zum damaligen Platzwart Götz G. auf dem heiligen Rasen des Stadions An der Alten Försterei – unter Flutlicht!

Mit ihrer Herausforderung bewiesen die User 04 um Manager André R. und Trainer BlockM Mut wie Entschlossenheit, vor allem jedoch eisernes Beharren auf aussichtslosen Kampf. Ich meine hier gar nicht so sehr die Tatsache, dass die Männer, Frauen und Nachwuchskicker der WKF viel länger zusammen Fußball spielten als sie und mit TeeCee einem allwissenden Oberlehrer, unfehlbaren Kapitän auf Lebenszeit (KaL) und gnadenlosen Schleifer unterstanden. Weit ausschlaggebender war, dass die User zugleich den Zauber Akebonos gegen sich hatten! Nicht ohne Grund ließ wuhDoo-Prediger Eiserner Benny sein Team vor dem Spiel einen heiligen Schwur auf den in diesem Fight zu erringenden Sieg ablegen. Was nützen wunderbar sitzende *Keine Macht den wuhDoos*-Shirts gegen die Kraft erfolgreich praktizierten Glaubens? Ein mindestens ebenso entscheidendes Handicap der User bestand darin, dass sie an jenem Abend auch die mit zwar »nur« irdischen, aber nichts desto trotz magischen Händen gesegnete Mannschaftsärztin der 1. WKF gegen sich hatten: Frau Puppendoktor Pille mit der großen, klugen Brille!

Etwa 100 Menschen waren zusammengekommen, das Spiel der Spiele live mitzuerleben, welches ich erst dieser Tage dank eines von wuhDoo TV im Jahre 2005 produzierten und mir von einem ungenannt bleiben wollenden Kurier zugespielten Films am heimischen Rechner sehen konnte. Hier trafen Licht und Dunkelheit aufeinander. Während die User ihre allerletzte Taktik-Besprechung auf nordkoreanische Art völlig abgeschirmt in schützender Kabinennacht abhielten, gab KaL TeeCee seine Instruktionen aufm Platz vor laufender Kamera und dem Mikrofon von wuhDoo-TV-Live-

Reporter Gerald K. Dieser völlig objektive Berichterstatter hatte sich von den Usern anzuhören, er sei voreingenommen. Der vom 1. FC Union Berlin ausgeliehene Promi-User Oskar K. betitelte wuhDoo-TV gar als »feindlichen Sender«.

Aller Feindschaft zum Trotz liefen beide Mannschaften unter der Leitung von Schiedsrichterin Kerstin auf den Platz und sangen gemeinsam unsere Hymne. Dann jedoch wurde bedingungslos gefightet. Direkt nach Anpfiff eine Riesenchance für die User, bevor die »Filigrantechniker im edlen schwarzen Dress« das Kommando übernahmen, also »jene, die die Katze auf der Brust tragen«, wie der ebenfalls völlig objektive und dem WKF-Spieler Herrn Jörg wie aus dem Gesicht geschnittene Kommentator die WKF-Spieler nannte. In der zehnten von insgesamt 23+5 angesetzten Minuten von Hälfte 1 schoss der »schnellste Kurier der Stadt«, ein gewisser Bunki, das 1:0. Dieses wird leider dank des gleichzeitigen Akku-Wechsels der Kamera für alle Zeiten im Dunkel bleiben. Ein bis in unsere heutigen Tage anhaltender Erfolg für die User, zweifeln sie doch genüsslich an, dass Bunki überhaupt getroffen hatte.

Nun entwickelte sich ein »leidenschaftliches Fußballspiel auf erstaunlich ordentlichem Niveau«, wie Herrn Jörgs Zwillingsbruder vermeldete: »Hinfallen und wieder aufstehen, man wünschte sich, der damalige Union-Jahrgang hätte sich öfter mal ein Beispiel daran genommen.« Mit 1:0 ging es in die Pause.

Das Publikum erging sich in heftigen Gesangsduellen. Ob *wuh-Doohoo*-Wechselgesang, *Hinein, hinein!* vor jeder wuhDoo-Ecke, die Jünger des Lichts brüllten ihr Team nach vorn, und wuhDoo-Kicker Shivago zeigte auf dem Platz, wer der wahre Messi-Maradona ist. Er holte sich den Ball, behauptete ihn gegen all die ihn attackierenden User und zimmerte ihn unhaltbar in die Maschen. 2:0, aber die User kamen zurück: BlockM passte per Hackentrick auf Oskar K., dessen Schuss ein purer Strich – und schon war wuhDoo-Keeper Wumme zum ersten Mal bezwungen. Nicht nur er, auch sein Pendant Reichii im User-Tor zeigten, dass Deutschland nach wie vor das Mekka potenzieller Welt-Torhüter ist. Aber zurück zum Spiel: Mustergültiger Doppelpass von Bunki und dem bis dato von seinem kommentierenden Zwillingsbruder arg gescholtenen Herrn Jörg, und es stand 3:1. Die Vorentscheidung, oder? Denkste: Fast im Gegenzug erzielte der Große Olli den Anschluss. Aber noch einmal zauberten Bunki und Herr Jörg, und »Berlins schnellster Kurier« legte seinem Kameraden das Tor zum 4:2-Endstand auf.

Ein grandioser Erfolg des Lichts, und doch möchte ich hier noch einmal auf eines der zahllosen User-Handicaps zu schreiben kommen: In der Pause ist Live-Reporter Gerald K. bei Frau Puppendoktor, welche gerade einen Nachwuchskicker der WKF behandelt. »Ich glaube, da reicht eine kräftige Massage«, versicherte sie dem Kleinen nach kurzer, liebevoller Behandlung. »Ich hab ja vorhin auch schon die User behandelt … da war ich ein bisschen grob, aber bei dir …« Spätestens angesichts dieser Ungleichbehandlung beider Teams durch die wohl berühmteste Medizinerin dieses Landes dürfte klar sein, dass die Männer, Frauen und Nachwuchsfußballer des FC User 04 um Zimmi, Ajax, Bierfreund und Ratze hier auf verlorenem Posten kämpften.

Am Ende feierten alle gemeinsam bei Bier und Grillgut, und die letzten beiden Worte schmetterten User und WKF aus einem Mund: *Eisern Union!* Ihr aller 1. FC Wundervoll stieg am Ende jener Saison aus der Regionalliga ab. All die an diesem einmaligen, Flutlicht-beschienenen Fanspiel auf dem heiligen Rasen unseres Stadions Beteiligten trugen maßgeblich dazu bei, dass es nach dem tiefen Fall in Liga 4, ja dem Fast-Aus unseres Vereins alsbald wieder steil nach oben ging. Bis heute gehören die Heldinnen und Helden des 24. September 2004 zu den Aktivisten unserer Fanszene, einige sitzen in wichtigen Gremien unseres Vereins, andere berichten in Zeitung und Fernsehen über Union. Und sollten unsere Fußballgötter jemals wieder ein langfristig verschlossenes wohDoo-, ähm, Wuhletor vorfinden, weiß ich genau, welche Geister und wessen magische Hände wir um Hilfe zu bitten haben.

9. GRUND

Weil Eiserne warten können

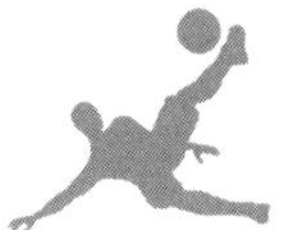

Es gibt sie, diese ganz besonderen Spiele, die in den meisten Fällen genau das sind, was man gemeinhin als verrückt bezeichnet. In jedem Fall ist es unvergesslich, wenn deine Mannschaft nach dem Rückstand nicht etwa aufgibt, sondern jetzt erst recht kämpft, begleitet von den Gesängen ihrer Fans. Wenn das 0:1 den sogenannten Hallo-Wach-Effekt auslöst, von den Fans dazu mit einem frenetischen »Aufwachen!« gefordert.

Neulich, am Sonnabend, dem 22. November 2014 gab es beinahe ein solches Spiel. Allerdings kam der eben angesprochene Effekt nicht nach dem 0:1, sondern nach dem in Spielminute 49 gefallenen 0:4. »Jetzt schießense uns ab«, kommentierte mein Freund Andy, beide Hände vor dem gesenkten Kopf. Klar, genau danach sah es aus, und alles hatte sich so perfekt unschön aufgebaut. In der 9. das 0:1 gefangen, und kurz vor der Pause, nach ergebnis- wie hilflosem Ansturm auf des Gegners Tor eiskalt das 0:2. Danach noch zwei eigene Torchancen, in meiner Erinnerung die ersten des Spiels – aber auch sie nicht in Zählbares verwandelt. Dann die Pause, selbst für mich Pessimisten verbunden mit der Hoffnung auf radikale Besserung. Eben die hatte ich schon ein paar Mal bei Union erlebt – im Guten wie im Schlechten. Und genau nach Letzterem sah es wenige Minuten später aus. Kaum auf dem Platz, zappelte der Ball zum dritten Mal in unserem Netz, minimal später stand es 0:4.

Und genau jetzt, da es nach dem von meinem Freund zitierten Abschuss aussah, wachte unsere Mannschaft auf. Sebastian Polter, der in Hälfte 1 »nicht stattgefunden« hatte, wie diese Phrase so unschön, aber nahezu treffend sagt, besorgte weitere zwei Minuten später das 1:4! Der Torschütze fischte die Murmel aus den Maschen und trug sie sogleich zum Anstoßpunkt im Mittelkreis.

Dass das keine hohle Geste war, bewies die gesamte Mannschaft umgehend. Im Minuten-, ja was schreibe ich da, im Sekundentakt tauchte sie gefährlich vorm gegnerischen Gehäuse auf. Eine Dreifach-Riesenchance und etliche »normale« später rannte ein Abwehrspieler unseren wiederauferstandenen Sebastian Polter um, im Strafraum – und der Schiri zeigte prompt auf den Punkt. Hier nun lag der Same für ein Fußballwunder ohnegleichen. Jetzt das 2:4, und noch gut 30 Minuten zu spielen, *oh, wie ist das schön!*

»Wäre« ist hier leider die richtige Wortwahl, denn unser tapferer, in meinen Augen etwas zu überhastet vorgehender Chrissy Quiring scheiterte am überragenden Gäste-Schlussmann. Der beförderte den Ball vom Tor weg genau vor die Füße unseres Maxi Thiel. Maxi zog beherzt ab, doch fand auch er seinen Meister im Münchner Torwart Ortega.

Jetzt wäre natürlich die »ideale« Gelegenheit, zu verzweifeln oder sich vehement unglücklich festzurennen an des Gegners Defensiv-Bollwerk, um hernach in weitere tödliche Konter zu laufen, die den Rückstand am Ende gefühlt zweistellig ausfallen lassen.

Aber nicht doch! Weder die Spieler noch wir Fans warfen in dieser ausweglos daherkommenden Situation das Handtuch. Großchancen im Sekundentakt, darunter etliche gefühlte Hundertprozentige – allein das Tor war vernagelt. Es blieb beim bislang zweitschlechtesten Eisernen Heimspiel-Ergebnis jener Saison. Was ich jedoch niemals vergesse: Wir standen kurz davor, dieses Spiel zu einem der unvergesslichsten unserer Historie zu machen, genau wie einige andere in unserem Wohnzimmer sowie jene dereinst im Grunewald, zweimal in Halle und Berlin-Charlottenburg, je einmal Dresden, Karl-Marx-Stadt und Berlin-Prenzlauer Berg, um hier nur die allerallerwichtigsten zu nennen.

Und wenn ich irgendetwas weiß, dann das: Eines Tages wird es geschehen, dieses Wunder. Zumindest daherkommen wird es wie eines, denn hinter all dem Zauber stehen eine Menge Arbeit und Durchhaltevermögen, verbunden mit dem Quäntchen Glück, welches den Unterschied zwischen einem Edelstein und 'nem kläglichen Klumpen gepresster Krümelkacke ausmacht. Und alle, die echte Unioner sind und an diesem Tage ins Stadion passen, werden dabei sein, weil sich keiner von ihnen auch nur eine Sekunde vor Abpfiff aus dem Staube gemacht haben wird. Scheiß auf die Schlange an Bier-, Bratwurststand, Parkplatzausfahrt, VIP-Buffet oder Himmelspforte. Auch deshalb freue ich mich auf jeden Spieltag meines Vereins wie andere auf einen Tag, an dem Weihnachtsmann, Osterhase, Traumfrau, Finanzamt und sämtliche Arbeits- oder Auftraggeber gemeinsam mit dicksten Gabenbeuteln vor der Tür stehen.

10. GRUND

Weil der 1. FC Union den gewichtigsten Pokal aller Zeiten gewann

Der einzige wahrhaftige Titelerfolg unseres 1. FC Wundervoll liegt mittlerweile über 47 Jahre zurück. Dafür war der errungene Pokal so gewichtig wie bis zum heutigen Tage keine vergleichbare Trophäe dieser Welt. Weder WM-Pokal noch Champions-League-Henkelpott, erst recht nicht die Deutsche Meisterschale nehmen es mit seinen satten 40 Kilo »Lebendgewicht« auf.

Am 9. Juni 1968 gewann Union vor 13.000 Zuschauern im Kurt-Wabbel-Stadion zu Halle an der Saale gegen den amtierenden Meister und haushohen Favoriten FC Carl Zeiss Jena das 17. Finale in der Geschichte des FDGB-Pokals. Eine der Fragen, die Unions mittlerweile auch offiziellen Chronisten Gerald Karpa seit 2006 beschäftigte, hieß: »Wo steckt unser Pokal eigentlich?«

In Köpenick befand er sich schon seit dem Frühjahr 1969 nicht mehr. Schließlich handelte es sich bei ihm um einen Wanderpokal, den nur behalten durfte, wer ihn dreimal hintereinander oder zum insgesamt fünften Mal errang. Bekanntlich holten wir das Ding nach 1968 nie wieder. … Wie so vieles aus DDR-Zeiten galt unser Pokal lange Zeit als verschollen. Womöglich hatte es, von Gerald einmal abgesehen, auch einfach nur niemanden interessiert, wohin es den 40-Kilo-Koloss verschlagen hatte. Neben seinem beachtlichen Gewicht wusste Karpa lediglich, wie er aussah und dass es sich hier um die erste von insgesamt fünf Ausführungen der hochkarätigsten im DDR-Maßstab ausgespielten Fußball-Trophäe handelte. Seine Dienstzeit währte von 1949 bis 1973, als ihn der 1. FC Magdeburg zum insgesamt vierten Mal[8] errang. Warum er aus dem Verkehr gezogen wurde, bevor ihn die Anhaltiner fünf Jahre später zum fünften Mal gewannen, ist mir leider nicht bekannt. In Magdeburg befindet sich lediglich Pokalvariante 2, welche der 1. FCM mit seinem Finalsieg im Jahre 1978 für immer in die Elbestadt holte.

»Guck dich mal in Jena um«, steckte ihm ein Historiker-Kollege. Schließlich hatten die Jenenser Kicker nicht nur im 68er-Finale mit 1:2 gegen uns verloren, sondern die Endspiele um »unseren« Pokal (am 7. Oktober 1960 als SC Motor Jena im Magdeburger Ernst-Grube-Stadion und am 14. Mai 1972 im Zentralstadion zu Leipzig) zweimal gewonnen!

Eine Nachfrage in Jena ergab: Fehlanzeige. Den nächsten Tipp erhielt Karpa am Vormittag des 25. April 2014, am Ende eines Kneipengesprächs mit Daniel Küchenmeister, welches sich bis unmittelbar zur Neige des letzten Getränks um ein gänzlich anderes Thema gedreht hatte. Als ihn Karpa quasi im Gehen nach seinen Gedanken zum Verbleib des großen Pokals befragte, erwiderte Küchenmeister: »Da fallen mir eigentlich nur zwei mögliche Adressen ein: Hygiene-Museum Dresden oder das Sportmuseum in Leipzig.«

Und genau an letzterer Adresse wurde Karpa fündig. Frau Dr. Gerlinde Rohr, ihres Zeichens Leiterin des seit 1976 bestehenden Sportmuseums Leipzig, erwiderte auf seine Anfrage: »Sie meinen Trophäe 202, ja, natürlich, Ihr Pokal steht bei uns!«

Das Leipziger Sportmuseum fungiert seit vielen Jahren als reiner Fundus ohne eigene Ausstellung, und es sieht alles danach aus, dass genau das für »vorläufig alle Zeiten« so bleiben wird. Er umfasst, neben jenem 40-Kilo-Wanderpokal alias Trophäe 202, insgesamt *75.000 Sacherzeugnisse, vor allem zur traditionsreichen Leipziger und sächsischen Turn- sowie Sportgeschichte, darunter bedeutende Bestände an Sporttextilien, Turn- und Sportgeräten sowie zur Geschichte der Turnfeste*[9]. Unter besagten Sporttextilien befinden sich diverse Wettkampf-Kostüme unserer Gold-Kati genannten Eiskunstläuferin Katharina Witt, doch selbst für das schönste von ihnen hatte sich seit vielen Jahren niemand mehr interessiert. Umso mehr freute sich Frau Dr. über Geralds Interesse an besagter Trophäe. Und unser Chronist war überglücklich, dass er ihn endlich gefunden hatte, *unseren* FDGB-Pokal!

11. GRUND

Weil unsere Trophäe bis heute einzigartig und geheimnisvoll ist

Gerald Karpas Interesse an unserem FDGB-Pokal war mit dessen Auffinden keineswegs erloschen, eher im Gegenteil. Wie viel Geld kostete die gigantische Trophäe dereinst? Wer bestimmte die Ausführung? Welche Alternativ-Varianten gab es? All das und noch viel mehr interessiert den Eisernen Chronisten von nun an brennend.

Ihm fällt auf, dass die Bronzestatue zwar der Schriftzug *Wanderpreis des F.D.G.B.* ziert, aber – zumindest auf den ersten Blick – nicht das Emblem des Gewerkschaftsbundes. Auf ihrem Sockel ist der Name *H. Hechel* eingraviert. Für Karpa auffällig: Im entsprechenden Internet-Eintrag des Museums war bis dato fälschlicherweise von einem *Ernst Hechel* die Rede. Frau Dr. Rohr und Gerald nehmen nun, verabredet und unabhängig voneinander, die Suche auf.

Karpa weiß nach einiger Recherche, dass er nach dem Ostberliner Bildhauer und Bronzegießer Hans Hechel zu suchen hat.

Über den Bildhauer Arno Breker führt ihn die Spur weitere Umwege entlang. Schließlich stößt er auf einen Tierpräparator namens Hechel, der in Emmerich am Rhein lebt, nahe der deutsch-niederländischen Grenze. Hatte er damit Hans Hechels Sohn gefunden? Er ruft in Emmerich an, erzählt vom FDGB-Pokal – während der Mann am anderen Ende der Leitung augenblicklich von der spontanen Erinnerung an seinen Vater übermannt wird. Hechels Sohn weiß sofort, wovon Gerald da spricht. Er erinnert sich sogar an die Herstellung jener Statue: Als Urform für ihren Sockel hatte seinem Vater ein alter Marmeladeneimer gedient. Wie Hans Hechel zu jenem Auftrag gekommen war oder gar, wie viel Geld er dereinst dafür bekam, darüber weiß der damals Vier- oder Fünfjährige selbstredend nichts zu erzählen.

Noch während der Dienstzeit unseres Pokals wird sein Schöpfer in der DDR zur »Unperson«. Nach Enteignung seiner Werkstatt sowie einer Haftstrafe habe er sich in die BRD abgesetzt, erzählt Hechels Sohn, wo sein Vater unter anderem an dem metallenen Eingangstor des Tierparks Hagenbeck in Hamburg mitarbeitet und im Jahre 1977 verstirbt. Näheres zu den Hintergründen seiner Verhaftung ist Karpa nicht bekannt.

Seine Recherche in Richtung FDGB ergibt lediglich, dass der sozialistische Gewerkschaftsbund gerade mit jener Pokal-Variante ein sichtbares Zeichen für das neu angebrochene, sozialistische Zeitalter setzen wollte. Dereinst hatte der sportbegeisterte Kronprinz Wilhelm von Preußen den nach seinem Adelstitel benannten Kronprinzenpokal in Form eines überdimensionierten Trinkgefäßes gestiftet – und nun stiftete der sozialistische Gewerkschaftsbund jene nach ihm benannte Auszeichnung. Das sollte sich auch und gerade in deren Figürlichkeit niederschlagen: Auf dem Marmeladeneimer-inspirierten Sockel stehen zwei drahtig muskulöse Arbeiter, vor ihnen ein Fußballer, das Spielgerät unterm linken Arm. Einer der Arbeiter fasst den Sportler an der Schulter. *Du bist einer von uns!*, lese ich seine Geste. In der Tat bilden jene drei Männer eine im wahrsten Sinne eherne Einheit. Fest und massiv haben sie regen Anteil am beachtlichen Gesamtgewicht jener gigantischen Trophäe. Und unsere Pokalhelden um Kapitän Ulrich Prüfke hatten sie dereinst errungen! Nun, da sie wieder aufgefunden war, ergab das für Gerald Karpa einen klaren, einzig von seinem Herzen diktierten Auftrag: »Unsere Pokalsieger von 1968 müssen ihren Pokal wiedersehen!«

12. GRUND

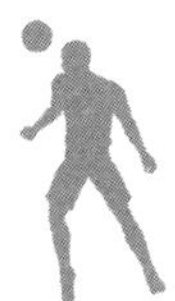

Weil der 1. FC Union 2016 den Pokal nach Köpenick holt!

Umgehend setzte sich Karpa mit den noch lebenden Spielern unserer Pokalsieger-Mannschaft in Verbindung. Alle waren begeistert von der Aussicht, ihren alten, bronzenen Bekannten wiederzusehen – gut 46 Jahre, nachdem sie ihn nach jenem legendären 2:1 gegen den FC Carl Zeiss Jena im Kurt-Wabbel-Stadion zu Halle gemeinsam in die Höhe gereckt hatten!

Leider konnte Kapitän Ulrich Prüfke am Ende nicht mit nach Leipzig kommen, aber Ralf Quest, Wolfgang Wruck, Meinhard Uentz, Jürgen Stoppok, Hajo Betke, Hartmut Felsch, Günter »Jimmy« Hoge sowie Rainer Ignaczak waren dabei, und selbstverständlich sollten auch die Ehefrauen mitfahren!

Die Reiseplanungen nahmen ihren Lauf, die Reisegruppe wuchs und wuchs. Auch zwei Zuschauer von damals, sprich 1.-FCU-Fans der ersten Stunde, mussten mit! Ihre Namen: Klaus Schulze und Stefan Wolff.[10] Mit Gerhard Marschner, Erhard Paulick, Dr. Detlef »Detta« Schwarz, Harald Schust und Joachim Sigusch stießen ein paar Spieler sowie Trainer aus früheren und späteren Union-Kadern hinzu.

Als Begleiter in verschiedenen Missionen fungierten Ehrenratsvorsitzender Wolfgang Vallentin, Hannes Teubner und Ludwig Götze von AFTV, Erik Raasch und Frank »Leo« Leonhardt als organisatorische Unterstützer. Annette Ehrlich und Silke Adamczyk, zwei engagierte Unionerinnen meines Alters, vervollständigten die Eiserne Expedition, die am Morgen des 17. Juni 2014[11] vom Stadion An der Alten Försterei aus gen Leipzig startete.

Michael Ruprecht, seines Zeichens Nachwuchstrainer und -kraftfahrer, übernahm die überaus verantwortungsvolle Arbeit hinterm Steuer. Der Verein hatte den zweiten Mannschaftsbus zur Verfügung gestellt, den sonst Unions Nachwuchsbereich benutzt. Überaus passend, war es doch für die Eisernen Pokalhelden, die mittlerweile nahezu alle mitten in ihrem siebten Lebensjahrzehnt standen, gleichsam eine Reise in ihre eigene Jugend.

Jimmy Hoge, Ate Wruck und ihre Mannschaftskameraden freuten sich wie Kinder, als sie ihren Pokal wiedersahen und sogar – selbstverständlich mit weißen Museumshandschuhen an den Händen – anfassen durften.

Selbstverständlich stellten sie, so wirklichkeitsnah wie nur möglich, die Bilder von damals nach, als sie ihn errungen hatten. Wolfgang Wruck ließ es sich nicht nehmen, für das 2014er Erinnerungsfoto originalgetreu seine Zunge herauszustrecken. »Hab ich damals extra so gemacht«, betonte er, als freundlich-freche Geste in Richtung der Jenenser Favoriten-Mannschaft. Es galt bis zum Ende der DDR als größte Finalüberraschung[12], dass der erst zwei Jahre zuvor in die Oberliga aufgestiegene 1. FC Union den frischgebackenen Meister mit Trainer Georg Buschner und den legendären Ducke-Brüdern nach frühem Rückstand und am Ende gar verdient mit 2:1 bezwang.

Voller Freude auch Museumsleiterin Gerlinde Rohr, die es nie zuvor erlebt hatte, dass ein Exponat ihres so gut wie gar nicht von Publikumsverkehr frequentierten Fundus eine derartige Begeisterung auslöste! Kurzum: Für alle, die dabei waren, gestaltete sich dieser Moment zu einem ganz besonderen, den wohl keiner von ihnen je vergessen wird.

Die Spieler zeigten sich Gerald gegenüber überaus dankbar für diese ganz besondere Reise. Doch als sie ihn fragten: »Wann fahren wir denn wieder mal nach Leipzig, unseren Pokal besuchen?«, schüttelte Karpa entschieden den Kopf: »Nix da, Leute! Unsere nächsten beiden Fahrten gehen nach Bor und Moskau. Dort habt ihr keinen Pokal anzufassen, sondern im Herbst 2018 je ein Spiel auszutragen!« Ganz ehrlich: Ich traue es Unions Eisernem Chronisten durchaus zu, dass er die beiden im Zuge der Niederschlagung des Prager Frühlings ausgefallenen UEFA-Cup-Begegnungen[13] des 1. FCU nachholen lässt und somit die Geschichte des europäischen Fußballs gänzlich neu schreibt!

Eines ist gewiss: Gerald Karpa tat gut daran, mit jener Reise nach Leipzig nicht bis 2018 zu warten, wenn wir Unioner das 50. Jubiläum unseres bisher einzigen nationalen Pokaltriumphs begehen. Für Wolfgang Wruck, einen der wohl besten Spieler, die je für unseren 1. FC Wundervoll aufliefen, war jene Fahrt einer der letzten Höhepunkte seines Lebens. Schon an jenem 17. Juni merklich geschwächt, verstarb er am 5. September 2014.

Ebenso goldrichtig in meinen Augen: Anlässlich des 50. Geburtstags des 1. FC Union Berlin holen Karpa und seine Komplizen unseren Pokal bereits 2016 zurück nach Köpenick. Ohne, dass Gerald unsere 1968er-Recken dazu noch einmal aufs Spielfeld schickt, als Leihgabe des Sportmuseums Leipzig. Ich freue mich sehr, die bis heute einzigartige Bronzestatue aus der Werkstatt des Ostberliner Bildhauers Hans Hechel dann persönlich in Augenschein zu nehmen – und hoffe sehr, dass viele von denen, die ihn dereinst erkämpften, auch dann wieder dabei sind.

2. KAPITEL

MEIN UNION-ERLEBEN

2013/14

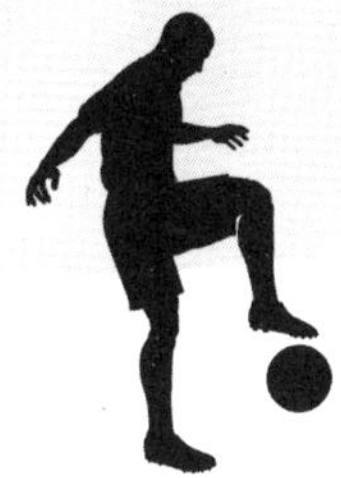

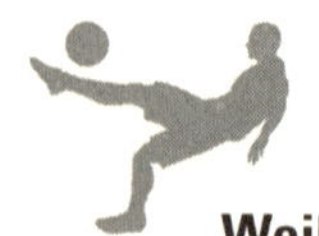

13. GRUND

Weil auf Unions rotem Teppich ALLE gleich sind

12. Juli 2013, Eröffnung der neuen Haupttribüne: die grünen Recken von Celtic Glasgow gegen unsere Fußballgötter, Champions League de luxe An der Alten Försterei! Wie so oft vor einem derartigen Großereignis sagte ich mir: Wunderbar, aber ich muss nicht dabei sein! Ein paar schöne Sommerabende später rief mich meine Freundin Ina an: »Du Nussi, ick feiere übernächsten Samstag meinen Jeburtstach, biste dabei?«

»Ja, klar!«

»Jut, ick feiere Anne Försterei, zum Celtic-Spiel! Der TAZ-Unioner ist grad hier im »Uluru«, koof ick dir also 'ne Karte mit, Gegengerade, du bist doch Mitglied, oda?«

Wieder ein paar Tage später teilte mir der Verein meines Herzens mit, dass auch er sich freuen würde, mich an jenem ganz besonderen Tag als Gast zu begrüßen, zusammen mit einer Begleitung auf ebenjener neuen Haupttribüne, inklusive Speis & Trank in der Schlosserei, einem der VIP-Bereiche des Tribünenhauses.

Zwei Einladungen, welcher sollte ich folgen? »Wennde zusammen mit mir die Hymne singst, is allet jut!«, zeigte Ina ihr verdammt großes Herz, und nach kurzer Überlegung entschied ich: Die zweite Karte bekommt Inas kleiner Bruder Berndte, der war schon lange nicht mehr bei Union! Ich selbst würde die erste Halbzeit zusammen mit Ina und ihren Gästen auf der Gegengeraden verfolgen, die zweite dann bei Berndte auf der Haupttribüne. War ich mir doch sicher: Selbige würde ich aus Mangel an Penunze so schnell nicht von innen sehen.

Eine derart entspannte Anreise zu einem Unionspiel hatte ich ewig nicht erlebt. Sympathischer Gegner mit internationaler Pflichtspielpraxis, und es ging um nichts, da *konnten* wir ja nur gewinnen! Während wir im Pulk vor den Kassenhäuschen auf den Einlass warteten, gesellte sich die Mannschaft kurzerhand zu uns, nette Geste. Dann öffneten sich die Tore. Ina steuerte auf den nächstgelegenen Wellenbrecher in Block N zu, wo sie ein freundlicher junger Herr darauf hinwies: »Hier stehen aber die Wildauer Kickers.«

»Gehen wir eben zu mir!«, schlug ich vor und ging den vertrauten Weg zu meinen Steinis überm Mittelkreis. Die gratulierten Ina aufs Herzlichste zu ihrem Ehrentag und hießen alle ihre Gäste in unserer Wohnzimmer-Ecke willkommen.

Nicht nur im Gästeblock waren etliche grüne Celtic-Trikots zu sehen, und viele Unioner trugen den speziell für dieses Spiel gefertigten Schal. Die Fußballgötter begrüßen, Hymne singen – endlich ist die Sommerpause vorbei! Sogar der gestrenge Wolfgang war heute Entspannung pur, kein Fatz Gemeckertes kam über seine Lippen! Dazu bestand allerdings auch kein Grund. Gerade mal elf Minuten dauerte es, da schoss uns Simon Terodde in Führung. Überhaupt waren unsere Fußballgötter um Käpten Tusche die Herren auf dem Platz. Ratzfatz war Halbzeitpause, und ich wühlte mich nach herzlichem Abschied durch die Massen. Raus, rüber – und hinein ins nigelnagelneue Tribünengemäuer.

Als mich eine freundliche Hostess auf meinen Platz oberhalb des Mittelkreises geleitet hatte, war die 2. Halbzeit etwa fünf Minuten alt. Da saß ich nun und blickte sehnsüchtig rüber auf die Gegengerade. Zum Glück saß Berndte neben mir, sonst wäre ich mir etwas verloren vorgekommen. Allerdings hatte man hier tatsächlich den besten Blick aufs gesamte Spielfeld!

Kurz darauf war Brandy so lieb, das 2:0 zu schießen. Auch das Jubeln fühlte sich etwas seltsam an, so aus dem Sitzen heraus. Von der Waldseite wehte jede Menge sommerlich herzhafter, appetitstiftender Grillduft rüber. Fiese Sache, denn drinnen in der Schlosserei gab's zwar allerhand zu futtern, aber eben *kein* auf Holzkohle meisterhaft zubereitetes Grillgut … Also schnell wieder auf den Rasen konzentrieren – wow: 3:0 durch Neuzugang Damir Kreilach! Und schon war das überaus kurzweilige Spiel zu Ende.

Der Ehrenrunde unserer Mannschaft sowie 'nem Sturzbier am Tresen folgte die große Lasershow inklusive an Seilen hängender Models, die so taten, als trommelten sie. Dann ein lichttechnisch effektvoll in Szene gesetztes Stromgitarren-Medley, schließlich das gewaltige Feuerwerk. Wirklich beeindruckend, aber mir persönlich, ganz ehrlich, eine Spur zu fett. Neben uns stand ein Mann, etwa in meinem Alter, und filmte das Geschehen mit seiner Kamera. Er hatte Tränen in den Augen, als er mir anvertraute: »Ick hab vor vielen Jahren bei Union jespielt … war ewig nich Anne Försterei, aber watt die aus dem Ding jemacht haben … Hammer!« Dem wollte und konnte ich nichts entgegnen, vor allem, da ich sah: Vielen, vielen um mich herum ging es genau wie ihm! Unsere Begegnung mit jenem Mann ist eine der beiden für mich prägendsten Erinnerungen an diesen Tag. Die andere ist jene SMS, die mir Berndte kurz vor Anpfiff gesandt hatte: *Ein riesiger Teppich vorm Haupttribüneneingang – eine Riesenschlange mit lächelnden normalen Fans und genervten Honoratioren, die ooch alle anstehen müssen – dit is UNION!*

14. GRUND

Weil ich als Unioner ein waschechter Fan sein kann

Jetzt Fan werden!, las ich dieser Tage weit über mir an der Werbetafel des Colosseums. Nun gehört das seit 1924 bestehende größte Kino meiner Gegend zu den sieben ältesten, noch immer als Lichtspielhaus fungierenden Gebäuden meiner Heimatstadt Berlin. Ein Haus mit Tradition also, für das ich mich durchaus begeistern könnte, doch bei näherem Hinsehen bemerke ich: Besagte Losung forderte mich gar nicht *dazu* auf. *Exclusive Kinogutscheine für Facebook-Fans!*, las ich weiter, und schließlich: *Jede Woche neu auf der Facebook-Fanpage der UCI KINOWELT.*

Klar, das ehemals eigenständige Filmtheater gehört längst zu einer globalen Firma, derzeit also zu jener in der Werbung genannten. Ich soll also UCI-Fan werden und zugleich Fan jener ebenfalls genannten Internetplattform? Geht das?

Wenn ich im Westen eines gelernt hab, dann: Hier geht alles! Womöglich kommen demnächst etliche meiner Mitmenschen auf die Idee, zum Lebensmitteleinkauf im Shopping-Tempel nur noch Filialen einer ganz bestimmten Kette aufzusuchen? Da stehe ich dann mit meinem rot-weißen Fanschal und singe zusammen mit all den anderen, die mit mir in den Kassenschlangen stehen: »Frisch wieeeeeeee – Kaiser's Verbrauchermarkt, für jeden etwas dabei!«

Das reizt natürlich die blau-weiß gewandeten, ebenfalls an den Kassen wartenden Fans eine Etage unter uns, und sie kontern sofort mit: »ALDI ist naturmild, denn ALDI ist Natur!«, was wiederum eine dritte rivalisierende, blau-gelb tragende Fangruppierung auf den Plan ruft: »Geh'n wir dann zu LIDL schnell, juppheidi, juppheida, ist das Leb'n gleich doppelt hell, juppheidi heida, wie's nach LIDL geht, das weißt du ja-ha-ha!«

Gibt's heute noch nicht, aber vielleicht schon morgen? Vor allem, wenn besagtes Fansein den gewaltigen Vorteil supertoller Rabatte oder Fankleidung zum Super-Mega-Sonderpreis mit sich bringt. Was das Geschäftsfeld Fußball angeht, ist es natürlich sehr gut möglich, Fan der gerade in Leipzig stationierten Außenstelle eines globalen Brausekonzerns zu sein. Zumindest, wenn man jenes Fansein auf das kostenpflichtige Tragen des Firmenbesitzer-Logos auf diversen Kleidungsstücken, das ordnungsgemäße Jubeln über Tore der Brause-Söldner – kurzum, auf das Gehabe einer Trachtengruppe beschränkt, die ansonsten im Unternehmen nicht das Geringste zu melden hat.

Was aber ist ein Fan? Der Duden verrät: eine Gemeinde sowie ein Fluss in Albanien, ein Gebirge in Tadschikistan, eine Stadt in China sowie im englischen Sprachgebrauch ein *Lüfter zum Beispiel für Computer, siehe Ventilator*, ferner der Familienname unzähliger

Berühmtheiten, die nahezu alle aus China, einige wenige aus den USA stammen.[14]

Diese wie zahlreiche andere Quellen geben zudem an, ein Fan sei ein Mensch, der sich einer Sache, einer Person oder einer bestimmten Musik bzw. einem bestimmten musizierenden Menschen verschrieben hat. Das kommt der Antwort auf meine Frage doch schon bedeutend näher. Der Fan, den ich hier meine, hat doch nichts mit Stadt-Land-Fluss oder dem guten alten »Fan-tilator« zu tun, sondern mit Fanatismus, dem unbedingten Unterstützen … *meines* Fußballvereins!

Der Duden vermeldet mir schließlich, das Wort stamme aus dem Englischen und bedeute im Deutschen *begeisterter Anhänger*.[15] TOOOOOOOR!, schreie ich da, genau das ist es! Na klar kommt das Wort aus dem »Mutterland« des in unseren Breiten dereinst »englische Krankheit« geschimpften Ballsports! Ich bin durchaus ein Fußballfan, der sich gerne Spiele anguckt, in denen der Welt beste Fußballer mit- und gegeneinander um den Sieg ringen. Vor allem jedoch bin ich ein begeisterter, fanatischer Anhänger *meines Vereins*! Und wenn ich hier »mein« sage, dann meine ich das durchaus wörtlich. Denn der 1. FC Wundervoll ist eben nicht nur eine »Firma«, bei der ich monatlich meinen Beitrag abdrücke, ab und an ein Stück Stadion kaufe oder für die ich hin und wieder meinen Becherpfand opfere, gilt es mal wieder, irgendeine von DFB oder DFL auferlegte Strafe für eine steile Fanaktion abzubezahlen. Union Berlin, das heißt für mich: Immer wieder Gleich-Verrückte treffen. Wo immer ich auch bin, spüre ich es körperlich, wenn der Anstoß erfolgt, und fortan gibt es für uns alle nur noch das eine! Union heißt für mich aber auch: in Not geratenen Freunden helfen, in Not von Freunden Hilfe empfangen, kurzum: all das zu leben, wovon ich auf den Seiten dieses Buches erzähle und noch viel, viel mehr.

Unter den Unionern bin ich weder einer der Altgedientesten, noch zähle ich mich zu den fanatischsten Fanatikern. Ich bin ein Unioner, der im Hauptberuf Schriftsteller und als solcher sehr glücklich darüber ist, dass er immer mal wieder Beruf und Leidenschaft miteinander verbinden kann. Wäre ich Bäcker, würde ich – von Hand, keine Massenware! – ganz spezielle, in ihrem Namen meinen Verein huldigende Gebäckstücke fertigen. Hätte ich die Profession eines Tischlers, baute ich eine erlesene Kollektion von Stühlen und dazugehörigen Tischen, die auf der Rückenlehne beziehungsweise der Tischplatte, meisterlich in Szene gesetzt, unser Vereinslogo ziert. Hätte ich die entsprechende Begabung mitbekommen, würde ich wie mein Freund Sam erstklassige Cartoons über das Wohl und Wehe unserer Eisernen Familienmitglieder zeichnen, ein eigenes Union-Theaterstück schreiben, Lieder komponieren und singen wie Roland Krispin, Sporti, Polkaholix, Tanzwut, In Extremo & Lopi Lopez, Iron Henning (ohne und mit Lopez) und viele, viele andere.

Bin ich aber alles nicht, also schreibe ich Storys, Texte, ja ganze Bücher über Union – aus dem gleichen Grund wie jedes andere Mitglied unserer Gemeinde jedwede Gelegenheit ergreift, unser aller Leidenschaft auch außerhalb der wenigen Spieltage des Jahres zu leben.

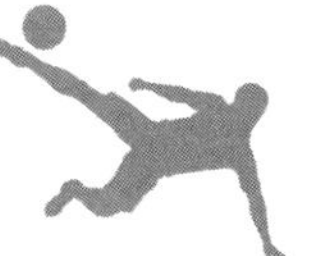

15. GRUND

Weil uns manch einer eben gerade nicht versteht

»Warum hast du dir ausgerechnet so 'nen Club rausgesucht, der immer wieder auf die Fresse kriegt?« Andrews Frage stand unterm Bahnsteigdach. Ich ebenfalls, und ich wusste: Bis mein Zug kam, würde ich sie ihm nicht beantworten können. Erst jetzt und hier finde ich die nötige Ruhe dafür. Denn als mir Andrew jene Frage stellte, hatte ich sie im Grunde nicht einmal verstanden.

Mein Freund Andrew lebt aus Gründen der seelischen wie körperlichen Gesundheit auf dem Land und ist kein Fußball*fan*. Verfolgt er diesen Sport im Fernsehen, sieht er vornehmlich DFB-

Pokal-, WM- und Champions-League-Endspiele. Der Anfang meiner Antwort hätte also lauten müssen: Den Fußballclub deines Herzens suchst du dir nicht aus – er sucht *dich* aus. Und er *findet* dich, wo immer du auch bist! Davon abgesehen, meinte Andrew seine Frage wohl eher so: »Warum hast du dir ausgerechnet einen Club ausgesucht, nach dessen Spielen du ziemlich oft *nicht* zu denen gehörst, die den Sieger toll fanden?«

Ginge es um Lotto oder Roulette, hätte er damit sicher ins Schwarze getroffen. Von den 272 Spielen in der 2. Bundesliga, die mein Verein bis zum Ende der Saison 2013/14 bestritt, gingen wir gerade mal 94 Mal als Sieger vom Platz. 79 Unentschieden stehen 99 Niederlagen gegenüber, das Ganze mit einem Torverhältnis von 374:386.[16] Daraus ergibt sich: Gehe ich endlich wieder in mein Stadion, erwartet mich aller Wahrscheinlichkeit nach eine knappe Niederlage meines 1. FC Wundervoll. Zu DDR-Zeiten sah das Ganze noch um einiges ungünstiger aus, zumindest was die Oberliga, ihres Zeichens höchste nationale Spielklasse, betraf. Aber auch mit Mathematik, erst recht mit meinen bestenfalls rudimentär zu nennenden Kenntnissen der Wahrscheinlichkeitsrechnung hat meine Liebe zum 1. FC Wundervoll nichts zu tun.

Es gibt einen anderen Grund, warum ich kein Spanien-Deutschland-Italien-Brasilien-, kein Real-Bayern-Barça- und zukünftig auch kein Brause-Fan bin! Um Andrew zuliebe im Fan-fernen Duktus zu bleiben, will ich es mal so ausdrücken: Bei Union lerne ich, eine Niederlage meiner Mannschaft auf dem Rasen erhobenen Hauptes und mit Eisernen Gesängen auf den Lippen zu verarbeiten: *Nur ein Tor, das müsst ihr schießen, nur ein Tor, das kann doch nicht so schwer sein!* Oder, wie dereinst bei der 0:7 Klatsche in Köln am 7. Oktober 2002, später zitiert beim 0:4 gegen Greuther Fürth am 23. Jui 2011: *Das wird 'ne janz enge Kiste!*

Unioner zu sein, das bietet mir viele Gelegenheiten, meiner Mannschaft den Rücken zu stärken, indem ich sie, zusammen mit all den anderen Unentwegten um mich herum, bedingungslos nach vorn brülle: *Aufwachen!* Oder *Auf geht's, Union, kämpfen und siegen!* Beim 1. FC Wundervoll habe ich die große Chance, den viel beschworenen Uniongeist zu leben: »Nie aufgeben! Und immer wiederkommen!«, wie es Matthias Dächsel in *Eiserne Menschen* auf den Punkt bringt, bevor Andreas Schwadten ergänzt: »Immer wieder aufstehen und sich nicht unterkriegen lassen.«[17]

Zu alledem bietet mir der 1. FC Wundervoll gleich noch eine zweite Bewährungs-Chance, die da heißt: Aufrecht bleiben und mich *trotzdem* nicht dauerhaft im Eisernen Schmollwinkel einrichten: »Ach, wir waren ja schon immer die unterdrückten Underdogs! Ob Politbüro oder DFB – kein Bonze mag unseren Verein, weil er auf Stehplätzen, Fußball pur wie demokratischer Mitbestimmung besteht und niemals unbesehen irgendwelche ›Parteibeschluss‹-Papiere unterzeichnet. Alle Schiris verpfeifen, alle Kommentatoren dissen uns – ach, wir armen, unterdrückten Unioner!«

Kurzum: Kein Fußballverein dieser Welt bietet mir seelisch, geistig wie körperlich ein derart umfassendes Fitness-Programm. Ja, auch körperlich! Und niemals vergessen: *Heiserkeit ist der Muskelkater des Unioners!*

16. GRUND

Weil uns der Umgang mit Fußballgöttern kein Götzendienst ist

»Stimmt dit, du hast unserem Präsi die Hand jeschüttelt?« – »Prahlt der etwa damit rum?«[18]

Dieses kurze Gespräch zwischen zwei Unionern, die bei Bier und Kippe auf dem Stadiongelände malochen, liebevoll eingefangen von Zilles Ziehsohn Sam Paff, erzählt eine Menge über den innerhalb der Unionfamilie vorherrschenden Umgang mit Autoritäten, ja sagen wir ruhig: mit Stars.

Denn der Star ist bei uns nun mal Union selbst, dieses seit vielen Generationen aus vielen Tausend Menschen bestehende Wesen. Um bei der Gegenwart und in Sams Bild zu bleiben: Jeder von uns achtet unseren Präsi Dirk Zingler! Das jedoch nicht aufgrund seiner stattlichen Statur, seines in Ehren versilberten, noch immer beneidenswert dichten Haupthaars oder seiner sonoren Stimme, die selbst nuschelnd noch ausnehmend gut zu verstehen ist. Nee, wir achten ihn, weil er schlicht und ergreifend eine Menge für unser aller große Liebe getan hat und dies hoffentlich noch lange so handhaben wird! Zugegeben, Dirk Zingler gehört neben Heinz Werner zu den ganz wenigen Unionern, die ich sieze. Er und ich haben eben noch keine Ziegen zusammen gehütet.

Dass unser Präsi einem »einfachen« Unioner ohne Zögern die Hand schüttelt, das durfte auch ich schon erleben. Fast alle Unioner, egal, ob auf der Traverse, in der Geschäftsstelle oder sonst wo reichen sich zur Begrüßung die Hände. War einfach so üblich bei uns im Osten. Zum anderen hat das wohl auch damit zu tun, dass wir als Unioner eben zuerst Familienmitglieder sind, keine Angehörigen verschiedener Stände oder menschlicher Tierarten. Selbiges gilt selbstverständlich auch für unsere Fußballgötter. Die sind mir keine unerreichbaren Popstars, sondern zuallererst zeitweilige Familienmitglieder, die derart besser Fußball spielen als ich, ja sogar besser als alle meine Unionfreunde. Aus diesem Grund kicken eben sie in unserer ersten Mannschaft, und nicht Zimmi, die Steinis, Sam Paff oder eben ich.

So mancher Unionspieler wohnt während seines Engagements bei unserem Verein in Stadionnähe, genauso wie viele Unioner von den Traversen. So war es für meine Freundin Annette, die *Fußballförsterin vom Walde*, etwas ganz Normales, dass sie beim Einkaufen im Forum Köpenick zum Beispiel Jan Glinker traf. Ich bin sicher: Sie grüßten einander, ohne dass Annette dabei vor Ehrfurcht in Ohnmacht gefallen wäre oder Jan auf Knien um ein Autogramm angefleht hätte. »Unsere Schalker Fußballfreunde können über sowatt nur staunen«, erzählte sie mir. »Dieses Sich-Begegnen auf Augenhöhe, dit jibtet bei ihnen und ihren Spielern nicht!«

»Spieler zum Anfassen« gibt es bei uns natürlich nicht nur bei Einkauf oder Kinobesuch, sondern auch organisiert. Beim monatlichen Fantreffen in der Eisern Lounge oder in den vom Eisernen V.I.R.U.S. organisierten Partyzügen. Natürlich lassen sich auch Unioner bei Gelegenheit von ihren Fußballgöttern liebend gern stundenlang Autogramme geben. Ich sehe es noch vor mir, wie ein schnurrbärtiger Fan, dessen Körper bereits etliche unioneske Tätowierungen aufwies, unseren Kapitän Tusche auf seinem Arm unterschreiben ließ. »Haste watt dajejen, wenn ick mir dit anschließend stechen lasse?«, fragte er unseren Käpten. »Oder iss der Schriftzug jeschützt?« Tusche wirkte etwas irritiert ob jener Frage – und nee, natürlich hatte er nichts dagegen, dass sich der Mann seine Unterschrift auf den Arm tätowieren ließ.

Einmal trafen die Steinis unsere Nummer 17 bei ihrer Heimfahrt nach Ludwigsfelde auf dem Bahnhof Südkreuz, wo Tusche seine Frau vom Zug abholte. Auf das eher maue Spiel angesprochen, verzog der Kapitano schmerzhaft sein Gesicht: »Hab ’nen janz schönen Pferdekuss abjekriegt.« Spätestens, als er ihnen seinen lädierten Oberschenkel zeigte, wussten sie: Ja, ist so, unsere Fußballgötter sind eben ooch bloß Menschen.

17. GRUND

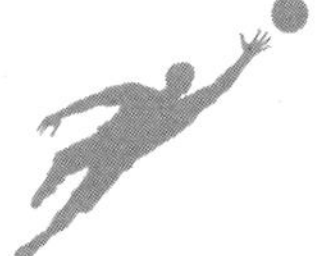

Weil Eisern Berlin!

Im September 2013 erschien das Buch über meine Liebe zum 1. FC Wundervoll. Ein gewisser Knut Beyer hatte jenes über seine Liebe zum Stadtrivalen Hertha BSC geschrieben. Alsbald wurden wir beide in eine Radiostation gebeten, um über unsere Machwerke zu reden. Als der Moderator seine Hörer darauf hinwies, wie toll das sei, einen Herthaner und einen Unioner so friedlich nebeneinander bei sich im Studio zu haben, hakte Knut sofort ein: »Aber ihr müsst wissen, dass jeder von uns in einem Stahlkäfig mit enorm dicken Streben steckt.« – »Und zwischen uns stehen etliche Hundertschaften schwer bewaffneter Sicherheitskräfte und ein ganzes Heer geschniegelter Star-Anwälte«, fügte ich hinzu.

Kurzum, Knut und ich verstanden uns prächtig. Nach dem zweiten gemeinsamen Radio-Interview sagten wir uns: »Lass uns doch mal gegeneinander auf einer Bühne antreten! So 'ne Art Vorlese-Derby, vielleicht gibt's ja ein paar Unioner und Herthaner, die sich so was anhören würden?«

Wir suchten einen Ort, an dem Fußball zum Programm gehörte, der aber keinem unserer beiden Vereine ausschließlich zugetan oder abgeneigt war. Eine halbwegs neutrale Fußballkneipe musste her! Selbige fanden wir mit dem »Tante Käthe« am Mauerpark, genau auf der Grenze zwischen Wedding und Prenzlauer Berg gelegen. Sylvio und sein Team empfingen uns mit offenen Armen, sie schienen geradezu auf unsere Anfrage gewartet zu haben. Schnell war mit Sonntag, dem 22. September der nächstbeste Termin gefunden. Wahlsonntag – also luden Knut und ich zur Wahlparty der etwas anderen Art.

Ein wenig bange war mir schon. Kannte ich doch genügend Rot- wie Blau-Weiße, die für den jeweils anderen Club nicht die Bohne Interesse hegen. Ein Derby auf dem Platz wie auf den Rängen, okay – aber eine gemeinsame Lesung? Und waren die, die zu so was kamen, überhaupt bereit, dem jeweils gegnerischen Vorleser zuzuhören? Stimmten sie stattdessen lieber einen Schmähgesang an oder ließen ihre Kumpels lautstark wissen: »Ick jeh ma eene roochen! Sach Bescheid, wenn der Kasperkopp da oben fertig is mit Labern!«

Als ich gut zwei Stunden vor »Anpfiff« im »Tante Käthe« erschien, saß direkt vor der kleinen Bühne ein Tisch Herthaner. Alle blau-weiß gekleidet, die Tischplatte mit einer Hertha-Fahne verziert. Hinter ihnen an der Wand rief eine Zaunfahne: *Wahre Liebe kennt keine Liga.* Letzteres könnte genauso gut von uns Unionern stammen, sagte ich mir. Schließlich steigen wir ja weder auf, noch ab, sondern wechseln lediglich hin und wieder die Spielklasse.

Ich ging zu den Herthanern, begrüßte jeden per Handschlag. Sie waren Freunde von Knut, dem auch das Zaunbanner gehörte. Er hatte es eigenhändig gefertigt, als seine Hertha das letzte Mal die Spielklasse nach unten wechselte. Langsam füllte sich der Saal. Am Tisch direkt neben den Blau-Weißen ließ sich ein Trupp Unioner nieder. Allesamt trugen sie unsere Vereinsfarben, ihren Tisch zierte sogleich eine Unionfahne.

Knut und ich richteten uns derweil auf der Mini-Bühne ein, drapierten unsere Schals, Bücher, Lesebrillen – und hofften, diesen Abend irgendwie zu überstehen. Knut krächzte eher, als dass er sprach, während mich fürchterliche Kopfschmerzen plagten. Immerhin schienen die gegnerischen Fans keinerlei Probleme miteinander zu haben.

Endlich ging es los. Wir begrüßten kurz die Leute, danach die Platzwahl. Zum Glück verzichtete Knut, der Letztere gewann, auf einen Tausch unserer Stühle. Ab ging's! Ich begann mit einer Story über meine erste Fahrt zu Union. Für mich Kleinstadt-Steppke ein Abenteuer, schließlich lauerten im wilden Ostberlin jener Jahre an jeder Ecke die Feinde in Weinrot-Weiß. Im Stadion standest du oft kurz davor, von den Großen, also den Halbstarken, für eine Verletzung der ungeschriebenen »Hausordnung« abgestraft zu werden.

Knut antwortete mit einer Geschichte aus der Reporterkabine des Olympiastadions. In die hatte ihn sein Vater, seines Zeichens Sportjournalist, dereinst mitgenommen. Als sich der kleine Junge zu sehr als Herthaner outete und die vielen Tore seiner Mannschaft bejubelte, warf ihn Papa notgedrungen raus – und Knut lernte die wahre Welt der Hertha-Fans kennen. Seine Bemerkung, Herthaner seien ja ganz schön »bescheuert«, konterte ich mit meinem in die Schrift gestellten Beweis, dass einzig wir Unioner die wahrhaft »Kranken« sind, am Ende eindrucksvoll untermauert durch alle

Rotweißen im Raum, die wie aus einem Munde unseren dazugehörigen Stadiongesang anstimmten.

So ging es Schlag auf Schlag, jeder immer wieder unterstützt durch an genau der richtigen Stelle einsetzende Gesänge der im Saal versammelten Fankollegen. Längst war aus dem Lese- ein ebenso vehement geführter Sängerwettstreit geworden, bei dem niemand nur Zuschauer blieb. Der Sieger stand fest: Weder Knut noch ich – das gesamte Publikum hatte gewonnen, und alle verlebten einen gemütlichen Abend im Kreise ähnlich Verrückter. Die Zeiten der großen Freundschaft zwischen Unionern und Herthanern sind lange vorbei. Auf kaum ein anderes Spiel freue ich mich derart wie auf ein Derby unserer beiden Teams. Nicht nur die Spieler unten auf dem Platz, mindestens ebenso sehr wir auf den Rängen geben dann alles, besser zu sein als die da drüben im gegnerischen Block. Nicht auszudenken, wären wir Freunde! Freunde teilen, auch die Punkte. Folglich müssten sich die Spieler die Murmel hin und her schieben, während wir dazu gemeinsam singen: »Eia Popeia, wir ham uns ja so lieb.« Das hofft, denke ich mal, kein Unioner und kein Herthaner. Und doch standen mir Tränen in den Augen, als das Publikum den Abend geschlossen mit einem dreifachen »Eisern Berlin!« beendete, jenem berühmten gemeinsamen Schlachtruf aus Zeiten, da Hertha und Union noch in zwei verschiedenen Ländern – und niemals gegeneinender – kickten. Zumindest an diesem Abend hatten wir wieder zusammen gefeiert. Am Ende waren Knuts Stimme glockenrein und meine Kopfschmerzen wie weggezaubert. Eisern Berlin!

18. GRUND

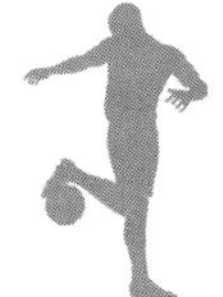

Weil ich in der vermeintlichen Fremde plötzlich zu Hause war

Am Donnerstag, dem 8. Mai 2014 trat ich mal wieder gegen Hertha-Knut an. Unser insgesamt achtes Lese-Derby war ein klares Auswärtsspiel für mich. Sein Austragungsort: die Weddinger Destille »Zum Kugelblitz«, ihres Zeichens offizieller Hertha-Fantreff.

»Dit iss ne grundehrliche Gegend. Die Typen sind okay, und die Wirtsleute tragen ihr Herz uffm richtigen Fleck!«, fühlte sich Knut bemüßigt, mich zu beruhigen. Es gelang ihm nur teilweise, aber was sollte ich machen? Knut hatte sich mir im »Sandmann« zu Köpenick gestellt, da konnte ich hier schlecht kneifen. Außerdem hatten etliche Unioner versichert: »Keene Bange, Nussi, wir sind da!« Freund Bernd schrieb mir: *Wo Du auch liest, ja, wir folgen Dir …*

Ein paar Schals und Unionbücher sowie ordentlich Lampenfieber im Gepäck, reiste ich gen Wedding. Am Nauener Platz reihte sich Dönerbude an Dönerbude, in der Liebenwalder Straße gab es eine große türkische Bäckerei. Zwei Straßen weiter das Eckkneipenschild *Zum Kugelblitz*. Ich betrat eine Kneipe, wie es sie bei mir in Prenzlauer Berg seit gefühlten Jahrzehnten kaum noch gibt: Schlichte Holzbestuhlung, in einer Ecke ein Spielautomat, dunkel gemütliches Ambiente. An den Wänden blau-weiße Schals, Hertha-Plakate. Eine junge Frau mit langen, schwarzen Locken bestückte gerade sämtliche Tische mit liebevoll angerichteten Cracker-, Chips- und Salzstangen-Schälchen. »Hi!«, schenkte sie mir ihr Lächeln, »Schön, dir zu sehen, willst 'ne Schulle?«

Ich nickte und dachte nicht im Traum daran, ihr auseinanderzusetzen, dass ich lieber Berliner Pilsner trinke. »Ach, der Unioner!«, begrüßte mich ein stimmgewaltiger Recke, der das weiße Trikot des Hertha-Fanclubs 65er Baeren trug: »Ick bin Klaus!« – »Der Wirt?« – »Na lohrisch!«

In diesem Laden war Berlin noch Berlin. Auch wenn's mir hier selbstverständlich viel zu sehr blau-weiß zuging. Klaus führte mich durch sein Reich. Der hintere Raum präsentierte sich als kleines Hertha-Museum. Eine Vitrine mit alten Fotos und Fanutensilien, an den Wänden historische Trikots sowie eine altgediente Zaunfahne der 65er Baeren. »Dit war ma unsere Postleitzahl«, erklärte mir Klaus, »damit jeder weeß, wo wa herkomm!« Alles huldigte hier der Alten Dame von der Plumpe, und ich dachte: In einer Kneipe wie dieser hier muss Hertha BSC einst gegründet worden sein.

Die schwarzhaarige Kellnerin kredenzte mir das erste große Schultheiss. Ich nahm einen tiefen Schluck, ließ mich häuslich nieder. Unser Leseplatz, zwei quadratische Tische, befand sich direkt vorm Spielautomaten. Als ich mich anschickte, den Automaten mit meiner Fahne des Eisernen V.I.R.U.S. sowie meinem aus den Siebzigern stammenden Unionschal zu behängen, traf mich vom Stammtisch ein: »Ey, wat soll'n dit!«

Ich drehte mich um, empfing ein breites Grienen. »War'n Scherz! Selbstjestrickt, wa?« Der korpulente Herr deutete auf meinen Fanschal. Ich schüttelte den Kopf: »Nee, uffde Strickmaschine! Ick komm aus'm Osten, wir hatten *moderne* Technik!«

In der Art ging es weiter. Mittlerweile war auch Knut eingetroffen und drapierte seine Devotionalien an Wand, Decke und Spielautomat. Langsam füllte sich der Laden, zur Hälfte mit Blau- und Rot-Weißen. Ein Bier später stehe ich mit Knut draußen vor der Tür. Mein Lampenfieber ist einem verheißungsvollen Prickeln gewichen. Ich kann es kaum erwarten, gegen und *mit* Knut diesen Laden zu rocken.

Endlich geht es los. Knut schnappt sich das Mikro, moderiert an. Das heißt, er versucht es, aber die altehrwürdige Verstärkerbox knarzt dermaßen, dass nicht mal *er* seine Worte versteht. Mein Kontrahent erweist sich als altgedienter Bühnenrecke, geht sofort zu Plan B über: Verstärker aus, Stimme ein paar Ritzel lauter gestellt. »Wir befinden uns hier im Wedding«, röhrt er los. »Ick sage nur: Energie-Armut! Vorhin war'n Typ vom Energieversorger hier, hat die Box jesehen und sofort'n Kuckuck druffjeklebt. Also, Leute, wir lesen unplugged, wie dit heute so schön heißt.«

Und schon schlagen wir verbal aufeinander ein. Knut wie immer arschcool, ich deklamiere, als gäbe es kein Morgen mehr. Die Leute spenden vereinsübergreifend Applaus und anspornende Zwischenrufe. Schon ist die 1. Halbzeit vorbei, die Lage eskaliert: Die Wirtsleute spendieren ein Fass Freibier sowie eine Saalrunde »Alte Dame«, einen blau-weißen Drink, der äußerst süffig und süß daherkommt. Die weiße Komponente besteht aus Schlagsahne, die blaue … ich will es nicht wissen. Bei unserem Derby in einer Hipster-Sportsbar in Mitte wollte der Betreiber nicht mal Knut und mir unsere paar Drinks spendieren. Hier, im längst nicht so wohlbetuchten Wedding, gab's Freibier für alle!

Weiter ging's mit restlos entriegelten Zungen. Wurde es zwischendurch zu laut im Saal, ermahnten viele vehement die Störer. Auch hier spielte die Vereinszugehörigkeit keinerlei Rolle. Alle feierten zusammen, bis tief in die Nacht hinein. Ich stand irgendwann mit Wirtin Chris am Tresen, und sie gestand mir: »Ick hatte anfangs ja so meene Bedenken … wenn die Unioner kommen …!« Mittlerweile waren Chris und Klaus von etlichen Eisernen in unser Wohnzimmer eingeladen worden. Wir alle kamen verdammt noch mal aus derselben Stadt und hatten obendrein die gleiche Macke. Auch wenn unsere in Rot und Weiß und die der anderen in jenen des schlagsahnegekrönten Drinks daherkam. Letzterer entpuppte sich als fiese Geheimwaffe der Herthaner: Ein guter Freund von mir hatte spätestens 23.00 Uhr die Segel streichen wollen, um am nächsten Tag pünktlich in seiner Firma zu sein. Gegen 3.00 Uhr wankte er aus der Kneipe, sein folgender Arbeitstag verdiente diesen Namen mit keiner Silbe. Ich für meinen Teil bat Klaus mehrmals inständig, mich endlich aus seiner Kneipe zu schmeißen. … Als ich anderntags gegen 16.00 Uhr so weit war, mich von meinem Lager zu erheben, brummte mir der Schädel und ich hatte keinerlei Ahnung, wann und wie ich nach Hause gekommen war.

Als ich endlich wieder halbwegs sicher auf meinen Beinen stand, rief ich im Kugelblitz an, um mich bei der langhaarigen Kellnerin zu erkundigen, ob ich mich irgendwie danebenbenommen hatte. Als sie lachend verneinte, ließ ich mir Klaus geben: »Ich verklag dich wegen unterlassener Hilfeleistung! Hab dich doch wohl oft genug gebeten, mich rauszuschmeißen!« Als sein Lachen verklungen war, ließ ich ihn wissen: »Mir geht's saubeschissen, die Alte Dame hat mich umgehauen, aber ich hab mich selten so sehr zu Hause gefühlt wie gestern bei euch!« Sein Schweigen verriet, er hatte mich verstanden. Nicht nur akustisch, sondern auch mit dem Herzen. Wann immer ich seitdem den Kugelblitz betrete, begrüßen mich Chris und Klaus mit: »Ey, Unioner, raus hier!«, bevor sie mich rau und herzlich in ihre Arme schließen.

19. GRUND

Weil Unioner wie Herthaner sich aufs Kämpfen und Feiern verstehen

Sitze ich mal niedergeschlagen, verzweifelt oder einfach nur trübsinnig an meinem Schreibtisch, wende ich meinen Blick zur Tür. An ihr hängt ein großes, vom Cartoonisten Sam Paff gemaltes Plakat, das an allen nur möglichen Stellen mit Unterschriften übersät ist. *Unionfans präsentieren: DAS FINALE LESEDERBY* steht oben drüber, darunter eine von Scheinwerfern erhellte Bühne. Ritter Keule und Hertinho sitzen an einem mit der Berlin-Flagge geschmückten Tisch. *Eisern Berlin* verkündet das rot-weiß-blaue Banner hinter ihnen. Jeder hält das in den Farben seines Vereins gehaltene Buch in Händen. Beider Aufmerksamkeit jedoch gehört dem High-Heel-bewehrten, schönbusigen Nummerngirl, welches ihnen gerade hemmungslos schöne Augen macht. *Musikalische Umrahmung: KRISPIN, DANIEL RIMKUS* steht auf dem Schild, welches sie dem

Publikum präsentiert. Sehe ich dieses Plakat an, kriege ich sofort gute Laune. Katapultiert es mich doch augenblicklich mitten in die Geschehnisse des 31. Mai 2014.

Ein ganz besonderes Derby soll es werden! Mit diesem Ansatz gingen Cheforganisator Bancro, Rebellen Holly, Jessy BSC, Knut, TeiChi und viele andere die Sache an. Austragungsort: der Treffpunkt der Union-Rebellen, die größte und wohl einzige Union-Fankneipe im blau-weißen Charlottenburg: »Zum Straßenfeger«. Norbert, der Kneipier, war ebenfalls in die Organisation eingebunden. Außerdem schmiss er die Produktionskosten des vom Sam für umme gefertigten grafischen Meisterwerks an meiner Tür.

Das anvisierte Rahmenprogramm machte mir Angst: Versteigerung von signierten Fanartikeln beider Vereine zugunsten der Berliner Spastikerhilfe, Gastauftritte von Ronny Nikol-Fußballgott und Hertha-Legende Andreas »Zecke« Neuendorf, die je eine Story aus dem Buch des gegnerischen Clubs rezitieren. Zum Lese-Duell würde es zudem ein musikalisches geben. KRISPIN, verstärkt durch The Breakers für Union gegen den Hertha-Barden Daniel Rimkus. Und zu alledem sollten Knut und ich zwei mal 45 Minuten gegeneinander lesen?

Gen Mittag machte ich mich auf den Weg, um 16.00 Uhr sollten wir in den Ring steigen. Die U-Bahn und meine Füße brachten mich ans gefühlte Ende der Welt. Kurz vor BSR-Recyclinghof und ausgedehnten Kleingartenanlagen: eine Eckkneipe mit Freisitz, Bierwagen und großem Grill davor, die Volksfest-Szenerie bereits jetzt bevölkert von rot- oder blau-weiß gekleideten Menschen, von denen mich etliche herzlich begrüßten. Immer mehr kamen hinzu, darunter Chris und Klaus vom »Kugelblitz Wedding« samt einigen ihrer Stammgäste.

Die Stimmung war derart entspannt, dass ich mich, auch dank einiger mir von Norbert und seinen Leuten gereichter Biere, schnell bester Laune erfreute. Kaum war auch Knut vor Ort, bestand Bancro darauf, dass wir unseren Einmarsch probten. Zum Klang unserer Vereins-Hymnen würden Knut und ich die Bühne betreten wie zwei Preisboxer den Ring, jeder betreut von einem gegnerischen Fan. Vorab, als Fahnen-Model, marschierte Straßentheater-Virtuose TeiChi im originalgetreuen Obelix-Kostüm. Ringsprecher: Sven Gestresst! »Ick will von euch 'nen ordentlichen Walk-in sehen!«, schärfte uns Bancro ein. Der gute Mann hatte bis dato keinen einzigen Tropfen alkoholischer Art zu sich genommen.

Spätestens nach unserem Probe-Einmarsch befanden sich Knut und ich vollends im Auftrittsmodus. Also improvisierten wir, quasi als Intro des Intros, direkt vor dem Laden eine Straßenschlägerei. Knut pöbelte mich an, worauf mir augenblicklich die Sicherungen durchgingen. Mit geballten Fäusten stürmten wir aufeinander zu, von unseren Teams mit aller Gewalt und in letzter Sekunde auseinandergerissen. Jessy BSC, meine Betreuerin, schob sich zwischen uns, etliche Hände packten mich an Kragen und Schultern, bugsierten mich in die Kneipe. »Komm rin, wennde watt von mir willst!«, brüllte ich Knut an. Wir müssen ganz gut gewesen sein. Das entsetzte Gesicht der Wirtsfrau sehe ich bis heute vor mir. Glücklicherweise beruhigte sie sofort einer: »Allet jut, dit sind doch *die*!«

Der gesamte Abend offenbarte sich als entspannte Mischung aus Rivalität und gemeinsamem Feiern, wobei Letzteres eindeutig obsiegte. Die Musiker spielten nicht nur jeder sein Set, sondern hatten sich obendrein eine gemeinsame Aktion einfallen lassen. Alle zusammen intonierten sie Frank Zanders Hertha-Evergreen *Nur nach Hause geh'n wa nicht*. Zunächst sang Daniel die übliche Hertha-Strophe: *Alle warten voller Spannung auf das absolute Spiel / Und die Jungens von der Hertha haben alle nur ein Ziel / Heute wollen sie gewinnen / Für das blau-weiße Trikot / Sowieso oh-oh oh-oh ...*, bevor alle Herthaner in den Refrain einfielen. Alsdann brachte Christian von den Breakers die von ihm gedichtete Strophe: *Ich war auch schon mal im Oly / sogar bei 'nem Hertha-Spiel / Irgendwie ist mir da alles / viel zu groß und viel zu viel / Köpenick bleibt mein Zuhause / Alte Försterei na klar! / Union spielt da, aha, aha ...*, die wir Eisernen selbstredend mit der unionesken Refrain-Variante komplettierten. Und schon brüllte jeder seinen Text, rangen *Nur nach Hause geh'n wa nicht* und *Nur zu Hertha geh'n wa nicht* aufs Heftigste miteinander, ohne dass dabei auch nur ein Tropfen bösen Bluts in der Luft lag, geschweige denn floss.

Auch der von Bancro inszenierte Boxer-Walk-in heizte die Stimmung mächtig auf. Nie vergesse ich jenen Moment, als ich, meine Hände auf Jessys Schulter, hinter Obelix und der Eisernen Fahne in den Saal marschierte. Die akustische Wand aus ohrenbetäubendem Jubel, Pfiffen und Buh-Rufen – alles aus tiefstem Herzen und mit Humor zugleich – bescherte mir einen Adrenalin-Kick, wie ich ihn nie zuvor und niemals wieder bei einer Lesung verspürte. Ich genoss den Rausch, genau wie alle anderen – und irgendwann auch Bancro, der sich kurz nach Abpfiff das erste Bier des Tages genehmigte. Auch das finanzielle Ergebnis, 2.500 Euro für die Spastiker-Hilfe, konnte sich sehen lassen. Deren Chef, ebenfalls Unioner, bekam bei der Übergabe des Betrags den Mund nicht mehr zu, erzählte mir Bancro. Sein Fazit: »Allein *das* war die ganze Mühe wert!« Klar, und irrsinnigen Spaß machte dieses Fan-Fest der Marke Berlin außerdem.

20. GRUND

Weil Streit im Wohnzimmer dazugehört

Spätestens seit dem Stadionbau 2008/09 nennen wir Unioner unsere Spielstätte liebevoll Wohnzimmer. Und was treibt Mensch in einem solchen? Zum Beispiel Fußball kieken, schön gemütlich auf der Couch mit wohlschmeckenden Getränken und Knabbereien, vor sich einen wunderbar großen Bildschirm.

Diese Haltung funktioniert bei mir allerdings nur, wenn keine der auflaufenden Mannschaften 1. FC Wundervoll heißt. Und ein

Open-Air-Wohnzimmer (altdeutsch: eines ohne Dach, Wände und Heizung) macht nur Spaß, wenn unter besagtem freien Himmel die entsprechende Witterung herrscht. Was lag also näher, als eine solche Aktion genau dann zu starten, wenn des Sommers ein großes Fußballturnier ohne Beteiligung von Unions Mannschaften steigt. Nahezu folgerichtig also jene Aktion namens »WM-Wohnzimmer Alte Försterei«?

»Muss ick also zusehen, wie ick meen Sofa aus Ludwigsfelde hier uffn heiligen Rasen jehuckt kriege!«, ließ mich Blocknachbar Steini senior wissen. Schon bald enthielt das Unionprogramm einen herausnehmbaren Flyer, welcher vermeldete: *Dein Sofa steht im Stadion / Komm An die Alte Försterei, ab 12.6.2014 / 750 Sofas auf dem Rasen, 10.000 Plätze auf den Rängen, Eintritt frei! Jetzt buchen!*

Bis dahin hatte ich noch niemanden gehört, der etwas an dieser mittlerweile offenbar bestens geplanten Veranstaltung auszusetzen hatte. Und doch gab es Mitglieder unserer Eisernen Familie, denen das Ganze von Anfang an stank. Längst nicht nur Ultras, sondern auch gestandene Familienväter meines Alters und darüber. »Ich war sofort gegen diese reine Eventveranstaltung!«, diktiert mir einer von ihnen ins Stammbuch und fügt hinzu: »Und dann ooch noch unterm Dach der FIFA! In Brasilien wurden Stadien gebaut, die heute längst nicht mehr genutzt werden, während die Bevölkerung hungert! Ich bin genauso gegen die WM in Katar. Die FIFA ist korrupt, gestern wie heute!«

Je näher besagtes Fußballturnier und damit die Realisierung des WM-Wohnzimmers rückten, desto mehr regte sich in unserer Familie – neben der Vorfreude auf das Sommer-Sofa-Camp – der Unmut. Nun hat Union also doch, im negativen Sinne jener Redewendung, seine Seele verkauft, hieß es da. Statt Eisernes Herz – nun Event und Kommerz! Horden stinkbesoffener Eventniks aller Couleur würden hemmungslos unser geliebtes Wohnzimmer vollkotzen. Dessen Ränge voller Männer und Frauen mit billig auf dem Polenmarkt geschossenen Deutschlandtrikots auf dem Leib, die außerhalb des

»Deppen- und Tussen-Fußballs« niemals auf die Idee kamen, mit Herz, Seele und Stimme eine Mannschaft im Stadion zu unterstützen.

Dessen ungeachtet waren alsbald sämtliche 800 ausgelobten Wohnberechtigungs-Scheine (WBS) vergriffen – sprich die zum Abstellen der eigenhändig anzutransportierenden Sitzmöbel angebotenen Parzellen unseres heiligen Rasens restlos belegt. Die überwiegende Mehrzahl der WBS-Empfänger waren Mitglieder und Fans unseres 1. FC Wundervoll.

Mit Beginn der WM berichtete alsbald nicht nur der RBB tagtäglich über das Fußball-Wohnzimmer An der Alten Försterei. Mehr und mehr Fernsehteams aus aller Welt gehörten zu den Stadiongästen. Für enorme Schlagzeilen sorgte zudem die Nachricht, drei Sofas seien von Unerkannten aus dem Stadion getragen und in die Wuhle geworfen worden.

Ja, was denn nun? Entweihung & das Ende von Fußball pur in Köpenick – oder die freundlich-geniale Nutzung unseres Wohnzimmers während der Urlaubszeit unserer Fußballgötter? Ich beschloss, meine Antwort auf diese Frage vor Ort zu finden.

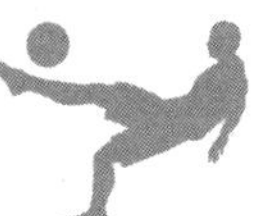

21. GRUND

Weil auf Plauzis Couch die Welt an mir vorbeirollte

Mein Unionfreund Eiserne Plauze bewohnte sein Sofa zusammen mit Gattin Hertha-Tanja (der erste Name meint den Fußballclub ihres Herzens) und ihrer gemeinsamen Tochter. Konnten oder wollten sie nicht im Stadion sein, überließen sie ihr Sitzmöbel Freunden, zum Beispiel meinem Lieblingsfeind Knut und dessen Sohn. Oder sie rückten auf dem guten Stück bereitwillig noch ein Stück enger zusammen, um mich in ihrer Mitte zu beherbergen. »Aber jern doch, du bist uns immer willkommen«, hatte mich Plauzi wissen lassen. »Ruf durch, wennde am Stadion bist, ick hol dir ab!«

Ich suchte mir bewusst einen Vorrunden-Spieltag ohne Beteiligung der DFB-Elf aus. Deutschland-Spiele gucke ich lieber im beschaulichen Rahmen des »Uluru«. Dort weiß ich mich unter Fußballfans, die weder zu dumpfem Deutschland-Hass noch zu ebensolchem Nationalismus neigen. Zu ebenjenen echten Fußballfans zähle ich auch meine Sofa-Gastgeber, aber wir befanden uns ja nicht allein im Stadion.

Schon auf dem Weg durch den Wald, auf Höhe der Gegengeraden-Kassenhäuschen, traf ich Bancro, Krawalli und Ingo. Drinnen am Zaun erwartete mich Plauzi. Frankreich–Schweiz und Costa Rica–Italien standen auf dem Fernsehprogramm, aber das fungierte von Beginn an lediglich als Hintergrund-Beschallung. Erst einmal stand ein ausführliches Gespräch über das Leben, den Fußball und unsere Vereine an. Zwischen zwei Unionern, einer Herthanerin und einer BVB-Anhängerin mit Union-Dauerkarte gab es hier einiges zu bereden. Die Franzosen schossen derweil ein paar Tore. Zwischendurch erhielten wir immer mal wieder Besuch von dieser oder jenem Bekannten, alles Unioner. Das Ganze fühlte sich an wie eine Eiserne Freiluft-WG mit knapp 800 Zimmern.

In der Pause zwischen den beiden Spielen schlenderte ich über unseren heiligen Rasen, der sich in eine Kleinstgarten-Siedlung verwandelt hatte. Manche Couchbesitzer hatten den Eingang zu ihrer Parzelle mit einem Fußabtreter versehen, vereinzelt entdeckte ich sogar zentimeterhohe Gartenzäunchen. Die neben jedem Sitzmöbel platzierten Tischchen sowie die auf ihnen postierten Lampen zierten zahllose Union-Aufkleber, aber auch Hertha und einige andere Vereine waren vertreten. Die Gegengerade, wo ich normalerweise wohne, verbarg sich hinter der Mustertapeten-bespannten Wohnzimmerwand mit dem großen Fernseher. Einige Bilder unterbrachen das heimelige Tapetenmuster. Es gab auch eine Bühne, auf der irgendwann irgendein Moderator Worte von sich gab, deren Inhalt ich nicht mitbekam, weil ich gerade nach Bier anstand und in der Schlange Krawalli ausgemacht hatte.

Neben der Bühne ein sicher beim Quiz der Firma XYZ zu gewinnendes echtes Auto in einem Regal ausreichender Größe und Standhaftigkeit. Es sah wie ein Spielzeugregal im Kinderzimmer aus. Ich spürte den kommerziellen Anteil dieser Veranstaltung alsbald auch an meinem Geldbeutel. Bier, Bratwurst, Steak wie Purzelchen – alles 50 Cent teurer als sonst, das reißt bei fünf, sechs Stunden Aufenthalt schon ein ordentliches Loch in ein Budget meiner Größenordnung. Ich trank und aß dennoch – und hoffte, dass am Ende auch mein Verein etwas davon hatte.

Auf meinem Rückweg zu Plauzis und Tanjas Couch kam ich an unserer Trainerbank vorbei, auf der sich »Uluru«-Wirt Rayk eine Zigarette drehte. »Und, wie sieht deine Marschroute fürs nächste Spiel aus, Trainer?«, wollte ich wissen. Rayk blinzelte mir zu, baute in aller Ruhe seine Kippe fertig und brummte: »Erst mal alle runter … und dann alle wieder ruff, dit alte Spiel!«

Costa Rica gewann gegen jenes Land, welches ich in Sachen Fußball so gar nicht leiden kann. Aber ich hätte wohl bei jedem Ergebnis einen wunderbaren Sommerabend in einem tatsächlich waschechten Fußball-Wohnzimmer verlebt. Als mit Einbruch der Dämmerung all die Lämpchen schimmerten, ging ein Raunen durchs »Zimmer«. Dass es zugleich ein wenig kühl wurde und wir auf dem guten Polstermöbel noch ein wenig enger zusammenrückten, auch das war völlig in Ordnung. Derart entspannt wie zwischen all den Unionern und ihren Gästen hatte ich nie zuvor im Kreise Hunderter Menschen Fußball geguckt.

Dennoch freute ich mich riesig darauf, unser Wohnzimmer endlich wieder in gewohnter Weise zu bewohnen und Schulter an Schulter mit all den anderen »Bekloppten« unseren 1. FC Wundervoll nach vorne zu brüllen. Auch wenn es dann längst nicht so entspannt zugehen würde wie auf Plauzis Couch. Wenn Union spielt, passt mir der Stehplatz in jedem Fall besser als das gemütlichste aller Polstermöbel. Wohnzimmer – das heißt Union!

KAPITEL 3

VOM AUFBRUCH ZUM ZUSAMMENBRUCH?

DIE SAISON 2014/15, TEIL 1

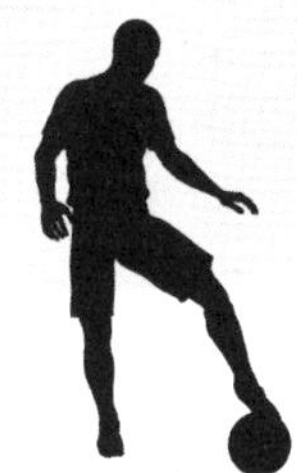

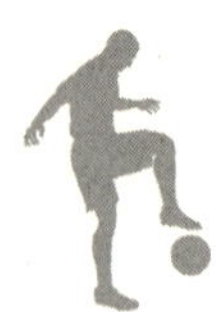

22. GRUND

Weil es manchmal einfach nur wehtut

Nun also ging Union die sechste Saison am Stück in der 2. Bundesliga an. Die letzte hatten wir nach kurzzeitigen Aufstiegsträumen in der Hinrunde auf Rang 9 beendet. 16 Punkte fehlten zum Relegationsplatz Richtung Oberhaus, während uns ganze 9 Zählerchen von jenem verteufelten Tabellenplatz trennten, der Union bis jetzt gefühlt jedes Mal eine Liga nach unten befördert hatte. Sicheres Mittelfeld, konnte man es gutwillig ausdrücken – oder aber, weit negativer: Nach einem 7. Platz in der Hinrunde beendeten wir die Rückrunde, für sich allein gerechnet, als 14., also erschreckend nahe der Abstiegsränge. Auf die Punktspiele des Kalenderjahrs 2014 bezogen, sah das Ganze gleich noch schlimmer aus: Von 15 Begegnungen verloren wir 6 und spielten 7 Mal unentschieden. Lediglich gegen den FSV Frankfurt und Energie Cottbus gingen unsere Fußballgötter als Sieger vom Platz. Nun aber sollte alles anders werden. Neuer Übungsleiter, Mannschaft verjüngen – Umbruch!

Am 3. August 2014 begann unsere sechste Zweitligasaison in Folge mit einem neuen Käpten namens Damir Kreilach, einem Fußballgott Torsten Mattuschka auf der Bank – und zu allem Unglück auch noch im Wildpark-Stadion zu Karlsruhe. Ein Ort, an dem wir unsere letzten sechs Spiele brav verloren hatten. Lediglich bei unserem allerersten Gastauftritt am 16. November 2001 trotzte unsere Mannschaft den Badenern ein 1:1 ab. Zudem hatte sich Union die letzten Jahre nach »weltmeisterlicher« Vorbereitung nicht unbedingt als Blitzstarter gen Tabellenspitze gezeigt, um es höflich auszudrücken.

Aber siehe da, unsere Fußballgötter erkämpften mit einem 0:0 nach fast 13 Jahren den ersten Auswärtspunkt zu Karlsruhe! Ordentlich Aufwind also fürs erste Heimspiel, auf das sich jeder

Unioner nach quälend langer Sommerpause ohnehin freut wie ein Kind auf den Geschenkesack des Weihnachtsmanns!

Und der schien für uns tatsächlich ordentlich gepackt: 8. Spielminute, Björn Jopek passt wunderbar zu Sören Brandy, der gibt an Steven Skrzybski weiter, Stevi zieht ab – aber Keeper Rensing hält. Ganze drei Minuten später zappelt der Ball im Netz, leider in unserem, glücklicherweise Abseits!

In Minute 35 ein mustergültiger Angriff der Gäste, abgeschlossen mit einem Torschuss Marke Unhaltbar, wir liegen 0:1 hinten. Natürlich fühle ich mich augenblicklich an den Beginn der letzten Saison zurückerinnert: Lediglich eine Woche nach unserem grandiosen 3:0 Haupttribünen-Eröffnungs-Sieg gegen Champions-League-Teilnehmer Celtic Glasgow hatten wir gegen einen biederen VfL Bochum genau jenes Ergebnis abgeliefert, welches auch jetzt so unschön an unserem berühmten Backsteinhäuschen wie auf der Anzeigetafel prangte.

Unsere Mannschaft drückte, Fortuna konterte und blieb das torgefährlichere Team. In der 64. mal wieder eine Ecke für uns. Baris Özbek schlägt den Ball in die Mitte, wo Sören Brandy das Spielgerät – wie auch immer, aber er schafft es – an den zweiten Posten befördert. Unser neuer Käpten macht kurzen Prozess und drischt das Ding in die Maschen! Oh, wie befreiend doch so ein aus tiefster Kehle kommender Torjubel ist, direkt begleitet vom heftigen Umarmen all jener, die da – zufällig oder wie immer – neben einem stehen!

Obgleich keiner der drei Eingewechselten Unioner die Rückennummer 17 trug, sangen wir mehrfach das Torsten-Mattuschka-Lied. Andere bemerkten: »Das ist nicht fair, der Mannschaft gegenüber.« Wie auch immer, am Ende hatten wir wieder mal unser erstes Heimspiel nicht gewonnen, wohl aber gegen einen erklärten Aufstiegsaspiranten einen Punkt geholt!

Am darauffolgenden DFB-Pokal-Wochenende ging's zum Aufsteiger FC Heidenheim, wo es nach 90 Spielminuten plus Nachspielzeit vor 7.600 Zuschauern hieß: *Bitteres Pokal-Aus*[19], leider nicht für die Heidenheimer.

Mit genau dem gleichen Ergebnis wie beim Heimspiel gegen Düsseldorf endete die folgende Auswärtsbegegnung in Bochum. Nach ereignisarmer erster Halbzeit hatte uns Sören Brandy in Spielminute 49 in Führung gebracht, bevor 20 Minuten später mit Simon Terodde ein frisch ausgemusterter Ex-Unioner die Eiserne Siegesfeier vermasselte.

Natürlich hatten ein paar oberschlaue Berufs-Fußballgucker schon immer gewusst, dass Terodde der beste Stürmer der Welt war. Niemals hätte Union ihn ziehen lassen dürfen. Damit wussten sie in jedem Fall mehr als ich. Längst nicht nur dank seiner lediglich fünf Tore in 30 Spielen der letzten Saison gehörte Terodde, genau wie sein Sturmpartner Adam Nemec, nicht gerade zu denjenigen, deren Auflaufen in der Startelf mir Eiserne Freude versprach.

Auch der Fortgang der Saison bot ein großartiges Fressen für die Alleswisser: Einem 0:4 daheim gegen Nürnberg folgte eine Auswärtsniederlage beim Anfang 2007 als Fußballclub gegründeten Aufsteiger aus Heidenheim, gegen den wir damit innerhalb von 27 Tagen zum zweiten Mal den Kürzeren zogen. Manchmal tut es eben einfach nur weh, ein Fan seines geliebten 1. FC Wundervoll zu sein.

Und doch ließen wir uns lange noch nicht dazu hinreißen, unsere Mannschaft auszubuhen oder ihnen Blockfahnen mit der Aufschrift *Pokal- oder Sonstwas-Versager* vor die Nase zu halten. Ganz im Gegenteil! Nach dem 0:4 gegen den 1. FC Nürnberg feierten wir unser Team nach dem Schlusspfiff derart, dass uns der Union abgrundtief ehrlich wohlgesinnte Mathias Bunkus vom *Berliner Kurier* rügte. Die Unioner auf den Rängen sollten *nicht nur immer sich selbst feiern oder darüber singen, dass man dem FCU überallhin folgt, egal wie fern der Sieg auch sei*, forderte er. *Denn darauf müssen sich alle Rot-Weißen in den kommenden Wochen einstellen. Der Sieg wird gegen Gegner wie RB, in Kaiserslautern und gegen euphorisier-*

te Darmstädter auch in den kommenden Wochen in weiter Ferne liegen[20].

23. GRUND

Weil eine Tragödie selbst bei Union keinen Sieger kennt

Meine Unionfreundin Ina hatte bereits kurz nach Norbert Düwels erstem öffentlichen Redebeitrag als Chefcoach klare Vorstellungen davon, wie der viel beschworene Neustart unserer Mannschaft aussehen würde: »Als der erzählte, er setzt uff junge, schnelle Spieler, koofte ick mir directamente'n M17-Trikot! Bei der Ansage wird Tusche wohl nich mehr lange für uns spielen.«

Mich selbst beschlich ein mulmiges Gefühl, als ich vernahm: Tusche spiele jetzt im Sturm, als hängende Spitze. Das klang mir unangenehm nach: »Pass auf, ich geb dir dort eine Chance, wo du keine hast.« Am Ende der Vorbereitungsspiele hatte Tusche immerhin zwei Tore geschossen, aber auch seine Kapitänsbinde an Damir Krailach abgeben müssen. Im letzten Test gegen Euro-League-Gewinner FC Sevilla durfte er immerhin für ganze 75 Spielminuten ran. In unseren bislang drei Zweitliga-Punktspielen hatte ihn der Trainer zweimal eingewechselt, für insgesamt 22 Spielminuten. Immerhin verlautbarte der Chefcoach, Tusche sei noch immer sehr wichtig für die Mannschaft.

Die *BZ* vermeldete in ihrer Ausgabe vom 1. September 2014, ganze sieben Tage nach dem Bochum-Spiel, dass der bei Union kurz zuvor ausgemusterte Simon Terodde für seinen neuen Arbeitgeber in nunmehr fünf Spielen bereits acht Tore erzielt habe und Bochum dadurch auf Tabellenplatz 1 stehe. Ich denke, herzlose Journalisten unter Erfolgsdruck »müssen« derart oberschlaue Häme absondern, frei nach dem Motto: »Wie um alles in der Welt konnten diese ahnungsfreien Köpenicker einen derart tollen Mann ausmustern? Hätten sie mal mich gefragt! Ich wusste schon immer: Simon Terodde gehört zu den besten Stürmern dieser Welt!«

Hätte ich die Gelegenheit, jenen schlauen Herrn zu fragen: »Und ab wann gilt dieser Leersatz?«, würde er mir gewiss antworten: »Das tritt nach meiner Kenntnis … ist das sofort, unverzüglich.« Und er gilt allzeit – bis zur nächsten Torflaute, wo Mr. Oberschlau sofort zur Stelle ist mit einem ebenso markigen: »Der Mann hat seine besten Tage lange hinter sich, der Verein hätte sich längst von ihm trennen müssen!«

Aber von dieser Fantasie-Unterhaltung zurück zur *BZ* vom 1. September 2014. Mein Freund Jensi hatte sie mir extra gekauft, und nicht jene paar hämischen Zeilen über Unions ausgemusterten Stürmer waren der Grund dafür, sondern ein zweiseitiges Interview mit unserem Exkäpten und nun auch Exspieler Torsten Mattuschka. Kurz nach Tusches Achtminuten-Einsatz in Bochum hatten sich die Ereignisse überschlagen. Quasi über Nacht war Tusche, auch was seinen Arbeitsplatz anging, wieder ein Cottbusser – und die *BZ* setzte das Ungeheuerliche genüsslich in Szene. Sie brachten Tusches Konterfei auf dem Titelblatt und druckten auf den Seiten 30–31 ein exklusives »Enthüllungs«-Interview mit ihm ab. Auf jenen Seiten gab Torsten Mattuschka sichtlich wutentbrannt Dinge von sich, die ihm womöglich schon wenig später zumindest ein wenig leidgetan haben dürften.

Die *BZ* jedenfalls hatte ihre fette Schlagzeile, und einer ihrer Schreiberlinge tönte standesgemäß, nun habe Union wahrhaftig seine Seele verkauft. Selbstverständlich würde uns der gleiche Schreiber bei der nächsten sich irgend bietenden Gelegenheit wieder großbuchstabig ein paar Fässer Honig ums Mündchen schmieren. Schließlich wüsste er dann ja schon immer: »Der Kultverein mit dem ganz großen Herzen bla, bla, bla …«

Ich bin sicher, sie meinen das alles nicht böse, sondern erledigen halt nur ihren Job wie anderenorts und zu anderen Zeiten Henkersknechte, Inquisitoren oder Staatsbürgerkundelehrer.

Echte Fachkompetenz und obendrein eine riesige Portion ehrlicher Anteilnahme hatte dagegen einen Tag zuvor Matthias Bunkus im *Berliner Kurier* bewiesen: *Es gibt sicherlich Schöneres, als einem Konflikt beizuwohnen, in dem beide Seiten sehenden Auges auf einen Knall zusteuern. Einem Konflikt, der ganz egal, wie er ausgeht, keinen Sieger kennt. Und vielleicht nur bittere Verlierer. In der Antike nannte sich so etwas Tragödie. Derzeit werden die Fans des 1. FC Union Zeuge einer solchen Aufführung.*[21]

Genau das ist diese Geschichte: eine Tragödie, deren Räderwerk am Ende alle Beteiligten durchs Tal der Tränen schleift. Jedem von uns dürfte klar gewesen sein, dass Tusches aktive Zeit in naher Zukunft zu Ende war – aber doch nicht so! Wir alle wussten doch, dass M17 auch auf dem Platz kein Übermensch war, sondern einer aus Fleisch und Blut – und doch war er den meisten von uns einer der eisernsten Fußballgötter. Die sind bekanntlich unsterblich.

Allzu schnell und unglücklich war Unionfreundin Inas Vision eines 1. FC Union Berlin ohne einen Spieler mit der Rückennummer 17 Realität geworden. Nicht der Trainer, nicht die Geschäftsführung – der gesamte Verein einschließlich des Protagonisten Tusche selbst, wir alle haben unsere riesige oder klitzekleine Aktie daran, dass aus dem überlebensgroßen Idol über Nacht ein Ex-Unionspieler wurde. Doch änderte auch diese Tragödie nichts daran, dass sich der 1. FC Union Berlin bereits am kommenden Wochenende einem jener »scheinbar aussichtslosen Kämpfe«, von denen das Intro unserer Hymne erzählt, zu stellen hatte.

24. GRUND

Weil wir auch mal Müllsäcke anziehen

Sonntag, 21. September 2014, 13 Uhr: Wie ein gefangener Tiger laufe ich im Garten meiner Schulfreundin Heike auf und ab. Selbst gewähltes Exil im Oderbruch, nach harten Arbeitswochen zusammen mit Liebe und Tochter die letzten Zuckungen des scheidenden Sommers in der Natur erleben. Von wegen, ich denke einzig daran, dass heute, in wenigen Minuten – dass *jetzt* mein Verein gegen die in Leipzig stationierte Marketingabteilung Fußball des mächtigen Dosenbrause-Besitzers und deren sächsisch-stämmiges Fußvolk antritt. Die Gäste mit den beiden Firmen-Ochsen auf der Brust sind klarer Favorit, und ich weiß, warum ich jetzt hier bin: Ich hatte letzte Saison in Rostock erlebt, wie mir ein Sieg der Dosenbrause-Söldner zusetzt. In Rostock war ich nur *gegen die* gewesen, aber heute spielten sie gegen *meinen* Verein, gegen all meine Freunde und Fankollegen, die zu gegebener Zeit hoffentlich eindeutig klarstellten, wer zumindest auf den Rängen die Besseren sind! Beflügelte die Eiserne Sangeskraft womöglich unsere bislang eher mäßig aufspielende Mannschaft gar derart, dass sie Team Dose einen Punkt abtrotzte? Auf geht's, Unioner, zeigt ihnen, wie sich Fußball pur anfühlt!

Etwa zur gleichen Zeit betritt An der Alten Försterei Stadionsprecher Christian Arbeit den Rasen. Er ist Unioner durch und durch – und deshalb vor jedem Spiel entsprechend angespannt. Heute jedoch noch einen Tick mehr. Weiß er doch, um was es gleich geht, längst nicht nur *auf* dem Platz! Angestiftet von den Ultras, hatten die Unioner etwas geplant, aber geht es auf? … Wehenden Haares, das Mikro wie immer in der Rechten, läuft Christian Richtung Platzmitte. Er blickt zur Waldseite, zur Gegengeraden – und weiß: Wow, das wird!

Seit August liefen die Vorbereitungen, und am Samstag vorm Spiel hatten sich knapp 200 Unioner zum achtstündigen Bastelnachmittag auf der Waldseite eingefunden. Sie malten keine bunten Bilder wie 2013 gegen die seltene Augenkrankheit Aniridie, sondern schnitten aus schwarzen Müllsäcken 20.000 Ponchos. *In Leipzig stirbt die Fußballkultur*, vermeldete die große, in trauerndem Schwarz und Weiß gehaltene Zaunfahne auf der Waldseite.

Von Trauer erzählten auch besagte 20.000 Ponchos, die unser Stadion für die ersten 15 Spielminuten, untermalt vom eben so lange andauernden Schweigen aller Unioner, in eine riesige Friedhofskapelle verwandeln sollten. Trauer darüber, dass milliardenschwere Firmenprodukte wie jenes Ochsen-geschmückte den Fußball endgültig zum reinen Marketing-Event und Fußballfans zum bloßen Konsumenten-Fußvolk modernisieren. Trauer darüber, dass gesichtslose Fußball-Supermärkte liebevoll gehegte Tante-Emma-Läden wie den unseren aus den Profiligen gentrifizieren und *Monsanto* Lüdenscheid, *Nestlé* Hinter-Hupfingen, *Red Bull* Makranstädt & Co. die welcher Marke dann auch immer gehörende Meisterschaft auskegeln.

Trauerndes Schwarz als Protest Ewiggestriger, die nicht einsehen wollen, dass wir nun mal in einer globalisierten Welt leben, in der auch der Fußball in die Hände einiger Global-Player gehört? Demokratische Vereins-Strukturen, 50+1-Regel, Mitbestimmung der Fans – Schnee von vorgestern! Keine globale Firma ist demokratisch aufgebaut, warum also sollte das bei deren Fußball-Abteilungen anders sein? Vielleicht stationiert ja irgendwann ein Firmenimperium eine solche auch mal in unserer Stadt? *Walmart* Berlin for Champions-League-Sieger, und wir alle schwenken zertifizierte Schlüpfer-Fähnchen, die wir zuvor freiwillig käuflich erwarben?

Dass ein Protest gegen diese Aussichten ebenso unsinnig sei wie dereinst in der DDR eine Aktion gegen das massenhafte Tragen von Blauhemden, darin schienen sich, bis auf wenige Ausnahmen, alle modernen Medien einig, besonders die beiden Großbuchstabigen aus dem Hause Springer. Jene Zentralorgane der »schönen, neuen Welt« hatten den Ablauf der eigentlich ja streng geheimen Choreo mehrere Tage vorm Spiel in dicken Lettern herausposaunt. Das brachte ihnen Leser und sorgte ganz sicher mit dafür, dass uns Fußballfreunde aus ganz Deutschland und weit darüber hinaus bedingungslos die Daumen drückten gegen diese Vorreiter des modernen Großfirmen-Fußballs.

Natürlich erfuhren dadurch auch die zumeist sächsischsprachigen Claqueure unseres Gegners von dem Ganzen. Wären sie wie wir »Ewiggestrige«, würden sie uns genau in jenen ersten 15 Minuten mit aller Macht zeigen, was 'ne Harke ist …

Punkt 13.30 Uhr sitze ich in Heikes Bibliothek vorm Computer. Zumindest per Internet-Radio *muss* ich das Spiel verfolgen. Die Kulisse wirkt befremdlich, sitzt der Kommentator aus Sicherheitsgründen fernab des Stadions in einem nur Presseleuten zugänglichen Großraumbüro? Augenblicklich entschuldigt sich der Mann für die fehlende Stadion-Atmosphäre. Der Stimmungsboykott der Unioner, dem sich die Ochsen-Städter offenbar einmütig angeschlossen hatten, sei daran schuld.

Es bedurfte der späteren Zuhilfenahme eines im Gästeblock aufgenommenen Videos, dass ich weiß: Das war kein genialer Schachzug der Dosenfans, sondern einfach nur pures Unvermögen. Positiv ausgedrückt: Die Ochsen-Städter erwiesen sich bereits jetzt als erstklassige Serienmeister-Mitläufer. Auf der Seite des Siegers braucht's eben keinen Gesang. Während unserer Hymne höre ich ein paar vereinzelte »Bfui«-Rufe und Pfiffe. Hernach, fast an einen Chor erinnernd: »Huroh, huroh, de Lähpzschior sin do«. Einige halten bunte Luftballons hoch und bringen diese, ebenfalls vereinzelt und warum auch immer, zum Platzen. Etliche Zeit später vernehme ich aus mehreren Kehlen zugleich »Ra-*senn*-ball-*spurt*«, mitunter auch nur »*Rasen*-nuschel, nuschel«. Schließlich stimmen einige das unter diesen Umständen schon fast sensationelle »Rasenballsport olä, Rasenballsport olä« an.

»Zehn, neun, acht …« beenden 20.000 Eiserne mit aller Stimmgewalt den Spuk und verwandeln unser Wohnzimmer endlich wieder in ein lebendiges Fußballstadion. Klarer Punkt für die Unioner auf den Rängen, wenigstens das!

25. GRUND

Weil es Tage wie diesen gibt

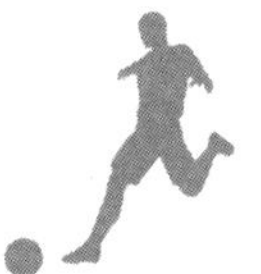

Dieser 21. September 2014 war einer jener Tage, geschaffen für trostloseste Niederlagen oder allzeit unvergessene Siege in scheinbar aussichtslosen Kämpfen. Die Zeichen deuteten auf Ersteres. Unsere Mannschaft hatte sich noch nicht gefunden. Tusche »über Nacht« nach Cottbus emigriert, und eine Alternative zum über ihn laufenden Spiel der letzten Saison außer Sicht, zumindest für einen Fußball-Laien wie mich. Drei Unentschieden, gefolgt von zwei Niederlagen, 3 Pünktchen, Tabellenplatz 17. Unser finanziell übermächtiger Gegner, seit 21 Spielen ungeschlagen, stand mit 11 Zählern auf Rang 2, punktgleich mit den führenden Audi-Städtern, dem 1. FC Kaiserslautern und Mit-Aufsteiger Darmstadt 98. Offenbar diente den Brausedoslern auch Liga 2 lediglich als Zwischenstation auf ihrem Direktflug zu sämtlichen irdischen Fußballmeisterschaften.

Die Brause-Ochsen dominierten den Rasen, obendrein hatten sie die erste Viertelstunde zumindest akustisch ein Heimspiel. Schließlich hatten sich die Unioner ja zum schwarz-trauernden Schweigen entschlossen. »Mit Duldung und Unterstützung des Vereins!«, merkte der Reporter von »Bundesliga bei BILD« mit vorwurfsvoller Stimme an.[22] Dass auch unsere Spieler Trauerflor trugen, lag allerdings daran, dass am 5. September 2014 Unionlegende Wolfgang »Ate« Wruck gestorben war. In 209 Pflichtspielen hatte er unser Trikot getragen und war als Eiserner sechs Mal für die DDR-Nationalmannschaft aufgelaufen.

Aber zurück zum Spiel: Die Gäste drücken, Union hält klug dagegen. Dann jedoch, noch in Hälfte 1, ein »glasklarer« Elfmeter für Team Dose, zumindest aus Sicht des *BILD*-Mannes: Ein gegnerischer Stürmer hatte sich samt Ball auf unseren Keeper zubewegt. Daniel Haas wirft sich ihm entgegen, beide »schliddern« aufeinander zu. Haas zieht zwar im letzten Moment vor der Kollision sein Bein zurück, unterlässt es aber sträflich, sich gänzlich in Luft aufzulösen. Und genau hier packt ihn Kommissar *BILD*: »Aber er trifft, demaskiert von der Bild-Lupe, mit dem Knie das Standbein«[23] des Ochsendoslers. Gut, ich sah das alles selbst in der genannten Lupe nicht so, aber ich schreibe ja auch nicht für *BILD*. Wie auch immer, Schiri Tobias Stieler bleibt dabei: Anders, als viele seiner Referee-Kollegen schenkt er dem Brausekonzern keinen Strafstoß, sondern widmet dem »rüde Gefoulten« die gelbe Schwalben-Karte. Skandal in Köpenick!

Kurz nach der Pause brilliert ein Brause-Stürmer in unserem Strafraum mittels einer eindrucksvollen Show-Flug-Einlage. Trotz seiner mustergültig eingesprungenen Halb-Schwalbe verweigert auch ihm der Schiri den Elfer, schon wieder Skandal! Und in Minute 59 gleich noch einmal, und wieder ist's jener Vielflieger, der nun mit seiner Faust verzweifelt unseren armen Rasen schlägt.

Elf Minuten später Freistoß für Union: Köhler von links in den Fünfmeterraum, wo Sebastian Polter inmitten all der hier versammelten Spieler erstens genau richtig steht und zweitens höher springt als seine Bewacher. Per Kopf lässt er die Maschen zappeln, 1:0 für Union, im Stadion tobt ein Orkan!

Ganze sieben Minuten vergehen, da erzielt der Vielflieger eben das, was man aus unserer Sicht mit Fug und Recht als unglückliches Tor bezeichnet: 1:1, wenigstens das Unentschieden halten? Dieses Mal sind es ganze sechs Minuten, bis unsere Fußballgötter etwas zeigen, was ich *so* schon gefühlte Jahre nicht mehr beim 1. FC Wundervoll erlebte: einen ultra-schnellen Gegenzug! Jopi passt kurz auf Fabian Schönheim, der die Murmel dem genau im richtigen Augenblick lossprintenden Sebastian Polter lehrbuchwürdig in den Lauf spielt. Schon fliegt Polter mutterseelenallein aufs Ochsen-Gehäuse zu. Aufreizend lässig schiebt er die Murmel am Dosen-Keeper vorbei ins rechte untere Eck! Was für ein Aufschrei der 20.000 Eisernen im Stadion, was für ein Jubel der Mannschaft, was für ein Tor – und vor allem: was für eine Vorbereitung!

Der nächste Jubel-Orkan wenige Minuten später, als das Spiel vorbei und der Sieg endgültig unser ist. Die Spieler bilden einen Kreis, schreien ihre Freude heraus. »Ey, Männer, genau so sieht's nämlich aus!«, ergreift Fabi Schönheim das Wort. »Den Sieg haben wir uns als Team erarbeitet! Jetzt genießen wir diesen Scheiß-Tag, feiern mit unseren Fans – und dann machen wir *weiter*!« Und wieder schreien sie Arm in Arm los, als hätten sie heute zum ersten Mal in ihrem Leben ein Fußballspiel gewonnen. Genau das haben sie, in jedem Fall ein solches!

26. GRUND

Weil Eiserne Spieltage auch in grauen Zeiten wat Besonderet sind

Nach trostloser 0:1-Niederlage in Kaiserslautern nun das Heimspiel gegen SV Darmstadt 98: »Alta, die Mannschaft macht schon noch ihre Runde!«, ermahnte mich ein junger Blondschopf, als ich bereits kurz nach Abpfiff die Betonstufen der Gegengeraden nach oben stapfte. Ich verstand ihn gut, auch seine Worte: »Du trägst es auf der Brust, in guten wie in schlechten Tagen!«

Ich blieb oben am Geländer stehen, applaudierte unseren Spielern, aber ich tat es längst nicht so innig wie sonst. Ich hatte schon viele Spiele miterlebt, die vom Niveau her mauer, vom Ergebnis her schlechter für uns ausgegangen waren als dieses. Ich sah auch schon viele Unionmannschaften, deren »Potenzial« weit unter dem unseres aktuellen Kaders lag. Und doch war mir das heutige Spiel seit Langem eines der traurigsten. Gut, ich hatte einige Spieler gesehen, die da unten alles für den Verein gaben. Einer von ihnen war unser Torhüter, ein anderer hatte selbst nach schlimm anzusehender Verletzung vehement abgewunken, als ihn der Trainer auswechseln wollte. Andere indes wirkten, zumindest in meinen

Augen, eher wie Leute, die halt ihrem Job nachgehen. Ich sah einen Spieler, der, war er am Ball, selbigen auch schon wieder verloren hatte. Später hörte ich, es gäbe in Eisernen Fankreisen bereits ein Spottlied über ihn. Ein anderer trug bereits wenige Minuten nach dem Schlusspfiff, genau so lange hatte er für uns auf dem Platz gestanden, das Trikot des Gegners. Vielleicht war dessen Träger ja ein guter Freund von ihm.

Eine gute Viertelstunde vor Schluss hatten wir das 0:1 kassiert, und es sah nicht danach aus, als ob sich in den verbleibenden 13 Spielminuten daran noch etwas ändern würde. Einen aber gab es, der *ihn* dann schließlich *doch* noch mit aller Gewalt und gar mit seinem angeblich schwächeren Fuß für uns *reinhaute*. Ein Typ, der gerade mal eine Handvoll Minuten hatte mitspielen dürfen, bei dem ich jedoch immer den Eindruck habe, er rennt sich selbst bei 40 Grad Fieber und mit angebrochenem Wadenbein für Union die Lunge aus dem Brustkasten: Christopher Quiring. Es gibt noch ein paar von seiner Sorte, nicht alle von ihnen gehören zu des Trainers Stammelf.

Immerhin, unsere Mannschaft hatte nicht verloren – und wir auf den Rängen sie nicht aufgegeben nach dem uns nur allzu vertrauten Rückstand. Ich war nach Spielende heiser wie immer, und doch hatte bei mir über weite Strecken das totale Feuer gefehlt. Und ich wurde den Eindruck nicht los, vielen um mich herum ging es ebenso. Manches Eiserne Volkslied versickerte allzu schnell – und viel öfter als sonst vernahm ich laut und deutlich die Gesänge aus dem Gästeblock.

Geht es uns zu gut?, schoss es mir durch den Kopf. Haben wir uns zu sehr eingerichtet auf dem für Unionverhältnisse geradezu luxuriösen Erfolgslevel? Müssen wir etwa erst mal wieder »Hand in Hand ganz nah an einem Abgrund stehen«, wie es in einem dieser unbarmherzigen Erfolgsschlager heißt? Es wäre nicht das erste Mal in unserer Historie – aber doch bitte nicht schon wieder! Klar, wir befinden uns mitten im Umbruch, aber wohin geht die Reise?

Auf meinem langen Weg zur Falle beantworteten mir einige Unioner diese Frage. Vom »Aach, det wird noch, uffsteigen tunwa nächste Saison« bis zum »Lass uns runta jehn und inne Dritten 'ne neue Ost-Oberliga uffmachen! Allet altbekannte Gegner, und ohne die janzen Erfolgsheinis hamwa endlich wida Platz uffde Ränge!« war alles dabei. Jeder brachte seine Vision voller Überzeugung, und noch schwang keiner Reden à la: »XYZ raus, dann geht's aufwärts!«

Am heimischen Rechner ließ ich unsere Leistung auf den Rängen anhand zahlreicher im Netz geposteter Impressionen noch einmal Revue passieren – und staunte nicht schlecht: Die vielen Fahnen, und auch der Wechselgesang klang gut. Ach, und da war ja noch Plattenunterhalter Wummes geniale Idee, direkt vor der zweiten Halbzeit einen Song zu spielen, der spätestens seit Monty Pythons *Das Leben des Brian* Inbegriff dafür ist, dass Mensch auch in schier auswegloser Situation dazu fähig ist, lässig pfeifend am Ball zu bleiben. Galgenhumor der entspanntesten Art, wie gemacht für unsere aktuelle Gemütslage. Die Unioner auf den Rängen nahmen den ihnen vom eisernen Plattenunterhalter meisterhaft zugespielten Pass in Null Komma nix auf. Bis weit in die zweite Spielhälfte hinein intonierten Tausende den Refrain jenes Songs – und bewiesen mit dem lässig geschmetterten *Always Look on the Bright Side of Life*, dass sie auch in schweren Zeiten, und solche fangen ja lange vor dem sprichwörtlichen Galgen an, Unions Auftritte zu zelebrieren wissen.

Rückblickend ist mir auch dieser – vom Gegner wie Ergebnis her – völlig unspektakuläre Fußballnachmittag in unserem Wohnzimmer ein ganz besonderer. Zeiten des Umbruchs sind nun mal keine Jubelbankette. Und wohin der Weg auch führt, wir auf den Rängen bleiben der steilste gemischte Chor dieser Welt! Dann fällt es unseren Fußballgöttern umso leichter, selbige zu bleiben, ... oder bin ich da zu naiv? Bedingungslos dankbar bin ich jenem jungen Unioner, der mich beim Gehen bei meiner Ehre packte – und diesem ebenfalls echten Unioner aufm Platz, der kurz vor Ultimo mit aller Wucht den Ball ins gegnerische Tor drosch.

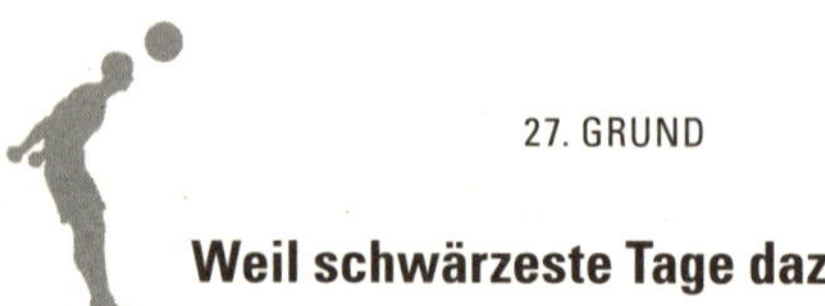

27. GRUND

Weil schwärzeste Tage dazugehören

Zum Auswärtsspiel nach Pauli fahren war nicht drin. Kein Geld, keine Zeit. Schätzte ich mich doch schon unsagbar glücklich, dass ich überhaupt das Spiel sehen konnte. Auf dem Weg zur Sportsbar kam ich am Jahn-Tierpark vorbei. Kurz vorm Stadiontor kreuzte ein Elternpaar aus dem Kindergarten unserer Kleenen meinen Weg. »Ganz schön aggressive Stimmung hier«, mein Vater-Kollege nickte Richtung Stadion. Hinter ihm sah ich einen Kleinbus, dem gerade ein Trupp breitrückiger Männer entstieg. Besagte Rücken steckten in äußerst knapp sitzenden bordeauxroten Shirts, die den Schriftzug *Treibjäger* trugen. Die Unaussprechlichen waren in die Regionalliga aufgestiegen und trugen ihre Heimspiele seitdem im Jahn-Tierpark aus. »Danke für den Tipp«, erwiderte ich dem aufmerksamen Mann. Den Gang durchs Hohenschönhausener Revier sparte ich mir also lieber.

Was ich wenig später auf dem Bildschirm in der Sportsbar sah, war nach halbwegs ansprechendem Beginn der Partie ebenfalls untauglich, meine Laune in irgendeiner Weise zu heben. Knapp 22 Spielminuten waren von der Uhr, als sich Jopi nicht anders zu helfen wusste, als einen in unseren Strafraum eindringenden Paulianer mittels Notbremse zu Fall zu bringen. Der Rest des Spiels ist aus Unioner Sicht schnell erzählt: Rote Karte, Elfer, Rückstand – Packung. Beim Stande von 0:3 und mit einem handfesten Polizeieinsatz im und vorm Millerntor-Stadion endete dieser für uns so rabenschwarze Spieltag.

»Ick kann mir nich helfen, aber unsere Uffstellung sieht mir jedes Mal wie'n Hilferuf aus«, hatte mir Tischnachbar Uli in der Halbzeitpause anvertraut, womit er mir leider aus der Seele sprach. Ich habe wie gesagt nicht viel Ahnung von Fußball, weshalb ich diese Zeilen keineswegs als Polemik verstanden wissen will. Ich war einfach nur völlig rat- wie hilflos. Und das Schlimme daran: Diese Hilflosigkeit schien gerade unser aller treueste Begleiterin zu sein. Nach wie vor sah ich aufm Platz immer mal wieder eine gute Idee unserer Spieler, und ja, vielleicht klappte das Umschaltspiel tatsächlich ein wenig schneller als in der letzten Saison. Es gab in meinen Augen noch immer den einen oder anderen Fußballprofi, der sich reinhaute für den Verein, vor allem aber sah ich Hilflosigkeit, mitunter gar Resignation? Bei etlichen unserer Stammspieler vermisste ich all das, was das Wort »Eisern« ausdrückt. Und wieder stach ein Satz meines Tischnachbarn genau in die Wunde: »Man hat unserer Mannschaft in den letzten Jahren nach und nach die Leute genommen, die in irgendeiner Weise zu Berliner Aufsässigkeit neigen.« Menz, Stuff, Glinker, Mattuschka – ratterte es durch meinen Kopf. Es hieß immer wieder, der Kader wurde verstärkt. Stimmt sicher auch, womöglich zählt diese Ansammlung von Spielern von der Summe ihrer »Potenziale« her zu dem Besten, was für Union je auflief. Und klar ist eine Verjüngung der Mannschaft, gar ein Umbruch, nicht in ein paar Wochen abgehakt. Aber um Himmels willen, *wohin geht unsere Reise?* Gibt es so etwas wie ein Konzept? Schleicht sich bei einigen womöglich die berühmte Söldnermentalität ein? Hatte es einen bestimmten Grund, dass langfristig blass rüberkommende Akteure immer wieder in der Startelf standen oder als wirkungslose »Joker« reinkamen?

Liebe Leserin, lieber Leser: Verzeih mir bitte meine Ahnungslosigkeit. Ich habe an dieser Stelle nur Fragen, keine einzige Antwort. Falls jemand die eine oder andere weiß: Bitte her damit! Sicher weiß ich nur eins: Eisern Union ist und bleibt für mich weit mehr als eine Ansammlung von elf Buchstaben. Wann immer ich kann, gehe ich zu Union, egal, in welcher Liga unsere erste Mannschaft gerade kickt. Und wie sangen die Scherben so überaus wahr und mir immer wieder Kraft gebend: *Wenn die Nacht am tiefsten ist, ist der Tag am nächsten!*[24] Recht haben sie, und wer weiß: Vielleicht hatten wir alle ja bereits nach der Länderspielpause, also in genau zwei Wochen, in unserem Wohnzimmer genügend Gründe für einen gemeinsamen Freudentanz Eisernster Art.

Ernst ist das Leben, heiter sei die Kunst[25], wusste bereits der klassische Stürmer und Dränger F. Schiller. Deshalb an dieser Stelle einige Takte Eiserne Kunst:

4. KAPITEL

EISERNE KUNST VON EISERNEN KÜNSTLERN

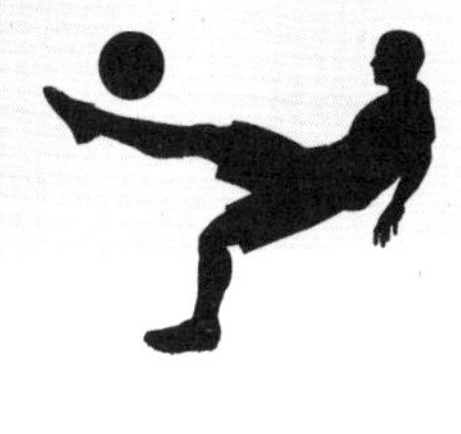

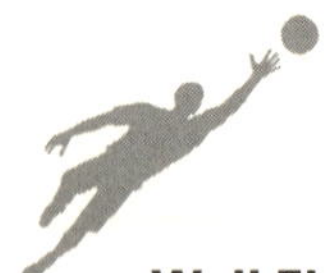

28. GRUND

Weil Eisernet Lied der beste aller Schlachtgesänge ist

In einer Zeit, da viele meiner Freunde längst aus unserem Stadtbezirk vertrieben wurden, weil sie sich die Mieten hier nicht mehr leisten können und auch ich nach mittlerweile 27 Jahren hier die reelle »Chance« habe, ihnen folgen zu müssen, spricht mir ein Song besonders tief aus dem Herzen, der da mit der Zeile beginnt: *Hier iss meen Zuhause, hier krischt ma keena weg.*

Das Ganze untermauert vom satten Sound schwer verzerrter Stromgitarren, eröffnet vom altehrwürdigen und doch nie ermüdenden Schlachtruf: *Eisern!*

Der Sänger meint mit jenem Zuhause natürlich nicht die engen vier Wände spießbürgerlicher Kleinfamilien-Gemütlichkeit, sondern ein Wohnzimmer, welches mittlerweile über 22.000 Menschen Platz bietet: *Die Alte Försterei, dit iss der einzije Fleck / da wo mein Herz schlägt, wo't hinjehört / wo mir keena von die Spinner da drüben stört.*

Dieses unser Wohnzimmer ist *der* Ort, an dem ich jedwede Verstellung abwerfe und ungebremst all das rauslasse, was mich bedrückt: *Nüscht kann mir so von menen Sorjen befrein / Hier jehör'ck hin, hier kann ick fluch'n und och schrein.*

Spätestens an dieser Stelle jenes Liedes befinde ich mich nicht mehr im Normal-, sondern im Unionmodus, und ich singe wie all die anderen um mich herum aus vollem Halse: *Allit anre iss ejal, hier kann ick wat ick bin sein / Denn dit iss unsre Stadt und dit iss unser Verein!*

Ich bin zu Hause – und ab sofort drehen sich all meine Sorgen und Nöte nur noch um das, was da unten gleich abgehen wird, dreht sich alles in mir um das Spiel unserer Mannschaft.

Nun gibt es genug Menschen, die sich in ihrer Not hinter ihren jeweiligen TV-Superhelden verstecken, egal, ob diese nun Terminator, Hulk, Mike Tyson, Cristiano Ronaldo, Lionel Messi oder FC Immersieger-Erfolgsgarant heißen. Auf einem gänzlich anderen Weg befinde ich mich, während ich wie all die neben mir den Refrain mitgröle: *Union Berlin – du bist jenau wie ick! / Union Berlin – dit iss unsa Kick!*

Nicht nur ich, auch meine Mannschaft kennt gute, schlechte oder sehr schlechte Tage, aber selbst Letztere ändern nichts daran, dass wir zusammengehören. Ich verstecke mich also nicht hinter meinem kollektiven Superhelden namens Union Berlin, sondern bin ein Teil von ihm. Einer, der durch sein Gebrüll von der Traverse mit all den anderen hier dafür sorgt, dass sich die Spieler auf dem Platz ordentlich reinhängen und alles dafür geben, dass WIR ALLE dieses Spiel gewinnen. Und was treibt uns bei alledem immer mehr an?: *Union Berlin – dit iss Spreesand im falschn Jetriebe / Keen blinda Hass, aba eiserne Liebe!*

Die zweite Strophe schließlich – sie war für mich die erste, deren Text ich im Schlaf mitsingen konnte – erzählt davon, dass Union schon immer der Verein jener war, die nicht in Hubschrauber oder Privatjet auf dem Dach eines Event-Tempels landen, um daselbst erlesene Häppchen mit Schampus runterzuspülen und nebenbei ein wenig »Fussi« zu konsumieren: *Wir sind keen Verein, wo die Euros wehn / Die richtig dicke Kohle hat hier nie ena jesehn.*

Dessen ungeachtet – oder gerade deswegen? – kennen wir in unserem Wohnzimmer nur eine Richtung: Unsere Mannschaft unterstützen, egal wie es steht, egal wie es läuft, egal wie der Wind sich dreht. Und zwar mit einer Konsequenz, die vielerorts alles andere als Standard ist: *Doch die Mannschaft weeß, dat wa hinta ihr stehn / Und wer dit nich kapiert, der soll zu Hertha jehn.*

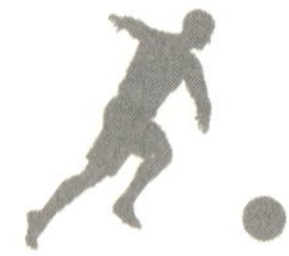

29. GRUND

Weil »Wir sind Union«

Lieder, die mit dem Fußball oder einem Fußballverein zu tun haben, kamen hierzulande viele Jahrzehnte im Humpsdada-Schlagergewand daher. Heutzutage gesellen sich Hartmetallklänge dazu, verzerrte Stromgitarren und röhrende Kampfgesänge. So auch bei Union – aber eben nicht *nur*!

Seit 2013 erschallt hin und wieder bei Heimspielen, dazu auf Konzert- und Lesebühnen, vielfach an heimischen Rechnern und seit dem 4. Februar anno 2015 endlich auch (wie früher) auf altehrwürdigen Schallplattenspielern ein gänzlich andersartiger Song, der sich um unseren 1. FC Wundervoll dreht. Er beginnt mit betont getragenen Klavierakkorden. Nach fünf nachdenklichen Takten übernehmen Akustikgitarre und die rauchige Stimme des Sängers. Er singt von einem Ort, an dem sich zwei durch Berlin fließende Flüsse begegnen. Es ist ein Ort, welcher beharrlich dem mörderischen Tempo unserer Gesellschaft trotzt. Der dank seiner vielen Wasserwege Erinnerungen ans romantisch verklärte Venedig weckt – und der doch nahe gelegene Heimat ist. Hier isst man (zumeist) Bratwurst statt Pasta. Sehenswürdigkeiten gibt es auch hier, nur ein paar Nummern bescheidener. Ein kleines Schloss, auf dem Marktplatz eine womöglich kleinste Brauerei der Welt. Schließlich zoomt uns der Sänger poetisch heran an jene Sehenswürdigkeit, die längst nicht nur zu Unions Heimspielen Tausende Eiserne magisch anzieht: *Köpenick, Spindlersfeld, Alte Försterei.*

Direkt anschließend, nun auch wieder vom Klavier begleitet, der Refrain: *Hier sind wir zu Haus / Hier sind wir geboren / Hier ist unser Eisernland / Wir sind Union.*

Ich wurde in Jena geboren und lebe seit nunmehr 27 Jahren im seinerzeit noch zu Berlin gehörenden Prenzlauer Berg, aber ich bin sicher, auch Dario Urbanski, der seit den Neunzigern in

Südafrika wohnt, und mit ihm wohl jeder Exil-Unioner, fühlt sich hier angesprochen wie nur irgendwas. Egal, wo wir auch sind, ist das Stadion An der Alten Försterei weit mehr als Austragungsstätte von Punktspielen unseres Vereins. Ja verdammt, hier *sind* wir zu Hause. Und genau hier in »Eisernland«, in seinem seit 1920 magischen Zentrum erlebten die meisten von uns ihre »Geburt« als Unioner.

Hängt die Fahne an jedem Spind – die sechs Worte dieser Zeile erzählen von Unions Anbindung ans Oberschöneweider Industriegebiet, wo viele Generationen von Unionspielern, Funktionären wie Fans ihrer Arbeit nachgingen und zum Spieltag gemeinsam ins Stadion pilgerten.

Zur zweiten Strophe gesellt sich leise eine E-Gitarre hinzu, während der Sänger von Eisen-Lands Geografie, der hier herrschenden Stimmung und der berühmten Aufsässigkeit des Schusters Friedrich Wilhelm Voigt erzählt, der als »Hauptmann von Köpenick« in die Geschichte einging. Der zog seinen Geniestreich durch, trank darauf am Bahnhof sein Helles, ließ sich verhaften – und wurde vom Kaiser begnadigt.

Und wir heute? Hier in Köpenick, im Stadion An der Alten Försterei haben wir Unioner jenen Ort, *Wo wir gewinnen, selbst wenn wir verliern*! Einen, der uns Heimat ist, die wir bedingungslos lieben – egal, welches Ergebnis unsere Fußballer erfochten. Mögen andere Teams stärker, reicher, mächtiger sein als das unsere, bleiben *wir* uns doch treu. Immer wieder pilgern wir in unser Stadion, unseren *Dom*, der, solange wir Unioner sind, niemals den Namen eines starken, reichen, mächtigen Mäzens tragen wird.

Ihr habt die Großen, doch die Helden haben wir, das meint natürlich seit Generationen auch unsere jeweils aktuellen Spieler, sofern sie sich denn auf dem Platz eisern reinhängen für den Verein. Vor allem jedoch sehe ich hier uns alle vor mir, die wir unser Team aus voller Kehle und tiefstem Herzen unterstützen. In jedem Fall denken wir spätestens mit Spielbeginn einzig an unseren 1. FC Wundervoll.

Selbst, wenn wir gerade, aus welchen Gründen auch immer, nicht körperlich im Stadion stehen. Wir alle, die diesen Verein im Herzen tragen, sind Union, singt am Ende der Chor, der mich stark an *We Are the World* erinnert. Natürlich ist es ein Chor aus Unionern, egal ob Fußballprofi, Schauspielerin, Sänger, Stadionsprecher oder Teenie. Und natürlich die Band selbst: Christoph Thiel und Roland Krispin. Letzterer schrieb übrigens zusammen mit Andreas Hähle den Text dieser Ballade. Sie erzählt von gestern, heute und morgen – und nicht zuletzt von der (hoffentlich ewig währenden und ewig fair bleibenden) Rivalität mit unserem Stadtrivalen: *Hart, Hertha, Eisern Union*!

Apropos Rivalität: Ein waschechter Berliner, der zudem in dritten Generation Herthaner ist, nahm die Zeile *Ihr seid der Mercedes, aber wir sind der Stern* ausgesprochen wörtlich. Er wollte Roland bei einem gemeinsamen Auftritt einen Mercedes-Stern schenken, den er einst als junger Wilder an einem Wagen dieses Typs »gefunden« hatte. Leider fand er ihn jetzt nicht mehr wieder …

30. GRUND

Weil Eiserne Ehemänner das schwerste Los auf Erden tragen

Ein Mann, dem deutlich ins Gesicht geschrieben steht, dass ihn der Wind des Lebens nachhaltig und bis weit unter die bestenfalls nachlässig rasierte Wangenhaut gegerbt hat, steht sinnierend in der Stube. Er hat alles getan, was ein Mann laut einem Sinnspruch, der angeblich schon in der Bibel zu finden ist, auf Erden irgend leisten kann: *Baum jepflanzt, Aktie jekooft, Stadion jebaut.*[26]

Es ist das Ewig-Faustische in ihm, das ihn auf dieser höchsten Stufe irdischen Schaffensdrangs keineswegs *beruhigt (…) auf ein Faulbett legen*[27] und daselbst müßig innehalten lässt. Eben genau wie Goethes Faust, der Mephisto direkt nach dem Faulbett-Vers entgegenschleudert: *Werd ich zum Augenblicke sagen: / Verweile doch! du bist so schön! / Dann magst du mich in Fesseln schlagen, / Dann will ich gern zugrunde gehn!*[28]

So und nur so verstehe ich die geradezu heroische Frage des unrasierten und in einem Trikot der Alt-Unioner gekleideten Mannes: *Und wat nu?*[29]

Zweifellos eine Frage, die jenen faustischen Alt-Unioner, findet er nicht schnellstens die richtige Antwort, zu fundamentaler Verzweiflung treiben würde. Glücklicherweise jedoch ist er nicht allein auf dieser Welt mit jenem Problem, denn Gott, die nächtlichen Streifzüge seiner Jugend, das Internet oder wer auch immer hat ihm eine lebenstüchtige wie stets nach vorn schauende Gemahlin zur Seite gegeben, die ihm in dieser für ihn so schweren Lebenssituation mit aller ihr eigenen Weitsicht wie Resolutheit aus dem Off die geradezu befreiende Gewissheit vermittelt: Ja, lieber Mann, es gibt noch etwas, was du auf dieser Welt zu unser aller Wohl zu leisten imstande bist: *Bring den Müll runter!*

Diese Szene aus dem Leben eines waschechten Unioners ist festgehalten auf einem der exakt 100 Cartoons des Buches *Voll dit Leben! mit EISERN UNION* von Sam Paff. Dass der Mann auf dem Bild ein fußballverrückter Eiserner ist, beweisen neben seinem Shirt die geografische Wahl seiner Behausung – direkt mit Blick aufs Stadion An der Alten Försterei, die mit Stadion-Aktie und allerlei Unioneskem geschmückte Wand, der Wimpel auf der Kommode, das rot-weiße Kissen auf dem Sessel, der prall gefüllte Union-Aschenbecher auf dem Tisch sowie die Anwesenheit einer ganz sicher hochdrehenden alkoholischen Flüssigkeit mit dem sprechenden Titel »Berliner Brandstifter«.

Neben einigen Bildern zur Geschichte des Vereins, neben Blicken auf Umgebung, Stehränge und den heiligen Rasen des Stadions An der Alten Försterei oder in Unions Mannschaftskabine sind es immer wieder Szenen aus der juten Stube Eiserner Ehemänner, die das Buch Bild für Bild in schonungsloser wie liebevoller Weise ans Licht der Öffentlichkeit schubst.

Jede dieser juten Stuben erinnert mich auffallend an die Räume der Eisernen Botschaft, dereinst in der Gutenbergstraße. Hier geht der Ehemann, inmitten all seiner Eisernen Reliquien mit rotweißem Schal vorm Fernseher sitzend, seiner geradezu religiösen Pflicht des Union-Kiekens nach. Die in Reizwäsche gekleidete Ehefrau, die vorm Bett darauf harrt, dass er endlich seiner *ehelichen* Pflicht nachkommt, lässt er wissen: *Mich haste warten lassen, bis wa verheiratet sind. Jetzt musste warten, bis die Fußballübertragung zu Ende is.*[30]

Klar rangiert Union im Leben des Eisernen Ehemanns vor der Angetrauten, die für ihn allerdings vor so fundamentalen Dingen wie Billard, Völkerball und Synchronschwimmen rangiert. Sie haben es wirklich schwer, diese unverstandenen Heroen auf schwerem Posten. Bereits 30 Minuten nach der Hochzeit fängt die Frau mit dem Genörgel an, einzig weil der Gatte mit Basecap, Schal und Bier vorm Fernseher seine heilige Pflicht tut. Was zum Teufel kann *er* für die Anstoßzeiten?

Dabei sind diese Bilderbuch-Recken so treu, wie ein Eiserner Ehemann nur treu sein kann! Außer zu Unionspielen, Fanclub-Zusammenkünften, Karten-Anstehen, Spielauswertungen auf der Parkbank und dergleichen Eisernen Pflichten mehr verlassen sie die eheliche Höll…, ich meine, den Hort des ehelichen Glückes, ausschließlich, um auf Arbeit zu gehen.

Längst nicht jeder von ihnen ist mit einer so wunderbar tatorientierten Ehefrau wie der eingangs erwähnte Alt-Unioner gesegnet. Die meisten haben das Pech, von ihren Gattinnen einfach nur unverstanden zu sein. Und selbst, wenn Mann vor der Live-Übertragung sogar noch Töchterchen Chantalle aus dem Kindergarten abgeholt hat, fällt der »Ollen« nichts anderes ein, als zu keifen: Das abgeholte Mädchen sei angeblich nicht Chantalle. Das Schlimme daran: Der arme Mann hat keinerlei Chance, diese ungeheuerliche und garantiert völlig aus der Luft gegriffene Behauptung mit einem Blick auf das von ihm abgeholte blonde Mädchen zu widerlegen. Denn längst wurde das Spiel seiner Fußballgötter angepfiffen, hat er demzufolge weder Auge noch Ohr frei.

Und wie soll er der Frau JETZT beim Aufräumen helfen? Sind ihm doch mit Fernbedienung und Bierglas sämtliche zur Verfügung stehenden Hände gebunden. Er tut doch nun wirklich alles, was in seinen Kräften steht, und was ist der Dank? Endloses Gemecker, welches locker die Schreie der ebenfalls herumnervenden Nachkömmlinge im Babyalter übertönt, dazu echte Eiserne Bratpfannenhiebe auf sein Haupt – kurzum: pralles Unverständnis!

Jede dieser alltäglichen Tragödien ist mit viel Liebe zum Detail in jeweils einem Cartoon verdichtet. Ihr Schöpfer Sam Paff erweist sich auf jedem von ihnen als Zilles Ziehsohn unserer Tage, der »seinem« Völkchen aufs Maul schaut und es auch sonst genauestens beobachtet hat.

31. GRUND

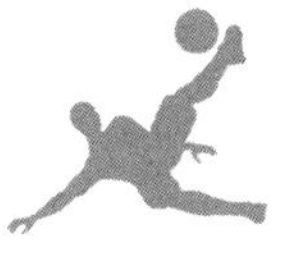

Weil Eisern trotzdem keineswegs männlich ist

Doch Sam Paffs Buch zeigt längst nicht nur Eiserne Frauen, die diesen Titel dadurch erlangen, dass sie ihrer schlechteren Hälfte hin und wieder mit dem aus besagten Metall gefertigten Küchengerät den oft bereits merklich schütter gewordenen Scheitel nachziehen. Das Coverbild zeigt zwei Unionfans, die einander freundlich, womöglich gar verliebt?, in die Augen schauen. Links steht ein junger Mann mit Unionschal und Eisern-Shirt. Doch nicht er hält die große 1.-FCU-Fahne in den offenbar kräftig wehenden Wind, sondern eine stolz aufgerichtete junge Frau, die das Shirt des Union-Fanclubs »Eiserne Ladys« trägt.

Dessen Fahne ziert, neben zahlreichen Unionwimpeln, auch die Wand hinter der Schlafstatt einer rothaarigen Lady. Die kommt resolut zur Tür herein und lässt den nackten, kipperauchenden Schlaffi unter ihrer Union-Bettwäsche wissen: *So hab ick dit aba nich jemeint. Du bist ausjezogen, wenn ick wieda nach Hause komm!*[31] Dem jungen Mann kann ich bereits nach kurzer Betrachtung des Cartoons einfach nur dringend raten, schleunigst die Mücke zu machen.

Dass Eiserne Frauen äußerst resolut sind, beweist auch die kesse Bartenderin einer unionesken Bierstampe, die einem Anhänger der Unaussprechlichen im verbalen Duell keine Chance lässt: *Kannste suptrahieren? ... Jut, dann zieh ab!*[32]

Eine attraktive wie äußerst verständnisvolle Ehefrau hat die Lösung des Erschlaffungsproblems ihres Månne schnell gefunden: Wenn er nur im Stadion in Höchstform kommt, müssen sie es eben dort probieren!

Dass bereits Mädels im Unterstufenalter vom Eisernen Virus infiziert sein können, beweist auf Seite 43 eine kesse Schülerin im Unionshirt und mit rotweißem Schal über der Lehne ihres Stuhls. Statt auf eine wie auch immer geartete Frage ihres Geschichtslehrers zu antworten, dreht sie den Spieß um und unterzieht ihren angestaubten Pauker aus dem Stegreif einer Prüfung in Sachen Heimatkunde, also Union. Nachdem er ihr weder sagen konnte, dass der FC Olympia Oberschöneweide 1906 gegründet wurde, es sich beim König der Wuhlheide um Herbert Raddatz und bei Potti um Torwartlegende Wolfgang Matthies handelt, steht ihr Urteil fest: *Also mal ehrlich, ick kann se nach historische Ereignisse frajen, wat ick will, Sie wissen nüscht! Und Sie woll'n Jeschichtslehrer sein?*[33]

Sam Paff bringt es in seinen Bildern wunderbar auf den Punkt: Die Eiserne Union-Macke ist keine Frage des Alters, erst recht keine des Geschlechts. Jeden kann es treffen, und hat sie dich einmal erwischt, kommst du nicht mehr weg von Union. Da ist der kleine Frechdachs, der sich am Kassenhäuschen ja auch hinten anstellen würde, wenn da nicht bereits jemand gestanden hätte. Oder der Opi, der auf dem Totenbett noch schnell bei Union aus- und bei Hertha eintritt. *Denn wenn ick schon ins Gras beißen muss, dann soll sollet een von denen treffen.*[34]

Und immer wieder sind es – in Sam Paffs Werk wie im prallen Leben, aus dem er all seine Motive hemmungslos wie meisterhaft »klaut« – die Frauen, die dafür sorgen, dass unsere Unionfamilie nicht die Wuhle runterfließt, sondern allzeit eisern zur Stelle ist, wenn unser aller Liebe Spieltag hat und schlagartig nichts, aber auch gar nichts mehr ist wie an den anderen, den stinknormal langweiligen Erdentagen.

32. GRUND

Weil ich Zilles Ziehsohn schon lange kannte, aber erst durch Union kennenlernte

Ich bevorzuge seit nunmehr zwei Jahrzehnten die gleiche Stammkneipe. Sie befindet sich im Vorderhaus des Nachbarhauses. Ich kannte ihre Räume schon, als diese noch einen Konsum beherbergten. Als ich am Morgen nach der Nacht des 9. November 1989 gegen 8.00 Uhr von meinem ersten unverhofften Westberlin-Besuch wieder nach Hause kam, hatte sich vor dem Laden bereits eine kleine Wartegemeinschaft gebildet. Die freundliche, mollige Verkäuferin schloss von innen die Ladentür auf, worauf ihr einer der Wartenden zurief: »Mensch, Jutta, die machen jetzt die Grenze wieder dicht, und du machst hier den Laden uff!«

Die Grenze am Ende unserer Straße war bald Geschichte, der Konsum ebenso. Kaiser's hatte die nahe gelegene Kaufhalle übernommen und wollte in der Nachbarschaft keine Konkurrenz. Dass ich trotzdem fleißig, ja bald öfter als je zuvor, die Konsumräume besuchte, war der Tatsache geschuldet, dass mein Nachbar zusammen mit ein paar Kumpels darin eine Kneipe aufmachte, das NEMO. Seit jeher zieren zahlreiche Werke bildender Künstler wie Kurti Schwarzmeier, Wüstling, Manchester-Nick oder Ol Hausfassade und Innenwände des Ladens, der sicher auch dadurch alsbald eine gewaltige Blütezeit als Trinkhalle erlebte. Ich für meinen Teil besiegte hier in zahllosen Nächten so manchen Liebeskummer mit Cuba-Libre, gemixt nach dem Originalrezept meines Freundes Malko und mir zumeist vom Meister höchst persönlich serviert.

Viele, viele mir bekannte Menschen traf ich in den mittlerweile zwei Jahrzehnten der NEMO-Zeitrechnung, und viele, viele lernte ich hier kennen. Einer von ihnen war ein langer Lulatsch mit Basecap, dessen original Berliner Mundwerk stets mindestens einen frechen Spruch auf Lager hat. Eines Abends drückte er jedem von uns eine farbige Postkarte in die Hand: »Hier, ditt iss meene neuste Promohschen! Stecktse jut wech, aba erzählt's weita!« Die Postkarte zierte ein Bild, auf welchem sich ein Anarcho-Punk sowie ein Nazi-Skin ein paar lustige Bonmots an die Köpfe warfen. Aha, noch so'n brotloser Künstler wie ich, dachte ich bei mir. Na dann, willkommen im Club.

Irgendwann wusste ich: Der Lulatsch mit der großen Schnauze nennt sich Sam. Und ganz so brotlos war seine Kunst dann wohl doch nicht, denn schon bald sah ich seine Arbeiten, wann immer ein U-Bahn-Insasse seinen Berliner Kurier so aufgeschlagen hatte, dass ich mitlesen konnte. Erblickte ich ein Cartoon, stammte selbiges aus der Feder ebenjenes Sam. Alsbald erblickte ich Sams Bildwerke auch im Stadionprogramm des von mir geliebten Fußballvereins.

Sahen wir uns im NEMO, nickten wir uns zu. Saßen wir auf der Bierbank zufällig nebeneinander, wechselten wir das eine oder andere Wort übers Wetter, Gott oder das Gedeihen unserer Töchter. Irgendwie hatte ich mitbekommen, dass Sam fast zeitgleich mit mir zu einer solchen gekommen war.

Diese entspannte Form einer Irgendwie-nebeneinanderher-Koexistenz endete im Sommer 2013. Sam und ich hatten mitbekommen, dass der jeweils andere ein Buch über unsere gemeinsame Liebe, den 1. FC Union Berlin, geschrieben beziehungsweise gemalt hatte. Sam eines mit 100 Bildern und wenig Schrift – ich eines ganz ohne Bilder und mit viel, viel Schrift. Nach einigen im Internet gewechselten gegenseitigen Gratulationen zum Werk des jeweils anderen verabredeten wir uns im NEMO, um uns gegenseitig unsere Bücher zu schenken, signiert natürlich.

Sam erschien knappe drei Stunden zu spät, aber ich stand ja nicht im Regen, sondern saß vor meiner Lieblingskneipe, bei all denen, bei denen ich hier auch sonst sitzen würde, wenn ich NICHT auf Sam Paff wartete. Seit jenem Abend, der selbstredend zur Nacht wurde, werden wir einander nicht mehr los. Regelmäßig treffe ich Sam im Wohnzimmer, wo er vor jedem Heimspiel am berühmten, altehrwürdigen Union-Barkas zu finden ist. Meine Lese-Derbys gegen Hertha-Knut beehrte Sam nicht nur regelmäßig als Zuschauer. Zwei unserer Abende veredelte er auf besondere Weise mit seiner Kunst. Seither zieren seine beiden ehrenamtlich gemalten Derby-Plakate die Tür meines Arbeitszimmers – und sobald mein Blick auf sie fällt, vergesse ich all die Sorgen, die mich bis eben noch geplagt hatten.

Da hatte ich also viele Jahre immer wieder direkt neben Zilles Ziehsohn gesessen – und ihn erst durch unsere gemeinsame Liebe Union kennengelernt. Damit verbunden ist eine weitere Gemeinsamkeit, über die das letzte Wort noch nicht gesprochen ist. Vielleicht werde ich demnächst mal – ganz ohne Publikum an geheimem Ort – gegen Sam zu einem ganz besonderen Derby antreten. Und ich bin sicher, ich hab 'ne gute Chance, ihn zu schlagen.

Also Sam, bei aller Liebe und Freundschaft, es kann nur einen geben. Du sagst von dir, du hast keine Ahnung von Fußball, aber ich sage dir: Der schlechteste Fußballer aller Zeiten, das bin auf jeden Fall ich!

33. GRUND

Weil ein ziviler Unioner einem berühmten preußischen Offizier lässig Paroli bot

Es geschah in jenen Tagen, da es auf der Prenzlauer Allee 27, zwischen Immanuelkirch- und Raabestraße, eine Fußballkneipe namens »Bodega« gab, die bei Unions Auswärtsspielen derart gefüllt war, dass wir uns auf ihren zwei Etagen stapelten. In diesem dem Fußball im Allgemeinen und Union Berlin im Besonderen geweihten Tempel grölten wir zum Spielgeschehen fast so laut wie im Stadion und vertilgten dabei Unmengen Bier. Ich selbst erlebte hier am 30. September 2009 meinen bis heute vorletzten alkoholbedingten Totalabsturz.

Bei einem anderen »Bodega«-Besuch etwas später gewahrte ich unweit von mir einen Mann, dessen Erscheinung mir letzte Saison bei einem unserer Auswärts-Heimspiele im Jahn-Tierpark nachhaltig aufgefallen war: Riesiger Hut samt rotweißer Brille, seinen Körper umgaben extravaganteste, in den Farben Rot und Weiß gehaltene Stoffe, stellte der Mann eine lebendige, dem 1. FC Wundervoll verschriebene Kunstfigur dar. Seine Miene war ebenfalls unverwechselbar, so erkannte ich ihn in der »Bodega«, wo er lediglich ein rotes Unionshirt ohne Sponsoren-Logo trug, sofort wieder. Extravagant kam er auch hier rüber. Während des Spiels krakeelte er lauter als der Rest der prall gefüllten Kneipe zusammen und vernichtete dabei derartige Mengen hochprozentigen Alkohols, die bei mir selbst in meiner besten Zeit locker für drei Totalabstürze gelangt hätten.

Kaum ebbte nach dem Schlusspfiff der Jubel über das in der 75. vom Peitzer nach Vorlage von Michael Parensen erkämpfte Unentschieden gegen Arminia Bielefeld ab, fiel der Mann nicht etwa sturz-trumbunken von der Bank. Stattdessen ließ er Jens, den Wirt, in für mich unerwartet gefasstem Tone wissen: »Jib mir mal ’ne Cola. Jetzt müssenwa langsam wieder normal werden.«

Mit dieser Ansage beschwor in mir sofort das Bild jenes unbeugsamen preußischen Reiters aus Heinrich von Kleists berühmter, am 6. Oktober 1810 erstveröffentlichten *Anekdote aus dem letzten preußischen Krieg* herauf. Jener Reiter hatte dem Wirt eines vom siegreichen Feind nahezu vollständig eingenommenen Dorfes bei Jena vehement abverlangt, ihm vor seinem Davonritt einen Schnaps zu kredenzen. Jenen stürzte er nicht etwa hinunter, um hernach explosionsartig das Weite zu suchen. Nein, in aller Ruhe genoss er den Trunk und setzte sein Pfeifchen in Brand, um es gemütlich zu rauchen. Als ihn schließlich die drei ersten gegnerischen Soldaten ordnungsgemäß gefangen nehmen wollten, haute er selbige kurzerhand um, übernahm ihre Pferde – und trat erst dann, ebenfalls ordnungsgemäß, seinen Rückzug an.

Nun hatte jener Mann in der »Bodega« niemanden umgehauen. Im Gegenteil, die ganze Zeit über war kein einziges auch nur im Ansatze böses Wort wider eines der sich im Raum befindlichen Lebewesen über seine Lippen gekommen. Es war seine bei allem Draufgängertum geradezu übermenschliche Disziplin, die mich so von den Socken holte. Wie er nach dem hemmungslosen Rausch, als welchen er Unions Spiel allem Anschein nach erlebt hatte, von einer Sekunde auf die andere in den Normalmodus zurückfand, das schien mir nicht von dieser Welt zu sein.

Ich wusste nur eins: Dieser Kerl war mit einer derartigen Konsequenz Unioner, die ihresgleichen sucht! Dass es sich bei ihm, der mir nun schon zweimal derart aufgefallen war, um einen längst nicht nur im Eisernen Teil Berlins äußerst bekannten Künstler handelte, dessen Kunst ich obendrein bei jedem Stadionbesuch An der Alten Försterei erlebe, wusste ich in jenen Tagen, da es auf der Prenzlauer Allee 27, zwischen Immanuelkirch- und Rabestraße, eine Unionkneipe namens »Bodega« gab, allerdings noch nicht …

34. GRUND

Weil nur wir eine lebende Eckfahne haben

Erst nach einem Blick ins Unionprogramm, welches einen Beitrag über eine Eiserne Kunstobjekt-Versteigerung zum juten Zweck brachte, realisierte ich: Jener Recke aus der »Bodega« war niemand anderes als Andora, dessen Name mir längst geläufig war und von dessen Leben und Wirken ich bereits so einiges vernommen hatte.

In der 2008 veröffentlichten Version des Films *Und freitags in die »Grüne Hölle«* findet sich im frisch gedrehten Bonusmaterial *20 Jahre nach der Hölle* ein Interview mit ihm. Darin erzählt Andora, wie er sich dereinst im zarten Alter von zehn Jahren mit dem Unionvirus infizierte: Sein Vater, der mit Hoge einen der wohl unioneskesten aller Familiennamen trug[35], war bei aller Sympathie für die Köpenicker kein Eiserner, sondern Anhänger von Sparta Lichtenberg. Trotzdem reiste der gute Mann zusammen mit seinem Sohn am 9. Juni 1968 zum FDGB-Pokal-Finale ins Kurt-Wabbel-Stadion zu Halle. Hier trat Union gegen den haushohen Favoriten und frischgebackenen DDR-Meister Carl Zeiss Jena an. Vom Spielgeschehen selbst bekommt der kleine Andora so gut wie nichts zu sehen. Die Männer um ihn herum sind allesamt viel größer als er. Gerade zwei Mal hebt ihn Papa für wenige Minuten auf seine Schultern, auf dass seine Augen teilhaben an dem, was da auf dem Rasen geschieht. Was der Kleene sehr wohl registriert: All die Leute um ihn herum werden immer betrunkener und jubeln am Ende über den sensationellen, aber hart wie ehrlich erkämpften Sieg Unions. Bis heute ist jener FDGB-Pokal der größte wie einzige nationale Titel des 1. FCU. Und der kleine Andora hatte bedeutenden Anteil daran. Schließlich war er es, der an jenem unvergessenen Tage dafür sorgte, dass sein sturz-trumbunkener Papa gesund und unversehrt nach Hause kam.

Papas letztes Unionspiel war das erste seines Sohnes, dem schon bald keiner mehr glauben sollte, dass er NICHT der Sohn des berühmten Jimmy Hoge war. Kurzum: An jenem Tag wurde Andora Unioner. Und weil er zudem auch gern selbst gegen das runde Leder trat, lautete sein größter Wunsch: Ich werde Fußballer, bei Union!

Seine diesbezügliche Karriere endet bereits beim ersten Sichtungstraining. Joachim »Bulle« Sigusch, genau wie Jimmy Hoge bis heute einer der in Eisernen Kreisen berühmtesten Fußballgötter aller Zeiten, nimmt ihn beiseite: »Schmetterling, komma her! Meinste nich, dassde wat anderet besser kannst?«[36]

Tränen in den Augen, trottet der untröstliche Junge den berühmten Weg durch den Wald nach Hause. An diesem Tage endet zwar sein erster großer Traum unerfüllt, nicht jedoch seine Liebe zu Union. Als Fan besucht er, sofern es ihm irgend möglich, jedwedes Unionspiel, egal ob Heim- oder Auswärts. Union, das ist ihm allemal wichtiger als Schule oder Arbeit. Die Konsequenzen folgen: Die Schule verweigert ihm den Abschluss der 10. Klasse, die DDR das Recht, einer ihrer Bürger zu sein.

In den Westen verbannt, bereist er die ganze Welt und wird schließlich in Hannover ansässig. Hier geht er zu den Fußballspielen des bekanntesten Vereins der Stadt. Er wird Fan der Hannover-96-Fans, wie er in *20 Jahre nach der Hölle* bekennt, aber sein Herz schlägt weiter für Union.

Letzteres wird ihm schwer und bitter, als er nach Wende und Wiedervereinigung aus der Ferne miterlebt, wie sie in Köpenick »Kapitalistenschweine ranließen, die den Verein ruinierten«[37]. Das Ende seiner Eisernen Liebe bedeutet jedoch auch das nicht. Hatte sie dereinst bei Unions größtem sportlichen Erfolg begonnen, sagte er sich nun, da sein Verein in die nunmehr viertklassige Oberliga Nord-Ost abstieg und damit seinen bis heute sportlichen Tiefpunkt erreichte: »Jetzt musste zeigen, dassde Unioner bist!«[38]

Er nimmt Kontakt zu alten Unionfreunden auf, malt eine riesige Fahne und kehrt nach 28 Jahren Verbannung wie Unionabstinenz ins Stadion An der Alten Försterei zurück. Dort steht er bis heute, so oft es sein Terminkalender erlaubt. Doch auch, wenn er nicht körperlich anwesend ist, ist Andora hier. Seit vielen Jahren ziert seine Kunst Heimspiel für Heimspiel die vier Ecken der schönsten Wiese dieser Welt. Unsere Eckfahnen sind weder handelsübliche gelbe Lappen, noch zeigen sie das Logo der Firma XYZ. Unsere Eckfahne hat Augen und einen freundlich lächelnden, geöffneten Mund, dessen Zähne kurz davor sind, zuzuschnappen. *Der kleine Biss* heißt das Kunstwerk – und ist bis heute bildlich verdichteter Ausdruck dessen, was uns Unioner ausmacht: Wir sind bissig, aber entspannt und meistens fair, oder? Auf jeden Fall geben wir niemals auf und zeigen unsere Zähne, wenn es sein muss. Zudem ist jene Eckfahne des Künstlers größter Stolz, wie er in einem 2013 über ihn gedrehten Kurzporträt bekennt.[39]

Schließlich konnte er dadurch als Künstler verwirklichen, was ihm dereinst als Fußballer versagt blieb: Auf dem Platz für den 1. FC Union aktiv zu sein, oder, wie Andora es ausdrückt: »Immerhin bin ick die einzige lebende Eckfahne dieser Welt, und dit iss doch ooch schon ma watt!«

35. GRUND

Weil nebenan der Eiserne Stickerbauer wohnt

Vor dem letzten Heimspiel machte ich mir große Sorgen um meinen Kumpel und Nachbarn Schnacko. Was war los, ging es ihm nicht gut? Sicherheitshalber überprüfte ich meine Jacke – nein, die rechte Brust war leer. Da, endlich! Wenige Minuten, bevor ich mich auf den Weg An die Alte Försterei begab, klingelte mein Telefon. »Biste schon los?«, fragte Schnacko eilig, »okay, dann komm bei mir vorbei, ich hab was für dich!« Wie wunderbar, es ging ihm gut, und ich würde auch heute mit dem aktuellen Sticker zum Spiel gen Köpenick reisen!

Seit dem 7. März 2010 begleiten mich die von meinem Nachbarn in der Stuben-Manufaktur gefertigten Mini-Kunstwerke zu nahezu jedem Spiel meines Vereins. *1. FC Union gegen MSV Duisburg – ich war dabei*, hieß es damals auf dem gut daumennagelgroßen Button. Seither kamen viele, viele hinzu, und Schnacko schafft es, sich kein einziges Mal plump zu wiederholen! Sicher, er zitiert sich mitunter gern selbst. So taucht sein roter Union-Hai mal bei einem Spiel gegen St. Pauli auf und beim ersten Derby gegen Hertha am 17. November 2010 An der Alten Försterei. Darauf frisst der Eiserne Raubfisch den Namen unseres Stadtrivalen. Am Ende sicherte uns Santi Kolk zumindest einen Punkt durch seinen krachenden Ausgleichstreffer in der 83.

Für mich unvergessen der Button vom 15.10.2010, als wir gegen Erzgebirge Aue antraten. An jenem Tag hatte meine Liebe die vieles entscheidende Ultraschalluntersuchung, sah ich zum ersten Mal unsere Kleene, wie sie im Bauch meiner Liebe heranwuchs, hörte ich zum ersten Mal ihr Herz schlagen, unsagbar schnell, dass mich meine Liebe beruhigen musste: »Das ist normal so.« In Fanmontur hatte ich sie zur Untersuchung begleitet, für den Fall, dass alles okay war und ich hernach nach Köpenick reisen konnte. Konnte ich, zum 1:1 gegen die Erzgebirger dank des schnellen Ausgleichs durch John Jairo Mosquera.

Ich merke an Schnackos Werken, dass sein Herz für die Ostmannschaften schlägt. Finden sich ihre Namen doch weitgehend unversehrt auf ihnen wieder, die Kicker aus dem Erzgebirge auch gern mal unter dem guten, alten *Wismut*. Doch auch Hertha gegenüber ist er keineswegs feindlich gesinnt. Zum zweiten Derby am 5. Februar 2011 umrahmt der Schriftzug *Union trifft Hertha* ein großes Peace-Zeichen. Zu einem Aufeinandertreffen beider Vereine fertigte mein Nachbar extra Derbysticker in Rot und Blau, worauf mir ein Bekannter steckte: »Ick kenn den Typen, der die Sticker macht, dit is'n Herthaner.« Beim vermeintlichen Schöpfer der Eisernen Spiele-Sticker handelte es sich um einen einschlägig bekannten, Union durchaus zugeneigten Herthafan, der allerdings lediglich zu den ersten Trägern von Schnackos Werken gehörte. So entstehen Legenden …

Programmatisch Schnackos Sticker zum vierten Derby am 11. Februar 2013: *Sei Union!* Diese Aufforderung half uns, das für mich ebenfalls legendäre 2:2 im Oly zu erkämpfen. Besonders nach der bitteren 1:2-Heimniederlage am 3.9.2012 durch einen Ronny-Freistoß.

Während mein Nachbar St. Pauli eine stets eigene Version des Totenkopfs gönnt, findet sich ein SC Paderborn schon mal verkehrt herum geschrieben oder ein Wappenlöwe im Hinfallen begriffen. Auf den Zusatz *1. Heimspiel* nach Sommer- oder Winterpause verzichtet Schnacko mittlerweile, da wir selbige ja nahezu stets vergeigen. Nach der letzten Winterpause forderte er zum Bochum-Spiel stattdessen *Gebt 5*! – und prompt gewannen wir! Überhaupt bedient sich Schnacko gern der einen oder anderen Kampfansage, zum Beispiel *Haut alles rein!* gegen Ingolstadt, *Alles im Griff, kannst kommen 20.8.2011* gegen den VfL Bochum, *Melkt den Bock* am 21.9.2012 gegen die Kölner oder *Füttern verboten!*, als es am 12.5.2013 gegen die Zebras aus Meiderich ging.

Letztes Jahr trug ich viele Monate lang die Sticker unserer einzigen beiden Siege gegen Energie Cottbus und den FSV Frankfurt am Revers, leider allzu lange, ohne einen weiteren Erfolg unserer Fußballgötter dazuheften zu können. In letzter Zeit muss sich mein Nachbar verstärkt mit dem Aberglauben etlicher Sticker-Sammler auseinandersetzen. So war dem TAZ-Unioner aufgefallen: »Wir gewinnen immer dann, wenn du 'nen Spruch bringst!« Damit meinte er vor allem *Eisern Union / tut weh / RB* am 21.9.2014 gegen den Brauseverein aus Salzburg/Nord. Wie dieses Treffen ausging, weiß wohl jeder Unioner für alle Zeit.

Natürlich weiß Schnacko, dass man keinen Aberglauben endlos bedienen kann. Ich wünsche ihm von ganzem Herzen das richtige Händchen dafür, dass er am Ende genau die richtigen Sticker mit dem jeweils entscheidenden Spruch zum Glücksbringer unseres 1. FC Wundervoll werden lässt.

36. GRUND

Weil Eiserne Fangesänge poetische Meisterwerke sind

Natürlich warten auch unsere Stadiongesänge hin und wieder mal mit einem *Schalla lalla-lallala* oder ähnlichen Fußballlied-Floskeln auf. Natürlich skandieren auch wir hin und wieder ausgemacht schlichte Reime wie *Wir singen Union jawoll / Union finden'wa toll*, oder – in den verschiedensten Variationen – einfach nur den bürgerlichen Namen unseres 1. FC Wundervoll! Darüber hinaus erwachsen jedoch, zwischen all der zugegeben recht simplen Prosa, immer wieder wahre Meisterwerke zeitgenössischer Dichtkunst. Auch diese bedienen sich, weil es sich so zig Mal besser singen lässt, gängiger Reimschemen wie a-a-b-b oder a-b-b-a. Viel mehr als die Form ist es die Vielschichtigkeit ihrer Inhalte, die die meisterhaften Verdichtungen des Eisernen Fußball-Volksmunds ausmacht.

Einer jener Gesänge beginnt mit einer Zeile, die in acht einfachen Worten ausdrückt, dass Unioner allezeit alles daransetzen, das jeweils nächste Spiel ihres 1. FC Wundervoll zu verfolgen. Egal, ob dazu mehrfach Meere zu überqueren oder Tausende Buskilometer in niemals einzuhaltender Frist zu schrubben sind. Egal auch, ob es bei jenem nächsten Spiel um eine der ganz wenigen Auftritte Unions in europäischen Pokalwettbewerben, um eine von FDGB, DFB oder sonst einem nationalen oder regionalen Sponsor gestiftete Trophäe, um Liga-Punkte oder ein Testspiel auf dem altehrwürdigen Sportplatz eines Siebtligisten geht. Stets, immer und überall gilt uns der Grundsatz: Wir sind dabei! Mit anderen, künstlerisch verdichteten Worten ausgedrückt: *Wo Du auch spielt, ja wir folgen Dir.*

Natürlich wollen wir in jedem dieser Spiele nur *einen* Sieger sehen: *Unsere* Mannschaft! Längst nicht immer kommt es am Ende so, um es positiv auszudrücken. Immer wieder durchleben, ja durchleiden Unioner elend lange Durststrecken ohne Sieg, ja oft genug ohne ein einziges Tor auf der *richtigen* Seite. Wir sind ein dem Trank zugetanes Völkchen. Schon allein deshalb gehören Zeiten dauerhafter Dürre nicht zu den von uns geliebten Lebensabschnitten. Und dennoch: Auch die längste unseren Siegesdurst peinigende Trockenperiode ändert nicht das Geringste daran, dass wir den Spielen unseres 1. FC Wundervoll beizuwohnen trachten. Selbst, wenn uns das letzte von Unions Mannschaft siegreich beendete Spiel, ja unser letztes Tor gefühlt aus den Überlieferungen unserer Großeltern bekannt ist. Genau diesem Faktum widmen sich die gerade einmal 27 Buchstaben der zweiten Zeile: *Und ist der Sieg auch noch so fern.*

Für uns heißt es auch im Falle der höchsten Niederlage: Mund abwischen, aufstehen, weitermachen! Alles Wissen um trostlose Tabellensituationen, noch so fest zugenagelte gegnerische Torgehäuse bringen uns nicht dazu, die Flinte ins Korn zu werfen, uns einem neuen Verein hinzugeben oder gar einen gänzlich anderen Freizeitausfüller so zu suchen, dass wir ihn auch finden. Bei aller lautstark und bedingungslos geäußerten Kritik an unserer Mannschaft wissen wir, dass echte Stärke nur aus uns selbst erwachsen kann. In diesem Sinne verstehe ich die dritte Zeile vor allem als Aufforderung an all jene, die das Logo unseres Vereins aus beruflichen Gründen auf ihrer Brust tragen, es uns gleichzutun: *Gib niemals auf und glaub an Dich!*

Nicht von ungefähr machte dieses nie, nie & niemals-Aufgeben bereits in den Zwanziger-, Dreißigerjahren des letzten Jahrhunderts das aus, was wir bis heute und für alle Zeit den Union-Geist nennen. Und wir wissen, wohin uns dieses Eiserne Beharren, ja sagen wir ruhig unsere unbedingte Sturheit am Ende führt. Bleiben wir uns treu, *Ja, dann kann der Sieg nur Dir gehör'n!*

Dass diesen über die Maßen poetischen Zeilen schließlich der bewusst simpel gehaltene Schluss folgt: *Ohohoho, Ohohohoho / Fußballclub Union aus Berlin*, hat einen einzigen Grund: Wir bringen damit zum Ausdruck, dass auch wir, aller poetischen Überbegabung und schier überirdischen Leidensfähigkeit zum Trotz, letztendlich nur Menschen sind. Allerdings ganz besondere. Unioner eben.

37. GRUND

Weil mir »Wir sind Unioner, wir sind die Kranken« in dieser Saison eine gänzlich neue Bedeutung offenbarte

Wir sind Unioner, wir sind die Kranken / Wir durchbrechen alle Schranken / Unsre Farben sind Weiß und Rot / Wir bleiben treu bis in den Tod

Gerade mal zwei Jahre ist es her, dass ich im ersten Teil dieses Buches jenem (nach dem Reimschema a-a-b-b aufgebauten) Stadiongesang ein Kapitel widmen durfte. »Damals« erzählte er mir ganz salopp davon, dass wir Unioner seit vielen Generationen immer wieder dazu gezwungen sind, »krankzufeiern«, um unserem 1. FC Wundervoll nahe zu sein. Heute lese ich jene vier Zeilen gänzlich anders.

Wie wir alle bin ich mittlerweile zwei Jahre älter geworden, zwei Jahre näher dran an all den dem zunehmendem Alter geschuldeten Zipperlein, ja dem Ende meiner irdischen Existenz. Auch wenn ich mich in unseren Reihen umschaue, erlebte ich Krankheit wie Tod niemals so nahe und deutlich wie in den vergangenen beiden Jahren.

Dass unsere erste Mannschaft in dieser Saison mit Oliver Oschkenat, Maximilian Thiel und Sören Brandy bislang drei Langzeitverletzte zu beklagen hat, bildet gerade mal die Spitze der Spitze des sprichwörtlichen Eisbergs. Am 24. Juli 2013 erfuhren wir durch ein

Interview unseres Pressesprechers mit Neuzugang Martin Dausch von der drohenden Erblindung seines kleinen Sohnes. Aniridie, das Fehlen der Iris, tritt absolut selten auf. Dass es mit Dauschis Sohn einen von uns erwischt hatte, sorgte dafür, dass sich viele, viele Unioner der Sache annahmen. *Wir durchbrechen alle Schranken* bedeutete selbstredend nicht, dass wir dem kleinen Mann per Wunderheilung für alle Zeit das Augenlicht sicherten. Wohl aber rückten wir diese überaus seltene und für die Betroffenen umso verheerendere Fehlbildung ihres Sehorgans in den Fokus der Öffentlichkeit. Den WAS Aniridie Wagr. e.V., welcher sich aufopferungsvoll um Menschen mit Aniridie und deren Familien kümmert und alles daransetzt, die medizinische Forschung auf diesem Gebiet nach vorn zu bringen, unterstützten wir materiell wie ideell bei seiner Arbeit (Mehr dazu in den Gründen 77 bis 79).

Ein Kapitel meines ersten Union-Buchs durfte ich *der* Eisernen Fan-Legende schlechthin widmen: Käpten »Eddy« Mann. Mitten im Sommer 2014 verlor dieser Riese von einem Kerl seinen Kampf gegen jenes fiese Arschloch namens Krebs. *Wir bleiben treu bis in den Tod*, das gilt für den Käpten selbst, genau wie für all jene, die ihn am 11. Juli 2014 auf seiner letzten Reise gen Köpenick begleiteten. Auf den damals noch drei Schiffen seiner *Eddyline*-Flotte, auf sämtlichen Brücken von Mitte bis Köpenick, das gesamte Ufer entlang – überall standen Unioner, um sich mit einem unvergesslichen Feuerwerk persönlich von ihm zu verabschieden.

Als Käpten Eddy starb, hatte er vier Lenze weniger erlebt als ich bis heute. Mehr als zwei Jahrzehnte jünger als ich war die Unionerin Franzi, als sie im Dezember 2014 bei einem tragischen Unfall im eisigen Wasser der Dahme den Tod fand. Auch ihrer gedachten wir voller Schmerz. Auch ihr schickten wir, genau wie Eddy und vielen, vielen anderen, die von uns gingen und gehen, das dreifache *Eisern Union* hinterher.

Junge Hüpfer auch unsere Spieler Lisa Görsdorf und Benjamin Köhler, die in diesem Jahr ihren Kampf gegen bösartige Tumore aufgenommen haben, genau wie meine Freunde & Fan-Kollegen Schmü und Rebellen-Holly, genau wie viele, viele andere, die ich (noch) nicht persönlich kenne. Vielleicht habe ich als einer der 1.827 Eisernen, die sich am 8. März 2015 in unserem Stadion mittels Speichelprobe registrieren ließen, schon bald die Gelegenheit, einen Erkrankten im Überlebenskampf mit meiner Knochenmarkspende zu unterstützen?

Eines jedenfalls weiß ich ganz genau: Was immer uns peinigt – wir alle sind als Unionerinnen und Unioner nicht allein auf unseren Wegen. Auch und gerade, wenn es derart dicke kommt, dass selbst eine zweistellige Niederlage unserer Fußballgötter auf dem Platz eine unangenehme Lappalie darstellt. Immer mehr von uns wissen: Krankheit, ja Tod – schon morgen kann es *mich* erwischen. Und irgendwann sehen wir uns alle wieder, da oben bei Günni und dem Seemann Freese, bei Käpten Eddy, Ate Wruck, bei Franzi und all den anderen Eisernen. Und dann wird sich auch für mich jener bereits zig Mal meinen Lippen entströmende Gesang erfüllen: *Wir sind Unioner, wir sind die Kranken / Wir durchbrechen alle Schranken / Unsre Farben sind Weiß und Rot / Wir bleiben treu bis in den Tod!*

38. GRUND

Weil unser Mantra voller Liebe ist

»Sag mal, ist das nich'n Tick zu persönlich?«, fragte mein Freund Jensi, als ich ihn 2009 mit zu meinem 1. FC Wundervoll nahm. Jensi hatte soeben jenen Gesang vernommen, der mich einige Spieltage zuvor, nach mehreren Jahrzehnten Union-Abstinenz, unrettbar in die Arme meiner alten Fußball-Liebe hatte zurückkehren lassen. Wenn je ein im Stadion oder anderswo massenhaft angestimmter Gesang mit Fug und Recht ein Mantra[40] genannt werden darf, dann wohl dieser. Ein heiliger Vers, der durch stetig sich wiederholendes

Vortragen seine spirituelle Kraft entfaltet. Zumindest, wenn du dich ihm hingibst! Alle anderen empfinden ihn, wie mein Freund Jensi anmerkte, zumindest: »'n Tick zu persönlich.«

Klar, das ist er – und genau das ist der Schlüssel, der mein Herz wieder für Union öffnete. Er ist kein »Zauberspruch«, der den Fußballgott verleitet, zugunsten unseres Vereins ins gerade laufende Spiel einzugreifen. Auch keine Beschwörungsformel, die unsere Fußballgötter auf direktem Wege zu wahrhaft überirdischen Spielzügen verleitet. Bei aller Liebe zur Spiritualität ist mir klar, dass du Spieler und Mannschaft durch massiven Gesang von den Rängen allenfalls dazu bringst, das letzte Körnchen Kraft für den Verein in die Waagschale zu werfen.

Eben dazu animiert ganz sicher auch jener Gesang, dem ich hier huldige. Vor allem aber schweißt er seine Sänger zu einer Einheit zusammen, die auf Erden ihresgleichen sucht. Weil er sich auf die allmächtige Liebe beruft und eine Zusammengehörigkeit beschwört, die von der eigenen Würde getragen ist. Am ehesten gleicht er wohl dem Gesang der Sirenen, welcher alle, die Ohren hatten, jene Frauen mit Adlerflügeln zu vernehmen, unrettbar in seinen Bann zog. Allerdings führt dich jener Gesang nicht zu Schiffbruch und Tod, sondern zu vielen neuen Freunden, einer einzigartigen Gemeinschaft – zu *Union* eben! So zumindest war es mir ergangen, als ich eigentlich nur ein Fußballspiel des Lieblingsvereins meiner Kindheit und frühen Jugend besuchen wollte.

Ein Gesang, der seit vielen, vielen Jahren Spiel für Spiel von unseren Rängen erklingt, der Unioner auf Traversen und Platz selbst nach bitterster Niederlage gemeinsam im Stadion verharren lässt. Ein Gesang, der dich nicht Verlierer sein lässt, solange er deinen Lippen entströmt. Der dich stattdessen im tiefsten Inneren deines Leibs fühlen lässt: Ich bin nicht allein, nicht verlassen! Auf stürmischster See beschirmt er unser Schiff, bis es eines noch so fernen Tages friedliche Wasser und das rettende Gestade der heimatlichen Insel erreicht. Ein Gesang, der sich mit keiner Silbe *gegen* jemanden richtet, dessen Zauberkraft einzig heilsam *für* jene wirkt, die sich ihm anschließen.

Seine Melodie, so vernahm ich die Legende, habe dereinst ein Unioner Ultra in einem italienischen Fußballstadion vernommen. Augenblicklich sei er derart von ihr ergriffen gewesen wie Odysseus vom Gesang der Adlerfrauen. Der alte Seefahrer hatte sich am Mast festbinden lassen, um den Sirenen genussvoll zu lauschen, ohne dabei sein leibliches Wohl zu gefährden. Jener Unioner habe, Jahrtausende später aber geografisch unweit der Sireneninsel, nicht mal den Hauch einer Chance gehabt, sich der zauberischen, von den Stadionrängen intonierten Melodie zu verweigern. Begierig sog er sie ein, um sie in Köpenick wieder aus seinem Munde zu entlassen und ihr in der Sprache unserer Zungen einen neuen Text zu schenken.

Ob jener Gesang tatsächlich wie hier geschildert seinen Weg ins Stadion An der Alten Försterei fand, weiß einzig jener Eiserne Ultra. Läuft nun mal so bei Legenden. Entscheidend ist, ob selbige über eine lebendige Verbindung zum Jetzt, Hier und Heute verfügt. Diese Frage indes beantworten Tausende Unioner wieder und wieder eindrucksvoll mit ihren Stimmen. Und die Herzen all jener, die unser Mantra vernehmen, entscheiden in genau diesem Augenblick, ob sie von nun an ebenfalls für Union schlagen oder uns einfach nur ein paar Takte lang äußerst zugetan sind. Der deutsche Text jenes Gesangs, der bereits ab der zweiten Wiederholung seine spirituelle Kraft entfaltet, lautet: *FC Union, unsere Liebe, unsre Mannschaft, unser Stolz, unser Verein: Union Berlin … Union Berlin.*

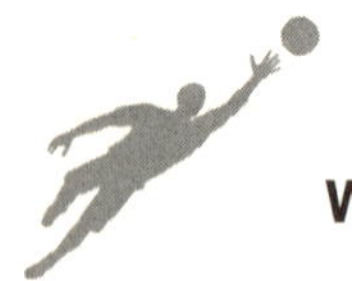

39. GRUND

Weil Unioner frei singen können

Soweit das Kamera-Auge reicht, sehe ich Männer in Anzügen, junge wie alte, und sie alle singen aus Leibeskräften *She Loves You* von den Beatles. Sie singen und schunkeln dabei, wild und kraftvoll wie eine Naturgewalt. Wir schreiben das Jahr 1964, und jener Chor sind die 28.000 Liverpool-Fans hinterm südwestlichen Tor ihres Stadions an der Anfield Road. The Kop hieß die einst größte Stehtribüne Europas, und Bild wie Ton jener BBC-Dokumentation erzählen mir von der ungeheuren Macht, die diese Tribüne einst besaß. Drei Jahre später, heißt es, wurde von ihrem gewaltigen Chor der Fußballgesang erfunden. Bis dato sei es üblich gewesen, dass mit Anpfiff des Spiels jeglicher Gesang verstummte. Wie mag sich das angefühlt haben? Vielleicht so, wie in vielen deutschen Stadien während der Protestkampagne *12.12. Ohne Stimme keine Stimmung*, die sich Ende 2012 gegen das berüchtigte Sicherheits-Konzept von DFB und DFL richtete? Das von Gemurmel und den Flüchen der Fußballer unten auf dem Platz untermalte Schweigen brennt mir noch heute im Ohr.

Aber zurück in die Sechziger. Lediglich bei Toren ihrer Mannschaft jubelte der Kop – bis seine 28.000 Bewohner im Jahre 1967 vor lauter Nebel das auf der anderen Seite gefallene Tor ihres Teams nicht sahen. Dass es gefallen war, bemerkten sie erst daran, dass ihr Team jubelnd in die eigene Hälfte zurückkehrte und ein gegnerischer Spieler den Ball im Mittelkreis ablegte. Wunderbar, die Reds führten, aber wer hatte das verdammte Tor geschossen? Die Bewohner des Kop fragten einfach nach, per Massenchor in Richtung Gegengerade, welche mit dem Namen des Schützen antwortete. Und weil's so schön war, hakte der Kop sogleich nach, mit welchem Körperteil Tony Hateley es erzielte. Auch hier erfolgte prompt die Antwort – der Legende nach ist jenes Frage-Antwort-Spiel die Geburtsstunde der Fangesänge während des Spiels.

Die Zeiten, da man als echter Fan der Reds eine Stunde vor Anpfiff im Stadion sein musste, wollte man im Herzen des Kop stehen – dort, wo im wahrsten Sinne des Wortes die Musik gemacht wurde, die alsbald das gesamte Stadion erfüllte wie kein anderes auf dieser Welt –, sind lange vorbei. 1994 wurde Europas größte Stehtribüne abgerissen und an ihrer Stelle 12.390 Sitzplatz-Schalen montiert. Die sind rot, wie es sich für die Reds gebührt, die großen Zeiten des Stadiongesangs jedoch sind längst vorbei, an der Anfield Road, ja in ganz Fußball-England seit Einführung der All-Seater-Regelung in den obersten beiden Spielklassen im Jahre 1994. In weiten Teilen der Welt ersetzen teure Sitzplätze die erschwinglicheren Steher. Gentrifizierung im Fußballstadion heißt: Das Publikum wird reicher, zahlenmäßig kleiner und leiser. Im Sitzen ist Mensch ruhiger, das weiß nicht nur Sepp Blatter, sondern jeder, der in seinem Leben schon mal gesungen hat: Im Stehen fassen deine Lungen mehr Luft, Schulter an Schulter springt ganz plötzlich der Funke über. Nicht ohne Grund ist die Stimmung in Dortmund, Schalke und vielen anderen Ruhrpott-Stadien um Klassen vitaler als in einer fast reinen Sitzplatz-Schüssel wie jener zu München.

Das Einsingen vor Anpfiff und die freie, sangeskräftige Unterstützung des eigenen Teams wird in vielen modernen Stadien zudem durch das massive Einspielen von Werbejingles und ähnlicher klatschpappentauglichen Einheitsbrei-Mugge all der DJ Ötzis dieser Welt torpediert, wenn nicht gar völlig zunichte gemacht. Der Fan ist zum bloßen, braven Konsumenten degradiert.

In den Kurven immerhin wird zumeist noch gesungen. Hier wohnen heute für gewöhnlich die Ultras, und welche »Musike gespielt«, sprich welcher Gesang wann und wie angestimmt wird, bestimmen die Kapos genannten Vorsänger mit ihren Megafonen. Ich sage nichts dagegen, und doch ist auch das nicht mein Ding. Es mag meiner einstigen Dienstzeit in der NVA geschuldet sein, dass mir alles zuwider ist, was mich in irgendeiner Weise an militärische Einheitlichkeit erinnert.

Wie unsagbar glücklich schätze ich mich also, dass ich zu meinem Verein in ein fast reines Stehplatzstadion ohne jegliche Beschallung während des Spiels gehen darf. Eines, in dem nicht nur hinterm Tor, sondern auch auf der Gegengeraden nach Herzenslust, mit voller Kraft und Schulter an Schulter gesungen wird. Und das ganz ohne Vorsänger – dazu mit Ultras hinterm Tor, die keineswegs die akustische Totalherrschaft anstreben. Bringen wir auf der Gegengeraden mal einen guten Gesang an den Start, unterbricht der Vorsänger hinterm Tor schon mal sein Programm, stimmt schließlich die gesamte Waldseite in »unser« Lied mit ein. Warum nicht eines schönen Tages mal in *She Loves You* wie dereinst die 28.000 des naturgewaltigen Kop an der Anfield Road? Vielleicht aber finden wir ja doch einen Song, der – wie jener Gesang auf der Insel – genau zu unseren Kehlen und unserer Sprache und hierher nach Köpenick passt!

5. KAPITEL

MACH AUCH DEN TRAINER NICHT ZUM SÜNDENBOCK

DIE SAISON 2014/15, TEIL 2

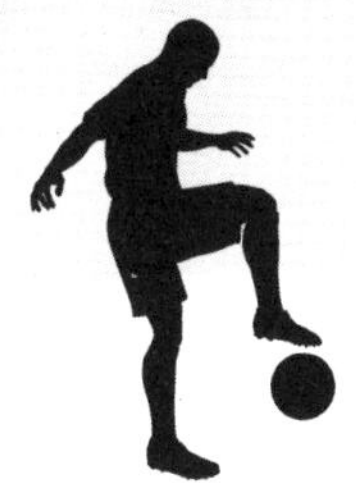

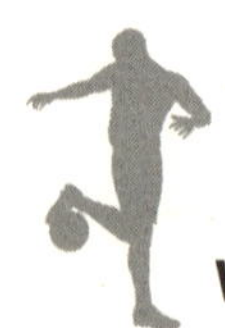

40. GRUND

Weil Hölle und Himmel so nahe beieinanderliegen

Vor dem nächsten Spiel hatte ich schon seit einer Woche mächtigen Bammel. Von der Eisernen Reaktion auf meine Hannes-Geschichte im Unionprogramm beseelt (siehe Grund 82), begab ich mich schließlich doch frohen Mutes auf den Weg Richtung Wohnzimmer. Solange Unioner derart füreinander einstehen, kann uns eigentlich nicht viel passieren, oder?

Dann die Fahrt, dank des S-Bahn-Streiks per Umweg mit U-Bahn und Tram. Am Tierpark drängte sich in die Waggons der bereits ordentlich gefüllten Straßenbahn, was irgend in sie hineinging. Die paar, die nicht ins Wohnzimmer wollten, taten mir leid. Wir Unioner nahmen die übermäßige menschliche Nähe mit Humor. »Wat, mit dir ooch noch Löffelchen-Stellung?«, witzelte nahe der Tür einer. »Na jut, komm ran, aber denn bin ick satt.« Ein anderer befand: »Drei Mal schwitzen noch, denn sinnwa da.«

Ich kam mit einem Eisernen aus Wandlitz ins Gespräch, dessen Reise aus dem Norden über Berlin bereits etliche Stunden dauerte. Auch meine Blocknachbarn, die Steinis aus Ludwigsfelde, hatten eine mittelgroße Odyssee hinter sich, als wir uns an unserem Stammplatz oberhalb des Mittelkreises die Hände schüttelten. Die Kämpen von Motor Friedrichshain-Süd, ja fast alle unsere Nachbarn waren da. Gemeinsam begrüßten wir frenetisch den ersten Sandhausen-Fan im ob der Leere geradezu gigantisch anmutenden Gästeblock. Was soll ich sagen: Unser Humor lebte noch. Dabei war die Lage ernst. Union hielt zusammen mit Erzgebirge Aue, dem einzigen anderen Ostverein in der 2. Bundesliga[41], die rote Laterne. *Mit aller Gewalt – Klassenerhalt!*, brachte es das große Waldseiten-Banner auf den Punkt. Also los!

Nach druckvollem Beginn aufm Rasen wie von den Rängen brach all das zusammen, was ich an Union so liebe. Gut, unsere

Fußballgötter waren noch nie die genialen südamerikanischen Ballzauberer gewesen, aber was sich jetzt da unten abspielte, ließ wohl jedes Eiserne Herz erschauern. Fehlpass reihte sich an Fehlpass, Unsicherheit an Missverständnis. Dem folgte, was in solchen Fällen nun mal zu folgen pflegt: In der 24. Minute nutzten unsere Gäste ihre erste Torchance, zugleich die erste des Spiels, uns mal wieder in Rückstand zu bringen. War's nun ein gerechtfertigter Freistoß oder nicht – sie waren vor unserem Tor völlig frei zum Abschluss gekommen, fertig, Aus, Ende!

Während unser Team nun gleich noch mehr aus dem Takt kam, erstarb unser Support geradezu, ja mehr noch: Nach einer besonders schlechten Flanke der Unsrigen – oder war's ein Freistoß, der Versuch eines Torschusses oder was auch immer – gellten laut und massenhaft Pfiffe durchs Wohnzimmer. Sie kamen nicht aus dem nun mit knapp 40 wild Fahnen schwenkenden Fußballfreunden »gefüllten« Gästeblock, sondern von der Gegengeraden. Da nahm sich Micha Parensen, einer unserer noch wirklich Eisernen aufm Platz, ein Herz. Er lief die Gegengerade entlang, wild gestikulierend, wir mögen doch bitte unsere Mannschaft anfeuern. Das hatte gesessen, in jedem Fall bei mir, der ich zwar nicht gepfiffen hatte, aber dies vor allem, weil ich das nicht kann.

Nun kam auf den Rängen etwas Stimmung auf, und das Spiel verlagerte sich vors Gästetor, dessen Maschen kurz vor dem Pausenpfiff tatsächlich zappelten! Wir fielen uns in die Arme, der Schiri zeigte auf den Mittelkreis ... bevor er unser Tor nicht gab. War's Abseits, warens's die beiden gegnerischen Abwehrspieler, die im Eifer des Gefechts gegeneinanderrannten, oder kam das Urteil vom Fußballgott persönlich, der soeben seinen Eisernen Mitgliedsausweis zu Boden geworfen hatte? Wie auch immer, unser Tor zählte nicht.

»Die Stadionmugge is heute dit Beste hier«, fasste Steini senior in der Pause die Lage zusammen. Wir waren jetzt endgültig Tabellenletzter, und das – Schiri-Bock hin oder her – zu Recht. Zur 2. Halbzeit ließ der Trainer seinen Käpten auf der Bank, ein weiteres Indiz seiner Hilflosigkeit?

Was nun geschah, hätte ich in meinen kühnsten Träumen nicht zu hoffen gewagt: Die da unten unser Logo auf der Brust trugen, benahmen sich jetzt allesamt wie Eiserne! Plötzlich kämpfte jeder um jeden Ball, warf sich in die Zweikämpfe, als wäre heute der Welt letzter Spieltag – und plötzlich zauberten sie tatsächlich ein paar richtig geile Torchancen aus dem Hut! Besonders Eroll, Chrissy und Sebastian Polter wirbelten des Gegners Defensive durcheinander. Es folgte das, was nun endlich folgen MUSSTE: Eiserner Torjubel von den Rängen, sogar gleich im Doppelpack. Sebastian Polter und Sören Brandy hießen die Schützen. Obendrein, geradezu befreit, endlich wieder ECHTE Union-Lieder: *Wo Du auch spielst, ja wir folgen Dir / und ist der Sieg auch noch so fern / Gib niemals auf und glaub an Dich / Ja, dann kann der Sieg nur Dir gehör'n!* Dazu später auch das von mir so sehr geliebte: *FC Union, unsre Liebe, unsre Mannschaft, unser Stolz …*

Der Wechselgesang zwischen Waldseite und Gegengerade schwoll zum Orkan an. Mit jedem »Eisern!« rockte die Waldseite ein Stück näher an uns heran, einfach Hammer! Plötzlich wusste selbst ich als bestens ausgebildeter Ober-Pessimist, dass der Sieg heute einzig Union gebührte. Und siehe da: Aus dem 2:1 wurde nach kurzem Stottern der Eisernen Maschine inklusive dem Auslassen einer 111-%-Chance – das 3:1 durch Polter, ein Sieg!!!

Noch mehrere Stunden später begriff ich nicht, was da heute passierte. War das eine Eiserne Eintagsfliege oder endlich die fulminante Rückkehr unserer Fußballgötter? In jedem Fall war diese 2. Halbzeit UNION BERLIN, wie ich es liebe, auch von uns auf den Rängen, zumindest ansatzweise. Würde ich zum Ablegen von Schwüren neigen, hätte ich mir in diesen Augenblicken geschworen: Lasst uns in jedem Falle SO weitermachen wie am Ende dieser für mich steilsten 2. Halbzeit seit Langem. Und vielleicht schaffen wir von der Gegengerade es eines Tages ja auch mal wieder, den

Ultras auf der Waldseite nicht nur beim Wechselgesang ebenbürtig zu sein. Aber das wird schwer, denn von nun an sang da drüben ja auch mein Späti-Kumpel Hannes wieder mit …[42]

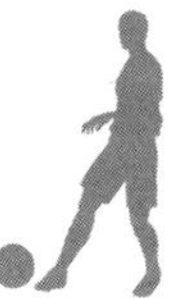

41. GRUND

Weil ich daheim einen doppelten Auswärtssieg feiern konnte

Das nächste Spiel unserer Fußballgötter sah ich im »Uluru Resort«, *der* rau-urigen Fußballfan-Insel im Hipsterzentrum des schwäbisch/weltgeld-besetzten Prenzle-Bergs. Hier verfolgen übrigens Hertha- wie Unionfans die Spiele ihrer Mannschaften. Einer der beiden Wirte ist Herthaner, der andere Unioner.

Zusammen mit drei sehr guten Freunden saß ich also am Tisch und verfolgte, wie vor dem Spiel »Sven Mühle« von unserer Fan-Organisation Eiserner V.I.R.U.S. (ausgeschrieben: Verein infizierter Rot-Weißer Union-Supporter) über den JWD-Pokal spricht, den Unionfans in der Halbzeitpause an die Aalener Fans übergeben. Die im Berliner Sprachgebrauch übliche Abkürzung »janz weit draußen« für hinterm Stadtrand gelegenes Territorium steht bei dieser Auszeichnung jedoch für »jut war dit!«. Will sagen, besagten Pokal bekommen jene Fans, von denen sich die Eisernen Auswärtsfahrer in der jeweils vergangenen Saison am herzlichsten empfangen fühlten.

Ich staune Bauklötze: Statt der ultrakurzen Haarstoppeln sprießen plötzlich die langen, dunklen Loden von Union-Urgestein Sig Zelt auf »Svens« Kopf. Sven oder Sig klingt ja ohnehin ähnlich. Offensichtlich gibt man sich bei Sky keine besondere Mühe mit unserem komischen Fangehabe. Wozu auch, bringt schließlich kein Geld. Immerhin wurden unsere V.I.R.U.S.-Recken nicht als Herthaner ausgewiesen wie unsere Mannschaft am ersten Spieltag, als laut

SWR die Charlottenburger gegen den KSC spielten, frei nach dem Motto: Berlin ist Berlin, und da spielt doch auch Hertha BSC, oder?

Während die Mannschaften in die mit etwa 5.000 Zuschauern »gefüllte« Spielstätte einlaufen, schaltet der Wirt den Ton weg. Statt Kommentatoren-Geschwafel erklingt unsere Hymne, etliche Leute in der voll besetzten Kneipe singen mit. … Als der Originalton wieder läuft, sehne ich mich alsbald nach unserer Hymne zurück. Der Sky-Reporter, voll auf der Höhe der handelsüblichen Gehässigkeit, schwafelt oberschlau über Torsten Mattuschka: »Der Top-Scorer der 2. Bundesliga, 12 Tore, 12 Vorlagen, für ihn war kein Platz mehr im Team.« Union macht derweil das Spiel. Zwischendrin kommt der Taz-Unioner, unser fliegender Ticket-Dealer rein: »Eisern Union! Wer braucht noch Karten für die nächsten Spiele, ick muss weiter!«

Er bahnt sich seinen Weg durch die Massen, tätigt seine Geschäfte, kämpft sich zur Tür zurück und ruft: »Wer jetzt noch keen Ticket hat, ist ein Opportunist!«

Als er meinen fragenden Blick bemerkt, erklärt er mir: »Ist doch so! Verlieren wir heute, ruft mich der Erste hier aus'm Saal in zwei Tagen an: ›Ick brauch'n Ticket!‹ Wenn wir gewinnen, klingelt mein Handy das erste Mal unmittelbar nach Abpfiff, geb ick dir Brief und Siegel druff!«

32. Spielminute, Zeit für Statistik: Wir liegen 9:2 vorn, allerdings nur in Sachen Schüsse aufs Tor. Dann kommt es so, wie es nahezu immer kommt, wenn man das Ding nicht reinhaut: Plötzlich mal eine Aalener Ecke, ein gegnerischer Spieler zum genau richtigen Zeitpunkt nahezu unbewacht vor unserem Tor – 1:0 für die Schwaben, und zwar nach Toren. Jetzt kommt Aalen. Nicht schon wieder, geht es mir durch den Kopf. Einmal mehr sieht mir altem Pessimisten alles nach einer Ergebniswiederholung unserer letzten beiden Auswärtsspiele in dieser kleinschwäbischen Sparvariante einer Fußballhochburg aus.

Nach der Pause macht Aalen weiter Druck, taucht mehrfach torgefährlich wie abschlussschwach vor unserem Kasten auf. Ich lenke mich, TV sei Dank, mit folgenlosem Statistikzeug ab: 52. Minute, unser Vorsprung in Sachen Ballbesitz nur noch 63:37 Prozent! Aalen sei sehr schwer zu bezwingen, liegen sie erst mal in Front, orakelt der Sky-Reporter genüsslich. Wird er gleich – wie beim St. Pauli-Spiel fragen: »Wettet jetzt noch jemand 5 Euro auf Union?«

Offenbar ja, und zwar unsere Fußballgötter auf dem Aalener Geläuf. Sie liegen mal wieder hinten – und doch sehen sie mir heute nicht so aus, als geben sie sich damit in irgendeiner Weise zufrieden. Ecke Union, an genau jener Fahne, an der die Schwaben gut 21 Spielminuten zuvor ihre erste Chance nutzten. »Fertigmachen zum Jubeln!«, brummt mein Tischnachbar. Ich als überzeugter Pessimist halte mich fern von derartigen Äußerungen – und erkläre meinen Nachbarn wenige Sekunden, etliche »Eisern-Union!« und einen ekstatischen Freudentanz später bereitwillig zum Fußballgott. 1:1, wir sind zurück!

Das nun wahrhaft Eiserne Team hat noch nicht genug. Kreilach kommt rein. Ich bin glücklich, dass er erstens dabei ist und zweitens nicht von Trimmel die Kapitänsbinde bekommt. Für mich ist Damir ein super Spieler, aber (noch) kein Käpten. Er prüft sogleich die Reflexe des Aalener Keepers. Ein Raunen geht durch den Saal, welches vier Minuten später zum Eisernen Jubelorkan mutiert. Seitfallzieher Brandy, im »Uluru« unmittelbar gefolgt von wüsten Umarmungen und Massen-Pogo.

Das muss selbst Gott daran erinnert haben, dass er ja Unioner ist. Der Sieg war unser – und mehr noch: Zum zweiten Mal hintereinander das Spiel gedreht, endlich wieder eine selbstbewusste Eiserne Mannschaft auf dem Rasen, die auch nach einem Rückstand nicht daran denkt, aufzugeben!

»Auswärtssieg!«, skandierten einige Anwesende, womit sie gleich doppelt recht hatten. Unser Team und unsere unbeugsamen Auswärtsfahrer hatten im fernen Aalen einen Sieg errungen & ersungen, wir im Prenzle-Berg zumindest einen solchen in unserer Weltgeld-besetzten Heimat zu feiern. Ich für meinen Teil war am folgenden Morgen nahezu so heiser wie nach einem Stadionbesuch An der Alten Försterei.

42. GRUND

Weil »wir gewinnen, selbst wenn wir verliern«

Zuversichtlich wie schon lange nicht mehr verließ ich die »normale Welt« und betrat unser Wohnzimmer. Das Flutlicht, die wahre Sonne des Fußballfans, strahlte, und unsere Mannschaft hatte sich offenbar endlich so weit gefunden, dass sie heute, nach fast elf Jahren, gegen einen unserer unbequemsten Gegner endlich mal wieder die Punkte holen könnte.

Die Motor Friedrichshain Süd-Recken standen neben mir im Block bereit, vor mir meine Steinis, heute gar in Bestbesetzung: Wolfgang hatte seinen Sohn und erstmals seinen kleinen Enkel dabei. Stolz trug der (eigener Auskunft nach) fast 69-jährige den Steppke auf seinen Schultern: »Wir müssen den Nachwuchs fördern!«, rief er mir zu und fragte, ob mich die Sichtbehinderung störe. Tat sie nicht im Geringsten, der Kleine gehört zu unserer Zukunft! Plattenunterhalter Wumme setzte dem Ganzen das Sahnehäubchen auf, brachte direkt vor unserer Hymne Achim Mentzels Rasenplatz-Evergreen *Stimmung in der Alten Försterei* und Sportis Stromgitarren- und Kampfstimme-gepeitschtes *Eisernet Lied* im Doppelpack. Alles war angerichtet für ein geschichtsträchtiges Fußballfest An der Alten Försterei – also los, Attacke!

Union druckvoll am Ball, mindestens ebenso druckvoll schallte es von den Rängen, da grüßte nach nicht mal drei Spielminuten das fiese, kleine Pelztierchen: fürs Fanauge absolut unberechtigter, in jedem Fall hochgradig unnötiger Freistoß aus torrelevanter Position, zwei gegnerische Spieler lehrbuchmäßig unbewacht vor unserem Kasten, Kopfball, Kopfball, 0:1!

Zum achten Mal in dieser Saison liegen wir hinten. Nie so früh, nie so endgültig. Unsere Mannschaft ackerte, hatte gefühlte 111,99 Prozent Ballbesitz, doch etliche Meter vorm Gästetor war stets Sense. Der Gegner indes bewies zweifelhafte Klasse im Fallen und Zeitschinden, dazu echte in Sachen Schnelligkeit, Übersicht, Torgefahr und Abgezocktheit.

Je aussichtsloser das Tun unserer Mannschaft, desto mehr entfernte sich Wolfgang vom Idealbild des lieben Opis, der seinen Enkel erstmalig an seinen Lieblingsort mitgenommen hatte. Der Kleine hörte Opa zunehmend jugendfrei toben und wettern, gegen den »Fürther Schaum-Schiri mit Tomaten uffde Oogen«, die Schmierenschauspiel-Einlagen der gegnerischen Spieler. Ich bin sicher: So hart wie mit denen wird Wolfgang sein Lebtag nicht mit seinem Enkel ins Gericht gehen, selbst wenn sich dieser zum schlimmsten aller Rabauken mausern sollte.

Ich hingegen spürte an jenem lauen Herbstabend zunehmend eisige Kälte meinen Rücken rauf und runter kriechen, Richtung Nacken, Schritt und weiter. Mit dem Abpfiff war ich gänzlich vereist. Glücklicherweise brachen mir beim Applaus für unsere tapferen wie im ewigen Hase-und-Igel-Wettstreit aufm Platz hoffnungslos unterlegenen Profis nicht sämtliche Finger. In meinem Kopf kein Fatz Kraft für Trainer-weg- oder Spieler-xyz-raus-Gedanken, einfach nur Frust, Trauer, Niedergeschlagenheit.

Da vernahmen meine Ohren weit über mir nachdenkliche Klavierakkorde. Wenige Takte später Akustik-Gitarre und die rauchige Stimme des Sängers. Er sang von einem Ort, an dem sich zwei mir bestens bekannte Flüsse miteinander vereinen. Ein Ort voller kleiner Kostbarkeiten – verdammte Scheiße, er sang von Eisernland, unserer Heimat! Die Fahne weht nicht mehr im Schlachtgetümmel, sondern hängt am Spind, riecht nach Arbeit und wird für immer dort hängen, an guten, schlechten und sehr schlechten Tagen wie diesem hier.

Schlagartig war der Eispanzer gesprengt, fühlte ich mich noch immer verdammt traurig – aber doch wieder lebendig! Wie von selbst sangen meine Lippen mit: *Hier sind wir zu Haus / Hier sind wir geboren / Hier ist unser Eisernland / Wir sind Union!*

Wie oft schon habe ich unser Team verlieren sehen, wie oft derart unnötig, ärgerlich *und* aussichtslos! Doch nie zuvor fühlte ich mich von einem Song derart in den Arm genommen, an unzählige Schultern gedrückt. *Du bist nicht allein!*, sang das Lied, *Uns allen geht's genauso wie Dir, aber das Wichtigste ist: Wir sind und bleiben Eisern – und egal, wie mies der Ball des Lebens gerade läuft: Wir haben eine Heimat, haben uns: Der beste Verein, das schönste Revier! Für uns alle gibt es diesen einen Ort, wo wir gewinnen, selbst wenn wir verliern!*

Kein Lied dieser Welt macht aus einer Niederlage aufm Platz einen Sieg, und doch kann mir *die* bei allem Schmerz, aller Wut niemals das nehmen, was doch so viel wichtiger ist: meine Heimat, meinen Stolz, meine Liebe. So und nur so verstehe ich diesen einzigartigen Eisernen Song. Ich danke KRISPIN, dass sie ihn einspielten und immer wieder singen. Und ich danke Wumme, dass er ihn mir in genau jenem aller miesesten Moment, direkt nach einer Niederlage unseres 1. FC Wundervoll, als Trost an die Seite gab, auf meinem heute so schweren Weg, weg von zu Hause, raus in die »normale Welt«.

43. GRUND

Weil auch bescheidene Geburtstagsgeschenke Freude machen

9. November 2014, 25 Jahre nach Mauerfall! Das »Zentralorgan der Marktwirtschaft«, welches sich ungefragt in meinem Briefkasten gedrängelt hatte, der Bundestags-Auftritt eines ehemaligen Meister-Barden, der leider vor Jahrzehnten zum Hofsänger mutierte, sowie all die geballte Sponsored-by-Werbungsflut rund um den vor mei-

ner Tür gelegenen Mauerpark hatten dafür gesorgt, dass mich das Groß-Event um einen der echtesten Augenblicke jüngster deutscher Geschichte nicht sonderlich interessierte. Einzig unsere Tochter war begeistert. »Lampen!«, rief sie, als ich sie am Freitag aus dem Kindergarten abholte und wir auf dem Heimweg am Mauerpark vorbeikamen. »Ich will die Lampen angucken … und anfassen!« Also guckten wir Freitag-, Samstag- und Sonntagabend jene »Lampen«, welche sie entlang des ehemaligen Grenzverlaufs aufgestellt hatten. Nach einem Blick in die leuchtenden Augen meiner Tochter gedachte auch ich wieder jenes so wunderbar anarchischen »Staatsakts von unten«, der das tödliche Bauwerk quasi im Handumdrehen zum Einsturz gebracht hatte.

Aber da war ja noch was. Am ganz frühen Sonntagnachmittag dieses 9. Novembers hatte mich mein Freund Ronny zu seinem Geburtstag gebeten. Profikoch Ronny lud zu Strammem Max, gesundem Beeren-Likör und Bier in einem Raucher-Lokal um die Ecke, welches täglich auf Leinwänden und Bildschirmen sportliche Wettkämpfe zeigt. Ronny ist Profikoch, Raucher und Unioner. Und weil er zudem mein Freund ist, folgte ich seiner lieben Einladung in jene Bar, die uns Eiserne seit dieser Saison nur noch empfängt, wenn die Unaussprechlichen kein Spiel im benachbarten Jahn-Tierpark austragen. Der Wirt denkt halt praktisch: Die da sind dann mehr als wir und saufen entsprechend größere Mengen. Scheißegal, ich ging zu Ronny, nichts weiter!

Nicht ganz natürlich, denn dank Ronny ging ich ja nun auch noch zu Union. Als ich in der Sportsbar aufschlug, hatte der Tabellenführer aus Ingolstadt bereits ein Tor geschossen. Die vorangegangene Abseitsposition hatte das Schiri-Gespann nicht geahndet, dafür ein auch in der Zeitlupe nur sehr schwer als solches auszumachendes Stürmerfoul, was war denn mit denen los?

Ja mehr noch: Gut zehn Minuten später sprachen sie unserem Chrissy Quiring sogar einen Elfer zu, bloß, weil ihn ein Audi-Spieler im Strafraum vehement am Schuss aufs Tor gehindert hatte. »Dit iss dem Schiri sein Jeburtstagsjeschenk, Ronny!«, rief uns der Wirt zu. Aber nicht zu früh gefreut, denn Unions bereits vor Tusches Weggang langsamster Mann legte sich die Murmel auf dem Punkt zurecht. Ist er Tusche auch hier ebenbürtig? Schon läuft er an gegen den seit weit über 500 Minuten unbezwungenen Nikopolidis-Verschnitt im Audi-Tor – eiskalt verwandelt! Wir springen auf, liegen uns, fortwährend wie blöde »Eisern Union« schreiend, in den Armen.

Unsere Mannen fahren fort, sich wie Fußballgötter aufzuführen. Zündende Ideen, schnelles Umschaltspiel, Torgefahr – um Himmels willen, hatte ich schon zu viel Beerenschnaps genascht? Nee, diese Wieselflinken in den weißen Trikots trugen tatsächlich den Union-Aufnäher auf der Brust! Da ein wunderbar steiler wie punktgenauer Pass von Kreilach auf den Eisernsten unserer Spieler! Chrissy läuft um sein Leben, zieht im richtigen Moment eiskalt ab, befördert die Murmel über des Keepers rechte Schulter unhaltbar in die Maschen! Ekstase, Aufspringen, Ronny und den Rest der Welt umarmen – was war das für ein verrücktes, obergeiles Fußballfest?

Nun aber bekamen es unsere Fußballgötter mit dem mächtigsten aller Ingolstädter zu tun. Das Gros der 8.008 Zuschauer in diesem Hexenkessel peitschte nun mit einzigartiger akustischer Wucht die Audi-Spieler nach vorn: »F-C-I-FC Ingolstadt ist super!«, erklang es laut von den Rängen und: »FC InGOLstadt, unsre Liebe, …«, was für ein einzigartiges Fan-Potenzial!

Der letzte Absatz ist nun wirklich ein Ausdruck meiner gestern kaum mehr vorhandenen Nüchternheit. Denn natürlich waren es die mitgereisten Unioner, die ich, jetzt wie zuvor, im Stadion der Audistadt singen hörte. Es war ein unfreiwillig meisterhaftes Eigentor unseres tapferen Fighters Micha Parensen, der den Tabellenführer zurück ins Spiel brachte.

Der Rest dieser Partie hatte dann nichts mehr mit einem Geburtstagsgeschenk an Ronny zu tun, dafür mit einer geradezu tödlich langweiligen Wiederholung, die wir Schreiber ja eigentlich tunlichst vermeiden sollten. Aber was bleibt mir hier anderes übrig, als vom gefühlt 1.111. Auftritt des fiesen Murmeltiers zu erzählen: Standard gegen uns aus gefährlicher Position, punktgenau geschossen auf selbstverständlich ungedeckten gegnerischen Stürmer – und es zappeln die Maschen. Heute gab's sogar gleich zweimal die Murmeltier-Show, dazu in Hälfte 2 pausenloser Ingolstädter Angriff auf unser Tor!

Und unsere Offensive? Die ersten 34 Minuten von Durchgang 2 kein einziger Schuss aufs Audi-Tor! »Typisch Union, so'ne Scheiße!«, könnte da unser guter, alter Fankollege Ernst Meckerkopp fluchen, aber so ganz war dann auch Hälfte 2 eben NICHT »typisch Union«. Denn der jenen 34 Spielminuten nach dem Pausen-Zielwasser folgende Schuss ging eben nicht aufs, sondern INS gegnerische Tor und sorgte dafür, dass wir beim Tabellenführer nicht nur tatsächlich nicht verloren, sondern sogar fast gewonnen hätten. Und das war dann irgendwie doch ein Geburtstagsgeschenk für Ronny und den Rest der um ihn versammelten Runde. Den in der 90. erzielten Ausgleich für Ingolstadt müssen wir hier nicht weiter erwähnen, oder?

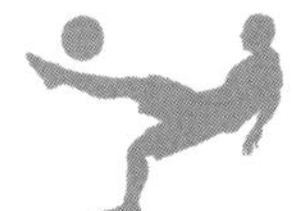

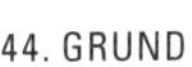

44. GRUND

Weil Sven mit Sven streitet und sich beide einig sind

Wir schreiben den 16. November 2014. Nach dem 3:3 bei Tabellenführer FC Ingolstadt stehen wir mit 14 Zählern auf Rang 13, ganze zwei Pünktchen von einem direkten Abstiegsplatz entfernt. Weit unten befanden wir uns bereits nach den Spieltagen 5 und 9, letztens zusammen mit Erzgebirge Aue punkt- und torgleich (7 / 6:15) als Tabellenschlusslicht. Noch immer also gilt: *Mit aller Gewalt Klassenerhalt!* Die Stimmung ist, besonders zwischen den Spielen, alles andere als gut im Eisernen Lager. Besonders heftige Diskussionen drehen sich um Trainer Norbert Düwel.

So manche Zeitung, insbesondere jene mit den großen Buchstaben, nutzt seit Wochen die Chance, das allgemeine Düwel-Bashing munter in Quote versprechende Artikel zu gießen. *Also Messer wetzen, endlich was los An der Alten Försterei*[43], beschreibt Frank Willmann die Stimmung auf Unions Pressetribüne und wendet sich angewidert ab: *Ich hatte keine Lust auf Schlachtfest. Doch die Meute machte sich bereit für den Abgesang.*[44]

Der *Berliner Kurier* wählt einen anderen Weg. Statt den Trainer von allwissenden Journalisten kaltblütig totzuschreiben, lassen sie an jenem 16. November zwei Unioner zu Wort kommen. Aus den beiden Fenstern unseres Anzeigehäuschens blicken mich meine Kumpels Sven Klebba und Sven Gestresst an. Beide sind seit den Siebzigern dabei – und in puncto Norbert Düwel völlig verschiedener Meinung.

Diese ganze Diskussion um den Trainer nervt mich[45], eröffnet Klebba, der unseren neuen Übungsleiter als zwar unbekannten, aber vor allem im Fußballgeschäft erfahrenen Mann sieht, ein Typ wie geschaffen für Union.

Der Gestresste dreht den Spieß sogleich um, indem er Düwel vorwirft, dass *ihm* die Mannschaft, ja unser gesamter Verein inklusive Eiserner Mischpoke, lese ich hier mit, nach wie vor ein völlig unbekanntes Wesen sei. Klebbas Einwand: *Er hat mit Hofi und Böni zwei Leute an der Seite, die den Verein und die Spieler bestens kennen*[46], kontert er mit dem Argument, dass es am Ende einzig Düwel sei, der die Entscheidung über System und Mannschaftsaufstellung trifft. *Und die ist in jedem Spiel immer anders*, bringt er des Trainers Manko auf den Punkt. Und was die Tabelle angeht: Eben diese Punkte fehlen uns, weil die Mannschaft eben keine Chance bekommt, sich zu finden, so der Gestresste.

Klebba dagegen verlangt, dass wir Norbert Düwel verdammt noch mal Zeit geben, das für unsere Mannschaft ideale Spielsystem zu finden – und mahnt an, dass unsere große Misere ja nicht erst unter ihm anfing. Nur zur Erinnerung: Im Kalenderjahr 2014 gewann Union unter Uwe Neuhaus gerade einmal zwei von 15 Pflichtspielen! Außerdem: *Was kann denn der Trainer dafür, wenn die Jungs Pässe über ein paar Meter nicht hinbekommen, wenn sie bei Standards pennen, wenn sie immer wieder individuelle Fehler machen? Auf dem Platz sind die Spieler dafür verantwortlich*, so Klebba.

Aber der Trainer legt die Taktik fest, kontert der Gestresste: *Wenn ich sehe, was die Mannschaft da teilweise macht,(…), frage ich mich, ob der Trainer seine taktischen Vorgaben den Spielern nicht rüberbringen kann. (…) Vielleicht will er auch zu schwierige Dinge.*

Finden »Volk« und »Regierung« nicht zueinander, gibt es ja bekanntlich auch nur *eine* gangbare Lösung, aber ist es im Staate Union tatsächlich schon so weit, einen *neuen* neuen Trainer zu suchen? Sven und Sven finden in ihrem Streitgespräch natürlich keine Lösung auf diese alles entscheidende Frage. Nur eines wissen sie – und sind hier sogar mal derselben Meinung, die ich aus tiefstem Herzen teile: *Trainer-raus-Rufe gehören nicht ins Stadion. Das ist nicht Union!*

Sechs Tage später wird es An der Alten Försterei wieder heißen: *Düwel raus!*, vereinzelt nur, aber unüberhörbar. Ein Besucher der Haupttribüne wird den Trainer gar derart beschimpfen, dass dieser ihm, von der Presse dankbar aufgenommen, den Stinkefinger zeigt. Sven Gestresst indes hat an jenem Tag eine gänzlich andere Begegnung mit unserem Übungsleiter. Als Svenne wie immer seinen Platz auf der Haupttribüne direkt hinter der Trainerbank einnimmt, kommt es zur Begegnung der beiden. »Ick bin so watt von rot jeworden, als mir Norbert Düwel die Hand reichte!«, erinnert sich Sven bis heute und für alle Zeit.

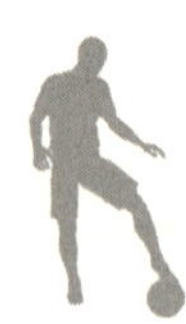

45. GRUND

Weil wir Fans verdammt viel Luft nach oben haben

Da mich ein guter Freund und altgedienter Unioner kurzfristig in die Schlosserei einlud, genoss ich am Samstag einen mir ungewohnten Blick aufs Spiel. Ich saß, eingehüllt in die Vielzahlern und ihren Gästen zugedachte Decke, fast auf Höhe der Mittellinie. In etwa dort, wo ich normalerweise auf der Gegengeraden stehe. Zum allerersten Mal konnte ich dort die Zaunfahnen sehen und freute mich, auch jene der Oranienburger Frösche aus meiner alten Heimatstadt zu entdecken.

Kaum hatte das Spiel begonnen, hatte ich schlagartig weder Zeit noch Muße für derartige Betrachtungen. 9. Minute, ein Fehlpass leitet gegnerischen Konter ein. Steiler Pass auf rechts, der Angespielte fällt, berührt dabei den Ball mit der Hand, steht wieder auf, schießt aufs Tor. Kurz darauf schallt es »Schieber!« durchs Stadion, denn der Schiri sieht nur eins: Der Ball ist hinter der Linie, im Netz.

»Ohne Schiri habt ihr keine Chance!«, vernehme ich kurz die Gegengerade. Dann ist nur noch die Waldseite zu hören: »F-C-U-Fußballclub Union Berlin«, »Wo du auch spielst, ja wir folgen dir …« Der Gästeblock antwortet mit einem Gesang, der in meinen Ohren klingt wie: »Hühnchenstolz VW!« Dazu »Endsieg!«, was aber »Sech-Zieg« heißt.

Ein guter Angriff über die Mitte, Eroll zieht ab, doch der Löwen-Keeper faustet den Ball rechts raus. Kurz drauf kriegen wir nach einem schnellen Angriff über links fast das 0:2. Kurz drauf ist es an dem »Handballer« aus Minute 9, der seither bei jedweder Ballberührung gnadenlos ausgepfiffen wird, unseren Keeper zu prüfen. Haas macht sich lang, faustet den Ball links weg.

In der 34. endlich wieder mal ein Fast-Torschuss von Union. Die Waldseite singt, wo verdammt ist die Gegengerade? Vier Minuten später das alte Spiel: Ein Sechzger darf seelenruhig mit dem Ball am

Fuß Richtung Tor laufen, in aller Seelenruhe auf seinen wunderbar positionierten und selbstverständlich völlig frei stehenden Kollegen flanken – 0:2! Nun haben die Gäste so richtig Oberwasser, und ihre Fans frohlocken: »Hühnchenstolz VW!«

Mein 60er-Freund Christian war einige Tage nach dem Spiel so lieb, mir den echten Text jenes Gesangs zu verraten: *Geboren zum Kämpfen und Siegen, für unsern TSV, olé olé olé, Münchens Stolz olé!* Überhaupt muss ich den Löwen-Fans bescheinigen: Ihr habt euer Team bedingungslos unterstützt, ohne uns in irgendeiner Weise zu schmähen – und all das bereits lange vor dem 0:1!

»Eisern!«, animiert die Waldseite die Gegengerade, mächtig schallend zu erwidern: »Union!« Beide geben alles, die Gegengerade ist phasenweise sogar um einiges lauter als ihre »Anstifter« hinterm Tor. Ja klar, Sektor 3 ist der größte unseres Stadions. Als unsere Mannschaft in Minute 44 nach einer Ecke DIE Chance des bisherigen Spiels hat, stehen etliche Schweinshaxen-Esser aus den VIP-Bereichen längst drinnen in der Schlange vorm Buffet, aber auch die Gegengerade weist deutlich sichtbare Lücken auf. Einer, der ein paar Reihen vor mir noch auf seinem Tribünenplatz sitzt, kommentiert einen Rückpass wütend mit: »Ja klar, hintenrum zum Torwart … Sachma Düwel, jehtet noch?« Dann ist Pause, für mich dank meines Freundes Einladung inklusive Frustbier. Mich an der Essensschlange anzustellen, dazu fehlen mir Nerven wie jedweder Appetit.

Kaum hat der Schiri wieder angepfiffen, kassieren wir das 0:3, gefühlte zehn Sekunden später fasst sich mein Gastgeber an den gesenkten Kopf: »Jetzt wernwa abjeschossen.« Ja, es steht 0:4, allerdings nur knapp zwei Minuten. Da haut Polter den Ball über des Gegners Torlinie. Wir springen auf, schreien, toben, hören gar nicht wieder auf damit. Das Stadion ist hellwach, die Waldseite peitscht unsere Mannschaft nach vorn. Zwei weitere Eiserne Riesenchancen und ein Foul später zeigt der Schiri auf den Punkt: Elfer – für uns!

Chrissy nimmt kurzen Anlauf – gehalten! Nachschuss Trimmel, gefolgt von des Keepers nächster Parade – egal, weiter! Sogleich eine

Serie von Eckbällen, jeweils abgeschlossen mit einem Torschuss, den entweder ein Münchner abwehrt oder der knapp am Tor vorbeistreicht. Unions Spieler benehmen sich endgültig wie Eiserne, und doch bleibt, Chance für Riesenchance, das gegnerische Tor verbotene Zone für das Spielgerät. Langsam schwinden, bei Spielern wie Fans, die Kräfte. Von der Gegengeraden höre ich ohnehin schon ewig nichts mehr. Da war irgendwann mal ein »Alles auf die 11«, die Rückennummer des »Handballers«, aber das war's auch. Die später vielfach im Netz erwähnten »Düwel raus!«-Rufe oder das ebenfalls in Sektor 3 angestimmte Torsten-Mattuschka-Lied drangen nicht bis zu uns auf die Tribüne.

Endlich der Schlusspfiff, auf der Haupttribüne quittiert von zwei, drei »Düwel raus!« Dass der Trainer einem Typen, der ihn zuvor massiv beleidigte, den Mittelfinger entgegenstreckte, von dem Vertreter der Skrupel-kennwa-nich-Presse dankbar zum reißerisch moraltriefenden: »Trainer zeigt ALLEN Unionfans den Stinkefinger, wir fordern die Höchststrafe« aufgebauscht, bekam ich nichts mit. Zu sehr nahm mich meine Enttäuschung gefangen. Mich deprimierte längst nicht nur, dass wir, laut Papierstatistik, nach 21:8 Torschüssen, 12:1 Eckbällen und 55 Prozent Ballbesitz mal wieder klar verloren hatten. Mir half auch nicht, dass wir nach dem 0:4 so viele Torchancen hatten wie in den gefühlt 66 letzten Spielen nicht mehr. Um ein Haar hätte Chrissy das zweite Tor gemacht, und wer weiß, was dann … drauf gesch…!

Mögen die Leistung unserer Mannschaft andere fachgerecht verurteilen, meine Enttäuschung galt vor allem jener meiner Gegengeraden. Dass wir es draufhaben, bewiesen wir beim Wechselgesang, warum können wir es sonst nicht mehr? Brauchen auch wir ein paar Kapos (Vorsänger unseres Vertrauens), um unsere Stimmen wirkungsvoll einzusetzen? Sind wir zu alt, zu müde, ist Meckern einfach geiler als Singen? Gut, ich selbst war heute auch nicht besser. Außer »Na und!«, »Fußballgott«, unserer Hymne und gelegentlich das dreifache »Eisern Union!« kamen auch nur ein paar an Schiri oder gegnerische Spieler adressierte Unflätigkeiten aus meinem Mund. Was bleibt mir anderes übrig, als das nächste Mal, wenn ich wieder wie gewohnt da drüben oberhalb des Mittelkreises stehe, alles zu geben, was an Sangeskraft irgend in mir steckt.

An dieser Stelle nun möchte ich einige jener Menschen vorstellen, mit denen ich zusammen in unserem Stadion Union kieke.

6. KAPITEL

EISERNE MENSCHEN

»Eiserne Menschen« ist der Titel des von Georg Krause und Matti Michalke 2006 herausgebrachten Buches über Fußballfreunde unseres 1. FC Wundervoll, dem ich hier nacheifere.

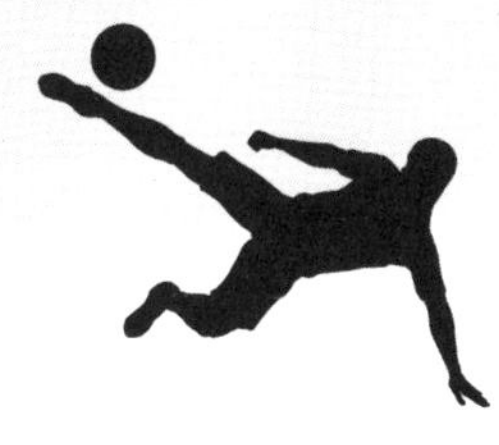

46. GRUND

Weil ein paar Quadratmeter überm Mittelkreis Platz für unzählige Unioner bieten

Seit meinem ersten Unionspiel Ende der Siebziger wohne ich in unserem Stadion auf der Gegengeraden, in der Nähe der Mittellinie. Nach der Rückkehr aus dem Jahn-Tierpark An die neue Alte Försterei vagabundierte ich auf dem unteren Umlauf hin und her. Kam ich rechtzeitig ins Stadion, stand ich wie früher nahe der Mittellinie. War dort bereits jeder Zentimeter Geländer besetzt, wich ich an die Seiten aus, zumeist Richtung Waldseite. Ich kam mit diesem oder jener kurz ins Gespräch, das war's.

Keine Ahnung, was mich eines wunderbaren Spieltags dazu brachte, mich oberhalb des Umlaufs mitten in Block P zu stellen, einen Tick rechts von Mittellinie und Anstoßkreis. Auch hier kam ich mit meinen Nachbarn ins Gespräch: einem sympathischen Typen, etliche Jahre jünger als ich, seinem verschmitzt dreinschauenden Vater, welcher etwa 70 Monate vor mir das Licht der Welt erblickt hatte, und Wolfgang, dem drahtigen Onkel des Verschmitzten. Wolfgang geht mittlerweile strammen Schrittes der Vollendung seines siebten Lebensjahrzehnts entgegen. Bereits am folgenden Spieltag begrüßten mich die drei wie einen guten Nachbarn und ich wusste: Hier bin ich zu Hause! Jene drei Männer bilden den Kern der Steinis aus Ludwigsfelde. Manchmal gesellt sich Seniors Frau Christin oder Wolfgangs Sohn samt Enkel dazu. Die Steinis reisen per Regionalexpress an, so früh, dass sie oft zu den Ersten im Stadion gehören. Gäbe es dafür Blumensträuße, könnten sie längst einen Trockenblumen-Handel betreiben. Schaffe ich es mal nicht, pünktlich eine Stunde vor Anpfiff im Block zu stehen, halten sie meinen Platz frei, wofür ich mich an dieser Stelle ganz herzlich bedanke!

Unter den Gegengeraden-Bewohnern gehören wir eindeutig zu den Sängern, wobei besonders Wolfgang außerdem ein unerbittlich wie lautstark seinen Unmut äußernder Kritiker – nicht nur von Gegenspielern und Schiri, sondern vor allem unseres eigenen Teams – ist. Als langjähriger aktiver Radballer und altgedienter Unioner pfeift er selbstredend niemals unsere Mannschaft aus oder lässt sich zu ähnlichem Blödsinn hinreißen!

Kann ich mal ein Spiel nicht leibhaftig im Stadion verfolgen, sorgen Juniors SMS dafür, dass ich fast live dabei bin. Steini senior hatte bereits mehr als ein Dutzend Mal den untrüglichen Riecher, was die beste Taktik unserer Mannschaft anging. Auch den einen oder anderen Misserfolg sah er voraus, was ihn keineswegs davon abhielt, unser Team wie ein Irrer anzufeuern. Mittlerweile halfen mir die Steinis vielmals bei der Recherche für den unionesken Teil meiner Berufsschreiberei. Als im Internet ein User mein erstes Unionbuch ungesehen als seelenlose Meterware abstempelte, bürgte Steini junior vehement für meine Eiserne Echtheit. Mittlerweile trägt seine Tochter das rot-weiße Kleidchen meiner Kleenen. Sie ist zwei Jahre älter als Steinis Tochter, und ich freue mich jetzt schon auf den Tag, an dem die beiden Mädchen unser Wohnzimmer kennenlernen. Diesen Sommer war ich mit meiner Familie auf Steini juniors Hochzeit eingeladen. Unsere Töchter streuten die Blumen.

Dass ich spätestens seit 2013 im Wohnzimmer nicht mehr unentschuldigt fehlen kann, liegt an den Herren links neben und über mir. »Wo waren wir denn letztes Mal?«, heißt es dann sofort aus dem Munde der dort postierten weiß-grauen Kämpen. Dieter und Manfred Andersohn, Andreas Weber, Uwe und Lothar John bildeten bereits zu Schülerzeiten den Kern des ersten Aufgebots von Motor Friedrichshain Süd. Seinerzeit hatten sie mehrfach das Knaben-Team von Union besiegt. Im Stadion vertrauten sie mir ein paar Details zur Historie ihrer BSG Motor Friedrichshain Süd an, die seit 1970 unter BSG Kühlautomat firmierte. Nach der Wende und dem damit verbundenen Ende des Trägerbetrieb-Engagements erlebte der alte Name eine kurze Renaissance. Sie endete, weil dessen Initialen M-F-S so unangenehm an die Firma Horch & Guck erinnerten. 1992 folgte die Fusion mit dem ehemaligen Erzfeind SG Berolina Stralau. Heute heißt ihr Verein FSV Berolina Stralau 1901. Mit zu ihrer Wohnzimmer-Clique gehören außerdem Nachwuchsmann Maximilian Karisch sowie einer, der nicht in ihrer Mannschaft spielte: Jürgen, das Nordlicht aus Stralsund. Zu den eigenen akustischen Einlagen der genannten Herren gehört seit Ewigkeiten das vielstimmige: »Eins-Zwei-Drei – Auf die Fresse!«, welches von jeweils einem Herrn mit dem berühmten Vorwende-Schlachtruf »Keine Gewalt!« vollendet wird.

Als ich für mein erstes Unionbuch Torsten Eisenbeiser, Vater des Weihnachtssingens, interviewte, stellten wir am Ende unseres Gesprächs fest, dass auch wir im Stadion quasi Nachbarn sind. Seitdem grüßen wir uns und tauschen Neuigkeiten direkt von Angesicht zu Angesicht aus. Seit der vorletzten Saison stehen auch die liebe Konsi und mein alter Kumpel Rolf neben mir. Rolf danke ich ganz herzlich dafür, dass auch ein armer Schreiberling wie ich regelmäßig ein echtes Stadionbier zu trinken bekommt. Ich hoffe sehr, lieber Rolf, dass ich das noch in diesem Leben wieder gutmachen kann. Außerdem danke, dass du mit deinen zwei Metern Körperlänge fast immer neben oder hinter mir stehst. Fast genauso groß wie Rolf ist der langmähnige Feuerwehrmann Jo, der zusammen mit seiner sportbegeisterten Dana ebenfalls zu meinen direkten Nachbarn gehört.

Auch der Union- wie musikverrückte Kalle Rock, unter anderem aktiv bei *Metalheads vs Hunger*, wohnt seit Ewigkeiten in meiner direkten Nachbarschaft. Kalle steht ein paar Betonstufen über mir und ist ein erstklassiger Fotograf, der nicht nur mir gestattet, von ihm gemachte Pics für umme zu verwenden. »Für Unioner immer!«, so sein Kommentar, als wir uns dank eines von ihm meisterhaft geschossenen Porträts meiner Wenigkeit endlich persönlich in die Augen kiekten.

Schafft es Musiker Roland Krispin ins Wohnzimmer, steht er, zumindest geografisch betrachtet, zwei, drei Stufen unter mir. Carmen und ihren Mann lernte ich kennen, als sie mich auf ein mittlerweile ehemaliges Versäumnis in meinem ersten Unionbuch hinwiesen. Damit genug von meinen »Mitbewohnern«. Fakt ist: Viele, viele Unioner leben auf den paar Quadratmetern oberhalb des Mittelkreises. Ganz sicher kommen für mich noch etliche neue Bekannte hinzu. Und ganz sicher haben wir, lernen wir uns dann persönlich kennen, bereits lange Zeit Schulter an Schulter gestanden, gesungen, gejubelt, gemeckert, geweint – und dann wieder gemeinsam gesungen. Unter anderem vor jedem Spiel: *Alte Försterei, Alte Försterei, Alte-Alte-Alte Försterei!*

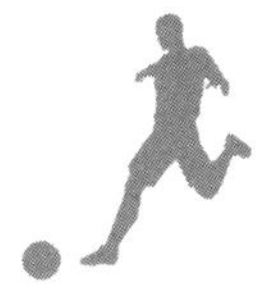

47. GRUND

Weil Exil-Unioner Ritter K immer wieder gern nach Hause kommt

Seine Haarlänge: null Millimeter, seine Schultern: breit. Setzt er dazu eine grimmige Miene auf, sieht er endgültig aus wie einer, dem man keinesfalls im Halbdunkel herbstlicher Straßenlaternen-Funzelei begegnen möchte. Es sei denn, man gehört zu seinen guten Freunden.

Als wir neulich an einem trüben Herbstabend zusammen das Wohnzimmer verließen und durch den Wald Richtung Hämmerlingstraße trabten, schaute jener Freund nicht grimmig drein. Dabei hatten wir gerade verloren, daheim, auf denkbar unglückliche Weise. »Weißte was, ick hab trotzdem ein absolut fettes Dauergrinsen im Gesicht«, ließ er mich wissen, »und weißte warum?«

Ich schüttelte den Kopf.

»Weil es für mich jedes Mal ein absolutes Fest ist, wenn ich es endlich mal wieder schaffe, hier zu sein, zu Hause, vastehste?«

Statt am Ende des Waldes nach rechts Richtung Abseitsfalle weiterzugehen, um daselbst im trauten Kreise Gleichgesinnter ein paar Trostbierchen zu zischen, würde er gleich scharf nach links abbiegen. Etwa 500 Meter hinterm Bahntunnel stand in einer Seitenstraße sein Wagen. 350 Kilometer Autofahrt lagen zwischen dem Jetzt und Hier und dem Klingeln seines Weckers, der ihn, hat er Frühschicht, gegen 3.45 Uhr zum Aufstehen gemahnt. Die gleiche Strecke hatte er bereits vor dem Spiel zurückgelegt, um für wenig mehr als zwei Stunden nach Hause zu kommen, ins Zentrum von Eisernland, *sein* Stadion an der Alten Försterei. Nicht ohne Grund trägt dieser Mann den Kampfnamen Exil-Unioner Ritter K.

1969 in jenem Fürstenberg geboren, welches mittlerweile seit Jahrzehnten ein Ortsteil von Eisenhüttenstadt ist, verschlug es Ritter K alsbald nach Frankfurt (Oder). Die Heimatstadt seines Herzens hieß jedoch Berlin. Hierhin reiste er des Öfteren am Wochenende, zunächst auf die Datsche seiner Eltern oder zu seinen Berliner Verwandten. Bald jedoch befand sich sein eigentliches Ziel in Köpenick, am Rande der Wuhlheide ...

Natürlich interessierte sich unser Ritter schon früh für Fußball, allerdings auf eine etwas andere Art als seine Schulkameraden. Erschienen die so manchen Samstag zum Unterricht mit gelb-rotem Vorwärts Frankfurt-Trikot, versteckte er das seine sicherheitshalber in der Schultasche. Es war auch zur Hälfte rot, doch zur anderen weiß. Als Unioner hatte der Ritter in seiner Heimatstadt nicht allzu viele Gleichgesinnte und lief stets Gefahr, für seine Gesinnung den einen oder anderen körperlichen »Verweis« zu kassieren.

So war es ihm ein ganz besonderer Festtag, als Union am Wochenende nach seinem 16. Geburtstag gegen Vorwärts mit 2:0 gewann. »Dit war dit erste Spiel in Frankfurt, wat die Eisernen in meiner Anwesenheit jewannen! Mann, ick hab mir gefühlt wie'n kleener König!«, freut sich der Ritter bis heute.

Nach der Schule absolvierte er eine Lehre als Werkzeugmacher. Anschließend wollte er, selbstverständlich in Berlin, Maschinenbau studieren. Mitten in seiner Armeezeit fiel am 9. November 1989 die Mauer. Er schrieb sofort sein Entlassungsgesuch, ließ sich degradieren und Januar 1990 ins Zivilleben zurückversetzen. Wieder in seiner alten Firma, heißt es bald: Kurzarbeit.

Durch die Beziehungen seiner Mutter und einen kleinen Deal mit seinem Chef kommt er zu einer Weiterbildung als CNC-Dreher bei Bremen. Zurück im industriell gerade »niedergebombten« Osten, heißt es auf ein Neues: Kurzarbeit, Tendenz null Stunden. Also zurück in den Westen. Eine Woche später hat er einen Job in Rotenburg an der Wümme, weitere sieben Tage drauf daselbst eine Wohnung. Nach elf Jahren als Werkzeugmacher besucht er neben der Arbeit die Meisterschule, und weil ihm der Meister auch nicht reicht, schiebt er noch ein Studium zum technischen Betriebswirt hinterher. Mittlerweile arbeitet der Ritter in der Nähe von Lübeck. Zusammen mit seiner Frau, die wie er aus dem Brandenburgischen stammt, hat er drei Söhne.

»Ick bin sozusagen Multikulti«, lässt er mich grienend wissen. »Geboren und aufgewachsen in Brandenburg, wohne ick in Niedersachsen, fahre zur Arbeit jeden Tag durch Hamburg nach Schleswig-Holstein, aber mein Herz, dit schlägt nach wie vor für Berlin!«

Und immer wieder zog und zieht es ihn hierher, in *sein* Stadion An der Alten Försterei. Zuerst zu jedem Heimspiel. Als seine Söhne geboren werden, werden die Besuche seltener. »Am schönsten war die Zeit der 4. und 3. Liga«, bekennt er, »denn da konnte ick zum ersten Mal mit meinen Söhnen zusammen ins Stadion gehen. Ich hab noch Fotos aus dem Hamburger Volkspark: dit janze Stadion leer, außer der prall gefüllte rot-weiße Gästeblock!«

Zwei seiner drei Jungs interessieren sich für Fußball – und folgen, auch was die Heimatstadt ihre Lieblingsclubs angeht, ihrem Vater. Der eine ist Herthaner, der andere Unioner. Jetzt, wo alle drei groß sind, schafft es der Ritter wieder bedeutend öfter, aus seinem Exil nach Hause zu kommen. Und noch etwas spricht dafür, dass dem auch weiterhin so bleibt. Sein Eiserner Sohn tat schließlich das, was der Ritter dereinst für sein eigenes Leben geplant hatte: Seit Oktober 2014 studiert der gute Junge in Berlin – und wird seinem Vater nach gemeinsamem Wohnzimmerbesuch doch sicher weiterhin ein Obdach gewähren!

An jenem Abend jedoch musste der Ritter noch in der Nacht in sein Exil zurück. Kleiner Trost: Er konnte während der Fahrt entspannt ein Bierchen zischen, denn heute würde sein Sohn das Steuern übernehmen. Vielleicht ein weiterer Grund für sein zufriedenes Grienen, doch garantiert nicht der gewichtigste: Der Ritter war endlich wieder mal für ein paar Stunden zu Hause gewesen, was kann es Schöneres geben?

48. GRUND

Weil Union das Bindeglied ist

Neulich, nach einer Lesung im Gemeindesaal zu Hoppegarten, herrschte hernach reges Treiben am Büchertisch. Etliche kauften mein erstes Unionbuch, um es sich umgehend signieren zu lassen, andere hatten ihre Bücher zu diesem Zwecke mitgebracht. Ganz ehrlich: Mich freut es jedes Mal, wenn ich eine meiner in vielen einsamen Tagen und Nächten entstandenen Arbeiten hernach mit meiner Unterschrift und einem kleinen Spruch versehen darf. Sehr oft unterhalte ich mich dabei ein wenig mit diesem oder jenem Leser, empfange ein paar Worte des Lobs oder eine konstruktive Kritik. So auch in Hoppegarten.

Als sich der sehr gut besuchte Saal fast geleert hatte, trat eine ältere Dame an meinen Tisch. Der Vereinsschal lag um ihre Schultern, und sie sagte: »Ich möchte Ihr Buch haben, aber ich muss Ihnen außerdem etwas zeigen.«

Ich nickte ihr zu, worauf die Dame zunächst eine Traueranzeige auf die Tischplatte legte. »Das ist mein Mann.« Sie deutete auf den Namen des Verstorbenen. Unter ihm die Liste der Hinterbliebenen sowie der Schriftzug: *Eisern Union*. Das Programm der Trauerfeier, welches sie mir nun zeigte, vermerkte, dass unsere von Nina Hagen eingesungene Vereinshymne hier nicht hatte fehlen dürfen. Es folgten zwei Fotos vom Grabstein, auch der bezeugte, für welchen Fußballverein das Herz des Verstorbenen schlug – und für den es ganz sicher noch immer schlägt, dort oben, wohin wir immer wieder den einen oder die andere aus unserer Familie mit einem dreifachen *Eisern Union!* verabschieden. Das Grab war geschmückt, mit frischen Blumen, rot und weiß.

Die Dame breitete das alles in aller Ruhe vor mir aus, wie selbstverständlich – und genau das war es ja auch. »Er war zu jedem Heimspiel An der Alten Försterei«, ließ sie mich mit ruhiger Stimme wissen. »Irgendwann ging ich mit, und jetzt bin ich zu jedem Spiel dort. Ich stehe auf seinem Platz, Gegengerade. Und nun brauche ich Ihr Buch. Wenn ich ihn das nächste Mal besuche, lese ich ihm daraus vor.«

Ich signierte das Buch für sie beide. Sie bedankte sich freundlich und nickte mir zu. Mit einem leisen *Eisern* verabschiedeten wir uns voneinander. Wir würden uns wiedersehen, im Stadion, auf der Gegengeraden. Und ihr Mann würde dabei sein, irgendwie … genau wie all die anderen von uns, die nicht mehr hier unten auf der Erde weilen. Der Mann dieser Dame war bis zuletzt nicht allein gewesen, genauso wenig, wie sie es jetzt war. Selten erlebte ich die unumstößliche Tatsache, dass eines Tages auch meine letzte Stunde schlagen wird, in einem derart trostreichen Licht.

49. GRUND

Weil eine Unionerin tut, was eine Unionerin tun muss

Sommerpause 2003: Eine Frau, Mitte 70, dringt in das Gelände des Stadions An der Alten Försterei ein. Quasi illegal, doch alles andere als heimlich. Platzwart, technische wie sportliche Mitarbeiter – wer immer sie sieht, scheint dies als gegeben hinzunehmen, ja sieht es als völlig selbstverständlich an, dass sie hier ist. Ihre Haltung verrät: Sie geht in *ihr* Stadion, um dort etwas zu erledigen, was verdammt noch mal erledigt werden *muss*. Sie hat einen alten Fahrradanhänger dabei, in ihm liegen mindestens zwei Quaste, dazu Dosen mit weißer und roter Farbe sowie ein Klapphocker. Unverzüglich und in aller Bestimmtheit macht sie sich ans Werk: Jede Stelle an Zaun oder Wellenbrechern, an der die alte Farbe abplatzte oder vom Rost »aufgefressen« wurde, bekommt von ihr eine neue Farbschicht verpasst. Rot oder Weiß, einschließlich Farbton genau passend zum alten Anstrich. Niemand Geringeres als sie selbst hatte ihr den Auftrag zu dieser Sommer-Sonderschicht gegeben, und von niemandem sonst hätte sie diesen oder irgendeinen anderen Auftrag entgegengenommen. Der 1. FC Union Berlin – sowohl die Mannschaft, jeder ihre Wege kreuzende Mitarbeiter und selbstverständlich auch das Stadion – war *ihre* Welt. Basta!

Natürlich blieb ihr mehrere Arbeitstage in Anspruch nehmender Einsatz nicht unbemerkt. Presse wie Rundfunkt wollten sie interviewen, sie aber wollte mit niemandem über ihr Tun oder was auch immer reden. Gerald Karpa, der sie mit einem Blumenstrauß in der Hand besuchen wollte, um sie für Antenne Brandenburg zu interviewen, kam über einen kurzen Kontaktversuch an der Wechselsprechanlage ihres Hausaufgangs nicht hinaus. Ein gebelltes »Hab keine Zeit!« waren die einzigen Worte, die sie für ihn übrig hatte.

Ich selbst bin ihr nie bewusst begegnet. Ich stieß auf ihre Spuren, als ich dieser Tage auf der Webseite unseres Vereins las: *Der 1. FC Union Berlin trauert um Elfriede Kumpert. Am 11. Februar 2015 verstarb sie im Alter von 84 Jahren. Elfriede, seit mehr als 30 Jahren Vereinsmitglied und Trägerin der Silbernen und Goldenen Ehrennadel, war eine Lebenskünstlerin und eine besondere Unionerin.*[47]

Das dazugehörige Foto zeigt eine herbe alte Dame mit geradezu männlichen Gesichtszügen. Ich höre förmlich jenes »Bellen«, mit dem sie meinen Union- und Schreiberkollegen Gerald einen Korb gab, als er sie interviewen wollte. Ich sehe sie vor mir, wie sie sich im Stadion fest entschlossen an die Renovierungsarbeiten macht, oder wie sie an Spieltagen jedem Fußballgott eine ordentliche Standpauke entgegenschmettert, riss er sich auf dem Rasen ihrer Meinung nach nicht gebührend den Allerwertesten auf.

Tat ein Spieler jedoch genau das und schoss obendrein auch noch das entscheidende Tor für Union, zeigte sie sich als äußerst spendabel. Hatten also Nico Patschinski, Ronny Nikol oder wer auch immer im letzten Spiel für uns getroffen, konnte es sein, dass Frau Kumpert beim nächsten Training mit ihrem berühmten Wägelchen am Spielfeldrand auftauchte und ihn zu sich heranwinkte, um ihm auf der Stelle eine Flasche Sekt zu verehren.

Wie eine Mutter, könnte man meinen, und etwas in der Art war es sicher auch. *Sie kämpfte sich nach dem frühen Tod ihres Sohnes allein durchs Leben*, lese ich weiter. *Und dabei gaben ihr ihre Liebe und ihr stetes Engagement für den 1. FC Union Berlin Kraft und Lebensinhalt.*[48]

Ihr Sohn war Unioner, und sie übernahm offenbar weit mehr als seinen Platz im Stadion. Seit ich selbst Vater bin, weiß ich: Etwas Schlimmeres, als mein Kind zu verlieren, kann ich mir in diesem Leben nicht vorstellen. Allein der Gedanke, dass mir so etwas überhaupt geschehen *könnte*, lässt mich erzittern. Wer es als Spinnerei einer Verwirrten abtun will, dass Elfriede unseren Torschützen Sekt spendierte oder jedem Spieler in der Vorweihnachtszeit einen Schokoladen-Weihnachtsmann verehrte, soll das von mir aus tun. Ich halte mich einer solchen Einschätzung so fern, wie es irgend geht.

Und sie schenkte ihrem 1. FCU nicht nur Arbeit, Sekt und Süßigkeiten, sondern *unterstützte den Verein finanziell in schweren Zeiten und verpfändete dafür sogar ihr Haus. Sie beherbergte Spieler in ihrer Wohnung (...) und war bis zuletzt stiller Förderer des Nachwuchsbereiches. Unser Klub wird sie als bescheidene, treue Unionerin in herzlicher Erinnerung behalten.*[49] So auch ich, der ich sie niemals kennenlernte und den sie also niemals in irgendeiner Weise zusammenschnauzen konnte. Ruhe in Frieden und Eisern Union!, liebe Elfriede Kumpert.

50. GRUND

Weil eine echte Unionerin enorm schlagkräftig ist

Das erste Mal beim Fußball, live im Stadion, ist sie mit zwei Jahren: auf Opas Schultern in der Ostkurve des Berliner Olympiastadions. Ihr Vater, ein echter Westberliner, war fast drei Jahrzehnte lang Herthaner (Keine Bange, er erfreut sich noch immer bester Gesundheit …), und auch für die Heldin dieser Geschichte schien dieser Weg vorgezeichnet. Mit 14 gründet sie einen Hertha-Fanclub. Alle dazu nötigen amtlichen Unterschriften muss ihr Papa leisten. Selbstverständlich ist er Mitglied im Fanclub seiner Tochter, genau wie gut 100 weitere Herthaner, junge wie alte, Männer und Frauen.

Papa ist auch zur Stelle, als seine Tochter droht, in ein tiefes Loch zu fallen. »Party, Party und keen Plan von der Zukunft«, bekennt sie. »Wer weeß, wo ick jelandet wäre, hätte er mich nicht beiseite genommen: ›Versuch's doch mal in meiner Firma als Bierverkäuferin, da hast du 'ne Arbeit, wenigstens fürs Erste!‹«

Und sie legt los, arbeitet fortan regelmäßig und mit vollstem Einsatz in O_2 World, Velodrom, bei Rock am Ring / Rock im Park und immer wieder in Fußballstadien, bei Werder Bremen oder zum DFB-Pokal-Endspiel im Oly. Als sie Lust bekommt, erste Bierläuferin mit Tank auf dem Rücken zu sein, gibt ihr Papa den Tipp: »Versuch's doch mal An der Alten Försterei. Bei Union arbeiten wir mit 9- statt 11-Liter-Rucksäcken.«

Sie versucht es – mit vollem Erfolg: »Mann, ick war die erste Frau mit Rucksack, die haben mich hier sofort zur Bierkönigin jekröhnt und mir ooch ordentlich Trinkgeld zujesteckt. Pro Spieltag hab ick locker meene 500 Euro Umsatz jemacht!« Beim Derby gegen Hertha am 17. September 2010 waren es gar 1.200! Das hieß: Zum Nachdenken über das Geschehen auf dem Rasen keine Sekunde Zeit!

Und doch passiert etwas mit ihr, ganz allmählich zwar, aber nicht aufzuhalten: »Zum Spiel gegen Dynamo Dresden [11. Februar 2012, 1. FC Union Berlin – SG Dynamo Dresden 4:0, d.A.] wollte ick hier endlich mal'n Spiel als Zuschauerin erleben!« Gesagt – getan, der Plan scheitert, oder eben gerade nicht! Aus der Zuschauerin wird umgehend eine Unionerin, und die weiß: »Kohle hin, Kohle her – hierhin jeh' ick nie wieder als Bierläuferin!« Dauerkarte, erste Auswärtsfahrten, die Eiserne Infizierung bricht sich heftigst Bahn. Als sie im Olympiastadion ohne Mühe den 11-Liter-Rucksack schultert, trägt sie unter der Arbeitskleidung bereits das Shirt eines Union-Fanclubs.

Sie ist Unionerin und wird es bleiben, der Beweis findet sich auf ihrer Haut: »Ick hab mir nie'n Hertha-Tattoo stechen lassen! Dit erste Bild, watt mit Fußball zu tun hat, ist Union gewidmet!« Über dem Schlachtruf *EISERN!* zeigt es die Rückenfront eines Fans im Kapuzenpulli, der kämpferisch seine rechte Faust erhebt. Hinter ihm das Logo unseres Vereins, welches das Bild oben abschließt. »Tja, nu kann ick nich mehr wechseln.« Sie lacht: »Union, dit bleibt jetzt für immer.«

Auf einer Auswärtsfahrt mit dem Party-Zug des Eisernen V.I.R.U.S. nach Karlsruhe ist sie unter den Fahrgästen die einzige Frau, die von den Sicherheitskräften eingehend gefilzt wird. »Mann, Krawalli, watt machstn du wieder für Dinger!«, rufen ihr einige Unioner zu und verpassen ihr somit ihren bis heute gültigen Kampfnamen.

Eine Kämpferin ist sie in jedem Fall. Klein, schlank, ellenlanges, zumeist schwarzes Haar – irre weiblich, das ist die eine Seite. Dazu kommt ein knallhartes, urberlinisches Mundwerk, und auch sonst weiß sich Krawalli bestens zu behaupten. Mit 16 errang sie den Titel einer Berliner Meisterin, wenngleich nicht im Fußball. Als Super-Leichtgewichtlerin bekommt sie im Finalkampf eine Mittelgewichtlerin vor die Fäuste. Die schnelle Krawalli, die damals noch lange nicht offiziell so hieß, besiegt ihre Gegnerin in der letzten Runde auf die eindeutigste Art, die es im Boxsport gibt: einen klassischen Knockout!

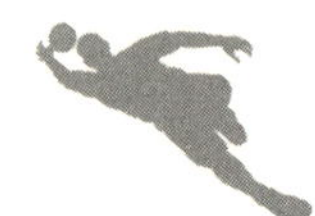

51. GRUND

Weil echte Fußball-Leidenschaft Krawalli heißt

Krawall macht sie bei jedem Unionspiel. Treffe ich sie hernach vor der Falle oder anderswo und frage sie: »Na, watt sagste zu heute?«, äußert sie sich fast immer äußerst kritisch, allerdings vor allem zum Support von den Rängen. Vor allem sangesfaule Smartphone-Bediener beiderlei Geschlechts hat sie beim Spiel ihrer Mannschaft äußerst ungern um sich. Krawalli ist stets da, wo es am lautesten ist. Und dass dem so ist, dazu trägt sie, die mittlerweile ausgebildete Altenpflegerin, maßgeblich bei.

»In meinem Job muss ick voll und janz für die mir anvertrauten Menschen da sein. Ick nehme all ihre Stimmungen uff, kümmere mich um ihre Probleme und jebe allet dafür, dass es ihnen so jut wie irgend möglich jeht. Und bei Union, da lasse ick allet raus, watt sich an Power und Wut in mir anjestaut hat!« Nicht mit den Fäusten, dennoch mit vollem Körpereinsatz beim Hüpfen, Singen, Schreien.

Oft höre ich sie nach dem Spiel schimpfen: »Oh Mann, stand da heute wieder sone Tussi hinter mir, die sich uffregt, dass ihr beim Hüpfen meene Haare int Jesicht wehen … Dabei binde ick mir die extra zum Zopf … Aber wenn die aus anderen Gründen zu Union jeht, als die Mannschaft anzufeuern, dafür kann ick nüscht! Soll sie doch uffde Gegengerade gehen, oder gleich Tribüne!«

Ist der Ärger raus, wird Krawalli sogleich wieder sanfter: »Na ja, ick will ja keen' verjagen, aber iss doch so: Union ist Union und Support ist Support.«

Und genau den nimmt sie, bei allem Spaß und aller dabei erlebten Befreiung, nun mal ernst. Das sprach sich schnell herum. Längst ist sie Mitglied der Szene Köpenick und unter den Ultras, von Hause aus männlich dominiert, mehr als nur akzeptiert. Sie selbst findet es toll, dass im Stadion immer mehr Frauen dazustoßen, doch als sie zum ersten Mal von den Eisernen Ladys hörte, überwog ihre Skepsis: »Nur Frauen, hab ick jedacht, dit jibt doch Zickenkrieg ohne Ende!« Mittlerweile kennt sie jenen Fanclub gut genug, um zu wissen: »Sind schon cool, die Ladys … sind ja sogar paar Kerle dabei, iss 'ne jute Sache, watt die da machen!«

Sehr gut erinnere ich mich an einen von Krawalli im Internet geposteten Spruch, der, obgleich nicht von ihr verfasst, wunderbar zu ihrer Fußball-Leidenschaft passt. Er besagt, dass der schönste Augenblick im Leben keineswegs jener sei, wenn du beim Küssen plötzlich so glücklich bist, dass du mitten im Kuss unwillkürlich lächeln musst, sondern jener, wenn im Stadion der Vorsänger das erste Lied anstimmt!

Dass beim FC St. Pauli zum ersten Mal eine Frau als Vorsängerin auf dem Zaun agiert, nötigt ihr große Hochachtung ab. »Die würde ick jern mal kennenlernen«, bekennt Krawalli. Sie selbst hat gerade eigenhändig für die Mannschaft ihrer Schwester, deren Fan-Beauftragte ihre Mutter ist, eine riesige Zaunfahne gemalt. Seitdem haben die Ladykicker des SC Borsigwalde 1910 ein größeres Banner als ihre Gegnerinnen, zu denen unter anderem die Unaussprechlichen gehören. Ihr Vater, der alte Herthaner, ist mittlerweile übrigens ebenfalls Unioner.

Union daheim, auswärts, die Zweete – nix geht mehr ohne Krawalli. Den ersten Union-Fanclub, dem sie beitrat, gibt es nicht mehr. Aus dem zweiten, von ihr gegründeten, trat sie wieder aus, aber ich bin sicher, Krawalli ist auch hier längst noch nicht am Ende mit ihrem Latein. Ich jedenfalls freue mich schon jetzt darauf, sie nach dem nächsten Spiel wiederzusehen, um sie zu fragen: »Na, watt sagste zu heute?«

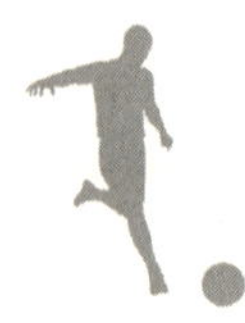

52. GRUND

Weil ich als mittelalter Normalo plötzlich inmitten der Ultras stehe

Die Leinwand ist schwarz, ein vibrierender Ton erfüllt den Raum. Dazu nach wenigen Sekunden die tiefe, markige Stimme eines jungen Mannes, sie sagt: *Lebe nicht wie die anderen. Schließe dich einer Idee an. Und verwirkliche sie. Werde Teil einer Subkultur. Lebe dich aus – und lebe für den Verein.*

Der Ton dauert an, wird zu einer düsteren Hinter-, besser Untergrundmusik: schwer, tief, unheimlich. Die Leinwand zeigt nun das weiß-rote Fahnenmeer eines Fanblocks im Fußballstadion. Zwischen den wehenden Fahnen erkenne ich Fetzen vom Himmel. Er ist schwarz, die grelle Beleuchtung der Szenerie von Flutlichtmasten ausgegossen. Inmitten all der wehenden Fahnen ein kahlköpfiger Vorsänger. Mit nach vorn wippendem Oberkörper hält er die Massen im Takt. Er brüllt, für die Zuschauer im Kinosaal stumm, in ein Megafon, hält inne, brüllt erneut, sein gesamter Körper pure Energie, da ergreift die markige Männerstimme wieder das Wort: *Der Bezirk ist deine Heimat. Im Osten bist du groß geworden. Hier lebst du. Hier liebst du, zu leben. Dann steh zu deiner Heimat, verteidige und repräsentiere sie. Union ist dein Verein – er steht für alles, was du bist.*

Der wohl martialischste Filmanfang, den ich seit Ewigkeiten sah, und das gänzlich ohne Klonkrieger, Monster oder Riesenkäfer, ohne knatternd dröhnende Geschoss-Salven, stattdessen einzig Fahnen und ein Vorsänger bei seiner Arbeit. Von der ersten Sekunde an bin ich mittendrin in der Szenerie. Auch ich gehe immer wieder in dieses Stadion, zu diesem Verein – und immer sind es ganz besondere Momente, die ich hier erlebe. Sekunden, Minuten, Stunden voller Energie, voller Freude, tiefster Trauer wie heftigster Wut. Bin ich hier, befinde ich mich außerhalb des normalen Lebens, bin ich Teil einer anderen Welt.

Und ja, auch ich komme aus dem Osten. Auch ich liebe es, hier zu leben – und weiß, dass meine Wahlheimat bedroht ist, das heißt: meine Zukunft in ihr. Berlin, einst arm, aber sexy, liegt seit vielen Jahren im Fadenkreuz milliardenschwerer Raffkes aus aller Welt! Sie kaufen Straßenzug um Straßenzug, treiben die Mieten in die Höhe, brauchen immer mehr Raum für sich, *nur* für sich. Ich habe viele Ausdrücke für das, was ich als meine Heimat empfinde. Einer davon, vielleicht der, der es am meisten trifft, ist jener, den auch die Stimme nannte: *Union!*

Eine Minute und sieben Sekunden sind vergangen, und ich bin restlos gefangen von der Szenerie. Auch wenn die, um die es hier geht, viel, viel jünger sind als ich und im Wohnzimmer auf einem anderen Planeten wohnen, drüben auf der Waldseite, dem Domizil der Ultras. Alexander Schimpkes Film *Das Rudel*, erschienen 2009, nimmt mich mittelalten »Normalo-Unioner« mit in ihre Welt. Es ist kein Film *über* jene fanatischen jungen Leute, Schimpke setzt der Eisernen Ultra-Szene ein Denkmal. Er hat sich viel mit seinen Protagonisten unterhalten und die eingefangenen O-Töne zu jener Stimme des Erzählers verdichtet. Er versuchte, den so entstandenen Kollektiv-Text von einem Berliner Schauspieler sprechen zu lassen. Es misslang, war nicht echt. Einer der Ultras spricht den Text. Es ist seiner und der seiner Mitstreiter, er spricht ihn überzeugender als jeder Schauspieler.

Weiter geht's, das im Film gezeigte Spiel beginnt. Unter Schimpkes Regie von Filmkameras und Mikrofonen festgehalten, geschnitten von Julia Karg, ist es für mich spannender als jeder »normale« Thriller, mitreißender als fast jedes »normale« Fußballspiel. Dabei zeigt es weder Spieler noch Trainer, ja nicht einmal den Rasen des Stadions, sondern einzig die Gesichter, Arme und Körper fanatischer Unioner, den ewig tosenden Block der Ultras.

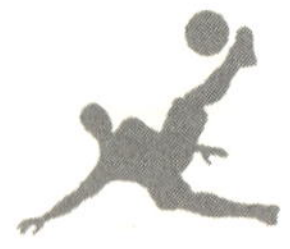

53. GRUND

Weil »Das Rudel« spannender als jede Live-Übertragung ist

Donnerstag, 8. Mai 2008, 34. Spieltag der Regionalliga Nord. Der Viertplatzierte 1. FC Union Berlin empfängt den Siebenten: Dynamo Dresden. Es ist das Aufeinandertreffen der beiden besten von insgesamt sechs Mannschaften aus der vor knapp 18 Jahren untergegangenen DDR[50]. Mit anderen Worten: *Das* Ost-Derby schlechthin, angesetzt um 20.30 Uhr, unter Flutlicht – Risikospiel!

Die Kamera zeigt zwei Ultras im Auto auf ihrem Weg zum Stadion. Am Steuer sitzt André, der Vorsänger mit der Glatze. Der Nachrichtensprecher aus dem Autoradio erzählt von 1.400 eingesetzten Sicherheitskräften, *um das Aufeinandertreffen rivalisierender Fangruppen zu verhindern,* und referiert die öffentliche Überlegung der Berliner Polizei, *per Verbotsverfügung den Verkauf von Eintrittskarten an Gästefans auszusetzen …* Die Radio-Nachrichten musste Schimpkes Team selbst produzieren, weil sie keinen Sender fanden, der einen Beitrag zu diesem Spiel archiviert hatte. Der Text entspricht allerdings genau dem, was verschiedene Zeitungen per Print und Online vor dem Spiel berichteten.[51]

Stadion An der Alten Försterei, die noch nicht überdachten Traversen der Waldseite, offenbar lange vor dem Spiel: Ich höre das friedliche Tuckern der Rasensprenger, begleitet von Vogelgesang. Junge Männer bereiten ihren Block auf das Spiel vor. Jeder schultert einen dicken Stapel Fahnen, sie werden auf der gesamten Waldseite verteilt, probeweise in den Wind gehalten. Zaunfahnen werden angebracht. Alle arbeiten schweigend, konzentrierte Gesichter, die Ruhe vor dem Sturm.

Bei der nächsten Einstellung ist der Block prall gefüllt: wehende Fahnen, kampfentschlossene Mienen. »Hier regiert der FCU!«, schallt es laut. Der drahtige zweite Vorsänger steht auf dem Podest und gibt mit Armen und Megafon-verstärkter Stimme den Einsatz für das von Achim Mentzel gesungene *Stimmung in der Alten Försterei …*

Es erschallt das »Eisern Union« unserer Hymne, in ihr Intro passt locker noch ein: »Dy-Dy-Dy-Dy-Dy-Dy, Na-na, … Mo-mo-mo … *Scheiß Dynamo!*« Kurz darauf singen alle: »Wir aus dem Osten gehen immer nach vorn …«

Die beiden Vorsänger stimmen sich ab, der drahtige mit Haaren auf dem Kopf ackert am Megafon, der Barhäuptige schwenkt eine der gefühlt 10.000 Flaggen. Um sie ein Meer aus erhobenen Armen, viele sind tätowiert mit Namen und Insignien unseres Vereins. Der Einsatz ist da, wie an jedem Spieltag, und doch ist dieser hier ein ganz besonderer.

Dresden, jutet altet Ostderby: Berlin gegen Sachsen, kommentiert der Sprecher. Dass er Berliner ist, verrät, neben unserem Dialekt, dass er nicht »Preußen« sagt, wie Sachsen und Thüringer uns Berliner gern titulieren.

Für die alten Hauer ist es der alte Konflikt. Für uns ist es die Rivalität zwischen unserer Ultragruppe und denen ihrer. … Dresden hat viele Anhänger. Anhänger, die überall mit hinreisen. (…) Aus fantechnischer Sicht sind die Dresdner dafür bekannt, dass sie nicht lange fackeln, zollt er den gegnerischen Fans unverhohlen seinen Respekt. *Bei diesem Spiel haben Ultras Dynamo zu 'nem Boykott aufgerufen, aus Protest gegen die Androhung der Berliner Polizei, Gästefans ganz auszuschließen. Aber bei Ultras Dynamo kann man nie sicher sein, dit kann ooch nur'n Bluff sein, um ohne Bullen anreisen zu können …*

Das Spiel läuft. »Scheiß Dynamo!« schallt es aus Tausenden Kehlen, dann »Hier regiert der FCU!« Ein Trommler unterstützt mit einer Snare Drum den taktsicheren Gesang …

»Fäuste hoch!«, brüllt der drahtige Kapo und: »Schnellet Eisern! … 3-2-1-Eisern!«, stimmen die Massen zusammen mit ihm den zuvor mit den Fäusten angekündigten Wechselgesang an. »Union!«, antwortet die Gegengerade. Nach vielen Wiederholungen Applaus von allen für alle, genau wie heute!

Und sofort ackert der Kapo weiter: über den Köpfen klatschende Hände, massenhaftes Hüpfen und schließlich: »Auf geht's Union, kämpfen und siegen!« Die Ultras bei ihrer vehementen, ehrenamtlichen Arbeit: Stetes Singen, unermüdliches Anfeuern der Mannschaft, noch unermüdlicher organisiert von den Vorsängern und ihren Kollegen. Einer, er steht links neben dem Kapo-Podest, steckt dem Vorsänger zu: »Unser Stolz.« Und schon führt der Mann am Megafon die Massen zum: »Unser Stolz der 1. FCU – Unser ganzes Leben das bist du – und alle singen, lautstark im Chor: FC Union, komm schieß ein Tor!« – der totale Rausch!

Genau da fällt auf dem Platz das 1:0 für Union – infernalischer Jubel, »Scheiß Dynamo!«, dann feiern die Ultras zusammen mit dem Stadionsprecher und allen anderen im Stadion anwesenden Unionern unseren Torschützen Christian Stuff. Wir schreiben gerade einmal die 5. Spielminute, weiter so!

Schon ackert die Waldseite wieder, spendiert denen im Gästeblock eine Extraportion: »Dy-Dy-Dy-Dy-Dy-Dy, … *Scheiß Dynamo!*« Der Stadionsprecher mahnt, die Fluchtwege freizuhalten. Voss, der drahtige Vorsänger, brüllt: »Ick will alle Arme sehen … rechte Seite, kommt schon!« Er dirigiert das rhythmische Klatschen über den Köpfen, welches immer schneller wird, um ins »Schallala lala lalala – 1. FC Union!« zu münden. Direkt danach das Schließerlied. Der Sprecher rezitiert dessen erste Strophe, deren Anfangszeile ich im Stadion bis dato nie ganz verstand: *Es war am Bahnhof, nahe Dessau / In einem Haus aus grauem Stein / Dort verbracht' ich meine Jugend / Ohne Licht und Sonnenschein …*

Es folgt einer der wohl berühmtesten DDR-Songs der »anderen Art«, auf ihn komme ich später zu sprechen. Voss brüllt den Text, André animiert die Massen, ihre erhobenen Arme rhythmisch nach rechts und links zu schwenken. Vorsänger arbeiten wie Dirigenten, ihre Hände fordern Crescendo, Decrescendo – ganz nach Erfordernis des Songs, der Situation. Über das Geschehen auf dem Platz und das daraus resultierende »Was kommt jetzt?« werden sie zudem stets durch ihre Kollegen informiert, die wie alle anderen mit dem Gesicht auf Spielfeld, Gästeblock und Gegengerade schauen …

Es dämmert bereits, Flutlicht, die Stimmung kocht, da fällt das 2:0, welches umgehend gefeiert wird, auf ebenjene Art, wie wir Unioner es bis zum heutigen Tage tun. Eine halbe Stunde ist gespielt – es läuft! Dann sofort: »Wir gewinnen sowieso … Eisern Union!« …

»FC Union, unsre Liebe …«, bis heute mein Lieblingsgesang! »Noch lauter!«, brüllt der Kapo, Trommeln geben den Rhythmus, ein Vorsänger mit Blick auf die Fans, der andere beobachtet das Spielfeld. Es folgen zwei Gesänge, die heute nicht mehr im Stadion angestimmt werden, die ersten beiden überhaupt im Film!

Die Dresdner verkürzen auf 2:1. Ich fasse mich an den Kopf. Jeder Unioner kennt dieses Gefühl nur zu gut: Bis eben schien alles wunderbar zu laufen – und jetzt das, auch noch kurz vor der Pause, 41. Spielminute, sofort die Antwort: »Auf geht's, Union, kämpfen und siegen!

54. GRUND

Weil Unions Ultras 90 Minuten plus XXX ackern

Halbzeitpause – im Film: Alles zurück auf Anfang! Der Rasen wird gewässert, auf der Waldseite überall Flaggen, Banner. Die Jungs laden weitere Flaggen und sonstige Choreo-Materialien aus Autos. Man sagt einander »Tach!«, entspanntes Frotzeln, die Ruhe vor dem Orkan. Viele junge Männer, aber auch ein paar Mädels sind dabei …

Mit jedem Spiel lernst du deine Leute besser kennen, kommentiert der Sprecher. Jeglicher Respekt ist unter diesen Leuten hart erarbeitet – dadurch, dass man immer wiederkommt, mitmacht, dranbleibt! Egal, wie es läuft, ob Auf- oder Abstieg, Klassenerhalt oder Lizenzverlust, jedes Spiel brennt sich ein, besonders diese ganz besonderen. Grandiose Siege, gern auch mal nach einem 0:2-Rückstand, aber auch Niederlagen wie das 1:2-Auswärts gegen Arminia Bielefeld am 4. April 2004. Trotzdem sangen die Unioner noch nach Abpfiff im Block, keiner wollte nach Hause …

Zurück ins Spiel, 2. Halbzeit, der Block der Ultras. »Hinein, hinein, hinein!«, inszenieren sie einen Eckball und: »Auf geht's, Unioner, schießt ein Tor!« … Elf Minuten sind von der Uhr. »Der iss jut!«, kommentiert einer die Spielsituation, schon fällt das 3:1! Jubel, Singschreien, Umarmen, Abklatschen – RAUSCH! Schnell noch ein »Scheiß Dynamo!«, bevor alle unseren nunmehrigen Doppeltorschützen »Shergo …« – »Biran-Fußballgott!« sowie den neuen Spielstand feiern: »1. FC UNION BERLIN?« – »Drei!«, »Dynamo Dresden?« – »Nuuuuull!« Sofort stimmen die Vorsänger das nächste Lied an …

Mindestens vier Leute stehen um ihr Podest herum, arbeiten ihnen zu: Was passiert auf dem Platz? Was macht die Gegengerade? Kommt von dort ein Lied herüber, wird mit eingestimmt, mitunter gar ein gerade vorbereiteter Gesang abgebrochen. Das Podest der Vorsänger und die drei, vier Mann direkt drum herum lassen mich – schlagt mich, aber es ist so – an eine Barrikade der Pariser Kommune denken. Gefechtsfeld beobachten, Absichern nach allen Seiten, was hier heißt: Jede Nuance aufnehmen, auf dem Platz wie den Rängen, um genau die richtige Antwort zu geben, die Schlacht auf jeden Fall zu gewinnen! In jedem Fall jene, die auf den Rängen ausgefochten wird …

Eine gute Minute später der Anschlusstreffer zum 3:2! Der Vorsänger reagiert sofort: »Alle Fäuste hoch!«, dann: »Und wir lieben unsern Club, und wir sind stolz auf ihn. FC Union aus Berlin!« Jeder Unioner weiß, wie wichtig es ist, gerade nach einem solchen Schlag sofort gegenzuhalten. Gerade eben noch alles in Butter – dann schlägt der Gegner zu, und die uns so vertraute Enge um Hals und Brustkorb hat uns wieder. Da hilft nur: gegenhalten, singen, schreien, sprich: kämpfen und siegen!

Weitere sechs Minuten sind herum, da schießen unsere Fußballgötter das so unendlich befreiende 4:2! Wieder unsere Nummer 28, »Shergo?« – »Biran-Fußballgott!« Der Jubel jetzt unterscheidet sich deutlich von seinen Vorgängern. Die Mienen der Ultras verraten die kolossale Befreiung, die sie gerade genießen, dieses wunderbare Gefühl: »Jetzt hamwer se!« – »1. FC UNION BERLIN?« – »VIER!«, »Dynamo Dresden?« – »NUUUUULLL!«, im Film gefolgt von meinem Lieblingsgesang: »FC Union, unsre Liebe, unsre Mannschaft, unser Stolz ...« Danach: »Wir gewinnen sowieso ...«, dann endlich der Schlusspfiff!

Doch Schluss ist hier im Block noch lange nicht. »Einhaken!«, fordern die Ultras unsere Mannschaft, die offenbar gerade ihre Ehrenrunde vollführt, dazu auf, einander die Arme auf die Schultern zu legen, um Seite an Seite zum Gesang der Fans zu hüpfen. »Ick komme runter, wartet ma!« Schon klettert Vorsänger Voss innen am Netz den Zaun hoch, Unions Publikumsliebling Sebastian Bönig erklimmt selbigen von außen, brüllt durchs Megafon, welches ihm Voss bereitwillig hinhält: »Einhaken!« Beide tanzen auf dem Zaun, Arm in Arm halten sie einander und jeder sich selbst am Netz fest, während der gesamte Block sowie auf dem Rasen die Mannschaft hüpft, tobt, singt – auf gebührende Weise das Team und unseren Ost-Derby-Sieg feiert! Böni trägt seit jenem Tag den Ehrentitel *Zaun-Bönig*. Ein harter Arbeitstag ist für Ultras und Mannschaft kurz davor, endgültig zum »gemütlichen« Teil überzugehen.

Sportlicher Nachtrag: Union landete am Ende der Saison mit 60 Punkten und einem Torverhältnis von 67:49 auf Platz 4, Dynamo Dresden mit 55 Punkten auf Platz 8. Damit erkämpften sich beide Teams, genau wie Rot-Weiß Erfurt, einen Startplatz in der neugegründeten 3. Liga, während der 1. FC Magdeburg dank des schlechteren Torverhältnisses diesen Sprung denkbar knapp verpasst. Der 1. FC Union wird eine Saison später erster Drittliga-Meister und steigt in die 2. Bundesliga auf, wo das Team unter Aufstiegs-Trainer

Uwe Neuhaus bis zum Ende des Kalenderjahrs 2013 auf scheinbar unaufhaltsamem Erfolgskurs verbleibt.

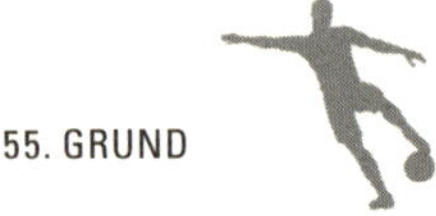

55. GRUND

Weil Unions Ultras nicht von einem anderen Stern kommen

Gleich in den ersten Minuten von Schimpkes Film rezitiert die Sprecherstimme die Vorgeschichte unseres Vereins in Ultra-Kurzform: *1966 jegründet aus den Vorgängern Olympia Oberschöneweide, SC Union 06, BSG Motor Oberschöneweide, angeschlossen an die VEB Kabelwerke Oberspree. Die Trikots* [von Union Ob. d.A.] *waren blau wie Arbeitskleidung, man nannte die Spieler Schlosserjungs, n' Arbeiterverein, n' Underdog.*

Dass viele der im Film gezeigten und zu großen Teilen auch heute noch aktiven Ultras nun gerade bei unserem Verein, in unserem Stadion landeten, ist kein Zufall: *Viele sind schon als Kinder mit ihren Vätern An die Alte Försterei jejangen. Manche waren noch so kleen, dass sie unten am Zaun mit Steinchen jespielt ham während des Spiels. Irgendwann kam dann der Vadder und hat jesagt: »Wir geh'n wieder!« – und dann war jut!*

Eine Reminiszenz an jene alten Zeiten auch der im Film gezeigte DDR-Lieder-Block: *30 Meter im Quadrat, nur Minenfeld und Stacheldraht / Ihr wisst ja, wo ich wohne, ich wohne in der Zone (...) Doch einmal wird es anders sein / Dann reißen wir die Mauer ein / Wir sperren alle Bullen ein / Union wird deutscher Meister sein!*

Direkt gefolgt von einem herzlichen Gruß an den lieben Herrn Papa: *Mein Vater war ein Säufer, ein Säufer bin auch ich / Mein Vater war Unioner, Unioner bin auch ich ...*

Nun, ich wurde erst mit 44 Jahren Vater einer mittlerweile vierjährigen Tochter, aber auch das nun Folgende ist mir mehr als vertraut, wenngleich mein Platz im Stadion seit jeher die Gegengerade ist: *Man hat sich dann immer mehr interessiert, wat uff den Rängen passiert, im Block hinter dem Tor, wo jesungen wurde.*

Alsdann skizziert der Sprecher den wohl zu allen Zeiten »üblichen« Weg der Unioner-Werdung: Dem ersten Stadionbesuch folgen zunächst fünf bis sechs pro Saison, dann verpasst du kein Heimspiel mehr, mit 19 folgen regelmäßige Auswärtsfahrten. Union wird zur Droge, und das selbstredend nicht, weil An der Alten Försterei ein Rudel aus Weltspitzenathleten die filigranste, virtuoseste Fußballkunst zelebriert. Auch hier zeigen sich die in der Sprecherstimme zu Wort kommenden Ultras in bester Eiserner Tradition: *Zu Union ist man nie aus sportlichen Gründen gegangen in den 90ern, sondern weil 'ne bestimmte Atmosphäre da war, allet sehr eng, 'n reinet Fußballstadion … Ejal, wie Union jespielt hat, keener hat jepfiffen. Die konnten die letzte Grütze spielen, keener hat jepfiffen.*

Die Bewohner des Ultra-Blocks sind, genau wie jene bei uns auf der Gegengeraden, eine bunte Mischung. Ihre Grundhaltung lässt mich an den Film *Fight Club* denken: *Von janz rechts bis janz links ist allet da. Arbeitslose, Arbeiter, Banker, Angestellte (…) mehr Mitte unten als oben. 'N Ding uffs Maul kanns ooch mal geben, eben'n originalet Stehplatz-Publikum.*

So verschieden soziale Herkunft und Weltanschauung auch sind, es gibt eine klare Regel: *Watt eener privat macht oder politisch denkt, iss egal. So lange er's raushält aus'm Stadion. Es gibt den EINEN gemeinsamen Nenner: Dit is Union!*

Auch dies eine Parallele zur DDR-Realität ihrer Väter-Generation, als An der Alten Försterei das Mitglied der angeblich herrschenden Klasse namens Proletariat neben dem Intellektuellen, der Punk neben dem Nazi-Skin stand. Gemeinsamer Nenner vieler, vieler Unioner: Du mochtest das herrschende System nicht, brauchtest in jedem Fall eine Pause vom »real Existierenden«. Nicht von ungefähr zeigt Schimpkes Film Ausschnitte aus dem 1988 gedrehten *Und freitags in die Grüne Hölle:* andere Klamotten, andere Frisuren, andere Uniformen der Soldaten im Publikum, der sich im Einsatz befindlichen Polizisten – und trotz allem: die gleichen Farben wie heute, das gleiche Logo auf Schals, Fahnen und Jeansjacken, der gleiche Wille, erhobene Fäuste, Brüllen, Gesang: »Eisern Union!«

Diese Ultras kommen nicht von einem anderen Stern. Sie sind die Kinder- und eines Tages die Enkelgeneration der Menschen meines Alters. Sie leben unsere Tradition wie jene unserer Vorfahren – fest gewillt, ihren eigenen Platz in der Historie zu behaupten. Mindestens das, oder wie es die Sprecherstimme ausdrückt: *Die alten Hauer bei Union ham zu ihrer Zeit Geschichte geschrieben – und man denkt sich: Vielleicht kann man dit ooch mit seinen Jungs als Ultras. Und wo hat man schon Gelegenheit, Geschichte zu schreiben?*

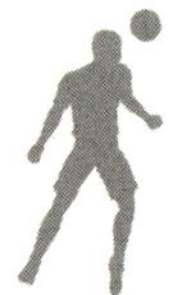

56. GRUND

Weil Eiserne Ladys beides sind

Beim Spazierengehen durch ihren Kiez waren sie Vonni schon lange aufgefallen: All die Plakate, die für den nächsten Heimspielbesuch des 1. FC Wundervoll im Stadion An der Alten Försterei warben. Es war um das Jahr 2004, als sie und ihr damaliger Freund jenem Wink folgten. Bei ihm sprang kein Funke über, doch Vonni hatte es voll erwischt. Noch heute spürt sie die Gänsehaut, welche ihr die Stadion-Atmosphäre auf Unterarme und Nacken zauberte. Sie kam wieder, fuhr alsbald auch auswärts. Union erlebte gerade die vielleicht schlimmste Zeit, aber das war Vonni egal. Sie blieb dabei, wurde Unionerin. Allerdings ging sie ab dem zweiten Mal allein zum Spiel, was ihr auf Dauer missfiel: »In der Saison 2010/11 kam mir die Idee, einen geeigneten Fanclub für mich zu suchen«, erinnert sie sich. »Aber alle, die ich fand, waren zu sehr männlich dominiert. Dabei gingen auch etliche Frauen zu Union. Also legte ich bei Facebook eine Gruppe an, die sich auch und gerade an Frauen richtete – und merkte schnell: Es gibt etliche Mädels, denen es ähnlich geht.«

Eine von ihnen war Katha. Beide lernen sich kennen, und sie bleiben nicht allein. »Wir gingen bald regelmäßig als eine kleine Damengruppe zum Fußball«, erzählt mir Katha, »und so kam uns die Idee: Wollen wir uns zusammenschließen, einen eigenen Fanclub gründen? Alle waren begeistert!« Vonni fackelte nicht lange: »Ich rief Lars Schnell an, holte alle Informationen ein, wie man einen solchen Fanclub leitet und welche Voraussetzungen wir dafür überhaupt erfüllen *müssen* – und los ging's: Am 1. April 2012 erfolgte der offizielle Eintrag ihres Union-Fanclubs *Eiserne Ladys*. Ein Name wie Donnerhall. Erinnert er mich doch sofort an »Iron« Maggie Thatcher und ihre knallharte Regierungszeit im Mutterland des Fußballs. Weit näher fühlen sich Vonni, Katha und ihre Mitstreiterinnen wohl den Frauenmannschaften unseres 1. FC Wundervoll, die ebenfalls besagten Namen tragen, allerdings wie im Englischen mit »ie« geschrieben.

Zu ihrem Selbstverständnis bemerkt Katha augenzwinkernd: »Wir sind keine ›Tussis‹, sondern Ladys, die auch im ›Dreck‹ spielen und trotzdem gut aussehen!« – »Eine Lady kann sich benehmen«, betont Vonni. »Wer über die Stränge schlägt, wird ermahnt. Hilft das nicht, müssen wir uns trennen. Natürlich freuen wir uns über neue Mitglieder, aber wir nehmen nicht jede auf.«

Prinzipiell was gegen Männer hatten die Eisernen Ladys von Beginn an nicht. Einer der Mitgründer ihres Fanclubs war ein Herr, heute sind etwa ein Drittel der derzeit etwa 15 Mitglieder Männer. Alles kein Problem für die Ladys, die sich zu allen Zeiten in erster Linie als Unionerinnen verstehen, die selbstbewusst und mit vollem Einsatz die Liebe zu ihrem Verein leben.

Das ist nicht immer einfach. Rempeleien gab es seit ihrem Bestehen die eine oder andere. Nicht nur Männer, auch so manche Frau begegnete den Eisernen Ladys argwöhnisch. Mehrfach kursierte das Gerücht, ihr Fanclub habe sich aufgelöst. Das allerdings ist ein Ding der Unmöglichkeit. »Wir können uns jar nicht uff-lösen«, bekennt eine der Ladys, »einfach deshalb, weil sich dann 200 Leute mächtig freuen würden!«

Vonni und Katha freuen sich derweil über jeden Geburtstag ihres Fanclubs, von denen sie mittlerweile schon drei feiern konnten. »Wir sind dann einfach stolz, dass wir wieder ein Jahr *mehr* geschafft haben!«, bekennt Vonni. Sie weiß, wovon sie hier spricht.

Die Akzeptanz in Unions Fanszene hat mittlerweile zugenommen. »Einfach, weil die Leute sehen, dass wir immer dabei sind und lautstark Flagge zeigen«, sagt eine der Vielfahrerinnen unter den Ladys. Ihre Zaunfahne gehört längst dazu, An der Alten Försterei wie auswärts. Sie zeigt das von Vonni geschaffene und mittlerweile markenrechtlich geschützte Logo. Das »sollte sexy sein und mit Fußball zu tun haben«, wie seine Schöpferin bekennt. Es zeigt ein schlankes, langhaariges Girl in schwarzer Reizwäsche, schwarz-weißem Fußball-BH und aufmüpfig entschlossenem Gesichtsausdruck. Die junge Frau kniet, über ihrem Kopf hält sie mit schlanken, muskulösen Armen ein überdimensioniertes Spielgerät in die Höhe, fast wie zum Einwurf. Ihre Haut ist weiß, mit roten Streifen. Ein Pin-up-Girl der etwas anderen Art.

Schon auf einem vor langer Zeit verwendeten Titelbild spielten die Ladys mit sämtlichen Frauenrollen-Klischees, Sektion Fußball: Ein junger Mann mit der Aufschrift *Trainer* auf dem Shirt-Rücken fasst sich verlegen resignierend in die Haare beim Anblick seines Frauen-Teams. Eine streichelt stolz ihren Babybauch, eine andere hat sich schnell noch ein Badetuch umgeschlungen, ihr Haar voller massiger Lockenwickler. Eine dritte macht den jungen Mann unverblümt mit kokett gelüpftem Shirt und eleganter Geste ihrer langen rotbestrumpften Model-Beine an. Wieder andere schauen versunken in Handspiegel, halten Fußbälle wie Babys oder Präsentkörbe in Händen, tragen ihre Trikots spazieren …

Die echten Ladys haben weder was mit rosa Frauen-Fanartikeln, noch mit Lockenwicklern oder Gender-Diskussionen auf dem Fußballplatz am Hut. Sie sind selbstbewusste Unionerinnen, die ihre Liebe zu unserem 1. FC Wundervoll leben. Als ich sie frage, was sie sich für die Zukunft ihres Fanclubs wünschen, antworten mir Vonni und Katha wie aus einem Mund: »Dass uns irgendwann alle Seiten akzeptieren. Nach drei Jahren sollte es so langsam mal klappen.« Punkt.

7. KAPITEL

DOCH NOCH GANZ NACH VORN?

DIE SAISON 2014/15, TEIL 3

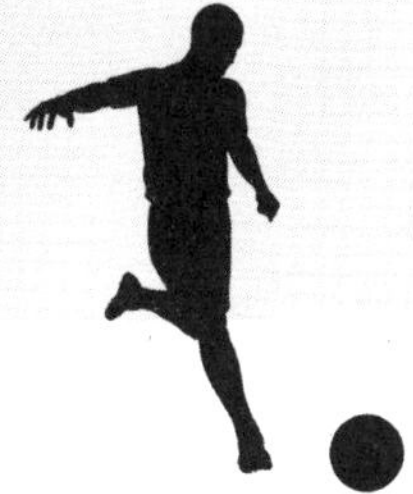

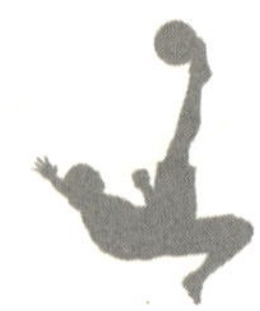

57. GRUND

Weil ich gern mit Freunden feiere

War das schon der Aufstieg? So lautete am Abend des 28. November 2014 gegen 20.30 Uhr in meiner gerade etwas freidrehenden Fantasie eine uns gewidmete Schlagzeile à la *BILD*, *BZ* & Co. Eine andere sah ich ebenfalls vor mir: *Union-Chaoten verbrennen Menschheitstraum vom Frieden!*

Ich sah das an jenem Abend ausgetragene Auswärtsspiel zu Aue in der Eisern Lounge unseres Wohnzimmers. Mein Eiserner Freund und Union-Sponsor Robert hatte mich zu *Auswärts Zuhause* eingeladen: Unionkieken in guter Gesellschaft, bei Speis und Trank und ausreichend Freiheit für die Füße. Obendrein genoss ich den Blick auf den schlafenden Riesen, unseren von den Stehplatz-Traversen eingefassten heiligen Rasen. Als ich mal kurz auf den Balkon ging, blieb ich direkt nach dem Schließen der Tür wie angewurzelt stehen. Erwartete ich doch, dass jeden Moment das Flutlicht anging und Tausende Unioner unter lautstarken Gesängen die Ränge füllen und unser Stadion in einen Hexenkessel verwandeln …

Bis jetzt habe ich weder Bier getrunken, noch irgendwelche bewusstseinserweiternden Substanzen eingeworfen – und doch geht es, als ich wieder drinnen am Tresen stehe, locker weiter mit den Trips. Die Fernsehbilder aus Aue lassen mich sogleich an unsere Haupttribünen-Eröffnung am 12. Juli 2013 denken. Binnen weniger Sekunden verwandelt sich eine Choreo im Gästeblock aus weißen und roten Fähnchen in ein Feuerwerk vom Feinsten. Leuchtende Sterne lassen den Himmel erstrahlen, dann verwandelt sich der eben noch fähnchengeschmückte Block in ein flammendes Inferno. Was ist das? Eine offizielle, staatlich genehmigte Erinnerung des FC Erzgebirge an die Fertigstellung unserer Haupttribüne vor anderthalb Jahren? Oder wird dieses Filmchen jeweils vorm Spiel den in der Eisern Lounge versammelten Sponsoren und ihren Gästen präsentiert?

»Iss dit'n Trailer?«, frage ich, nachdem ich wieder sprechen kann, meinen Thekennachbarn Götz. Der hatte sich vor meinem Gang auf den Balkon mit Robert ausgerechnet über die Eckdaten eines Pyrotechnik-Einsatzes als Glanzpunkt einer Betriebsweihnachtsfeier unterhalten.

»Keen Trailer.« Götz grient. »Dit sind unsere Auswärtsfahrer, dit is live in Aue!«, bringt er mich in die Realität dieses Abends zurück. Ich bin, ganz ehrlich, kein großer Freund der endlosen Pyro-Diskussion, aber dass da eben – sorry, liebe Ordnungshüter –, das war Kunst!

Dann aber doch das Spiel, und nach zwölf Minuten Polters erste Großchance. »F-C-U-Fußballclub Union Berlin!«, höre ich die Unioner im Erzgebirgsstadion. Ein paar Minuten, nachdem sich Daniel Haas lang und länger strecken muss, um den Ball mit den Fingerspitzen über die Querlatte unseres Gehäuses zu befördern, vernehme ich den an alte Zeiten gemahnenden Wechselgesang der Erzgebirger: »Wismut – Aue!« In der DDR-Oberliga war Aue daheim eine Macht, weil es hier im Winter stets einen Tick kälter und vor allem schneereicher war als im Rest des Landes – und die Wismut-Kicker besser daran gewöhnt: Wie hatte mein Freund Berndte immer gesungen: *Zwei gekreuzte Hämmer / Und ein großes W / Das ist unsre Wismut / Orangener Ball auf Schnee!*

Nach einer weiteren Eisernen Großchance ist Halbzeit. Für den Kommentator von »Bundesliga bei BILD« *die* Gelegenheit für Schwachmaten-Polemik gegen einen, der sich nicht wehren darf: »Norbert Düwel, Spiel 1 nach seinem frechen Finger gegen einen Fan. Heute: Stinke-Norbert ganz brav!«[52] Dafür meinen oberfetten Stinkefinger!

Und weiter ging's. In Spielminute 56 der Auftritt des niedlich anzuschauenden, aber mittlerweile doch äußerst nervenzerrenden, fellbewehrten Bewohners kalter Steppen namens Murmeltier: Freistoß von rechts, der am höchsten springende Spieler trägt das Trikot des Gegners – schon zappeln die Maschen des unserer Mannschaft zugewiesenen Fußballtors.

Rückstand aufholen? Könnwa doch, oder? Die Unioner auf den Rängen und jene auf dem Rasen geben alles. 21 Spielminuten, eine Eiserne Großchance und einen nahezu tödlichen Auer Konter später folgt *der* Auftritt unseres sieben Minuten zuvor eingewechselte Damir Kreilach. Mit der Spitze seines Schuhs drückt er den Ball über des Gegners Torlinie. Vielleicht nicht schön, aber Grund genug, dass auch wir in der Eisern Lounge allesamt schreiend die Arme hochreißen!

86. Spielminute: dichtes Gedränge vorm Auer Strafraum. Björn Jopek, bedrängt von drei Gegnern, bugsiert den Ball irgendwie zu Kreilach, und der macht kurzen Prozess! Spiel gedreht, zum gefühlt 99. Mal, Schreien, Erleichterung, Glückseligkeit. Endlos weit weg von den Abstiegsrängen, aber auch das natürlich nur gefühlt. Denn schon am nächsten Sonntag … egal, heute wird gefeiert! Und dank Roberts Einladung in bester Gesellschaft!

58. GRUND

Weil Feuer nur unkontrolliert Zerstörung bringt

»Die Fans von Union Berlin begannen den Abend mit einer schönen, schicken Choreografie«, räsonierte der Stinkefinger-Mann in *BILDs* Spielzusammenfassung, um sofort die Phrasenkeule rauszuholen: »Aber das war leider nur das Vorspiel, um sich dann anschließend *so richtig* danebenzubenehmen … Meine Güte, manche lernen es halt nie.«[53] So sein »moralisch wertvoller« Kommentar zur Eisernen Pyro-Aktion in Aue. Schade, dass er nicht auch noch von »sogenannten Fans« schwadronierte, welche, das wissen wir alle, »den Fußball kaputt machen!«

Unions »Medienpartner« *BZ* sparte ebenfalls nicht mit dem Stinke… ähm, Zeigefingereinsatz: Ich lese von »Unioner Chaoten«, die eine vierminütige Verzögerung des Anpfiffs verbrachen und obendrein den eigenen Verein zu einem strategisch ungünstigen Zeitpunkt finanziell schädigten. Schließlich habe es ja vor gerade mal einer Woche eine satte Strafe des Weltverbandes für die Ausschreitungen von Unionern in Stockholm gegeben.[54]

Die Kritik des *BZ*-Schreibers zielt auf des modernen Menschen empfindlichste »Herzensangelegenheit«, das Geld. Hat er natürlich recht. Ein satte vier Minuten später angepfiffenes Spiel bietet entsprechend weniger Platz für das »Schönste«, sprich Lukrativste am Fernsehen, die Werbung, heutzutage irreführend »Produktinformation« genannt. Außerdem lese ich in jenem *BZ*-Artikel die bei einer Nachrichtenagentur abgeschriebene Legende der brutalen Überwältigung einiger erzgebirgischer Ordner. Nachdem selbige kaltblütig ausgeschaltet worden seien, hätten oben genannte »Union-Chaoten« an ihnen vorbei die Pyrotechnik ins Stadion geschmuggelt. Diese Variante liegt theoretisch im Bereich des Möglichen, klingt mir jedoch zugleich massiv nach Rechtfertigungsdruck. Klar, die endlose Diskussion um Pyro im Stadion gleicht in vielem jener um die Legalisierung von Cannabis, wie ein bekannter bärtiger Unioner anmerkt.

Eine geradezu phrasenfreie Schilderung des Feuerwerks zu Aue las ich dagegen im *Berliner Kurier.* Mathias Bunkus verfasst ohnehin die meisten seiner Union-Artikel in einer Art, dass ich ihm wiederholt »vorwerfen« muss: Du schreibst ja wie ein Fan!

Zunächst einmal attestiert Bunki den Eisernen Auswärtsfahrern eine gehörige Portion Humor. Das von ihnen gefertigte, zunächst noch verdeckte Zaunbanner zeigte nach seiner Enthüllung die bunt glitzernde Losung: *Union Berlin wie es singt und blinkt.* Und höflich waren die Eisernen Feuerwerker ebenfalls. Hatten sie doch artig gewartet, bis das vor jedem Spiel im Erzgebirgsstadion eingespielte *Glück auf* einige Strophen alt war. Ich liebe dieses alte Bergmannslied, welches von der großen Hoffnung der Kumpel erzählt, nach jeder harten, gefahrvollen Schicht unter Tage das Sonnenlicht und die Augen der Liebsten wiederzusehen. Ja, ich liebe jenes Lied, welches ich bereits in vielen, ungleich schöneren Varianten hörte als jene derzeit in Aue abgedudelte, billig verschlagerte Mitklatsch-Schunkelsoße.

Also, die Unioner warteten höflich einige Strophen des von den Einheimischen lediglich durch rhythmisches Mitklatschen begleiteten Gedudels ab, bevor sich erste Rauchzeichen aus ihrem Block erhoben. Dann erst malten vorschriftsmäßig nach oben abgeschossene Feuerwerkskörper ein funkelndes Sternenmeer an den Nachthimmel überm Auer Stadion, während glutrote Blinktöpfe den Gästeblock – zumindest optisch – in ein einziges, lichterloh brennendes Feuer verwandelten. »Im Block selbst sah das gar nicht so toll aus«, erzählte mir meine Unionfreundin Carola, die seit vielen Jahren begeistert auswärts fährt und nicht das Geringste mit jeder Form von gewaltsamer Auseinandersetzung am Hut hat.

Aber wie erging es den Aue-Fans, während der Gästeblock ihres Stadions »loderte und brannte«? Gerieten sie massenhaft in Panik? Bliesen sie zur Attacke auf die Unioner, oder aber wandten sie ihre Blicke hoffnungsvoll gen Himmel, wo doch hoffentlich jeden Moment gewaltig große Truppentransporter ganze Heere nahkampfgestählter Fallschirmjäger überm Gästeblock ausspien, um diese »gemeingefährlichen Berliner Terroristen« zu stoppen?

Zumindest im Block gegenüber, von wo aus eines der im Internet publizierten Privat-Videos aufgenommen wurde, verharrte man äußerst gelassen. Ich höre ein paar Männer. Dem Klang ihrer Stimmen nach befinden sie sich fernab jedweder jugendlichen Aufmüpfigkeit. Gemütlich lachen sie vor sich hin. »Hinsetzen!« mahnt ein Erzgebirger seinen Vordermann. Offenbar hatte ihm jener die Sicht auf das in seinen Augen durchaus sehenswerte Schauspiel im Gästeblock versperrt.

Und wie lautet Bunkis Bilanz des Eisernen Feuer-Spiels?: *Es gab keine Trommelfell gefährdenden Knallkörper oder Böller. Es wurden alle Leuchtgeschosse gezielt nach oben in den freien Nachthimmel geschossen. Niemand wurde durch Bengalos gefährdet. Und die vier*

Minuten, die die Partie später anfangen musste, sind nun wirklich nicht der Rede wert.[55] Das gilt natürlich nur für all jene, die sich nicht mit dem Dealen von Werbeminuten in kommerziellen Sport-Übertragungen im Fernsehen goldene Nasen verdienen.

Ja gut, aber was *hätte* bei dieser Aktion alles passieren *können*? Auch hier bleibt Bunki gelassen: *Mal ehrlich, in einer Silvesternacht ist es rund ums Brandenburger Tor viel gefährlicher.*[56]

Ich persönlich hasse den alljährlichen massenhaften Einsatz von Böllern, Feuerwalzen & Co. seit meiner Kindheit. Nein, ich mag es nicht, wenn mir all dieser umweltverschmutzende Schrott Jahr für Jahr um die Ohren fliegt. Erst recht verurteile ich es, beschießt jemand andere Lebewesen absichtlich mit diesem Kriegsspielzeug für Erwachsene. Mit alledem hatte das Eiserne Feuerwerk in Aue jedoch nicht das Geringste zu tun. Immerhin bescherte es etlichen Großbuchstaben-Journalisten eine Gelegenheit, mit althergebrachten Phrasen Zeilen zu füllen.

Und auch ich habe ja mit dem Verfassen dieses Kapitels mein heutiges Tagwerk vollbracht und kann mir nun noch einmal in Ruhe das Ganze auf Video reinziehen.[57] Eines weiß ich jetzt schon: Die unserem Verein für dieses fachgerecht abgebrannte Feuerwerk aufgebrummte Strafe wird eine neue Eiserne Spendenaktion ins Leben rufen, deren Erlös – so meine naive Hoffnung – anschließend einem wirklich vernünftigen Zweck dient, frei nach dem Motto: *Brot statt Gehälter für Sonder-Bestrafungskommissions-Funktionäre.*

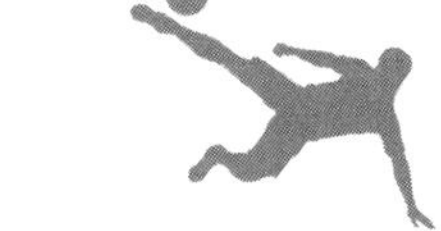

59. GRUND

Weil's bei Union auch mal (fast) ohne Dramatik geht

Hochdramatisch näherte sich mir der 7. Dezember 2014. An jenem Sonntag spielten wir gegen den FSV Frankfurt, der zwar noch nie bei uns, dafür aber seine letzten vier Auswärtsspiele gewonnen hatte. Dazu ein BVG- und S-Bahn-Chaos vom Feinsten. Pünktlich zum Heimspiel, welches ich dank eines wichtigen Termins meiner Liebe obendrein zum allerersten Mal mit unserer dreijährigen Tochter besuchen würde. Generalstabsmäßig meine Vorbereitung: Via Internet holte ich mir von hilfsbereiten Union-Familienmitgliedern zahlreiche Tipps ein. Ohrenschützer, warme Kleidung inklusive Unionschal für die Kleene, außerdem was zu knabbern, paar Getränkepäckchen. »Keene Flaschen jeglicher Art!«, steckte mir ein Ordner. Nächster Punkt: die richtige Platzwahl! Nicht zu viel Gedränge, Freiheit für die Füße, kurzer Weg zum Klo. Zwei Eiserne Freundinnen und ein Freund luden uns ein, das Spiel bei ihnen unten am Zaun, unterm Anzeigehäuschen bzw. oben, unter dem alten Pressecontainer zu verfolgen. Am Sonntag zuvor hatte ich mit Töchterchen probehalber ein Jugend-Spiel des SV Empor im Jahn-Tierpark besucht, welchem die Kleene bei eisigen Temperaturen tatsächlich fast eine Halbzeit lang ihre Aufmerksamkeit widmete. Bis dato hatten unsere Gespräche zum Thema Union-Kieken so funktioniert: »Willst du mal mit zu Union ins Stadion?« – »Jaaaaa!« – »Und, was machen wir dann da?« – »Fußball spielen!«

Mindestens ebenso wichtig wie alles bisher Genannte sei jedoch, vertraute mir ein Freund an: »Habt viel Spaß und vor allem gute Laune!« Das ging vor allem an meine Adresse, verbunden mit dem Hinweis: »Erwarte nicht, dass du wirklich was vom Spiel siehst und stell dich mental drauf ein, das Stadion eventuell früher zu verlassen …«

Kurzum: Ich schwor mir mit aller Gewalt Eisernste Gemütsruhe. Und siehe da: Am Tag vorm Spiel erhielt meine Kleene die Einladung ihres Lieblings-Kindergarten-Kumpels, den Sonntag bei ihm zu verbringen, welche sie ohne jedwedes Zögern annahm. Um der »Union-Sabotage« der S-Bahn zu trotzen, wählte ich die Taktik »mit der Kirche ums Dorf« und fuhr per Straßenbahn durch die halbe Stadt. Das allerdings erwies sich als absolut bequeme Variante. Vielleicht fahre ich ab jetzt immer so?

Pünktlich wie bestens gelaunt stand ich an meinem gewohnten Platz, mitten im dichten Gedränge oberhalb des Mittelkreises, und bestaunte beim Hymne-Singen durch das Meer der Schals hindurch die Choreo auf der Waldseite. *Eisern Union / Der Wert dieser Worte wird bis zum Tod unser Antrieb sein*, umrahmt von den »Konterfeis verdienter Unioner, welche uns jetzt von ›oben‹ bewachen«, wie mein Freund Zimmi so treffend im Netz postete.[58] Leider war zum »Seemann« Freese, zu Eddy, Ate Wruck und Günni – zu all jenen, die wir mit einem dreifach donnernden »Eisern Union!« in den Himmel verabschieden, gerade mit Franzi auf tragische Weise ein weiteres Familienmitglied hinzugekommen …

Dann aber Fußball, auf dem Rasen quälend und zäh, von den Rängen dennoch bestens in Atmosphäre getaucht. Auf der Waldseite dazu eine Extraportion Humor. *Trainingslager – Wann? Wo? Wie teuer?*, vermeldete in Spielminute 32 ein Transparent. Meine Bilanz der 1. Halbzeit: zwei Eiserne Großchancen, kurz vor der Pause rammt ein des Gegners Trikot tragender Bulldozer zwei der Unsrigen.

Kaum hat der Schiri Hälfte 2 angepfiffen, ein schneller Gegenstoß unserer Mannschaft! Kreilach auf Polter, der sich nach einer weiteren Attacke des Bulldozers nicht etwa fallen lässt, sondern den Ball behauptet, um ihn punktgenau in die Mitte zu spielen, zu Steven Skrzybski. Der zieht aus der Drehung heraus beherzt ab. Durch die Beine dreier Gegenspieler fliegt die Murmel genau dorthin, wo sie jeder Unioner am liebsten sieht, in die Maschen des gegnerischen Tors!

24 Minuten später ist es an Stevie, seinen Mitspieler Maxi Thiel punktgenau zu bedienen. Aus spitzem Winkel schießt er aufs Tor. Der Keeper und ein Verteidiger werfen sich dem Ball entgegen wie ausgewachsene Grashalme, bevor er zum zweiten Mal so berauschend im *richtigen* Tornetz zappelt.

Was nun folgt, hat für mich so rein gar nichts mit einem typischen Unionspiel zu tun: 73. Minute: ich zähle exakt 73 Mann im Gästeblock. Bei der anschließenden Zählung komme ich auf 78. Maxi schießt derweil fast das 3:0, von den Rängen aus Tausenden Kehlen begleitet von der Melodie eines berühmten amerikanischen Weihnachtsliedes. 75: »Dem Morgengrauen entgegen …«, also noch mal Angst! Schließlich kassierten wir bei diesem Gesang bereits etliche Gegentreffer. Heute nicht, und weiter geht's: »Alte Försterei!«, gefolgt von »Ja, ja den FC-Union-Walzer tanzen wir!« 20 Punkte, die halbe Miete! Als gegen Ende der ersten von zwei Nachspielminuten aus dem Nichts der Anschlusstreffer fällt, erscheint mir das geradewegs als Entschuldigung unserer Mannschaft, dass sie uns heute so erschreckend wenig Dramatik und Herzkasper-nährende Spannung geboten hatte.

60. GRUND

Weil Ligaradio Bockmist ist

13. Dezember 2014, wieder mal Samstag. Unsere Mannschaft tritt auswärts vor 23.050 Zuschauern gegen die Eintracht aus Braunschweig an, während mich Arbeit und Familie das Spiel via Liveticker am heimischen Rechner verfolgen lassen. Keine 29 Minuten sind von der Uhr, da sorgt der kurz nach Anpfiff geschriebene Internet-Eintrag meiner Eisernen Freundin Denice dafür, dass weder Arbeit noch Frau und Tochter wirklich was davon haben, dass ich körperlich bei ihnen daheim weile: *Wie viele Unioner sind heute in BS? Ist ja wieder der Wahnsinn, wie Ihr supportet!!! Ich höre nur Union-Gesänge! Hammer! Und Haas ist klasse!*

Noch bevor mein altersschwacher Rechner das Bundesliga-übertragende Internet-Radio zum Klingen bringt und dessen gefühlte 25 Eröffnungs-Werbejingles verklungen sind, lese ich mit angehaltenem Atem Denices folgende Meldungen. *So ein Mist!*, schrie ihre Schreibe 18 Minuten nach dem ersten Eintrag. Kurz darauf gefolgt von dem weitaus beruhigender klingenden: *Jawoll! Maxi wieder!*

Noch bevor des Radiosprechers Stimme an mein Ohr dringt, steht es also 1:1. Viel lieber als seiner Stimme folge ich jenen unserer Auswärtsfahrer. Sie bestätigen Denices erste Meldung, ich höre einzig Eiserne Gesänge: »FC Union, unsre Liebe, unsre Mannschaft, unser Stolz ...« in Spielminute 29, gefolgt vom trommelgestützten »F-C-U-Fußballclub Union Berlin« in der 32. sowie 120 Sekunden später: »Eisern Union, ist unsre Religion ...« Jetzt erst vernehme ich die Antwort der Braunschweiger Anhänger.

»Der Hauptstadtclub« tituliert uns der Kommentator, bevor er kritisch anmerkt: »Nach 17 Spieltagen *nur* Tabellenplatz 11!« Wenn der wüsste, wie froh ich über diese mittlerweile geradezu großartige Platzierung meines 1. FC Wundervoll bin. In der 67. Spielminute erweist er sich endgültig als »profunder Kenner« unseres Teams: »Brandy kommt für Jopek ... Ein Offensiver geht raus!« Der Ersatz eines halbwegs offensiven Mittelfeld-Akteurs durch einen Stürmer deutet für ihn also auf ein defensives Halten des Ergebnisses hin? Toller Mann!

»Auf die Fresse!«, fordern prompt die Eisernen im Stadion, »Hier regiert der FCU!« und: »Kämpfen und siegen!« Als sie in der 72. den von mir aus Gründen meines Aberglaubens gemiedenen Gesang »Dem Morgengrauen entgegen ...« anstimmen, wird es prompt gefährlich für unser Tor!

»Trimmel klärt!«, ruft der Kommentator, direkt gefolgt von seinen überaus beunruhigen Worten: »Mit sehr hohem Bein!« Ja, was denn nun? »Das muss der Schiri abpfeifen!«, fordert der Kommentator aufgebracht. Entscheidet er auf Foul, muss es Elfer gegen uns geben. Plädiert er dagegen auf gefährliches Spiel, folgt immerhin indirekter Freistoß. Allerdings folgt der Unparteiische nicht dem Plädoyer des Herrn Reporters.

Ab da gibt mir Letzterer einzig und allein noch sachdienliche Hinweise wie die Einwechslungen von Eroll und Chrissy. Letzterer ersetzte in der 80. unseren Torschützen Maxi Thiel. Endlich mal wieder eine Eiserne Torchance sowie die Einwechslung des anscheinend sagenumwobenen Jan Hochscheidt auf Braunschweiger Seite, dann ist dieser Auswärtspunkt im Kasten und ich kann endlich auch im Geiste wieder hier in Berlin sein. Das nächste Mal bin ich dann doch lieber live im Stadion dabei. Und falls mal wieder nicht, wende ich mich lieber an meinen Blocknachbar Steini als an jenes Werbungsradio mit Fußballunterbrechungen.

Jetzt aber ab zu meinem Job, und der ist für mich allemal Herzenssache. Darf ich doch die Firmen-Weihnachtsfeier meines Unionfreunds Robert mit einer kleinen Lesung würzen. Robert hat zur Feierlichkeit ein Schiff gechartert, selbstredend die *Victoria* »unserer« Reederei *Eddyline*, die nun Eddys Frau Simone untersteht!

61. GRUND

Weil Union solide Spielfilm-Schlussbilder kann

Bereits die Anreise verriet, wie aggressiv die Stimmung heute war. Der KSC kam zu Besuch und mit ihm etliche Herthaner, die damit ihrer Fanfreundschaft zu den Badenern Ausdruck verleihen. Ein blau-weißer Insider erklärte mir das Ganze so: »Viele Karlsruher sind ziemlich aggro drauf, und unsere Jungs müssen in deren Gegenwart natürlich zeigen, dass sie da ooch mächtig watt uff Tasche haben.« Und weil auch zahlreiche Unioner jüngeren Baujahrs selbiges beweisen müssen, gibt es bei Union vs KSC regelmäßig Stunk, insbesondere bei der An- und Abreise. Dagegen fühlen sich mir die echten Begegnungen mit Hertha BSC geradezu wie Freundschaftsspiele an.

Auf dem Umsteigebahnhof Ostkreuz dichtes Gedränge zwischen all den Polizeiketten, die abwechselnd diesen und jenen Zugang absperren. Unterm »Feuerschutz« der behelmten Krieger finden auch etliche »Normalbürger« den Mut, zur Feier des Tages endlich mal so richtig gegen uns »Fußball-Asis« zu wettern. »Ey, lass mich durch, du …!«, attackiert eine Dame gesetzten Alters Unbekannt. Eine andere kreischt: »Greif mich nich an, du …!« Vielleicht täte es dem einen oder der anderen ja gut, die angestaute Wut mal dort rauszulassen, wo das niemanden stört, ja wo das im Gegenteil dazugehört: auf den Rängen eines Fußballstadions.

Die genau zum richtigen Zeitpunkt ausfallende S-Bahn tut ein Übriges, die Stimmung weiter anzuheizen. Endlich im Gesindel-Container gen Köpenick unterwegs, unterhält sich nahe der Tür des prall gefüllten Waggons ein junger Unioner mit einem ebensolchen Karlsruher: »Und dit iss heut dein erstet Mal Anne Försterei?« Der Badener nickt, worauf ihm der Berliner mit auf den Weg gibt: »Wirst sehen, dit jefällt dir!« Beide wünschten sich für die kommenden Stunden alles Gute.

Auf dem Bahnhof wieder dichtes Gedränge infolge der von den Beamten praktizierten Losung: »Alles zum Wohle der Fan-Trennung!« Eine Praxis, die bestens dafür geeignet ist, selbst friedfertigste Fußballanhänger gegeneinander aufzubringen. Bei ohnehin schon bestehenden Rivalitäten erweisen sich die dadurch immer wieder entstehenden Zusatz-Wartezeiten hervorragend als Zündschnur. So auch in wenigen Stunden, wenn die Polizei den Bahnhof Köpenick sperrt, um die Abreise der Gästefans aus Charlottenburg zu etwas ganz Besonderem zu machen!

Der Zwischenhalt auf dem Bahnsteig beschert dem Mann hinter mir die Zeit, mich anzusprechen: »Du bist doch der Buchschreiber, wa?« Er hatte mein finales Lesederby gegen Hertha-Knut im »Straßenfeger« gesehen. »Ne jute Sache! Mit dieser bekloppten Feindschaft kannick nüscht anfangen. Ick komm aus Westberlin, inne Neunziger hatte ick für Hertha *und* Union 'ne Dauerkarte. Heute wohn ick in Köpenick, direkt Anne Försterei. … So'n Scheiß hier, dabei bin ick extra früher von Arbeit abjehaun. Maaaaann, ick muss noch mal nach Hause, mir umziehen.« Er grient, nimmt das Ganze mit Humor. Nicht jeder, Fußballfan oder endlich Feierabend haben wollender Normalbürger, kriegt das hin und sucht sich stattdessen lieber seine(n) Schuldigen.

Gefühlte Stunden später stehe ich tatsächlich im Stadion, an meinem Stammplatz. Der Gästeblock ist prall gefüllt, ebenso Waldseite und meine Heimat über der Mittellinie. Die Gäste pfeifen und singen, natürlich besonders laut während des Intros unserer Hymne. Auch ich lebe jetzt meine ganz besondere »Liebe« zu »Hertha KSC«, die sich gerade eben in der letzten Zeile der 2. Strophe von Sportis Schlachtgesang lautstark Ausdruck verschafft hatte.

Das Spiel ist angepfiffen, da rutscht zwischen Mittellinie und Strafraumgrenze ein KSC-Spieler aus, als er einen bis dato völlig harmlosen Ball annehmen will. Sebastian Polter nimmt die Einladung dankbar an, passt den Ball einige Meter weiter zu Chrissy Quiring. Der erweist sich als obercooler Mr. Übersicht. Aus bester Schussposition und kurz bevor ihm zwei heranfliegende Gegenspieler in die Quere kommen, zieht er wuchtig ab. Die Maschen zappeln, und wir liegen uns ekstatisch jubelnd in den Armen.

Union führt, nach nicht mal zwei Minuten, kann das gut gehen? Karlsruhe drückt, unsere Mannschaft kontert, blitzschnell! Fast das 2:0 durch Stevie, leider nur Pfosten. Karlsruhe drückt weiter, und doch geschieht, was weder Steini senior noch ich nach 24 Minuten für möglich hielten: Mit 1:0 geht's in die Pause.

Aus der kommen die Karlsruher als das deutlich aggressivere Team zurück. Sie bestürmen unseren Strafraum, nicht unbedingt torgefährlich, aber pausenlos. Das *kann* doch nicht gut gehen, oder? Irgendwann ist so'n Ding dann mal drin! Kennen wir doch alle, haben wir doch schon sooooo oft miterlebt! In der 69. endlich mal wieder ein Torschuss der Unioner. Wie befreiend, aber sicher Eintagsfliege, oder? Drei Minuten später erneut ein Eiserner Angriff. Von weit außen flankt Maskenmann Christopher Trimmel den Ball vors Tor, wo Polter nicht nur genau richtig steht, sondern auch ein Stockwerk höher springt als seine Bewacher. Unhaltbar köpft er die Murmel ins Tornetz. Ein echtes Lehrbuchtor, wie ich es zuvor unzählige Male gegen uns sah. Ich brauche eine Sekunde staunenden Verharrens, bis ich mich dem um mich herum ausgebrochenen Massen-Pogo anschließen kann.

Der Gegner rennt weiter an, am Ende stehen 62 Prozent Ballbesitz auf seinem Konto, aber kein Tor! Union dagegen abgezockt, überlegt überlegen – war doch normalerweise immer umgekehrt, oder? Ganz klar, für jeden halbwegs mainstreamigen Spielfilm das ideale Schlussbild: Die Mannschaft hat sich »endgültig« gefunden, ihr eben noch graumäusiger Trainer sich als großartiger Fußball-Lehrer mit dem supertollen Konzept geoutet!

Der »Spielfilm« dieses Abends endet für mich ebenfalls glücklich. Als ich einen Glühwein, zwei Bier und gut zwei Stunden nach Abpfiff zusammen mit der einzigartigen Krawalli gen Bahnhof schlendere, vernehmen wir via Polizei-Lautsprecher die erlösende Ansage, dass das staatlich finanzierte Eskalations-Movie »Alles zum Wohle der Fan-Trennung« gerade abgedreht ist und der Bahnhof wieder zum Aus- und Einsteigen in S-Bahn-Züge nutzbar. Mit diesem perfekten Schlussbild ging es ab in die Winterpause!

8. KAPITEL

ZWISCHEN DEN JAHREN

WIE UNIONER DIE WINTERPAUSE ÜBERSTEHEN

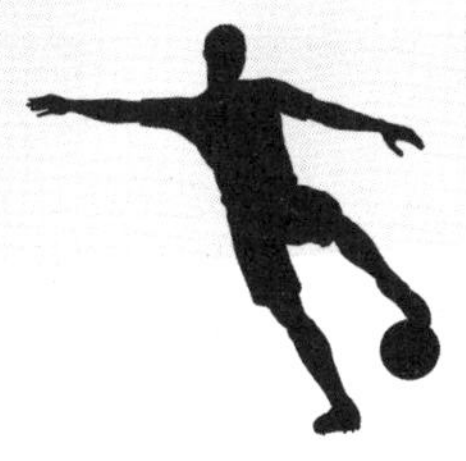

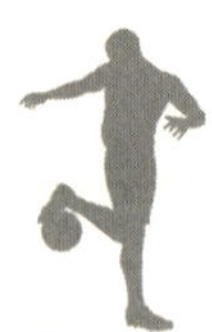

62. GRUND

Weil ich dank Union nach 17 Jahren den Jugendclub meiner Jugend betrat

Versunken in Erinnerungen stand ich vor dem Geländer des Franz-Clubs in der Sredzkistraße: Im diffusen Licht der Straßenlaternen mache ich das graue Gemäuer aus. In seinem Inneren war ich gerade für ein paar Stunden der uniformierten Spießigkeit meines Heimatstaats, der gerade äußerst trostlosen Realität meines Daseins entflohen. Ein Theaterstück völlig ohne Phrasen nach Ernst Jandl, dann tanzen. Erst mit meinem Freund Dirki, schließlich mit *ihr*. Franzis endlos lange, schwarze Locken. Ein paar Lieder nur, und doch spüre ich noch immer ihren Duft in meiner Nase, das warme Nest ihres Haars an meinem Ohr. Das alles ist mir so kostbar wie die Sauerstoffflaschen dem Tiefseetaucher. Schon in wenigen Stunden werde ich weit im Norden durch das Eingangstor einer NVA-Kaserne treten und darin mein Dasein als Dienstgrad-Name-Affenarsch fristen, bis zum nächsten Urlaub oder längeren Ausgang, der mich auf Garantie wieder hierher führt, in den Prenzlauer Berg, der mitten in Berlin und doch irgendwie nicht in der DDR liegt …

Ein paar Jahre später, mitten in den Neunzigern, gab es die DDR nicht mehr. Mein noch immer spießiger Heimatstaat hieß jetzt BRD, und ich wohnte bereits sechs Jahre in unmittelbarer Nähe des Franz. Zusammen mit meinen Freunden Mirko, Sascha, Sami und etlichen anderen schlug ich mir hier jede Mittwochnacht um die Ohren. »Rocksession« stand auf dem Programm, zumeist mittelmäßige Bands, aber freier Eintritt. Wir tauschten uns über unsere aktuellen Probleme mit der holden Weiblichkeit aus und schauten zahllosen Frauen hinterher. Auf der Jagd waren wir an anderen Orten. Ab und zu gab mir eine der Barfrauen einen Drink aus.

17 Jahre vergehen, bis ich am 30. November 2014 das nächste Mal vorm Zaungitter des besagten Clubs stehe, der sich mittlerweile

mit doppeltem »n« schreibt. Ich darf ein paar Musiker interviewen, die hier im Frannz in zehn Tagen ein ganz besonderes Konzert spielen. Im Sommer haben die Bands KRISPIN und The Breakers eine Eiserne Live-Platte eingespielt, die nun endlich Premiere haben soll. Beide Bands sind in ihrem Repertoire weit von typischer Fußballmugge entfernt. Aber Bandleader Roland Krispin und drei von vier Breakers-Mitgliedern sind Unioner, was sich in den eingespielten Titeln *FCU* (The Breakers) und *Wir sind Union* (KRISPIN) widerspiegelt.

Ich freue mich drauf, Roland und The-Breakers-Frontsänger Christian zu interviewen, als kleine Promo für ihre Platten-Premiere. Ausgestrahlt wird das Ganze in ein paar Tagen auf Alte-Försterei-TV, aufgenommen übrigens von Cool Hansen, einem weiteren Musiker mit Eisernem Blut. Aufgeregt bin ich jedoch vor allem, weil ich heute zum ersten Mal einem Typen begegne, den beide Bands als Überraschungsgast mit auf die Bühne schleifen. Es ist jener Kerl, dessen ultimativen Schlachtgesang ich vor jedem Spiel im Wohnzimmer zusammen mit etlichen Tausend Unionern aus voller Kehle mitgröle und mich in diesen Minuten endgültig verabschiede aus all dem, was man das normale Leben nennt. Ich rede von Sporti, den ich mir als von Schädeldecke bis Fußsohle schwerstens tätowierten Zweimetermann mit irre breitem Kreuz, berserkerhaftem Brustkasten und pelzigem Achttagebart im wind-, schnaps- wie narbengegerbten Seefahrergesicht vorstelle.

»Halt, stehenbleiben!«, rufen mir drei Männer zu, als sie mich am Zaun entdecken. Ich staune, dass der Mann zwischen Roland und Christian genau wie ich eine Brille trägt. Sporti ist groß und kräftig, seine Gesichtszüge markig, aber er ist doch ein ganz normaler Mensch. Ein stiller obendrein, einer von denen, die erst auf der Bühne zum Tier werden.

Wir gehen rein, stellen vier Sessel im Halbkreis auf, werden vom Haus auf eine Runde Bier eingeladen. Cool Hansen baut seine Kameras auf, wir quatschen uns warm – und los geht's. Wir reden über das, was in zehn Tagen hier im Frannz abgehen soll, über Musik und Union. »Ick bin uffjeregt«, gibt Sporti zu. Da geht's ihm genau wie mir! Ich kann es kaum erwarten, würde am liebsten jetzt gleich rüber in den Saal, meine kleine Ansage machen und dann die Bands rocken hören, mitten im Publikum stehen, welches zu großen Teilen aus Freunden und Bekannten bestehen wird …

63. GRUND

Weil eine verhinderte Plattenpremiere die schönste Familienfeier meines Lebens wurde

Zwei Tage vor dem 10. Dezember teilte uns Roland via Internet und zunächst hinter »vorgehaltener Hand« mit: *Die Platte wird zur Release nicht fertig sein!* Ich weiß, er ließ in den vergangenen Wochen ordentlich Nerven ob dieses Themas. Ja mehr noch, die ganzen letzten Monate hatte er wie irre darum gekämpft, dass das im Sommer live eingespielte Material endlich auf Vinyl gepresst wird. Jetzt aber, im Angesicht der Katastrophe, ist selbst er sicher: *Das kann trotzdem ein toller Abend werden.* Alle anderen Beteiligten sehen es ebenso, und ich behaupte: Kein Einziger von denen, die an diesem Abend die Record Release von *Wir sind Union* feiern wollen, lässt sich vom Versagen der in München ansässigen Plattenfirma davon abbringen, den Frannz zu rocken.

Oma kümmert sich um unsere Kleene, also kann ich mich zusammen mit meiner Liebe auf die etwa 200 Meter Weg bis zum Jugendclub meiner Jugend machen. Leute gehen durch die Tür, steigen die steile Treppe hinauf. Direkt vorm Eingang stehen Sporti und seine Liebe. Wir begrüßen uns, wie sich Unioner begrüßen, die Frauen geben sich die Hand. Drinnen das gleiche Bild: lauter bekannte Gesichter. Ich stelle allen meine Liebe vor, so mancher kommt mir zuvor und empfängt sie mit Sätzen wie: »Und du bist die

Arme, die et mit *dem* Chaoten aushalten muss?« *Wir sind Unioner, wir sind die Kranken*, geht es mir sofort durch den Kopf.

Langsam füllt sich der Saal. Meine Liebe fühlt sich auf Anhieb wohl in diesem Haufen, und mir geht's wie immer, wenn ich all diese *Kranken* um mich weiß. Meine Liebe stellt sich zu Carola und Bernd. Carola kennt sie seit letztem Jahr, als die uns einen Schlitten voll Spielsachen ihrer mittlerweile erwachsenen Tochter schenkte. Bernd hat sie gerade eben kennengelernt, als er ein Foto von ihr, Sam Paff und mir schoss. Sam kennt sie vom letzten Vorlese-Derby mit Knut, der es sich heute ebenfalls nicht nehmen lässt, in den Frannz zu kommen. Natürlich mit Herthashirt, für das er den ganzen Abend über von keinem einzigen hier im Saal einen blöden Spruch erntet. Im Gegenteil, Knut muss heute ebenso viele Hände schütteln wie ich.

An vielen Stellen im Saal sehen sich heute Menschen zum ersten Mal in die Augen, die sich bisher nur aus verschiedenen Internet-Portalen oder diversen mündlich überlieferten Erzählungen kennen. »Na, wer bin ick?«, fragt mich ein baumlanger Kerl an der Theke. Ich sehe das Logo der Alt-Unioner auf seinem Shirt, auch sein Gesicht kommt mir bekannt vor. Zum ersten Mal stehe ich also Zimmi gegenüber, der mir unter anderem dank seiner Story aus dem Weihnachtssingen-Buch *23.12. NEUNZEHN UHR* auffiel. Denice vom WAS Aniridie-Wagr. e.V. lernen meine Liebe und ich hier im Frannz und später ein paar Meter weiter in meiner Stammkneipe NEMO endlich von Angesicht zu Angesicht kennen.

Ich verabschiede mich kurz hinter die Bühne. Tach sagen und mich auf meine kleine Ansage vorbereiten. Hab noch kein Backstage-Bändchen, aber das brauche ich heute ohnehin nicht. Der am Bühneneingang postierte Ordner weiß, wer hier Backstage darf. Im Grunde genommen wir alle. Wir sind hier in Familie, unter uns, Wir sind Union – wie es KRISPIN und all die anderen auf und vor der Bühne nachher singen werden.

Genau so, wie ich mich im Stadion spätestens bei *Eisernet Lied* in einer völlig anderen Welt befinde, geht es mir die nächsten vier Stunden hier im Frannz. Es wird die bisher größte echte Familienfeier meines Lebens, die ich wie in Trance verbringe. Längst nicht nur in den gut 75 Bühnensekunden, in denen ich dieses Festival Eiserner Klangkunst eröffnen und den Damen wie Herren Musikern mittels einiger markiger Sprüche den virtuellen rot-weißen Teppich legen darf.

Die Breakers rocken die Bude, bevor KRISPIN ein paar deutlich stillere, von poetischen deutschen Texten untermalte Töne anschlagen. Schließlich kommen alle auf die Bühne, bringen mit geballter Kraft das Finale, das nun vollends Union gehört. Beim entspannt gerockten Lied *FCU* der Breakers spielt Christoph Thiel die zweite Gitarre, Roland Krispin schnappt sich 'nen Schellenring und steht Christian als Gesangskollege zur Seite: »Samstagnachmittag um drei – An der Alten Försterei«, bringen sie die korrekte Ortsangabe unseres Fußball-Doms. Christian schickt ein herzliches Dankeschön an die Technik, die ohne mit der Wimper zu zucken auf die Schnelle noch Akkordeon, Munti, Cello in Szene setzten und dazu gefühlte 111 Mikros installierten. Dem folgt, längst nicht nur von mir sehnsüchtig erwartet, Sportis *Eisernet Lied*, live! Auf etlichen Proben hatte Sporti hierbei noch selbst die Leadgitarre gespielt. Das übernimmt jetzt Christoph Thiel, der beweist, dass er auch Punk draufhat. Sporti blickt zunächst verunsichert nach links, wo seine Backgroundsänger Roland und Christian auf ihren Einsatz warten. Dann gibt es für den gelernten Punk kein Halten mehr. »Eisern!«, brüllt er sich frei und steht alsbald da, wo einer wie er hingehört: vorn an der Rampe. Hier haut er alles raus, was an Sangeskraft in ihm steckt – und wir unten im Saal grölen mit, von der ersten bis zur letzten Zeile, gefolgt von Sportis finalem »Eisern!«

Unser Schlachtruf lässt den Frannz erbeben, während auf der Bühne Instrumente gewechselt und Plätze getauscht werden.

Klavierakkorde, gefolgt von Thiels unverzerrter Leadgitarre malen eine gänzlich andere Stimmung, bevor Roland und mit ihm der gesamte Saal die stille *irgendwie geniale*[59] Hymne *Wir sind Union* anstimmt. Wir halten unsere Schals hoch, zelebrieren melodischen Gesang statt Gebrüll – und zurück. Denn unserer nach der Schlussverbeugung der Musikerinnen und Musiker geäußerten Aufforderung »Einer geht noch, einer geht noch rein!« kommen selbige umgehend nach. Noch einmal wird Sporti zum Tier, springt zur alles entscheidenden 2. Strophe von der Bühne, kurzer Pogo, und beim alles entscheidenden *Doch die Mannschaft weiß, dass wir hinter ihr stehn / Und wer det nich kapiert, ...!* das Mikro hoch in die Luft, wo es die Stimmen seiner heute etwa 200 Chorsänger einfängt. Einen allerdings gab es, der die jenen drei Punkten folgende und von Sporti mit ausgestrecktem Mittelfinger untermalte Zeile gar nicht lustig fand, davon gleich mehr im folgenden Grund.

Aber zurück in den Frannz: Ich will in keiner Weise die Leistung wie das Können der beiden Bands und ihres Gastes schmälern, wenn ich sage: Ihr supergeiler Auftritt bot nur einige der für mich unzähligen Höhepunkte dieses Abends. Für ein paar Stunden fühlte ich mich hier, als eines von 200 *eiserne*(n) *Originale*(en)[60], auf der bisher größten Familienfeier meines Lebens! Und dass es nicht die letzte ihrer Art wird, dafür sorgte das in München ansässige Presswerk, indem es uns die heute eigentlich zu feiernde Schallplatte versagte. Plattenpremiere ohne Platte[61], und trotzdem feiern alle? Das geht eben nur bei Union und ist obendrein ein weiteres Indiz dafür, dass sie einfach nur stimmt, jene Zeile: ... *wo wir gewinnen, selbst wenn wir verlier'n*!

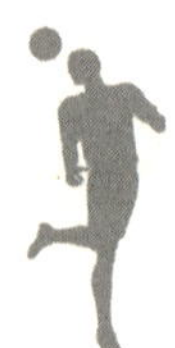

64. GRUND

Weil es auf alles eine Antwort gibt

Ein Brief meines blau-weißen Lieblingsfeinds Knut Beyer, u.a. Autor des Buches »111 Gründe, Hertha BSC zu lieben«

Lieber Frank,
hier nun, auf Deinen ausdrücklichen Wunsch, ein paar Worte zu meiner Gefühlslage in puncto Frannz Club. Ich war eh schon positiv auf diesen Abend eingestimmt. Wusste ich doch, worum es geht und auch von der nicht rechtzeitig gelieferten Platte aus München sowie den (unberechtigten) Ängsten der Musiker, diesen Abend vor doch sehr übersichtlicher Kulisse zu verbringen. Ich wusste ebenfalls, dass etliche aus dem Union-Umfeld kommen, die ich sehr mag, UND es war der Tag, an dem ich Exil-Unioner Ritter K(nut) persönlich kennenlernen sollte. Wir trafen uns vor der Show schräg gegenüber im Schusterjungen. Entsprechend fröhlich zog ich dann auch los.

Ich wusste auch, dass die Breakers spielen und Frontsänger Christian Arbeit immer für einen Spruch gut ist, der mir nicht immer passt. Ich war also vorbereitet – daher biss ich mir auf die Lippen und ließ seinen Derby Spruch (»nächstes Jahr …«) unbeantwortet. Es war nicht meine Party, und ich dachte mir: Knut, du musst ja nicht jedes Mal mit der Schnauze vorneweg sein, und wenn du tausendmal ein echter Berliner bist!

Ich sprach Christian nach dem Konzert an und gratulierte ihm zum Auftritt. Dabei allerdings tat ich ihm dann aber schon meinen verschluckten Spruch kund: »Wenn beide Berliner Vereine nicht mächtig aufpassen, steigen wir ab – und dennoch gibt's kein Derby!«

Worauf ich allerdings nicht gefasst war: Sportis Auftritt. Ich bin hier ja im Zwiespalt. Musikalisch ist dieses Lied eines der besten »Vereinslieder«, die ich je hörte: Mein Rhythmus, mein Takt, die rotzige Art des Vortrags einfach gut und überfallartig! Auf der anderen Seite wusste ich, dass die Stelle kommt, an der er dazu aufruft, dass die, die nicht hinter ihrer Mannschaft stehen, doch *zu Hertha gehen* sollen.

Na ja, dachte ich so bei mir, das ist mir nun doch eine zu einfache Lösung: die Fans, die einem nicht passen einfach abschieben? Und mal ehrlich: Was sollen wir mit Eurem »Fan-Schrott«? Mit diesen klaren Gedanken, die mir auch schon durch den Kopf schossen, als ich das Lied An der Alten Försterei hörte, dachte ich, werde ich es schon überstehen.

Mal ganz ehrlich: Die Unterstellung, wir Herthaner würden nicht zu unserer Mannschaft stehen – genau das schwingt im Text ja mit –, ist schon eine Frechheit! Und dieses den lokalen Kontrahenten runterzuputzen – außerhalb jedes Derbys! –, nur um sich so scheinbar besser zu stellen, wurmte mich schon sehr. »Habt ihr nichts Eigenes?«, hieß der zweite Gedanke, der mir über das Lied helfen sollte. Kurzum: Ich hatte mir vorgenommen, gute Miene zum eisernen Liedgut zu machen.

Dann kam Sportis Stinkefinger – natürlich an jener, meinen Verein nennenden Stelle –, und ich war so ziemlich bedient. Das fand ich nun doch eindeutig *zu viel*. Ich war so richtig sauer, ABER ich merkte auch: Ich *wollte* mich aufregen, das war befreiend, und ich fühlte mich in der Rolle des Empörten sehr wohl. [Genau das kennen wir Unioner ja ebenfalls gut genug, d.A.] Später, ich saß am Tresen, etliche Unioner hatten mich aufgeheitert, und ich kam mit dem Trinken kaum nach. Zwischenzeitlich hatte ich drei volle Bier am Tresen stehen, und Coé-Hannelores Geburtstag tat sein Übriges …

Dann kam Sporti zu mir. Scheiße!, dachte ich so bei mir, jetzt ist dieses Arschloch ooch noch sympathisch! Er entschuldigte sich sogar für den Stingefinger, erklärte mir auch, warum er ihn gezeigt hatte – mit dem einzigen Argument, das ich überhaupt gelten lassen würde: »Es ist einfach mit mir durchgegangen.«

Ja, das kannte ich, und ich entdeckte irgendwo auch mich selbst wieder. Nachdem ich ihm erklärte, warum ich gekränkt war (schließlich gehe ich selbst oft genug gegen blau-weiße Stinkefinger vor), erzählte ich ihm von meinem Sohn Leon, der mit einer Unionerin zusammen ist – und er berichtete mir von engen Verwandten in seiner Familie, die Herthafans sind. Kurzum, der Groll kam gewaltig, ging aber auch wieder sehr schnell und hat KEINE Spuren hinterlassen. Ich hatte Spaß und überlegte mir kurz, so ein Lied, nur viel, viel Hertha, könnte ich ja auch mal machen. ... Mittlerweile habe ich mit ein paar meiner ehemaligen musikalischen Mitstreiter gesprochen, und wir überlegen noch. Fazit. Ein gelungener Abend. So, dit war et erst mal.

Ha Ho He!

Knut

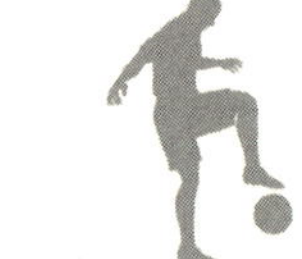

65. GRUND

Weil sich echte Brüder immer wieder treffen

Wie immer eilte ich zum Stadion, wie immer freute ich mich, dass ich auf dem Weg viele andere Unioner gen Spielstätte pilgern sah. Schon lange hatte ich mir vorgenommen, endlich einmal das legendäre Poststadion zu besuchen. Bei seiner Eröffnung am 28. Mai 1926 war es nicht nur die Nummer 1 unserer Stadt, sondern *Deutschlands größtes Vereinsstadion*[62], wie mir Christian Wolters wunderbares Buch über die Fußballplätze Berlins erzählt.

Und wohl nie zuvor sah ich einer Partie meines 1. FC Wundervoll derart gelassen entgegen wie heute. Denn eines war lange vor Anpfiff klar: Heute gab es nur einen Sieger, obendrein von den Rängen nur einen Schlachtruf. Der Sieger hieß Union, der von allen Fußballfreunden skandierte Ruf begann mit *Eisern*! Nein, unsere Profis spielten nicht gegen die Zweete, sondern gegen den SC Union

06 aus Moabit. Das »Union« in unser beider Namen ist, wie jeder Eiserne weiß, kein Zufall. Handelt es sich bei den 06ern doch um die Nachfahren jener Mannschaft, die 1950 nahezu komplett aus Oberschöneweide hierher in den Westen übersiedelte. Unions Webseite bemerkt dazu: *Bereits im März 1950, in der Folge der Auseinandersetzungen um den deutsch-deutschen Fußballspielbetrieb mit Vertragssystem und Bezahlung im Westteil und dem Betriebssport in der DDR und im Ostsektor Berlins, bereiteten Verantwortliche der SG Union Oberschöneweide die Übersiedlung in den Westteil der Stadt vor – Wohnungen und Arbeitsplätze für die Spieler und ihre Familien wurden besorgt.*[63] Die Lage spitzte sich zu, da sich Union Oberschöneweide just in jenem Jahr für die Endrunde der noch gesamtdeutschen Fußballmeisterschaft qualifiziert hatte. Das Achtelfinale gegen den HSV war in Kiel angesetzt. *Die Behörden der DDR lehnten die Teilnahme der Oberschöneweider an der Deutschen Meisterschaft ab, untersagten die Reise nach Norddeutschland und verweigerten den Spielern, Betreuern und Funktionären die Ausstellung der Interzonenpässe.*[64] Die Mannschaft fuhr natürlich trotzdem hin![65] Auch im weiteren Verlauf der Historie würden Unioner sauer reagieren, sobald Staatsmacht und Weltpolitik sie von internationalen Wettkämpfen verbannten. So oft qualifizieren wir uns nämlich nicht für derartige Ereignisse!

Kurzum: Die Nachfahren der legendären Schlosserjungs aus Oberschöneweide gingen 1950 nach Westberlin, und viele Tausend Fans aus dem Osten folgten ihnen Spieltag für Spieltag ins Poststadion. Bis zum Mauerbau am 13. August 1961 hielten sie hier in Moabit die Eiserne Fahne hoch, während die im Osten verbliebenen Unioner der BSG Motor Oberschöneweide angegliedert wurden und für kurze Zeit in der DDR-Oberliga kickten. Einige unentwegt Eiserne spielten als SG Union Oberschöneweide noch eine Weile in unteren Ligen weiter. *Eisern Union* schallte es in jenen Jahren am mächtigsten im Poststadion, wo die Recken des SC Union 06 gegen das runde Leder traten. Fünf Vergleiche gab es bis zum Mauerbau zwischen West- und Ost-Unionern. Am 16. März 1952 traten die 06er im Walter-Ulbricht-Stadion an der Chausseestraße gegen die BSG Motor an. Vor der Kulisse von 20.000 Fußballbegeisterten (unter ihnen soll sich auch Walter Ulbricht befunden haben) siegten die 06er durch zwei Tore von Horst Schulz und Günther Schultz.

Gut 21 Monate später, am 26. Dezember 1953, erreichten die Oberschöneweider Motor-Kicker im vor meiner Haustür gelegenen Jahn-Tierpark immerhin ein 1:1. Die von Heini Brüll erzielte Führung Motors glich Paul Salisch unmittelbar nach der Pause aus.

Die Vergleiche mit den Kollegen der SG Union Oberschöneweide fielen eindeutiger aus. An der Alten Försterei siegten die Profis des SC Union 06 am 22. Juni 1952 mit 9:2. Zwei Jahre später hieß es daselbst gar 12:0 für die Moabiter. Das letzte Aufeinandertreffen datiert auf den 31. März 1956. An der Plumpe, dem dereinst berühmten Hertha-Platz, unterlagen die 06er den Oberschöneweidern mit 0:3, allerdings waren unsere Moabiter Brüder nur mit ihrer Amateurmannschaft angetreten. Das Datum jenes Spiels dürfte wohl nicht ganz zufällig gewählt worden sein. Jährte sich doch in jenem Jahr die Gründung des eigentlichen Muttervereins SC Union 06 Oberschöneweide zum 50. Mal.

Als Ost- und West-Unioner weitere 50 Jahre später zum 40. Geburtstag des 1966 in Köpenick neu gegründeten 1. FC Union (und obendrein zum 100. Jubiläum von Union Ob.) gegeneinander zum Freundschaftsspiel antreten, sind die Kräfteverhältnisse andere. Am 20. Mai 2006 gewinnt der 1. FC Union vor 1.000 Zuschauern An der Alten Försterei mit 6:0. Für unseren Verein spielten u.a. Sebastian Bönig (ab Spielminute 46), Jack Grubert sowie der gerade aus Cottbus zu Union gewechselte Torsten Mattuschka. Rosig ging es im Jubiläumsjahr des Muttervereins keinem seiner »Söhne«. Der SC Union 06 spielte seit Jahren in den »Niederungen« des Berliner Fußballs, der 1. FCU hatte kurz zuvor, am Ende der Saison 2004/05, mit dem Abstieg in Liga 4 seinen sportlichen Tiefpunkt erreicht.

Heute nun, ein Jahr vor dem 110. Jubiläum des SC Union 06 Oberschöneweide, geht es beiden Vereinen wieder besser. Mein 1. FCU spielt das sechste Jahr in Folge in der 2. Bundesliga, der SC Union 06 schaffte letztes Jahr den Aufstieg in die Berliner Landesliga. »Mehr ist finanziell nicht drin«, gestand mir vor dem Spiel Ehrenpräsident Harry Ruttke. Er freute sich wie ich, dass der Himmel strahlend blau war und etwa 1.500 blau- und rot-weiße Unioner erschienen, um zusammen ein Eisernes Fußballfest zu feiern. Ich hoffe, die meisten von uns nutzten zudem die uns hier gegebene Chance, mit einer Spende die Jugendarbeit unserer Moabiter Brüder zu unterstützen. Der Platz, auf dem ihre Jugendmannschaft trainiert, ist nämlich gesperrt. Seit Ende November 2014 stehen auf ihm zwei Traglufthallen, in denen derzeit etwa 300 Flüchtlinge leben. Folglich heißt es für die hier ansässigen Vereine: Zusammenrücken! Doch statt wie anderenorts Anti-Flüchtlings-Demos vom Stapel zu lassen, organisierten die Unioner lieber dieses Fußballspiel bei freiem Eintritt, zu welchem sie zudem die Flüchtlinge aus den Traglufthallen ausdrücklich einluden. *Willkommen in Berlin*, vermeldete das Ankündigungsplakat. »Das sind Menschen in Not, die haben uns schließlich nichts getan!«, so Ehrenpräsident Ruttke. Und nun ging es endlich los: Eisern Union vs. Eisern Union!

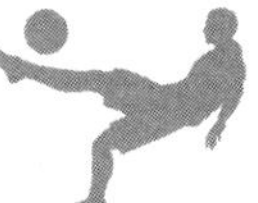

66. GRUND

Weil Union manchmal bereits vor Anpfiff als Sieger feststeht

Einmal mehr fand ich mich inmitten einer Eisernen Familienparty wieder. Mein Freund Uli Mücke spendierte mir das erste Bier, bevor er spurlos aus meinem Blickfeld verschwand. Auf dem Weg zu meinem üblichen Platz, einen Tick rechts von der Mittellinie, traf ich etliche Bekannte. Als ich ankam, traf ich unten am Zaun meine

Freunde Carola und Bernd. Letzterer hatte eine Unionflagge zur Zaunfahne erklärt. Dass sie nicht zu Boden fiel, dafür sorgten seine und meine Hände.

Ich stehe zu ebener Erde wie dereinst bei Stahl Oranienburg und blicke mich um: Viele, viele Bäume rund ums Spielfeld, die Südkurve ist völlig zugewachsen, auf der Gegengeraden lässt die Natur gerade so Platz für eine schmale Traverse. Auch hinter uns die Haupttribüne, in deren Schatten wir stehen, ist deutlich in die Jahre gekommen. Kurzum, das Ambiente lässt *immer noch etwas von dem Dornröschenschlaf erahnen, in dem das Stadion jahrelang lag*, wie Stephan Fischer anderntags im *ND* schreibt. *Auch jetzt, 25 Jahre nach dem Mauerfall, scheint es weit ab vom Schuss, obwohl mitten in Berlin gelegen.*[66]

Das Spiel beginnt, und ich stelle fest: Der junge Mann, der mir gerade eben noch im Tribünengebäude so freundlich den Weg zu den Toiletten erklärte, war niemand Geringerer als der Trainer der 06er. Die gehen beherzt in die Partie. Eisern werfen sie sich in unsere Angriffe, haben immer mindestens einen Fuß dazwischen. Keeper Konstantin Herr hechtet jedem Schuss entgegen, hält seinen Kasten standhaft sauber!

Als es in der 18. dann doch zappelt in seinem Netz, entscheidet der Schiri auf Abseits. Mein Ruf: »Fußballmafia …« erzeugt Gelächter, bevor ein anderer vollendet: »BFV!« Endlich, in Minute 34, können wir das 1:0 unseres 1. FCU bejubeln, wir feiern es mit mehrfachem *Eisern Union!*

Und was tun die Mannen von Union 06? Zeigen unseren Profis 'ne Harke und vollenden – gefühlt im Gegenzug – ihre erste echte Torchance zum 1:1-Ausgleich. Einmal mehr jubele ich, zusammen mit vielen blau- *und* rotweißen Unionern. Schließlich war dies doch das zweite Uniontor des Spiels, folglich führte Union mit 2:0!

Das Tor des Landesligisten brachte den Stadionsprecher, dem wir vor Anpfiff lautstark beim Verlesen der Namen unserer Fußballgötter helfen mussten, zu seinem großen Auftritt: »Das 1:1 für den SC Union 06 … dit Tor kostet mich'n Kasten Bier!«

Mit diesem Ergebnis ging es in die Pause. Als ich nach meinem nächsten Toilettenbesuch den Trainer der 06er im Gespräch mit einem seiner Spieler fand, gratulierte ich ihm, herzlich wie neidlos, zur Leistung seines Teams. Hälfte 2 verfolgte ich von oben aus der Tribüne, zusammen mit meinem Freund Robert und seinem Sohn Theo. Der hatte irgendwann in Hälfte 1, stolz wie Bolle, meinen Job des Zaunfahnefesthaltens übernommen. Mir waren die Finger kalt geworden, und der Kleene war kein Weich-Ei. Der 1. FCU hatte zur zweiten Hälfte komplett durchgewechselt, und jetzt ließen unsere Profis nichts mehr anbrennen. Tor auf Tor schenkten sie dem ebenfalls neu ins Spiel gekommenen Keeper der 06er ein. Doch auch er hatte seine großen Momente und einen großen Anteil daran, dass es am Ende nur 1:7 hieß – also ganz in echt natürlich 8:0 für Union, den Fußball und die Menschlichkeit. Ich hoffe sehr, dass auch die das Spiel verfolgenden Menschen aus den Traglufthallen heute und hier ein paar halbwegs unbeschwerte Stunden verlebten und sich zwischen uns tatsächlich willkommen fühlten. Unseren blau-weißen Moabiter Brüdern wünsche ich viel Erfolg für die Rückrunde und hoffe sehr, dass sich unsere beiden Vereine auch weiterhin ihrer gemeinsamen Tradition bewusst sind und dieses Fußballfest nicht das letzte seiner Art bleiben wird.

Ich danke beiden Vereinen für diesen ganz besonderen Fußballtag! Mein besonderer Dank gilt Jochen Lesching und seiner Firma vierC, die das wunderbare Programmheft kostenlos druckte. In selbigem sorgte der seit zehn Jahren rot- *und* blau-weiße Doppel-Unioner Frank Börner dafür, dass ich hier so unbeschwert aus der Geschichte unserer beiden Vereine plaudern konnte.[67] Also ein kräftiges *Eisern Union!* auch an ihn und alle anderen, die ehrenamtlich wie überaus herzlich zum Gelingen dieses einzigartigen Sonntagnachmittags beitrugen!

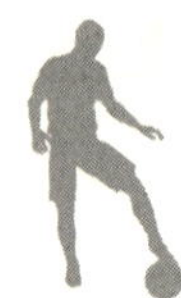

67. GRUND

Weil ich erst in der Fremde weiß, was meine Heimat wert ist

Direkt vor meiner Haustür steht die Max-Schmeling-Halle. Hier fand am Samstag, dem 24. Januar 2015 die neueste Ausgabe des großen, inoffiziellen Hertha-Traditionsmasters statt. Offiziell fungierten zwar eine Krankenkasse sowie der Berliner Fußballverband als Ausrichter, doch drinnen hatte Hertha das Sagen. Zugegeben: auch sportlich. Herthas Traditionsmannschaft um Zecke Neuendorf gewann drei ihrer vier Spiele souverän, ihnen wie ihrer Anhängerschaft meinen herzlichen Glückwunsch. Der kommt jetzt, knapp 14 Stunden nach meinem Verlassen der Halle, aus tiefstem Herzen.

Ach so, ja, Unions Traditionsmannschaft war auch anwesend, drei Halbzeiten lang sogar echt Eisern! Gegen Eintracht Frankfurt ließ die Truppe um Ronny Nikol-Fußballgott so gut wie nichts anbrennen, gegen Hertha gewann sie die erste Hälfte kämpferisch mit 1:0. Dann allerdings dominierten, wie meine dankenswerterweise neben mir sitzende Unionfreundin Carola konstatierte: »Fehlpässe, Schlampigkeit und das Wissen, dass wir ja ’nen guten Keeper haben.« Unsere Altstars brachen gegen den Stadtrivalen, dann in der Finalrunde gegen Sparta Prag und Bayer Leverkusen gnadenlos ein. Die Prager übrigens beeindruckten mich sehr. Viele von ihnen sahen vor allem wie altgediente Knödelesser aus, doch auf dem Platz zeigten sie, was für erstklassige Fußballer sie allesamt noch immer sind.

Aber Fußball ist in einer Veranstaltung wie dieser hier blanke Nebensache. *Sternstunden der Sportunterhaltung* vermeldete die das Spielfeld umrahmende Werbebande. Direkt hinter jener Realsatire saßen ein Herr im lila Pullover und ein Stadionsprecher von Hertha BSC Mikrofon-bewaffnet an einem Tischchen. Echte Fußballunterhaltung kam vorerst von den beiden Stirnseiten, wo Hertha- und Unionfans kräftig gegeneinander ansangen.

Dann jedoch ergriff der Lila-Mann das Wort, stellte marktschreierisch und dennoch aufs Äußerste langatmig ein paar Offizielle vor. Anschließend ein wenig Fußball – eingeführt und immer wieder beschallt von dumpfester 08/15-Mugge. Besonders beliebt während der Spiele: elektronische Klatschgeräusche, welche das Publikum offenbar animieren sollten, die ausgeteilten Krankenkassen-farbenen Klatschpappen zu benutzen.

Sein Handwerk, Fußballspiele zusätzlich durch hochwichtige Sponsoren-Infos zu stören, beherrschte der Li-La-Launeteddy meisterhaft. Kleiner Tipp: Das passt nicht immer. Dass er ausgerechnet während des ersten Spiels unserer Mannschaft darauf hinwies, dass Herthalegende Pal Dardei jetzt am Bundeswehr-Stand Autogramme gibt, zählt ohne Zweifel zu den »Stern-Sekunden« derartiger Sportunterhaltung.

Die Bundeswehr gehörte offenbar zu den Inhabern dieser Veranstaltung. Sein einschläferndes Gespräch mit einem elegant daherkommenden Waffenrockträger verlegte der Li-La-Launebär immerhin *zwischen* zwei Spiele. Der moderne Knüppel wies, genau wie die immer wieder eingespielten Bundeswehr-Werbespots, darauf hin, dass man in seiner Firma ganz tolle Karrierechancen hat. Unwillkürlich musste ich an jene Zeiten denken, da man potenzielle Rekruten einfach besoffen machte, um sie anschließend vor Ort zu shanghaien, in eine Uniform zu stecken – und nach kurzer Schikane-Kur in der Kaserne ab aufs nächste Schlachtfeld! Heute heißt es moderat: *Unsere Karriereberater beraten Sie gern. Schaut doch einfach mal in unserem neuen Showroom vorbei.* Mit Grausen fiel mir ein, dass besagte Firma auch in meinem Stadion wirbt, ganz in der Nähe der Reklame für *Mega-Zoo* …

Kriege sind und bleiben nun mal ein wichtiger Industriezweig, und auch bei mir im Eisernen Oberring klirrten die Waffen. Der mürrische Alt-Unioner rechts neben mir bot dem glatzköpfigen

Jung-Hool zu meiner Linken, der mit seinem *Sieg oder Walhalla*-Shirt tragenden und den Rekordmeister aus Hohenschönhausen supportenden Papa hier ist, Kloppe an. Leider zelebrierten sie ihre ausgiebige, eher einem Burgfrieden gleichende Versöhnung direkt vor meinen Augen. Überhaupt forderte der Alkohol auf allen Seiten erste Opfer. Bei meinem Rundgang durch die Halle prallten *Scheiß-Union …* auf *Hertha und der KSC – Schwule Liebe ist okay*, wurden hüben wie drüben erste Suffleichen von Polizeikräften davongetragen. Und ich lerne auch, wobei ich an dieser Stelle meine Unionfreundin Carola zitieren muss: »Unioner zu sein bedeutet nicht zwingend, soziale Kompetenz oder Intellekt zu besitzen.«

Der nächste Werbeblock des Lilanen gilt Berlins Olympiabewerbung, ein Muss für jeden aufrechten Investor! Wenig später hat er irgendeine Tusse am Start, die ihrer aller Hertha ganz sehr die Daumen drückt. Schwachet Ding, hier im schönen Prenzle-Berg hätte sich dazu sicher mühelos irgendeine Schwabentante auftreiben lassen, die »Union ein bisschen« geil findet, wie Daniel Rimkus so schön und leider treffend singt. Aber wir sind ja hier bei Olympia, Bundeswehr und Hertha zu Gast. So langsam wirken die Biere auch bei mir. Statt jemandem Kloppe anzubieten, notiere ich: *Beim Konsum von 08/15-Mugge und an den Klatschpappen sind uns die Herthafans haushoch überlegen.*

Dass auch die Unparteiischen für Hertha arbeiten, zeigte sich im Halbfinale, als der Schiri bei knappster Führung der Charlottenburger eine Leverkusener Torchance abpfiff und kurz darauf ein im Strafraum begangenes Foul nicht »sah«. Dem Ruf der Unioner »Ohne Schiri habt ihr keine Chance!« begegnete der Li-La-Mikrobär mit einem senil strafenden: »Nun regt euch doch mal ab.«

Dass einer von Herthas Stadionsprechern die Tore seiner Mannschaft ansagte, störte mich weit weniger. Ist bei einem Heimturnier nun mal so. Schockiert war ich nur, als mir eine Herthanerin gestand, dass sie angesichts seiner Schlagerstars-im-Autohaus-Hinterhupfingen-Ansagen »jedes Mal Gänsehaut« kriege. Die Botschaft dieser Veranstaltung verstand ich trotz all der Biere: Müllmugge hören, brav mitklatschen, und dann ab zur Bundeswehr. Und bist du zu alt, schick deine Kinder bei uns im Showroom vorbei. Ich habe genug, genau wie meine Unionfreundin Carola, die mir dankenswerterweise meinen ersten und einzigen Besuch eines solchen »Budenzaubers« mit ihrer Gegenwart versüßte. Ihr gebührt der Schlusssatz dieses Textes: »Ick will wieder Fußball kieken, An der Alten Försterei!«

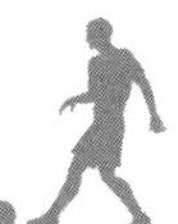

68. GRUND

Weil plötzlich (fast) alles so unwichtig wird

Ich persönlich habe nicht die große Ahnung vom Fußball – also von dem, was da unten auf dem Platz nun genau vor sich geht. Bestaune ich deshalb still und bescheiden, was unsere Fußballgötter auf dem Rasen der Leidenschaft so treiben? Nein, ich meckere wie alle anderen auch, und zwar gern, laut und viel. Und ja, ich habe auch schon über Benjamin Köhler gemeckert. Und ich gebe zu, es gab sogar derart schlecht gelaunte Tage, an denen sah ich es fast gern, bot er meinem bescheidenen Fußball-Sachverstand einen Grund zum Meckern.

Und dann kam dieser 4. Februar 2015 mit seiner Nachricht: *Nach anhaltenden Bauchschmerzen … eingehende Untersuchung … bösartiger Tumor des Lymphsystems … unmittelbar beginnende Therapie.*[68] Wie die aussieht, weiß jeder, der schon mal in irgendeiner Weise mit Krebs zu tun hatte oder jemanden kennt, der … Sofort gab es für mich, genau wie für jeden Unioner, nur noch eins: bedingungslose Solidarität mit unserem Familienmitglied! Unzählige Male tauchte Bennys Foto in den verschiedenen Internetportalen auf, dazu ein paar Worte der Anteilnahme an seinem Schicksal, Eiserne Kampfesgrüße für seinen nun anstehenden schweren Fight gegen die Krankheit.

Und längst nicht nur wir denken an ihn! Sofort meldeten sich via Post, Mail, Facebook, Twitter & Co. Fans anderer Clubs, Spieler wie Herthas Fighter Änis Ben-Hatira oder unsere Torwart-Legende Jan Glinker, ja ganze Mannschaften vieler Vereine, in denen Benny einst spielte oder die einfach nur von seiner Erkrankung erfuhren, mit kämpferischen Genesungswünschen. Eintracht Frankfurt, FC St. Pauli, Hertha BSC, 1860 München, MSV Duisburg, Rot-Weiss Essen und viele, viele andere. Nicht nur etliche Nationalspieler, sondern auch der DFB und selbst ein Herr Blatter wünschen Benny viel Kraft für seinen Kampf!

Vereinsfarben, Rivalitäten, Ligazugehörigkeiten, Funktionärshierarchien – all das spielte plötzlich absolut keine Rolle mehr, da es für Benny gegen jenen mächtigen, lebensbedrohenden Feind geht, dem eines Tages jeder von uns gegenüberstehen kann. Ja, schade, dass wir Menschen oft erst am Abgrund zueinanderfinden – aber wunderbar, dass es überhaupt so ist. Dass wir in diesen Momenten zuallererst Menschen sind, die einander beistehen, wenn einer von uns in Not gerät. Dass der Fußball in diesen Momenten zur absoluten Nebensache wird – und doch weit mehr als jene Klammer ist, die uns zusammenführt. *Wir sehen uns auf dem Platz*, heißt es in einem Post aus St. Pauli.

Einen Tag nach jener schrecklichen Nachricht verlängerte unser Verein seinen Vertrag mit Benjamin Köhler, der im Sommer ausgelaufen wäre, um ein Jahr. Ein klares Zeichen: Wir glauben an dich, du bist und bleibst einer von uns! Deine Familie und du, ihr habt in diesem wohl schwersten Kampf deines Lebens unsere vollste Unterstützung – und dann kehrst du auch wieder auf den Rasen der Leidenschaften, in die Mannschaft zurück!

Und ich? Als Unioner und Berliner wünsche mir nichts mehr, als dass ich eines Tages auch mal wieder über Benjamin Köhler meckern kann!

9. KAPITEL

UM LEBEN UND TOD

DIE SAISON 2014/15, TEIL 4

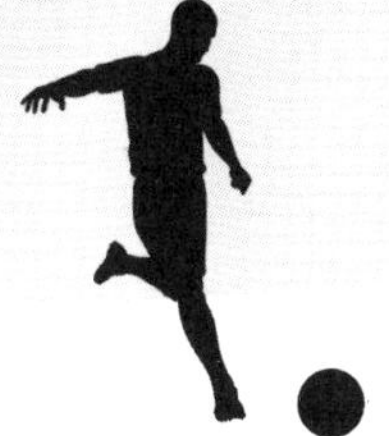

69. GRUND

Weil wir nebenbei ooch noch Union kieken

Schon lange hatte ich mich auf das Bochumspiel gefreut. Nach gefühlten Monaten Winterpause endlich wieder Fußball pur An der Alten Försterei, obendrein gegen einen Traditionsverein – Eisernet Herz, watt willste mehr! Zudem gab es ein ausgiebiges Rahmenprogramm. Im Stadion hieß es: ordentlich Bier & Glühwein zischen und den Becher für die Unkosten des Aue-Feuerwerks in die Spendentonne hauen. Nach dem Spiel ab zu Mone und Mirko ins Coé, auch hier: Trinken für den guten Zweck, den Traum unseres Freundes Schmü, von dem ich dir in Grund 83 erzähle.

Und wenige Tage vor dem Kick *der* Schock: Benjamin Köhler, unsere Nummer 7, an Krebs erkrankt! Sofort kam die Idee: Alle unsere Fußballgötter heißen bei der Verkündung der Aufstellung mit Familiennamen *Köhler-Fußballgott!* In der 7. dann für einige von uns eine Schrecksekunde. Ein Gong erfüllte das Stadion. »Wattn ditte, fangen die jetzt hier ooch schon an mit Werbung mitten im Spiel?«, fuhr es einem meiner Unionfreunde durchs Hirn. Aber nicht doch, Mannschaft und Verein hatten einfach noch eins draufgesetzt: Die Anzeigetafel zeigte Bennys Konterfei und Rückennummer, dazu den Schriftzug *Eisern kämpfen*. Eben der prangte auch auf den weißen Shirts, die plötzlich alle unsere Spieler einschließlich Bank, Trainer und Betreuerstab, auf dem Leib hatten. Der Präsi hielt auf der Tribüne das T-Shirt hoch, die Mannschaft nahm vor der Tribüne in langer Reihe Aufstellung, alle Blicke hoch zu Benny gerichtet, der in des Präsis Loge mit den Tränen rang, während wir alle seinen Namen riefen.

Ein Piratenakt, von dem der DFB, womöglich selbst der Schiri, nichts wusste. Eine kluge wie feinfühlige Entscheidung der Eisernen Drahtzieher. Die Frankfurter Fußball-Zentrale hätte diese bewusste Spielunterbrechung sicher nicht genehmigen dürfen, was ich nicht polemisch meine! Ein Verbot wiederum hätte An der Alten Försterei eine Menge böses Blut erzeugt, und *das* wäre absolut fehl am Platze gewesen. Informiert wurden dagegen über »Mittelsmann« Simon Terodde die Bochumer Spieler, die der Aktion, genau wie Schiri Michael Weiner, allesamt Beifall zollten. Weiner verzichtete darauf, Benny Köhler regelkonform 11 plus x Gelbe Karten zu zeigen. Wobei die daraus resultierenden 5 plus x Platzverweise unserer ohnehin auf der Tribüne sitzenden Nummer 7 wohl herzlich wenig gejuckt hätten. Aber Coolness beiseite: Diese 7. Spielminute, in der das harte Geschäft des Profifußballs, ja der Fußballsport selbst konsequent in den Hintergrund trat, um purer Mitmenschlichkeit Platz zu machen, werde ich mein Lebtag niemals vergessen.

Apropos Fußball, der wurde ja auch noch gespielt an diesem 7. (!) Februar 2015 An der Alten Försterei. Zunächst aber schien es, als wolle der Sport weiterhin im Hintergrund bleiben. In der 27. nach einer Ecke die erste echte Torchance durch Käpten Kreilach, sein Schuss geht über den Kasten. Wenig später Ballverlust im Mittelfeld! Terodde stürmt auf unser Tor zu, zieht ab – Michael Parensen grätscht in allerletzter Sekunde zur Ecke. Die führen die Gäste kurz aus. Dann ein Pass auf einen Mann, der dicht am Sechzehner völlig unbewacht die Pille annimmt, abzieht und zum ersten Mal in seiner Profikarriere die Tormaschen tanzen lässt. Bochums erster Torschuss, und wir liegen hinten, zum wievielten Mal in dieser Saison?

Zwei weitere Kreilach-Chancen später war Pause. Kaum rollte der Ball wieder, lagen wir um ein Haar 0:2 zurück. Dann jedoch pflügten unsere Fußballgötter unbarmherzig den Rasen, gewannen Zweikampf auf Zweikampf, griffen beherzt wie geschmeidig des Gegners Tor an! Brandy auf Kreilach, der nach rechts ablegt, auf den nach der Pause eingewechselten Kobylanski. Koby zieht ab, gefühlvoll, unhaltbar – Toooooor, und was für ein unsagbar schönes! Und weiter ging's gen Zuckertor! Plötzlich jedoch ein Bochumer Konter. Punčec geht dazwischen, bringt den Angreifer zu Fall – welch ein

Glück, dass Schiri Weiner bereits gepfiffen hatte, als ein weiterer Bochumer, die Pille am Fuß, frei vor unserem Kasten steht. Dieser Vorteil wäre ein fürchterlich echter gewesen.

Kurz vor Schluss, fast an gleicher Stelle wie vorm 0:1, ein Mittelfeld-Fehlpass der Gäste. Schnell vor deren Tor, Pass auf Koby, der per Kopf an den heranstürmenden Käpten ablegt. Jetzt belohnt Damir sich und uns alle mit dem souverän eingenetzten Siegtreffer. Beim gemeinsamen Jubel mit Blick hinauf zu Benny stehen auch dem Käpten die Tränen in den Augen. Und wir alle wissen: Der Fußballgott ist nach wie vor Unioner!

Nach kurzem Jubel mit der Mannschaft ab ins Coé, weiter für die gute Sache trinken … ähm, streiten! So mancher Freund und auch die Wirtin hatten noch am Montag den Kater ohne Knuddel-Fell zu Gast – und trotzdem: Keiner von uns bereute auch nur einen Schluck. Die Sparbüchse für unseren Freund ist jedenfalls zum Platzen voll, sein Traum von einer großen Reise wieder ein Stückchen wahrer geworden. Ein einzigartiger Fußballtag!

70. GRUND

Weil wir mal wieder Eisern sein durften

Sonntag 15. Februar 2015, die *Mannschaft der Stunde*[69] reist gen Franken, um die höchste Heimspielpleite der Saison auswärts wiedergutzumachen. Die offizielle Webseite des 1. FC Nürnberg spricht von *Aufbruchsstimmung an der Wuhle*[70], und so mancher Unioner hält einen Auswärtssieg für überfällig, besonders mit dem Rückenwind des umgebogenen Bochumspiels. Mein Freund Uli wäre, genau wie ich, mit einem Punkt überaus zufrieden.

Die Tribüne des nach einer in Nürnberg ansässigen Aktiengesellschaft benannten Stadions ist derart leer, dass man den Namen des Vereins, gebildet aus den Farben der Sitzplatzschalen, mühelos lesen kann. Die Fankurven indes sind bestens besetzt. *Niemals aufgeben, Benny Köhler* steht auf einer großen Zaunfahne im Block der Clubberer. Kämpfen für Benny, das dürfte auch heute das Motto der Unseren sein. Kurzum, dieser Tag scheint wie gemacht für ein sensationelles Spiel unseres 1. FC Wundervoll!

3.21 Minuten sind von der Uhr, 1. Ecke Nürnberg. Heftiges Gestocher im Strafraum, aus dem Christopher Trimmel den Ball derart unglücklich in die Beine eines gegnerischen Angreifers drischt, dass der gar nicht anders kann, als die Murmel über unsere Torlinie zu drücken. Dennoch – oder gerade deshalb! – höre ich alsbald nur noch unsere Auswärtsfahrer. »Das kann auch an der Position der Fernsehmikros liegen«, gibt Uli zu bedenken. In der Tat las ich im Netz schon oft, dass An der Alten Försterei angeblich nur die Gäste Stimmung machen … »F-C-U-Fußballclub Union Berlin«, schallt es von den Rängen, während die Nürnberger gnadenlos den Rasen dominieren. »Düwel ist der aggressivste Unioner«, spöttelt der Kommentator. »Nee, unsere Fans auf den Rängen!«, möchte ich ihm ins Gesicht schreien.

14. Minute, Ecke Nürnberg, fast das 2:0. Der Club beherrscht den Platz, erarbeitet sich eine stete Überzahl im Mittelfeld. Drei Minuten später, unser unermüdlicher Sebastian Polter zieht durch, geht steil, schießt aus spitzem Winkel – ins gegnerische Tor! *Die* Eiserne Antwort!

Sie eröffnet einen offenen Schlagabtausch. Haas hält, kurz darauf ein Bock von Leistner, zum Glück folgenlos. Im Gegenzug eine Fast-Riesenchance für Union, prompt gefolgt vom Eisern-Union-Wechselgesang! Weitere Großchancen hüben wie drüben. Blöd nur, dass der Gegner viel zu oft frei vor unserem Tor zum Zuge kommt. Mit meinem Lieblingsgesang: »FC Union, unsre Liebe, unsre Mannschaft, unser Stolz« geht's in die Pause. Das wird noch was!

Anpfiff, und wieder spielt nur der Club. Kreilach wird gefoult, kriegt den Freistoß – gegen sich! Kurz drauf Ecke, ein eisernes Bein verhindert Nürnberger Torjubel. Freistoß an unserer Strafraumgrenze. Der Ball fliegt in den Sechzehner, Polter geht nahe der Torlinie zu Boden – »logische« Konsequenz: Wiederholung! Hab ich schon wieder was nicht verstanden? Wieder fliegt der Ball heran, Polter wirft sich ihm entgegen, beide treffen sich, dummerweise an des Spielers Oberarm: Gelb, Elfer, Tor – gekrönt von der Strafpredigt des »aufrechten« Sky-Kommentators gegen unseren ungehorsamen Ackerer. Der allerdings war hier tatsächlich etwas übermotiviert.

Weiter! Leider hören unsere Spieler nicht den Fernsehkommentar. Vielleicht hätte ihnen der *gerade jetzt* die zwingend erforderliche zweite Luft verschafft? Die jedoch geht ihnen nun gnadenlos aus. Derart, dass der fränkische oder einfach nur auf feinste Gagelmann-Art antiberlinische Fernsehfritze mehr und mehr meine Aufmerksamkeit erobert: »Nürnberger tun gut daran, das Spiel zu beruhigen«, und ich höre zuvor geradewegs das »unsere«. »Der Typ ist echt Nürnberg-unabhängig«, kommentiert eine Unionerin vom Nebentisch. Auf dem Platz spielt nur der Club. Einzig der vom Moderator längst ausgewechselte Sebastian Polter sorgt fast für eine Chance. Haben wir den Ball, sind alle Mitspieler zugestellt, und wieder greift Nürnberg an. Der Kommentator wundert sich derweil, dass sich heute nahezu 30.000 Zuschauer in diesem Stadion versammelt haben. »Jetzt kommt zum Vorschein, welche spielerische Qualität seine Leute mitbringen«, ätzt er Richtung Norbert Düwel. Als ein lange verletzter Nürnberg-Spieler den Rasen betritt, blubbert er: »Die Verletzungen haben es nicht gut mit ihm gemeint!«

Ein Außennetz-Treffer der Hausherren. Kurz drauf ein Nürnberger zwischen zwei Unionern, er setzt sich durch, haut den Ball in unser Tor. 89. Minute, letzter Wechsel bei Union. Eroll kommt herein, 35 Minuten zu spät, oder? Endlich Schlusspfiff samt letzter Sky-Sprechblase: »Die Legende lebt!« Ich für meinen Teil weiß nur: Mal wieder ein Spiel, bei dem ich beweisen kann, dass ich als Unioner eine glasklare Niederlage erhobenen Hauptes wegstecke, ohne in den *Ja!-Alle-sind-gegen-uns*-Fettnapf zu tappen. Uli drückte es ungleich treffender aus: »Uffstehen, Mund abputzen – und weiter!« Eisern!

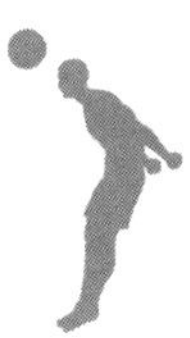

71. GRUND

Weil wir An der Alten Försterei keinen grauen Liga-Alltag kennen

15 Tage nach dem bewegenden Heimsieg für Benny Köhler und genau 7(!) Tage vor dem Tag in Leipzig, an dem Eiserne Solidarität für eine altehrwürdige Spielstätte zeigen würden, stand in unserem Wohnzimmer eine Begegnung Marke »Grauer Liga-Alltag« auf dem Programm. Ein gewisser 1. FC Heidenheim aus der landschaftlich sicher wunderschönen und finanziell megapotenten schwäbischen Alb hatte sich angesagt. *1. FC watt?*, hätte ich noch vor einem Jahr gefragt. Mittlerweile weiß ich: Jener 1. FCH bezwang uns in der Hinrunde zweimal und steht in der Tabelle vor uns. Und fand sich heute auch nur ein einziger Eiserner, der auf dem Platz für uns stürmte? Polter gesperrt, Stevie und Sören Brandy bis gerade eben noch verletzt, dazu fehlte Eroll im Mittelfeld!

Ich für meinen Teil hatte, wie wohl die Hälfte der 16.512 zahlenden Zuschauer, mit einem fiesen Husten zu kämpfen, weshalb ich die Einladung meines Unionfreundes Andy in den Filzdecken-, Häppchen- und Wärmestuben-Bereich unseres Stadions dankend annahm. Einen Augenblick lang fühlte ich mich dort mutterseelenallein, dann hieß mich Andys wunderbare Frau herzlich willkommen. Kurz darauf stieß Andy dazu, und es trieb uns hinaus auf die Ränge unseres Sportplatzes.

Mittelfeldduell gegen einen unbequemen wie unattraktiven Gegner, na und? Waldseite wie Gegengerade sind gut gefüllt und prächtig bei Stimme. Selbst im Gästeblock hat sich eine Reisegruppe mit

Transparenten, Fahnen, Trommlern und Vorsänger eingefunden. Die Schwaben gewinnen die Platzwahl, auch das noch: Wir müssen Hälfte 1 aufs Zuckertor spielen – unsere Torfabrik für Hälfte 2! »Auf geht's, Union, kämpfen und siegen!«, fordert die Waldseite. Das erste »Piep« aus dem Gästeblock erstickt sie augenblicklich mittels Anstimmen des »Eisern!« – »Union!« Wechselgesangs mit der Gegengerade.

Fehlpass, Konter Heidenheim über rechts. Zwei Mann lassen vier Unioner aussteigen, der Ballführende tankt sich locker vors Tor durch, wo er vor jener Frage steht, die in der Fußballhistorie bereits ganze Spielergenerationen kläglich scheitern ließ: Welchem meiner drei bestens positionierten, dazu völlig freistehenden Mitspieler passe ich die Murmel in den Lauf? Er entscheidet sich für seinen Käpten, der bislang *immer* gegen uns traf. Und der? … Trifft, na logo, auch heute! Ich schreie auf, fluche, greife mir an den Kopf – und brauche fast drei Minuten, bis ich begreife: Was mir da als kapitaler Bock unserer gesamten Mannschaft daherstolperte, war die meisterhafte Inszenierung unseres obligatorischen Rückstands, welcher wiederum die zwingend notwendige Ouvertüre für Eisernen Traumfußball inklusive Drehen des Spiels ist!

Dessen erster Akt: Fabian Schönheim dribbelt links Richtung Grundlinie und passt – weit wie präzise – auf *seinen*, ebenfalls von drei Widersachern völlig unbewachten Käpten, welcher umgehend zum 400. Eisernen Zweitliga-Tor einnetzt!

Knapp 3 Minuten später darf sich auch unser Keeper auszeichnen, indem er einen fiesen Freistoß gerade noch so mit den Fingerspitzen entschärft. Dann *regiert* auf dem Platz wieder, von Waldseite wie Gegengerade lautstark in Szene gesetzt, *der FCU!* Direkt darauf »F-C-U-Fußballclub Union Berlin«. Dennoch kommen die Gäste mehrfach vor unser Tor. Immer wieder Löcher in unserer Defensive! Frischer Duft nach *Omas Purzelchen* will mich ablenken, da greifen die schon wieder an. Zwei Heidenheimer legen sich auf den Rasen, Schiri Stark mahnt per Geste: Aufstehen, ist kalt heute!

Endlich mal wieder ein Schuss aufs »richtige« Tor, zwar nur drüber, dennoch ein klares Signal. Es markiert den Beginn des 2. Aktes: Gestocher in unserem Strafraum, schneller Konter Union! Käpten Damir schickt Fabi über links, der passt wie frisch aus dem Lehrbuch vors Tor, wo dieses Mal Sören Brandy genau richtig läuft. Ein Bewacher ist bei ihm, mit der Betonung auf *bei* – und die Maschen zappeln! Schreien, Jubeln, Abklatschen, auch auf der Haupttribüne sitzt kein Unioner mehr!

Meine Notizen verraten mir: Es ging auf dem Platz weiter heftig zur Sache. Längst nicht immer beherrschten wir das Mittelfeld, viel zu oft spendierten wir dem 1. FCH weitere Chancen, und doch ergriff mich bereits jetzt jene mir furchtsamem Pessimisten so fremde Sicherheit: Der ganz große Fußballgott ist heute *aber so watt von* Unioner! Mir am besten in Erinnerung: der dritte Akt! 56. Minute, Fabi Schönheim »wie immer« über links, passt zu Christopher Quiring, dass der nur noch den Fuß hinhalten muss. Auch Chrissy ist, wie 28 Spielminuten zuvor Brandy, eigentlich ja gedeckt, doch *will* er das Spielgerät ungleich vehementer als sein Gegner – und lässt das Tornetz zittern, uns alle jubelnd aufschreien.

Ich sag's ungern, aber ich zitterte fortan selbst bei gegnerischen Aluminiumtreffern nicht mehr. Vorbildlich indes: der unermüdliche Support der 306 Gästefans. Dann allerdings verstand ich deren Hauptgesang: »Schallalalala – 1. FCH«. Die Unioner auf den Rängen intonierten derweil unentwegt Perlen Eisernen Liedguts. Und dann, in der 87., war es so weit: Meine geliebte und erst kürzlich von mir gescholtene Gegengerade stimmte ein Lied an – obendrein, wie an dieser Stelle üblich, meinen Lieblingsgesang! Die Waldseite brach ihren Gesang ab, fiel mit ein, und nahezu das gesamte Stadion minus jene 306 intonierte: »FC Union, unsre Liebe …« Auch auf der Haupttribüne sang längst nicht nur einer, der sich heute dank der freundlichen Einladung eines lieben Freundes hierher ins Filzdecken-umsorgte Warme geflüchtet hatte. Grauer Liga-Alltag? Gibt's nicht, zumindest An der Alten Försterei!

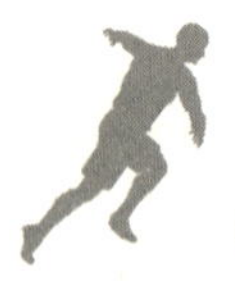

72. GRUND

Weil wir die Liebe zu unserem Fußball auf unsere Art leben

Das Positive des letzten Sonntags zuerst: 4.285 Menschen strömten in den, positiv ausgedrückt, Erinnerungen weckenden Alfred-Kunze-Sportpark zu Leipzig-Leutzsch, das Stadion des momentanen Sechstligisten BSG Chemie Leipzig. Chemiker und etwa 2.500 Unioner unterstützten daselbst die alten Recken ihrer Traditionsmannschaften und zelebrierten gemeinsam ein Fußballfest. Besonders die Unioner widmeten sich derart ihrer Sangeskunst, »dass das Wohngebiet bebt«[71], wie im Fan-Forum der BSG Chemie vermerkt.

Viele der in den Farben Getrennten, hier und heute jedoch vor allem Gleichgesinnten, kannten sich aus Zeiten, da sie gegeneinander erbittert um FDGB-Pokal, Erstliga-Punkte oder direkt um den Klassenerhalt gefightet oder hernach gemeinsam etliche Stunden Polizeigewahrsam »genossen« hatten. Auch auf dem Rasen dürften sich etliche der in die Jahre gekommenen Recken nach vielen Jahren erstmals wieder gegenübergestanden haben.

Doch erschöpfte sich das lautstarke wie farbkräftige Treffen jener 4.285 plus der Aktiven auf dem Rasen keineswegs mit verklärten Blicken auf ruhmreiche, aber längst vergangene Tage. Erst einmal wurde das Traditionsspiel BSG Chemie vs. 1. FCU von beiden Ultra-Szenen organisiert, also von vornehmlich jungen bis sehr jungen Leuten, die zu jenen alten Zeiten womöglich nicht einmal geboren waren. Die durch das Fußballfest eingespielten 20.000 Euro fließen komplett in die Sanierung, also die Zukunft dieses alten Leipziger Fußballstadions.

Bengalos, grün- wie rot-weißer Rauch – all das störte niemanden hier. DFB, DFL & Co. waren weit weg, dafür zeigten sich nicht nur Spielerlegenden beider Vereine, sondern auf Unionseite auch etliche Funktionäre und Sponsoren, denn auch sie sind ja letztendlich nichts Geringeres als Unioner. Sie alle, die an diesem Sonntag trotz teilweise strömenden Regens den größtenteils dachlosen Alfred-Kunze-Sportpark auf friedlichste Weise zum Beben brachten, zeigten voller Lust und Freude, dass Mensch auch in unserer »schönen neuen«, gnadenlos gewinnorientierten, globalisierten Welt dazu in der Lage ist, Alternativen zu milliardenschweren Produkt-Events der Marken Ochsenbrause & Co zu leben.

Zunächst vollführten der Eiserne Günter »Jimmy« Hoge und Chemiker Dieter »Schere« Scherbarth den symbolischen Ehrenanstoß. Dann begann das Spiel der Traditionsmannschaften. Etliche Akteure waren bereits mit grauem Haupthaar wie einem stattlichen Bauchansatz gesegnet, was sie jedoch keineswegs davon abhielt, auf dem Rasen ihre fußballerische Klasse aufblitzen zu lassen. Und ihre Fans sangen, jubelten ihnen aus Leibeskräften zu, als ginge es mindestens um die Deutsche Meisterschaft. Obgleich die Eisernen um Ronny Nikol und Unions Geschäftsführer Oskar Kosche im Kasten insgesamt bedeutend jünger als ihre Gegner waren, gelang ihnen kein Tor. Dass es bis zum Abpfiff beim torlosen Remis blieb, störte wohl kaum einen jener 4.285.

Die gemeinsam feiernden Fußballfans zeigten hier in Leutzsch nicht nur, dass sie etwas *gegen* eine seit einigen Jahren wappenmäßig Leipzig okkupierende Tierart haben. Vor allem waren sie hergekommen, um zu zeigen, *für was* und *wie* sie mit Herz, Leib und Seele einstehen. »Geil dass es solche Stadien noch gibt!«, bekannte tags darauf mein Freund Andy vom Union-Fanclub Ecke Nord. »Und geil, dass wir mit unseren Eintrittsgeldern einen Teil zum Erhalt dieser Spielstätte beitragen durften.«

Alt-Unioner Zimmi erhielt tags darauf von seinem Chemie-Kumpel Henricus folgende Nachricht: *Ich hab ja gestern selbst mitgespielt. Mir fehlen die Worte. Kannst Deinen Berliner Schnauzen ausrichten, dass sie Weltklasse waren und sind. Eisern Union hat sich fest in mein Herz gedribbelt.*

Bei aller gesunden Rivalität, obendrein jener zwischen »Preußen« und »Sachsen« ewig bestehenden, verband beide Fanszenen an diesem Tag vor allem die gemeinsame Liebe zu einem Fußball, der von Kampf, Leidenschaft, Herz und Respekt geprägt, statt von der Allmacht des ganz großen Geldes dominiert ist. Wir lieben eben einen Fußball, der mit jenem in Dosen-, Auto- oder Bank-Arenen veranstalteten nichts zu tun hat. So mancher, der dort vor allem Textilien mit zwei Ochsen oder anderen Firmenlogos spazieren trägt, ist der Meinung: »Isch will hior wiedor Bundesligo guckne, ob dass nu Nudella, Retpull oder sonstwie heißt, iss mior völlisch egol.«

Mit ebenjener Beharrlichkeit sind wir Unioner uns mit Chemikern und vielen anderen »Ewiggestrigen« darin einig, dass wir unseren Fußball als Akteure mit Sangespower auf den Rängen, Stimmrecht im Verein und überhaupt diesem ganzen »ineffizienten Demokratie-Firlefanz« leben, und zwar Liga-unabhängig und für alle Zeiten: *Gestern, heute, morgen – Zeichen setzen für den Fußball, den wir lieben!*[72]

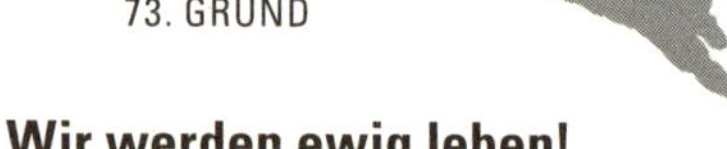

73. GRUND

Weil: Wir werden ewig leben!

Zweieinhalb Stunden nach dem Ehrenanstoß in Leutzsch begann in der fünf Kilometer vom AKS entfernt gelegenen Arena das Spiel unserer Fußballgötter gegen das Team des mächtigen Dosen-Besitzers. Unsere Mannschaft sah sich sogleich mit mehreren Überraschungen konfrontiert. Keine anderthalb Minuten waren von der Uhr, da schenkte der Schiri, ein gewisser Herr G., Team Dose einen Strafstoß. Michael Parensen hatte einen von denen im Strafraum berührt. Ich denke, Herr G. zeigte nicht auf den Punkt, weil er sich plötzlich bei Basketball, Haltungswandern oder Rasenhalma wähnte. Ebenfalls glaube ich nicht, dass ihn die Dosenfirma gekauft hatte. In meinen Augen brachte er mit seiner Entscheidung lediglich zum Ausdruck, dass er uns Berliner, vereinsübergreifend, wie unser Stadtrivale Hertha BSC weiß, nicht leiden kann. Team Dose nahm sein Geschenk an, und wir lagen mal wieder, heute nach sensationellen 2.25 Spielminuten, 0:1 zurück.

Die nächste Überraschung: Die mit den Ochsen auf der Brust stellten nicht etwa den Spielbetrieb ein, sondern stürmten munter weiter. Ungestört, schnell wie präzise flogen sie zumeist über links heran. Pass, Schuss – vier Minuten später stand es 2:0.

Auf dem Rasen spielte nur eine Mannschaft, und die hieß nicht Union. Auch auf den Rängen zeigten die ehrenamtlich arbeitenden, ja sogar zahlenden Dosen-Claqueure den Eisernen Fans eindrucksvoll, was echte Ochsenpower ist: Fan-Protest durch schweigende Verweigerung jedweder Anfeuerung? »Hoho, das machne mior immor so!« Nur so verstehe ich es, dass die Leipziger bei einem derartigen Spiel ihrer derzeitigen Lieblingsmannschaft nahezu stumm verharrten. Vom direkten Torjubel und dem gelegentlich müde genuschelten: »Rasenballsport olä, Rasenballsport olä« mal abgesehen. Ihren offenbar einzigen Gesang kannte ich noch aus der ersten Viertelstunde des Hinspiels An der Alten Försterei, bevor wir Unioner selbige auch akustisch wieder in ein Fußballstadion zurückverwandelt hatten.

Immerhin bekam der Eiserne Anhang weitere anderthalb Spielminütchen später ebenfalls Gelegenheit, das auferlegte Anti-Dosen-Schweigegelübde kurzzeitig zu brechen. Stevie befindet sich nämlich plötzlich, Ball am Fuß, ganz allein vorm gegnerischen Tor. Daselbst wartet er so lange, bis wenigstens ein »Ochse« bei ihm ist, um das Spielgerät kaltschnäuzig zwischen dessen Beinen hindurch in die Maschen zu hauen.

Es dauert ganze viereinhalb Minuten, bis Team Dose, zur Abwechslung mal über rechts, heranfliegt, um völlig unbedrängt, frei und locker auf 3:1 zu erhöhen. Die Leipziger versuchen sich derweil in einem Wechselgesang mit dem offiziellen Tarnnamen des Dosenteams: einmal halblaut, einmal leise. Erfolgsorientierter Fußball braucht nun mal keinen Support, und dieses Publikum ist bereits jetzt eines kommenden Serien-Meisters würdig. So mau wie hier ist es in Münchens Arroganz-Arena, wenn die Bayern spielen, und die Schickeria hat gerade Urlaub.

Leider muss mittlerweile unser Stürmer Sören Brandy mit ausgekugelter Schulter das Spielfeld verlassen. Für ihn kommt Christopher Quiring. Der passt in der 29. derart auf Sebastian Polter, dass der gar nicht anders kann, als unsere Auswärtsfahrer zum zweiten Mal zum Singschreien zu verleiten. Weiter tobt dieses irre Spiel, von der Presse mit dem mir bis dato unbekannten Wort »vogelwild« treffend beschrieben, hin und her.

Hälfte 2, nun wird's laut! Aus 5.000 Eisernen Kehlen skandierte Schlachtgesänge befeuern das Spiel unserer Mannschaft – zehn Minuten lang. Danach regiert auf den Rängen weiterhin die Eiserne Sangeskunst, doch auf dem Platz obsiegt das einlullende wie – zugegeben – äußerst geschickte Spiel von Team D. Da hilft es uns auch nicht, dass Herr G. denen einen weiteren, diesmal klar berechtigten Hand-Elfmeter verweigert. Union »fand nicht mehr statt«, wie das so unschön heißt. Selbst 111 uns von Herrn G. geschenkte Minuten hätten daran nix geändert.

Ich sank derweil auf meinem Kneipenstuhl zusammen und fühlte mal wieder diese bleierne Schwere auf mir. Verlieren tut weh. Eine Eiserne Niederlage gegen ein derart unanständig reiches Marketingprodukt schmerzt gleich doppelt. Am heftigsten jedoch bedrückte mich die Aussicht: Wie wird das erst, wenn Pampers Lüdenscheid, Coca-Cola Hinter-Hupfingen, Mercedes Sindelfingen und all die anderen humanoiden Haifische dem Weg des Dosenbesitzers folgen und ihrer Lust auf deutsche Profifußball-Spielzeuge freien Lauf lassen? Als ich jene Klage in Worte gefasst und meinem Tischnachbarn Micha, dem Eisernen Kameramann, vorgejault hatte, winkte der nur ab. »Na und?«, entgegnete Micha achselzuckend.

»Union wird's trotzdem geben! Und jetzt freu ick mich schon mal auf nächsten Sonntag, wenn ick auf mein Rad steige und in unser Stadion fahre. Da jibt's dann wieder Fußball!«

74. GRUND

Weil es auch mal fast ohne packenden Fußball, dafür um Leben und Tod geht

Um Himmels willen, schoss es mir nach dem Lautern-Heimspiel durch den Kopf: Haben unsere Spieler und jene des 1. FCK womöglich eine geheime Mannschaftsfreundschaft geschlossen? Im Hinspiel hatten sich unsere Fußballgötter komplett harmlos gezeigt, während es die Pfälzer tunlichst unterließen, uns mehr als ein Tor reinzuballern – und jetzt das! Aber der Reihe nach.

Wieder einmal fand der erste Höhepunkt des Tages nicht auf dem Platz, ja nicht einmal auf den Rängen statt. *Unioner retten Leben!*, das hieß im Klartext: Zettel ausfüllen, Speichelprobe abgeben, um eines Tages vielleicht Benny Köhler, Lisa Görsdorf oder einem anderen an Krebs erkrankten Mitmenschen mit einer Knochenmarkspende zu helfen, also das Motto dieser Aktion in die Tat umzusetzen. Die zahlreichen weißen Garten-Pavillons der Deutschen Knochenmarkspenderdatei waren dicht umlagert. Zusammen mit 1.826 anderen Menschen ließ ich mich registrieren. So manches Gespräch im Block drehte sich hernach um früh verstorbene Väter oder Mütter, an Krebs erkrankte Ehefrauen …

Das Stadion ist nahezu prall gefüllt. Unions Mannschaftsaufstellung, diktiert von unserer wachsenden Verletzten-Liste, hält außerdem eine vom Trainer inszenierte Überraschung parat: Im Tor muss Daniel Haas, unsere Nummer 1, zum zweiten Mal Mo Amsif weichen. Wir auf den Rängen demonstrieren beim Anpfiff, dass wir unsere Hymne auch ohne Unterstützung der Ton-Anlage zu Ende singen können. Und siehe da: Wir sind fertig mit Hymne und Schal-Hochhalten, und es steht noch immer 0:0! Doch sogleich geschieht es. »Ein Zitronenfalter!«, ruft hinter mir einer, und schon sehe auch ich jenen kleinen gelben Frühlingsboten höchstselbst und mit eigenen Augen durch unser Stadion flattern.

Schon wieder passiert etwas, jetzt direkt auf dem Platz. »Hoch könnwa, Richtung stimmt ooch!«, kommentiert mein Nachbar den ersten Torschussversuch unserer Mannschaft. Laute Pfiffe, sobald Lauterns Nummer 37 den Ball berührt. Er ist einer der ganz wenigen unserer ehemaligen Spieler, denen wir nicht einmal den Zweitnamen »Na und!« gönnen, seit er sich dereinst mitten in der Saison 2012/13 zum vermeintlichen Aufsteiger verabschiedete.

Was das Spielgeschehen angeht, vermelden meine Notizen: *7. Minute: Wechselgesang / 11.: Amsif hält / 17: »Wir sind Unioner, wir sind die Kranken!« / 19.: Polter erläuft Großchance, … Jopi verstolpert / 25.: Lautern schießt auf unser Tor.* »Die spielen zu viel in unserer Hälfte!«, bemerkt mein Hintermann. Ein anderer sieht es so: »Langweilig, noch imma keen Rückstand!« Dafür viele verlorene Zweikämpfe, aber in der 43. stoppt Michael Parensen fair und wie immer einsatzbereit bis in die Haarspitzen, den durchbrechenden Angreifer. Eisern Union!«, schallt es sofort von den Rängen. Kurz vor der Pause Eiserne Offensive, Pausenpfiff, zurück zum Thema:

Felix, ein 29-jähriger Unioner, verunglückte auf einer Südamerikareise. Bis dato hatte er unzählige Straßenränder mit Union-Stickern versehen. »Kleb die Sticker weiter, verstärke unsere Mannschaft da oben!«, ruft der Stadionsprecher, nachdem er den Brief von Felix' Familie verlesen hat. Klar, das Ende kann für jeden von uns schon morgen oder noch heute kommen, *Und niemals vergessen: Eisern Union!*

Das Spiel läuft wieder, langsam füllt sich auch die VIP-Tribüne. fünf Minuten später hält Amsif in letzter Not, kurz darauf holt sich Chrissy für das Stoppen eines gegnerischen Konters die Gelbe ab. Das nächste Highlight: Erneuter Wechselgesang in der 56. Spielminute. Kurz darauf schallt es hinter mir: »Halleluja, Halleluja, Halleluja FCU!« – »Wow«, staunt der weißgraue Kämpe neben mir, »iss echt Siebziger!« Ich stimme ihm widerspruchslos zu, schon viele Jahrzehnte vernahm ich nicht mehr jenen Gesang …

63.: Chrissy erkämpft unsere erste Ecke! Der Konter kommt um einiges gefährlicher daher. Überhaupt braut sich vor unserem Tor ein Pfälzer Unwetter zusammen. »Wo du auch spielst, ja wir folgen dir …!«, bemühen wir uns unter unbeirrt strahlender Frühlingssonne um eine »Wetterbesserung« da unten. Koby, kaum eingewechselt, umspielt vier Gegenspieler, zieht ab und trifft genau – nur leider den Allerwertesten eines Mitspielers. Amsif hält mehrfach, während wir singen: »FC Union, unsre Liebe, unsre Mannschaft, unser Stolz …« Dann ist das Spiel, nach einer einzigen nachzuspielenden Minute, endlich vorbei.

»Auswärts-Punkt!«, ruft ein abziehender Lauternfan. »Danke für den Heimpunkt«, erwidere ich stumm, an die Spieler unseres heutigen Gegners gerichtet. Ob die wirklich eine geheime Mannschaftsfreundschaft mit unserem Team schlossen? Ihre Nummer 37 schien jedenfalls redlich bemüht, uns nicht allzu oft pfeifen zu lassen … Egal, um Leben und Tod ging es mir heute genug. Was unsere Mannschaft angeht, hoffe ich, dass sie vom 0:0-Kurs ihrer letzten drei Halbzeiten wieder runterkommt, zumindest was die Zahl *vor* dem Doppelpunkt angeht. Zum Mutmachen an dieser Stelle erst mal ein paar erfolgreiche Aktionen von Unionern außerhalb des Rasens:

10. KAPITEL

WIR SIND DIE KRANKEN

EISERNE AKTIONEN

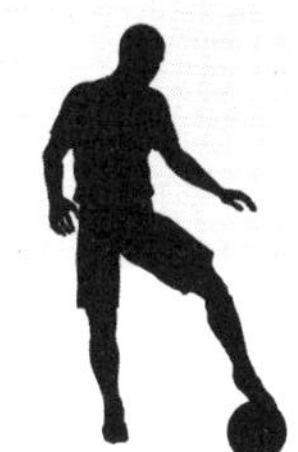

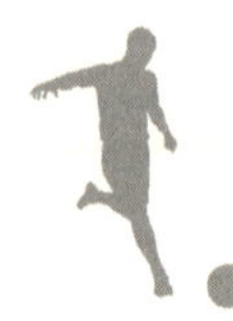

75. GRUND

Weil Eiserne Ideen oft Jahre reifen

Alles begann damit, dass Alt-Unioner Zimmi vor vielen Jahren den Zeitungsbericht über einen alten Dampfer las, der 1969 um ein Haar in der Verschrottungsanlage Stralau gelandet wäre. Eine Kyritzer Reeder-Familie jedoch hatte sich des alten Kahns liebevoll angenommen, ihn wieder flottgemacht und somit, ohne es zu ahnen, ein Stück Berliner Sport-Historie gerettet. Per Zufall fand viele Jahre später ein Westberliner Schiffshistoriker heraus: Jenes Doppelschrauben-Schiff aus dem 19. Jahrhundert war das Gründungsschiff des bis heute mitgliederstärksten Berliner Fußballclubs! Ende des 19. Jahrhunderts hatte besagter Dampfer einen fußballverrückten Berliner Jungen samt dessen Vater an Bord genommen und Ersteren offenbar schwer begeistert. So verpasste der junge Mann dem von ihm, seinem Bruder und einem weiteren Brüderpaar am 25. Juli 1892 gegründeten Fußballclub nicht nur des Dampfers Reederei-Farben, sondern auch des stolzen Schiffes Namen.

Nun, da es wieder aufgetaucht, bekundete der Verein Interesse, das Schiff zu erwerben. Gutachter reisten an, es gab Gespräche, Presse, der Verkauf jedoch kam nie zustande. Als Kompromiss gaben die Kyritzer dem zuvor *Seebär* genannten Schiff seinen alten Namen zurück: *Hertha*. Zimmi schüttelt den Kopf: »Hätte Union ein solches Gründungsschiff, hätten der Präsi und wir das Ding längst auf Händen nach Köpenick getragen.«

Etliche Jahre später sitzt Zimmi vor einem Unionspiel zusammen mit seinem Freund Christian, bekannt als Der Vermesser, im »Mecki-Dorf« am Ufer der Alten Spree beim Bier. Als die *Victoria*, das Flaggschiff von Käpten Eddys Eiserner Flotte, vorbeifährt, kommt ihm besagter Zeitungsartikel wieder in den Sinn. »Sag mal, Christian, hat Hertha nich ooch so'n Kahn zu stehen?«, fragt er, den Blick auf Eddys Dampfer gerichtet. »Mir kommt da grade 'ne janz blöde Idee …«

Drei, vier weitere Wochen gehen ins Land, bis Zimmi – dieses Mal steht er in seiner Baumschule, das Gießrohr in der Hand – erneut an jene »janz blöde Idee« denken muss. Im Zuge der mittlerweile vier Stadt-Derbys gegen die Alte Dame hatten Herthaner einige Monate zuvor unseren Mannschaftsbus sowie ein unioneskes Wohnhaus mit ihren Farben »verschönt«. Wäre das, was ihm da im Mecki-Dorf in den Sinn gekommen war, nicht genau die richtige Antwort darauf?

Zimmi streckt seine Fühler aus, spricht mit besonders vertrauenswürdigen Leuten seiner Wildauer Kickers, mit einigen von der Komakolonne, mit Alt-Unionern, Eisernen Ladys. Er ruft erst in einem, dann am 23.8.2013 in einem weiteren Internetportal eine geschlossene Gruppe ins Leben. *Dampfer fahren* heißt die eine, *Dampfer fahren der besonderen Art* die andere. Schnell hat er seinen streng geheimen Plan, das Gründungsschiff des Stadtrivalen zu kapern, etwa 40 Unionern anvertraut. »Geile Idee!«, sagen viele, einer befindet gar: »Super, lasst uns sofort Werbung dafür im Union-Forum machen!« – »Neeee!«, pfeift Zimmi den Vorpreschenden zurück. »Da können wir's ooch gleich anne Litfaßsäule sprühen! Dit Janze funktioniert nur, wenn's bis kurz vor ultimo geheim bleibt!«

Andere winken ab. Zu verrückt scheint ihnen die Idee, obendrein viel zu gefährlich: »Denk doch mal an Eddys Schiffe!«, mahnt so mancher. »Watt iss'n, wenn die Herthaner aus Rache unsere *Victoria* plattmachen?« Unions Fanbeauftragter gibt zu bedenken: »Wollt ihr die Folgen einer solchen Aktion wirklich verantworten?«

Zimmi schwankt, ist kurz davor, die Sache abzublasen. Käpten Eddy, unsere Schiffe, schon erscheint der schreckliche Bekennerbrief vor seinem inneren Auge: *Wir wollten Eure Flotte versenken – und haben es getan!* Er wendet sich an alle mittlerweile etwa 150 Eingeweihten mit dem Wortlaut: »Ich kann das Ganze nicht mehr mit meinem Gewissen vereinbaren, würde mich aber, bleibt die Mehrheit von Euch dabei, umstimmen lassen.«

Das Votum ergibt: »Wir kapern!« Zwei Termine stehen im Raum, Sonnabend oder Sonntag, 28. oder 29. September 2013, je nachdem, auf welchen Tag Unions Spiel in Paderborn terminiert wird. … Unsere Fußballgötter spielen am Samstag, also Sonntag, abgemacht! Die Spannung steigt, bei Zimmi, beim Vermesser, bei etlichen. Was, wenn der eine oder die andere nicht dichthalten konnte? Viele der Eingeweihten sind mit Herthanern befreundet, und können sie *alle* der Versuchung widerstehen, nach etlichen Bieren zu prahlen: »Pass ma uff, ick weeß da watt, aber sag's nich weita, iss streng jeheim!« Dieser und jene sagen kurzfristig ab. Wirklich nur, weil der Termin plötzlich doch nicht so gut passt?

Das einmal in Gang gesetzte Räderwerk rollt uneinholbar weiter. Banner sind gemalt, die *Hertha* gebucht, ebenso ein Bus für 76 Personen. Weitere Mittäter würden mit verschiedenen Pkw anreisen. Alle inkognito, ohne sichtbare Hinweise auf unseren 1. FC Wundervoll! Knapp 150 Leute, und trotzdem alles geheim? Zimmi ist sicher: »Spätestens am Ableger werden uns die Herthaner gegenüberstehen, … und was dann?«

76. GRUND

Weil Unioner die wahren Freibeuter sind

»Schönen juten Tach, Zimmermann mein Name, DTSB. Wir sind Berliner Freizeitkicker«, hatte sich Zimmi bei den Kyritzer Reedern vorgestellt. »Demnächst hat unser Ü40-Team bei euch'n Spiel, und weil unsre Jungs fast alles Herthaner sind, woll'n wir sie danach mit watt janz Besonderem überraschen, 'ner Fahrt uff unserm Gründungsschiff!« Alles war geklärt, da fiel Zimmi ein: »Habt ihr ooch Bier an Bord, oder müssenwa dit mitbringen.« Bier sei da, lautete die Antwort: »Astra«. »Wir hätten jern ein Berliner Bier …«, erwiderte Zimmi und biss sich auf die Lippen. Hab ich mich damit schon verraten? Gerade noch so hatte er sich beherrschen können, nicht »Berliner Pilsner« zu sagen. Das gibt's bei uns im Stadion und bei unzähligen Unionern daheim. Was zum Teufel trank eigentlich der »typische« Herthaner? Schultheiss, Berliner Kindl? Na ja, ganz sicher kein Astra, und Zimmi fügte schnell hinzu: »Wir sind eben aus Berlin und hätten jern wat Lokales.« Kein Problem, ein Berliner Bier würde an Bord sein …

Das mit dem Sportverein und dem Spiel sollte begründen, dass viele mit großen Sporttaschen zur Dampferfahrt erschienen. Nur würden selbige statt Töppen, Stutzen & Co. eben Unionschals, -fahnen, -banner und dergleichen enthalten …

Dann, neun Wochen nach jenem folgenschweren Bier im Mecki-Dorf, der Tag der Entscheidung: Die Stimmung unter den 76 Unionern im Bus wird immer angespannter. »Hab grad'n Auto mit Hertha-Uffkleber an der Anlegestelle vorbeifahren sehn!«, meldet ein Späher. Ein anderer berichtet: »Hier steht ein Wagen mit B-SC Kennzeichen und blau-weißem Schal im Heckfenster.« Als sich ihr Busfahrer zu allem Unglück vor Ort auch noch verfährt und sie zum dritten Mal durch die gleiche Straße gurken, ist klar: Die haben uns längst im Visier! Wie viele werden es sein, und wie sind die drauf? Käme es gar zum Handgemenge, wäre alles verloren, aber ein Zurück gibt's nicht mehr.

Am Anleger herrscht reges Treiben. Einschlägiges Publikum, längst nicht alle so nüchtern, wie sie eigentlich noch sein sollten. Hie und da erkennt Zimmi einen Unionanstecker, gar eine rot-weiße Schärpe. »Eisern!«, begrüßen sich welche. »Schnauze halten!«, zischt ihnen Zimmi zu. Auf dem Steg macht er einen Mann aus, den er nie zuvor gesehen. Er geht zu ihm: »Bist du der Chef?« Der andere nickt, und Zimmi stellt sich vor: »Zimmermann, wir hatten telefoniert.« Wieder Nicken, dazu die Frage: »Kann es sein, dass ihr'n paar Leute dabeihabt, die son'n bisschen Stunk suchen?«

»Was? … Nee, nee!«, beteuert Zimmi mit innerlich hochrotem Kopf. »Sind halt Fußballer, und eben nicht alles Herthaner. Da sind ooch paar andere bei, aber wir haben dit im Griff, keene Bange. Wann holt Hertha denn endlich dit Gründungsschiff nach Hause?«, wechselt er schnell das Thema. Der Käpten winkt ab, eine lange Geschichte. Der Verein habe sich über den zu hohen Kaufpreis beklagt. Er nennt eine Summe, bei der sich Zimmi in Gedanken wiederholt: »Dit hätte unser Präsi zur Not aus eigener Tasche jelöhnt.«

Endlich wird die *Hertha* bestiegen, lässt der Käpten den Motor an, das Schiff legt ab! Und jetzt? »Wann packen wir aus?« – »Schmettern wir gleich mal'n Eisern Union?« – »Uff keenen Fall!«, protestiert Zimmi. »Da ruft der Käpten die 110 an, meldet ›Gefahr im Verzug‹, und allet fällt int Wasser. Lasst uns in Ruhe ablegen, zehn Minuten fahren, da haben wir die reelle Chance, den Mann zu überzeugen, dass wir Jute sind!«

Schließlich halten es die Unioner nicht mehr aus. »10, 9, 8 ...!«, zählen sie in immer mächtiger werdendem Chor abwärts, und schon bekommt die eigentlich blau-weiße *Hertha* allseits ein rotweißes Gewand, lassen lautstarke Eiserne Gesänge die Planken des ehrwürdigen Dampfers erbeben. Zimmi und ein paar andere Rädelsführer gehen zum Käpten. Der sieht sie an, als hätte er gerade einen mächtigen Faustschlag ins Gesicht bekommen. »Wir haben dein Schiff gerade in Besitz genommen, aber nur vorübergehend«, eröffnet ihm Zimmi. »Um die Wahrheit zu sagen, unter uns gibt's keinen einzigen Herthaner. Wir sind allesamt Unioner, schmeißte uns jetzt von Bord? Aber ick sag dir gleich, schwimmen kann keener von uns!«

Schnell ist dem verdienstvollen Kyritzer Schiffer klar, dass weder ihm noch seinem Kahn Unheil droht. Seine Kapitänsmütze allerdings wird vorerst symbolisch konfisziert. Ein Unioner setzt sie sich auf den Kopf und leiht dem soeben Abgesetzten dafür seinen Unionschal. *Rivalität ja – Gewalt nein*, steht auf einem der an Deck gehissten Banner, und die Unioner halten sich dran. Die Feier ist laut, feucht und ausgelassen, dennoch geht nichts zu Bruch, kein einziger Herthawimpel wird gerupft, alle »Berliner Biere« werden nicht nur getrunken, sondern auch bezahlt. Der Käpten fühlt sich nach dem ersten Schrecken zunehmend wohl in dieser Gesellschaft. »Ihr habt doch bestimmt Presse am Ufer!«, fragt er die Kaperer und verrät ihnen, wo sie die Journalisten am besten hinschicken. »Da fahr ich 'ne Schleife und lege kurz an. Wer will, kann schnell mal aussteigen und selbst noch paar Fotos schießen.«

Mittlerweile waren auch Zimmi und der Vermesser hemmungslos am Feiern. Am Ende der Fahrt verabschieden sich alle auf das Herzlichste vom Besitzer und Kapitän des nun wieder blau-weißen Doppelschrauben-Dampfers aus dem 19. Jahrhundert. Einmal allerdings wird Zimmi noch blass, als ihm einer steckt: »Du, olle Ihmchen hat an Bord 'n Foto jeklaut.« Zimmi rennt los, stellt den Mann und fragt: »Haste da watt mitjenommen, watt dir nich jehörtt?« – »Hmm, ja«, druckst der Angesprochene. »Dit Foto von Herthas erster Meisterschaft … meen Neffe iss doch 'n Blau-Weißer.« In knappen Worten macht Zimmi dem Mann klar, dass er sich »aber so watt von« Ärger einhandelt, wenn besagtes Foto nicht augenblicklich wieder an Ort und Stelle hängt. »Sag dem Käpten, du wolltest dit bloß mal abfotografieren, für deinen Neffen. Mach, watte willst, nur sieh zu, dass dit Foto schleunigst wieder an Bord kommt.«

Als er später beim Käpten nachfragt, ob alles in Ordnung ist, erwidert der: »So sauber wie heute hab ick den Dampfer selten zurückgekriegt! Habt vielen Dank!« – »Denn iss ja jut«, erwidert Zimmi, »ick hatte nur jehört, da sei kurzfristig watt ausjeflogen …« – »Ach so, ja«, erinnert sich der Käpten, »ein altes Mannschaftsfoto. Einer von euch hat's sich mal kurz ausgeborgt, zum Abfotografieren für seinen Neffen. Hängt längst wieder an Ort und Stelle, allet schick.«

Die Wellen in blau- wie rot-weißer Berliner Fußballwelt schlugen hoch – und legten sich alsbald wieder. Weder versenkten die Herthaner unsere Flotte, noch bekam die *Hertha* je von Unioners Hand auch nur einen Kratzer ab. Was allen Beteiligten bleibt, ist die Erinnerung an eine für alle Zeiten unvergessene Dampferfahrt. Zum Schluss mein mit keiner Silbe gehässiger Gruß an den Fußballverein mit der Piratenflagge. Eins ist mal klar: Die wahren Freibeuter kommen aus Berlin!

77. GRUND

Weil Unioner gegen eine seltene Krankheit kämpfen

Seit September 2013 hängt über meiner Bettstatt ein Bild. Es wurde von einem Kind gemalt, welches die rosabunt bemalte Leinwand unten rechts mit *Jaru* signierte. Jaru besuchte, als sie oder er das Bild malte, die Klasse 5c der Schule am Regenweiher. Das vermerkte Jaru unten links, genau wie ich dereinst als Schulkind in dem von mir heiß geliebten Fach Kunsterziehung. Jarus Bild zeigt ein ungleiches Augenpaar. Das rechte Auge ist um die Pupille herum blau, das linke rot. Es sieht verletzt aus, dieses rote Auge auf Jarus Bild, von dem ich auch weiß, wann und wo sie oder er es malte: Am Sonntag, dem 18. August 2013 zwischen 11:00 und 15:00 Uhr auf der Waldseite des Stadions An der Alten Försterei.

25 Tage zuvor, am 24. Juli 2013, hatte AFTV[73] ein Interview mit Neuzugang Martin Dausch ausgestrahlt. Keine der Fragen, die Unions Pressesprecher Christian Arbeit an den vom VfR Aalen geholten Mittelfeldspieler richtete, drehte sich um Fußball. Im hochsommerlichen Outftit saßen beide Männer in der Eisern Lounge und sprachen mit leisen Stimmen über Martins Sohn Luca. Der war im Februar auf die Welt gekommen – mit einer extrem selten auftretenden Augenerkrankung. Aniridie, nie zuvor hatte ich dieses Wort gehört, bedeutet: ohne Iris. Den Augen fehlt die Regenbogenhaut, das heißt, sie sind extrem lichtempfindlich. Luca verfügt über 20 Prozent der normalen Sehkraft, und es steht zu befürchten, dass er mit 30 oder 40 ganz erblindet.

Martin Dausch erzählt von der Ärzte-Odyssee seiner Familie. Er ist hilflos, diese überaus seltene Krankheit ist ein schwarzes Loch. Bei etwa 800 Betroffenen in ganz Deutschland rechnet sich keine Forschung, so das brutale Gesetz unserer Gesellschaft. Dausch erzählt aber auch von einem Verein, der sich für Aniridie-Betroffene einsetzt und ihm unter anderem Kontakt zu einer Spezialistin in Homburg vermittelte. Der Verein hat ein Spendenkonto eingerichtet, die Bankdaten werden eingeblendet, hernach eine Mailadresse, die den Namen von Martins Sohn trägt. Der Vater hofft händeringend auf einen Tipp: Was kann er für Lucas Augenlicht tun? Ganz klar, seine Frau und er wollen nicht länger allein sein mit ihrer großen Sorge um ihr Kind, der wohl größten, die Mensch haben kann!

Spendenkonto, Geld sammeln? Ist doch unsere Lieblingsbeschäftigung, brüllen wir gerade mal nicht unsere Mannschaft im Stadion nach vorn! Kein Geld für Martin Dauschs Kind wohlgemerkt, sondern für die medizinische Erforschung dieser brutalen, »unrentablen« Krankheit. Geld, welches am Ende allen an ihr Leidenden zugutekommen soll, egal, ob sie sich für Fußball interessieren und wenn ja, welchen Verein sie unterstützen.

Besonders einem Unioner namens Sven Köhler lässt diese Geschichte keine Ruhe. Auch er denkt hier längst nicht nur an seinen Verein. Köhler ist selbst Vater, und seine Mutter hatte in ihrer Kindheit zeitweise ihr Augenlicht verloren. Anonym ein paar Euro auf das angegebene Konto einzahlen, das reicht Köhler nicht. Schnell kommt ihm die zündende Idee: *Union bedeutet Gemeinschaft. Wir sind sehr viele, die gerne helfen möchten, und das können wir am besten gemeinsam tun. Ich habe im Urlaub Ketten aus selbstgemalten Bildern in den Straßen einer kroatischen Stadt hängen sehen. Das hat mich sehr beeindruckt und auf die Idee gebracht, so etwas hier auch zu versuchen. Ich hoffe, dass ganz viele mitmachen.*«[74]

Sein Post im Union-Forum löst eine Lawine von Einträgen aus. Viele Unioner sind dabei, und schnell formt sich die Idee: Unter dem Motto: *Gemeinsam SEHEN – UNION leben*, gibt es einen großen Kinder-Mal-Tag in unserem Wohnzimmer! Köhler wendet sich mit seiner Idee an ein paar Kitas und Schulen in der Nachbarschaft. Von der auch hier positiven Resonanz ermutigt, spricht er den Schulrat von Treptow-Köpenick an. Der informiert per Mail alle Schulen des Stadtbezirks.

Am 18. August finden sich über 2.000 »Kunstbeflissene« in unserem Wohnzimmer ein. Unter ihnen viele Kinder, aber auch unsere Mannschaft inklusive eines staunenden Martin Dausch ist vor Ort, ebenso Union-Legende Steffen Baumgart. Acrylfarben und jede Menge Stoff, Letzterer eine Spende der Eisernen Botschafter, warten darauf, sich in Augen-Bilder zu verwandeln. Speis und Trank gibt es im Waldseiten-Biergarten, der komplette Erlös fließt auf das Spendenkonto. Einen Abend später, zum Punktspiel unserer Fußballgötter, schmücken die insgesamt 800 Kunstwerke unser Stadion und sind gegen eine Spende käuflich zu erwerben. So fand Jarus Bild seinen Weg über meine Bettstatt. Eigentlich kaufte ich es nur, um meinen kleinen Beitrag zu dieser einzigartigen Eisernen Hilfsaktion zu leisten. Längst ist es mir ans Herz gewachsen und erzählt mir tagtäglich von der Kostbarkeit meines Augenlichts.

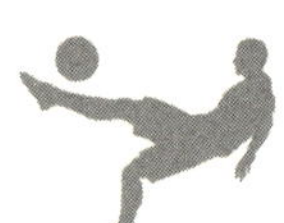

78. GRUND

Weil ich mir selbst helfe, helf ich anderen

Von Denice Toews-Hennig

Am 27. März 2009 wurde unser Sohn Colin geboren. Er ist unser aller Liebling und etwas ganz Besonderes. Jedes Kind ist etwas ganz Besonderes. Aber die Besonderheit bei ihm liegt darin, dass sich mit seiner Geburt unser aller Leben von jetzt auf gleich grundlegend änderte. Er zeigte uns die Richtung, in die wir von nun an gehen sollten. Wir lernten, das Leben von einer ganz anderen Seite zu betrachten. Nichts ist selbstverständlich.

Anfangs schien alles in Ordnung. Doch wenige Tage nach der Geburt bemerkte ich, dass etwas mit seinen Augen nicht stimmt. Der weiße Punkt in ihnen beunruhigte mich. Wir wurden von A nach B geschickt, und schnell stand die Diagnose: Aniridie. Kein Arzt kannte sich aus. Niemand konnte sagen, was auf uns zukommt. Totaler Schock, Angst vor dem, was kommt. Wie wird sich Colin in der Welt zurechtfinden? Wird er blind? Bekommt er den Wilms-Tumor? Augeninnendruck! Katarakt! Was ist das und was passiert da? Mögliche Entwicklungsverzögerungen! Was kann ich tun, wohin muss ich mich wenden?

Nie zuvor hatte ich mich mit dem Thema Sehbehinderung oder Blindheit befassen müssen. Nach anfänglicher Trauer ob der neuen Situation, ein Kind zu haben, welches mit hoher Wahrscheinlichkeit erblindet, hieß für mich die einzige Rettung aus dieser Lage: Geh in die Offensive! Mein Kinderarzt erteilte mir zwar Google-Verbot, denn bei der Suche nach Informationen traten sehr unschöne und angsteinflößende Informationen zutage. Ich hielt mich nicht daran. Nächtelang durchforstete ich erfolglos das Internet nach Informationen über dieses Handicap. Ich nenne es bewusst Handicap, da es keine Krankheit für mich darstellt, … Colin ist gesund. Schnell reifte der Entschluss: Hier muss sich etwas ändern.

Dieses Gefühl der Ohnmacht ist heute meine Motivation, anderen Menschen zu helfen: Sie besser informieren und die Forschung vorantreiben! Mein Mann und ich lernten einiges über das menschliche Auge. Wir riefen nach der Geburt unseres Sohnes zunächst das Aniridieforum ins Leben, in dem wir sehr bald viele Betroffene vereinten. Anfang 2011 erfüllte sich unser Wunsch der Gründung einer Selbsthilfegruppe, seit dem 17. Dezember 2011 sind wir endlich ein gemeinnütziger Verein!

Ein wahrliches Abenteuer begann. Unheimlich kraft- und nervenraubend, dennoch verbunden mit einem großen Glücksgefühl und innerer Zufriedenheit, Menschen zu helfen und dazu beizutragen, dass sich etwas ändert. Nichts ist unmöglich. Es gibt für alles eine Lösung. Man schafft alles, man muss es nur tun! Unsere Motivation war, nicht dabei zuzusehen, wie Kinder aufgrund falscher Behandlung und Therapien erblinden, weil sich die Ärzte nicht gut genug auskannten, zu viel operierten, falsche Medikamente verabreichten. Im Ausland gab es bereits gute Ansätze. Die Kontakte dorthin waren Grundbausteine unseres Vereins. Gemeinsam und miteinander schufen wir ein internationales Netzwerk und brachten später gar Spezialisten zusammen.

Man sagt mir einen Dickkopf nach, der jedoch war mir sehr hilfreich. Ich hatte mir etwas in den Kopf gesetzt und wollte dies unbedingt erreichen. Bingo! Stets begleitet und unterstützt von Menschen, denen wir auf unserer Reise begegneten. Jede Begegnung hatte seinen Grund. Ich überwand mich selbst und tat Dinge, die für mich früher undenkbar gewesen wären. Das Schicksal spielte uns *nicht* übel mit, auch wenn Außenstehende dies vielleicht so sehen. Ich denke, alles was passiert, passiert nicht ohne Grund.

(Denice Toews-Hennig ist Vorstandsvorsitzende der AWS Aniridie Wagr e. V. Das ist jener Verein, von dem Martin Dausch im Interview mit AFTV erwähnte, dass er ihm und seiner Familie unter anderem den Kontakt zu einer der ganz wenigen Ärztinnen vermittelte, die sich mit dieser seltenen Krankheit beschäftigen. Von der in Homburg/Saar praktizierenden Frau Prof. Dr. Barbara Käsmann-Kellner ist gleich noch einmal die Rede …)

79. GRUND

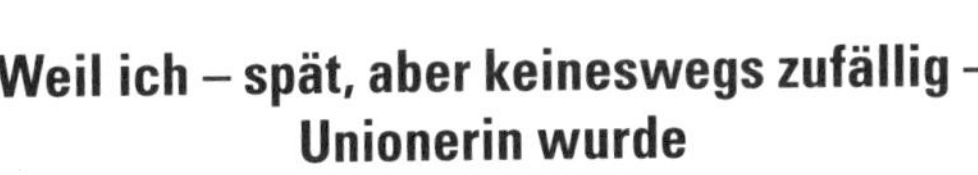

Weil ich – spät, aber keineswegs zufällig – Unionerin wurde

Von Denice Toews-Hennig

Wäre Colin nicht geboren worden, würde ich heute nicht so viele tolle Menschen kennen! Hätte ich mich nicht so sehr um die europäischen Aniridie-Vereine bemüht und nicht angefangen, dort mitzuarbeiten, stände ich heute nicht auf deren Website als Ansprechpartner für Aniridie in Deutschland. Dann hätte mich Martin Dauschs Spielerberater nie kontaktieren können. Denn *er* hat mich *dort* gefunden, mich kontaktiert und mit der wunderbaren Familie Dausch in Kontakt gebracht … und dadurch indirekt mit unserem 1. FC Wundervoll!

Wir sind anders, wir sind selten, wir werden oft nicht verstanden, müssen immer mehr tun als andere und haben mit Vorurteilen zu kämpfen. Dieses Anderssein, der eiserne Wille – und dann Union? Das passte auf Anhieb. Warum erst so spät? Das frage ich mich heute auch. Ich wurde infiziert von dem Moment an, als ich zum ersten Mal auf der Tribüne des Stadions An der Alten Försterei stand. Das war am 20. September 2013. Kurz vor Unions Spiel gegen Greuther Fürth fand die Pressekonferenz mit der Übergabe des Schecks aus der Aktion *Gemeinsam SEHEN – UNION leben* statt.

Was Initiator Sven Köhler da auf die Beine gestellt hatte, ist nicht nur menschlich etwas ganz Besonderes. Es zeigt, dass man mit Idealismus, Bescheidenheit und dem gewissen Fingerspitzengefühl in der Lage ist, Menschen zu mobilisieren und mitzureißen. Sven erwartete nichts im Gegenzug, mochte nicht geehrt werden, sondern glänzte einfach durch Bescheidenheit. Für uns ist er der stille Held, dem unser größter Dank und Respekt gebühren. Sven war es auch, der uns die wichtigsten Dinge über Union und Unioner beibrachte. Das Erste, was er uns bei der Stadionführung verriet: »Jaanz wichtich: Sitzen is für'n Arsch!«

Die große Mal-Aktion hatte am 18. August 2013 stattgefunden – dem 13. Geburtstag meines großen Sohnes. Aus diesem Grund konnte ich leider nicht dabei sein. Aber ich war es mit vollem Herzen und in Gedanken. Ein unbeschreibliches Gefühl. Da waren auf einmal so viele helfende (malende und gebende) Hände, das war so neu für uns! Es interessierte sich auf einmal jemand für das, wofür wir schon so lange alleine kämpften …

Aber zurück zu jener Pressekonferenz: Die Tür des Konferenzraums ging auf, aus den Lautsprechern schallte Nina Hagens Stimme – und dazu ein Wahnsinns-Chor! Das ging mir tief unter die Haut. Ich hatte Tränen in den Augen und fühlte eine vorher nie da gewesene Verbundenheit. Wusste ich doch: Inmitten dieser Unioner waren so viele Unterstützer und Freunde, die sich so sehr für uns eingesetzt hatten. Ich fühlte mich zu Hause, inmitten von Menschen, die genauso tickten wie wir. Positiv bekloppt, wie unser Freund Roland Krispin es nennt! Es war für uns ein ganz besonderer Tag mit vielen besonderen Momenten. So zum Beispiel, als uns Dirk Zingler die Hand gab und uns viel Spaß wünschte für das Spiel mit einem siegessicheren Lächeln im Gesicht, dann verschwand er wieder im Getümmel.

Wir verloren gegen die Kleeblätter nach einer 1:0-Führung in der 17. Minute am Ende mit 2:4, und die Stimmung war kurzzeitig sehr gedrückt. Aber ein Sieg war es für uns dennoch, und die Eiserne Familie hatte seit diesem Abend zwei Unioner mehr zu verzeichnen.

Träume nicht dein Leben, sondern lebe deinen Traum. Gib den Menschen Wärme, reiche ihnen die Hand, und du wirst überrascht sein, wie viel Liebe und Dankbarkeit du erfährst. Eine ganz simple Geschichte – wir leben sie seitdem mit Union an unserer Seite. Es gibt so viele Unioner, die wie Sven Herzensmenschen sind. Ich möchte hier nur einige namentlich erwähnen: Sven Köhler, Martin Dausch samt Spielerberater, Roland Krispin für sein Engagement,

Mathias Bunkus für seine Berichterstattung, Christian Arbeit, Pro Bono, Steve Dlugos, Frollein Tong Tong, Marko Briesemeister, der Exilunioner Ritter K, Birgit Hupe, Raphael und Anja und jeden Einzelnen, der etwas spendete oder uns moralisch unterstützte.

Ein Riesendank an Neu-Unionerin Frau Prof. Dr. Barbara Käsmann-Kellner. Dr. Barbara, wie sie liebevoll von ihren Patienten genannt wird, hat vielen Kindern mit Aniridie das Augenlicht gerettet. Sie ist der warmherzigste und engagierteste Augenarzt, dem wir jemals begegneten. Sie war die Einzige, die bereit war, gemeinsam mit uns dafür zu sorgen, die Aniridie zu entschlüsseln. Trotz überfülltem Wartezimmer und kaum Freizeit nimmt sie sich unendlich viel Zeit für ihre Patienten und arbeitet nebenher auch noch im wissenschaftlichen Beirat der Aniridia EU, für deren Arbeit sie sich sofort begeistern ließ. Ich weiß, wie oft sie mit zu einem Spiel gegangen wäre, oder auch zum *Wir sind Union*-Konzert, doch die Arbeit ließ es nie zu, was sie richtig traurig macht. Ab und zu hatte sie einfach das Bedürfnis, mal Kraft zu tanken bei uns An der Alten Försterei. Auch Barbara (geboren in Berlin) ist Unionerin und ein Herzensmensch allererster Sahne. Ich bin froh und dankbar, sie zu kennen.

Meinem Mann und mir ist es ein Bedürfnis, ebenso zu geben, wenn Not am Mann ist. Auch wenn man das unter Unionern nicht erwartet, aber es ist selbstverständlich. Ihr könnt euch nicht vorstellen, was es für uns bedeutet, Teil dieser Familie zu sein. Ihr wisst gar nicht, wie gut es tut, nicht mehr allein zu sein. Jedes liebe aufbauende Wort, jede noch so kleine Geste gibt so viel Mut und Kraft, um weiterzumachen. Wir sind stolze Unioner, das kann ich sagen, auch wenn wir nicht sehr oft im Stadion sein können. Wir sind mit dem Herzen dort, und das zählt doch mindestens genauso. In diesem Sinne: Eisern Union!

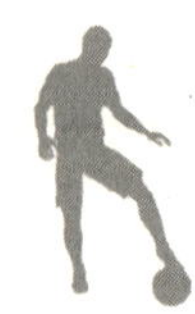

80. GRUND

Weil bei Union immer etwas bleibt

Nachdem ich viel von ihr gehört und irgendwann via Internet einige Worte mit ihr gewechselt hatte, lernte ich Denice und ihren Mann am 10. Dezember beim *Wir sind Union*-Konzert im Frannz-Club kennen. Diese schlanke, eigentlich geradezu zerbrechlich wirkende Frau, der du jedoch beim ersten Blick in ihre Augen ansiehst, welches Feuer in ihr steckt.

Da hatte ihr Verein also Martin Dausch und seiner Familie geholfen, wofür sich unsere große Eiserne Familie derart nachdrücklich bedankte, dass Denice und ihr Mann gleich mal ihr Herz an unser aller große Liebe, den 1. FC Wundervoll, verloren. Ein weiteres Beispiel dafür, wie Union Menschen miteinander verbinden kann. Nachhaltig miteinander verbindet, würde der Öko sagen, ganz im Gegensatz zur brutalen Schnelllebigkeit des modernen Profifußballs.

Martin Dausch lief insgesamt 33 Mal für unseren Verein auf. Nach 25 Einsätzen in der Saison 2013/14 stand er in dieser Spielzeit in neun Punkt- und einem DFB-Pokalspiel ganze 218 Minuten auf dem Platz. Viele, viele Eiserne einschließlich meiner Wenigkeit bedauerten das tief. Denn wann immer Dauschi auflief, wusste ich: Da ist einer, der wirft alles in die Waagschale, was irgend geht. Mit eisernem Kampfeswillen und ebensolchem Einsatz sorgte er dafür, dass ich jedes Mal glücklich und froh war, verkündete der Stadionsprecher seinen Namen. Das jedoch war, besonders seit Norbert Düwel das Zepter übernahm, immer seltener der Fall, zuletzt am 9. November 2014 beim hochwichtigen 3:3 bei Spitzenreiter FC Ingolstadt. Alsbald gehörte Dauschi nicht mal mehr zum erweiterten Kader.

Vor wenigen Tagen, zu Beginn des Jahres 2015, wechselte er ablösefrei zum MSV Duisburg. Wie viele andere Unioner war ich darüber sehr traurig – und hatte zugleich vollstes Verständnis für seine Entscheidung. Ein Fußballer muss nun mal spielen, und bei unserem Verein bekam er eben dazu keine Chance mehr.

Sein einziges Tor für Union schoss Martin Dausch am 11. April 2014 gegen den 1. FC Köln. Vor 21.717 Zuschauern im ausverkauften Stadion An der Alten Försterei brachte er uns in der 10. Spielminute mit 1:0 in Führung. Viel stärker als durch jenen Treffer bleibt er mir, längst nicht nur aufm Platz, als eiserner Kämpfer in Erinnerung. Und ich bin sicher: Kehrt er am Samstag, dem 26. September 2015 im gegnerischen Trikot in unser Wohnzimmer zurück, werden wir ihn aufs Herzlichste und selbstverständlich mit seinem kompletten Namen begrüßen: *Martin Dausch-Fußballgott!*

81. GRUND

Weil Unioner nun mal jern zusammen singen!

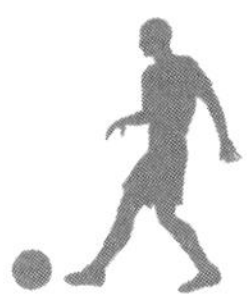

Ich lernte Hannes kennen, weil unsere aktuellen Lebenswege regelmäßig an ein und demselben Späti vorbeiführen. Als ich meine damals anderthalbjährige Tochter mal allein im Wagen sitzen ließ, um mir drinnen die *FuWo* zu kaufen, saß Hannes auf der Bank vor dem Laden. Er hielt meine Kleene bei Laune, gab ihr von seinen Keksen ab. Als ich ihm dafür dankte, fiel mir der kleine Union-Sticker an seinem Basecap auf. Seit diesem Augenblick kennen wir uns.

Längst haben wir genug Worte gewechselt, dass ich sagen kann: Hannes ist ein total anderer Typ als ich – und doch gleicht sich vieles in unserer beider Leben auffallend. Ich lebe »erst« seit 1988 in Prenzlauer Berg, Hannes bereits sein gesamtes Leben, von einigen Schlenkern ins benachbarte Mitte mal abgesehen. Heute zählen wir zu den wenigen unserer Art, die noch immer in dieser mittlerweile oberteuren Hipster-Gegend namens »Prenzle-Berg« wohnen.

Genau wie ich geht Hannes seit Ende der Siebziger zu Union und, ebenfalls wie ich, seither mit einigen Pausen. Hannes kneift die Augen zusammen, als er mir den ersten Grund seiner Untreue nennt: »Die Mädels! Wenn ick ma wieder frisch verliebt war, war mir dit plötzlich wichtiger als Union!«, gesteht er mir. Das mag verurteilen, wer will, ich nicht. Auch bei mir war es einst die Pubertät, hernach die NVA, die mich zeitweilig aus Eisernland »vertrieben«.

Auch der nächste Grund, den Hannes nennt, kommt mir seltsam bekannt vor: »Die Knufferei! Ick hab paar Jahrzehnte uffm Bau jearbeetet. Oft am Wochenende, dazu immer öfter uff Montage, meist mehrere Wochen am Stück. Da war dann nüscht mit Fußballjötter anne Försterei kieken. Wat solltick machen, ick brauchte nu mal dit Jeld!«

Das gab's in den Jahren nach der Wende immer weniger pro Stunde, gerade in seiner Branche. Aber Hannes arbeitete auch ganz ohne Geld, und das sogar gern. Für seinen, unseren Verein nämlich. »Beim Stadionbau 2008/09 kam ick irgendwann dazu. Am Ende war ick eener von denen mit den meisten Arbeitsstunden.«

Während Hannes, genau wie 2.332 andere Unionerinnen und Unioner, die Stehplatz-Traversen unseres Wohnzimmers hochzog, infizierte ich mich im vor meiner Haustür gelegenen »Jahn-Tierpark« nach vielen Jahren der Union-Abstinenz neu mit dem einschlägig bekannten rot-weißen Virus. Seit dem Wieder-Einzug unserer Fußballgötter An die neue Alte Försterei bin ich wieder Dauergast hier.

Hannes ging es ebenso, doch fuhr er längst nicht nur zum Fußballgucken nach Köpenick. Auch nach dem Stadion-Neubau malochte er immer wieder auf unserem Wohnzimmergelände, quasi ehrenamtlich. Immerhin, ab und zu spendierte der Verein dafür eine Freikarte fürs nächste Heimspiel. Hier fangen die neueren Unterschiede in unseren Union-Biografien an. Im März 2012 wurde ich, wie mehrere Tausend andere Unioner, Stadionbesitzer. Für seine Alte-Försterei-Aktie musste Hannes einen Kredit aufnehmen.

Mittlerweile reicht sein Geld nicht mal mehr für Eintrittskarten, von der Dauerkarte mal ganz zu schweigen. Ein Grund dafür hat vier Beine. Letzte Saison wurde seine Katze krank. »400 Glocken kostete die OP, dafür ging mehr als die Dauerkarte druff.«

Seiner vierbeinigen Mitbewohnerin geht es wieder gut. Im Stadion vermisse ich Hannes jedoch weiter. Seit mehreren Jahren ist er arbeitslos, seine Penunzen reichen gerade mal für die Miete, was zu essen und gelegentlich das Bier vorm Späti. Dort treffe ich ihn nach wie vor, zumeist mit dem Sportteil des *Kuriers* vor der Nase. Im Gegensatz zu mir kann Hannes Fußball spielen. Das, was da auf dem Platz vor sich geht, versteht er um einiges besser als ich. Im Gegensatz zu mir weiß er genau, wen er in welcher Situation und gegen welchen Gegner für Union auflaufen lassen würde. Aber egal, für welche Elf sich einst Heinz Werner, … Karsten Heine, …, Frank Pagelsdorf, … Georgi Wassilev, … oder Uwe Neuhaus entschieden und welche Männer nun Norbert Düwel aufs Feld schickt: Hannes steht von den Haar- bis zu den Fußspitzen hinter unserer Mannschaft. Am Ende bewegt nur eins: dass Union verdammich nochmal die Punkte holt! Daran hat sich seit den Siebzigern nichts geändert, weder bei Hannes noch bei mir – oder bei dir, liebe Leserin, lieber Leser!

Umso trauriger finde ich es, dass Hannes auch weiterhin nicht mitsingt im gemischten Chor des Stadions An der Alten Försterei, dem steilsten wie eisernsten Gesangsensemble dieser Welt. Ich immerhin bin weiter live mit dabei und werde Spiel für Spiel alles geben, unsere Fußballgötter zum Sieg zu brüllen – und wenn ich's irgendwie hinkriege, gröle ich für Hannes mit. Einen Job, der ihm nach getaner Arbeit das fürs Stadionleben nötige Kleingeld verschafft, hab ich leider nicht für ihn.

82. GRUND

Weil Unioner nach wie vor »bekloppt« sind

Ich freute mich sehr, dass ich im Unionprogramm über das Schicksal meines Eisernen Späti-Kumpels berichten durfte. War es doch einfach nur traurig, dass ihn seine finanzielle Lage nun schon die zweite Saison aus Eisernland vertrieb. Wenige Tage später fragte mich meine Unionfreundin Carola via Internet-Portal: *Würde sich Hannes einladen lassen? Freunde von mir gehen demnächst 3 Wochen in Urlaub, da wäre 'ne Dauerkarte frei.* Steini junior aus meinem Block ließ mich wissen: *Nabend Nussi! Sage mal, wir müssen doch ma irgendwat machen für den Hannes. Kann doch nicht sein, dass eener mit so viel Union im Herzen nicht neben uns stehen kann ...* Kurzerhand beschlossen wir eine kleine Sammelaktion im Block, auf dass mindestens ein paar Tageskarten für unseren Fankollegen rumkamen.

Was wir nicht ahnten: Längst war anderenorts ein anderer Unioner einen ganzen Schritt weiter gegangen. Im Unionforum eröffnete User Noinu62, bezugnehmend auf meinen Artikel, den Thread *DK für Hannes*, unter anderem mit den Worten: *Klingt so, als könnte man mit sehr geringem Aufwand einem Familienmitglied eine sehr große Freude machen, (...) Ich mein, den einen oder anderen hier im Forum gibt's ja sicher, der in besserer Situation ist als Hannes gerade – und den ein 5er nicht oder nur ganz wenig schmerzt. Da ist sone Dauerkarte für den Rest der Saison doch sicher schnell zusammen, oder?*

Natürlich dachte Noinu62 bei seinem Bestreben, Hannes ins Wohnzimmer zurückzuholen, auch ganz pragmatisch: *Und hey: Im Moment brauchen wir doch jeden Mann! ;-)*

Er selbst machte den Anfang mit 20 Euro. Würde das zusammengekommene Geld am Ende nicht für besagte Dauerkarte reichen, wollte er den fehlenden Betrag aufstocken. Dazu jedoch sollte er nicht mehr kommen, denn bereits vier Minuten später vermeldete ein weiterer Unioner, sich einen Teufel um den angesprochenen Fünfer scherend: *Bin auch mit 'nem Pfund dabei.*

So ging es weiter, wobei manch einer ausdrücklich bedauerte, dass er »nur« einen Zehner in den virtuell aufgestellten Sammelpott hauen kann. Sie alle konnten es offenbar nicht länger ertragen, einen der ihren, auch wenn womöglich keiner Hannes persönlich kannte, draußen vorm Stadiontor zu wissen. Schnell war die Dauerkarte geritzt, zunächst mal rein virtuell.

Dem setzte ein weiterer Eiserner eine weitere Schippe drauf: *Ich spendiere die Jahreskarte, kann Montag abgeholt werden.* Das war allerdings längst nicht alles, was Andi1 zum Thema zu sagen hatte: *Da ich denke, dass noch ein paar Leute mehr Probleme haben, ins Stadion zu kommen, weil ihnen die Mittel fehlen, eine Karte zu erwerben, sollte man generell darüber nachdenken zu helfen. Ich gehe sogar noch weiter: Eine Wurst und eine »Brause« sollten auch dazugehören.*

Indem er Hannes kurzerhand eine Jahreskarte gekauft hatte, wollte er denen, die ihren Beitrag dazu auch leisten wollten, keineswegs den Wind aus den Segeln nehmen: *Die Gelder, die bereits hier gesammelt wurden, könnte man als Anfang für die Kasse nehmen. (Pack da natürlich auch noch was rauf) – Echt tolle Idee. Das ist Union, wie ich es mag.*

Unterdessen gingen im Unionforum unbeirrt weitere Angebote ein, längst nicht nur Geld, sondern auch, Andi1 folgend, Naturalien, unter anderem vom Waldstraßen-Parker-Club: *Ich möchte Hannes einladen, sich vor jedem Heimspiel bei uns, (…), einzufinden. Dann bekommt er auch seine Brause, äh Bier vorm Spiel von uns gratis!*

Ein Vertreter der Eisernen Kubikelfen (jene Vereinigung stattlicher Unioner, über die mir dereinst beim Anstehen nach Derbykarten eines ihrer Mitglieder anvertraut hatte: »Wir sind keen Fan-Club, sondern 'ne Interessenvertretung, weil da dit Wort ›essen‹ drinne vorkommt.«) äußerte folgerichtig: *Ick würde 10 Steaks in die*

Runde hauen (also meine Nahrung für 5 Spieltage), also 25 Öcken. Wenn bekannt, wie wir verhackstücken, kommt die Kohle.

Richtig erkannt: Logistik musste her. Dazu nahm man Kontakt zum Eisernen V.I.R.U.S. e.V. (Verein Infizierter Rot-weißer Union-Supporter) sowie zur FUMA (Fan- und Mitgliedervertretung des 1. FC Union Berlin) auf, die alles andere taten, als das Thema auf die lange Bank zu schieben. Zum nächsten Heimspiel würde zunächst eine Sammelbüchse an der V.I.R.U.S.-Hütte den Raum für eingehende Spenden bieten, in Kürze dann ein Extra-Bankkonto für Unioner in Not.

Was meinen Späti-Kumpel Hannes angeht, ging es wie folgt weiter: Andi1 nahm telefonisch Kontakt zu mir auf und erklärte sich sogar bereit, mir den Briefumschlag mit Hannes' Jahreskarte auf seinem Heimweg von der Arbeit persönlich rumzubringen. Er selbst wollte nicht dabei sein, wenn ich das Ganze übergab. »Ick will nich wie der Gönner dastehen, iss für ihn ja sicher blöd genug, dit Janze.« Ich traf Andi auf meinem Rückweg vom Kindergarten, wo ich gerade meine Kleene abgeholt hatte.

Sie war es auch, die Hannes anderntags den Briefumschlag übergab. Er enthielt nicht nur die Dauerkarte für die Waldseite (genau hier hatte Hannes übrigens schon immer »gewohnt«), sondern auch einen kleinen Brief von Andi nebst dem Zehner für Wurst und »Brause«, *aber erst am Samstag! ;-)*

Hannes' erste Worte, nachdem er besagten Umschlag aufbekommen hatte und wieder reden konnte: »Ey, Alter … Gänsehaut … mir komm glei die Tränen … iss ja irre.« Dass er am Samstag endlich wieder dabei sein würde, machte ihn überglücklich: »Ick war ja wie uff Entzug! Dass ich so lange nich ins Stadion konnte, … da hat meen Herz jeblutet!«

Auf die Angebote seiner Kumpels, ihm hin und wieder, je nach ihren Möglichkeiten, eine Tageskarte zu spendieren, war er bewusst nie eingegangen. »Die haben selber nüscht, da kann ick denen schlecht uffde Tasche liegen.«

Als ich ihm erzählte, dass die Spendenaktion für in finanzielle Not geratene Unioner weitergeht, sagte er sofort: »Ick komm am Samstach ooch anne V.I.R.U.S.-Hütte vorbei und hau wat rinn inne Büchse!« Die Idee, für klamme Unioner was zu tun, begeisterte ihn. Er bedankte sich bei Andi sowie allen anderen Beteiligten auf das Aller-Eisernste und versprach mir: »Am Samstach hau ick allet rin, wat meene Stimme herjibt, jenau wie früher!«

Offenbar waren das keine leeren Worte: Union gewann an besagtem Samstag nach einem 0:1-Rückstand zur Pause am Ende mit 3:1. Die Waldseite war eindeutig am lautesten. Ich weiß warum …

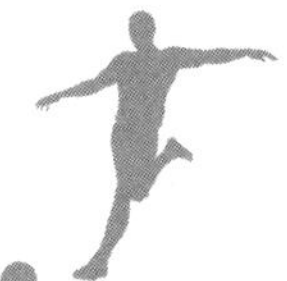

83. GRUND

Weil Schmüs Traum viele Paten hat

Ein Mann bekam vom Arzt gesagt: »Ein Tumor wächst in Ihrem Kopf.« Nicht zum ersten Mal, jeder Betroffene weiß, was das heißt …

»Wenn ich sterben muss, will ich mir zuvor einen Traum erfüllen«, beschloss der Mann, »und wenn es der letzte meines Lebens ist: Einmal durch Nordeuropa fahren, an einige Orte, die ich schon immer mal sehen wollte!« Er kratzte seine Ersparnisse zusammen und kaufte sich ein Wohnmobil, das mobile Haus für seinen großen Traum! Bis zur Abreise parkt er es am Straßenrand, direkt vor seinem Haus. Eines Morgens ist der Parkplatz leer, das Wohnmobil geklaut – sein großer Traum geplatzt wie eine Seifenblase?

Unter »normalen« Umständen, gerade in unserer erbarmungslosen Gegenwart, auf jeden Fall! Aber der Mann ist Unioner, das heißt: Er hat mindestens einen Freund, der diese Geschichte sofort in einem weit verbreiteten sozialen Netzwerk veröffentlicht und eine Gruppe ins Leben ruft, die nur ein Ziel hat: Der Traum des Mannes muss in Erfüllung gehen! Und er hat weitere Freunde, die sofort mit von der Partie sind. Hinzu kommen etliche, die den Mann bis eben noch gar nicht kannten. Im *Berliner Kurier* erscheint ein Artikel über ihn und seinen Traum, die besagte Gruppe hat alsbald weit über 1.000 Mitglieder. Viele Unioner sind dabei, darunter ein ehemaliger und zwei aktive Unionspieler sowie ein hochrangiger Funktionär. Aber längst geht die Gruppe weit über die Grenzen unseres Vereins hinaus. Vor allem viele Herthaner mischen tatkräftig mit. Selbst etliche Weinrote sind dabei. Der Traum ihres rot-weißen »Fan-Kollegen« ist ihnen wichtiger als Rivalität und beiderseitige Feindschaft. Viele, viele Menschen spenden Trost, Geld, Ideen. Schnell sind eine Benefiz-Lesung sowie ein eben solches Konzert mit etlichen Bands organisiert. Als gar die O_2-World als Austragungsort ins Spiel gebracht wird, muss der Gruppen-Initiator vehement auf die Bremse treten: Es gilt hier nicht, diversen Spendenmarathons Paroli zu bieten, sondern einem Freund zu helfen.

Auf einer meiner Lesungen, deren Einnahmen ebenfalls jenem Mann zugutekommen, lerne ich Schmü, so sein Kampfname, persönlich kennen. »Gestern haben sie mein Wohnmobil in Polen gefunden«, erzählt er mir und fügt hinzu: »Ausgeschlachtet … mit anderen Worten: Dit is jetzt'n Transporter.« In Kürze wird er zusammen mit einem Freund aufbrechen, den Wagen zurückzuholen.

In einer Köpenicker Unionkneipe füttern sie derweil ein großes Sparschwein, in einer Spandauer Herthakneipe einen selbigem Zweck dienenden Fußball. Nicht zum ersten Mal stehen Fans der beiden großen, rivalisierenden Fußballvereine Schulter an Schulter zusammen. Wen das stört, der darf die Gruppe gern verlassen!

Im Coé zu Köpenick trinken wir nach dem Bochumspiel auf Schmüs Traum. Angesicht zu Angesicht mit unserem Freund, von jedem Drink »fließt« ein Teil ins Sparschwein. Die *Union-Rebellen*, ein befreundeter Fan-Club, überreichen einen dicken Briefumschlag, der das Rüsseltier fast zum Platzen bringt. In *Der kleine Herthaner*, der Spandauer Fußballkneipe von Alex Wettermann, spielt man Dart, und der Verlierer füttert den Fußball. Auch die

Gewinner lassen sich nicht lumpen, so mancher verliert in vollster Absicht. Am Benefiz-Abend feiern hier blau- und rot-weiße Fußballfreunde gemeinsam. Sie lauschen, essen und trinken für den juten Zweck. Hier wie anderswo erleben Menschen: *Helfen ist nicht nur einfach, sondern auch unheimlich schön*, wie es Gruppen-Initiator George so treffend formuliert.

Derweil ist das Wohnmobil schon lange wieder zurück in Berlin, wo es dank der Coé-Wirtin – ungleich sicherer als zuvor – bis zur Abfahrt in einer Garage »wohnt«. Eine andere Freundin besorgt die Lackierung. Die ist nicht nur neu, sondern auch ungleich schöner als die alte. Auf der Kühlerhaube prangt, Schmüs Wunsch entsprechend, unübersehbar das Logo unseres Vereins. Freunde helfen bei der Inneneinrichtung, andere spendieren ein Navi, wieder andere bringen sich ein, als sich Schmüs Krankenkasse querstellen will … Jeder hilft an der Stelle, an der sie oder er sich am besten auskennt.

Freundschaft und das Gefühl, füreinander da zu sein, unabhängig von Vereinsfarben, haben wir mit unserer Gruppe aktiv gelebt und werden es weiter tun, bringt es George auf den Punkt. *Denn es wird in absehbarer Zukunft genug Wege geben, die Schmü alleine beschreiten muss, in denen vielleicht kein Freund bei ihm sein kann oder darf. In diesen Momenten soll er sich unsere Gruppenseite ansehen, Bilder unserer Events betrachten und wissen: Da sind so viele, die mir die Daumen drücken.*

Wir hoffen natürlich alle, dass die medizinische Abteilung super Arbeit leistet und es einen positiven Ausgang gibt, sodass wir dann auf unserer Gruppenseite Bilder sehen werden, von Highlands und Lowlands, von Meer und Bergen und mit einem Schmü, der sich auf seine Freunde verlassen konnte!

11. KAPITEL

SCHATTEN DER VERGANGENHEIT & GESPENSTER VON HEUTE

DIE SAISON 2014/15, TEIL 5

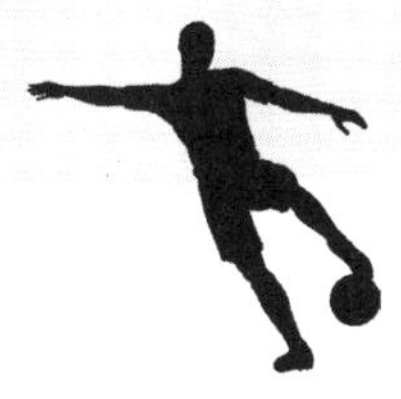

84. GRUND

Weil Union meiner Kleenen ermöglichte, mir Mut zu machen

Union auswärts am Freitagabend, und heute war es so weit: Meine Liebe hatte ihren Sonntagstermin auf heute verschoben, auf dass ich am Sonntag zum Derby der Zweeten gegen die Unaussprechlichen gehen kann. Ich bin allein mit meiner fast vierjährigen Tochter und der Übertragung des Spiels im Internet-Radio.

Während ich das Abendbrot richte, läuft der Vorbericht. Er lässt mich an einen typischen Sauerland-Boxabend denken. Hungriger Herausforderer mit sensationellem Kampfrekord (SV Darmstadt 98) gegen abgehalfterten Journeyman (1. FC Union), den Herr Kommentator schnell noch ein bisschen starkredet, um das Publikum bei der Stange zu halten. Was die Fanszenen angeht, trifft Gut auf Böse: Die Unioner »haben eine Menge an Entzündlichem« mit ins Stadion gebracht, während die Darmstädter »eine eindrucksvolle Choreografie« zeigen: Ein großes Vereinsemblem wandert quer durch den Block: »So unterschiedlich kann man Fan sein!«, schwadroniert der selbsternannte Tugendrichter.

Dann beginnen Abendbrot und Spiel. Meine Kleene ist enttäuscht, dass mein Rechner keine bewegten Bilder zeigt. Ich bin alsbald froh, dass dem so ist. Was ich höre, ist schlimm genug: Spiel in eine Richtung, auf ein Tor, unseres. »Sind das die Bösen?«, fragt meine Kleene nach einer Großchance der Lilien. Ich setze zu einer Erklärung an, doch der Dauerbeschuss unseres Kastens raubt mir Aufmerksamkeit wie Worte. Ich nicke also.

»Die Bösen kommen!«, kommentiert sie Darmstadts nächsten Angriff. Als unsere zwischendrin einen Freistoß rausholen, jubiliert sie: »Ja, ja! … Geschafft!« Leider hält der Lilien-Keeper den Ball kurz darauf sicher in seinen Armen.

Der Rest ist bekannt. Die »Bösen« erköpfen nach einem Freistoß das 1:0, kurz vor der Pause sind unsere nur noch zu zehnt auf dem

Platz, während die Lilien-Fans zum zweiten Mal das »Danke! – Bitte!« rufen dürfen. 2. Hälfte, und schon wieder darf irgendeine lokale Sparkasse ein Tor der Heimmannschaft verkünden. Trotzdem, diese Abstrafung unserer Mannschaft, ja aller nach Darmstadt gereisten oder sonst wo das Spiel verfolgenden Unioner ist alles andere als eine Kohle-siegt-über-Tradition-Veranstaltung. Am ehesten gleicht dieses Massaker tatsächlich dem beherzten Kampf eines hungrigen jungen Boxers gegen einen zum Fallobst degradierten alten Journeyman. Nur, dass es beim Fußball eben keine vorzeitige Erlösung des hoffnungslos Unterlegenen durch K.o. oder TKO gibt. Das 4:0 höre ich förmlich heranfliegen wie einen langen, krachenden rechten Haken. Und noch immer kein Schlusspfiff in Sicht. Unfähig, den Rechner in die Ecke zu werfen oder ihn einfach nur auszuschalten, sitze ich am Küchentisch, vergeblich bemüht, an irgendetwas Schönes zu denken. Dein Verein wird »geschlachtet«, und du kannst nicht das Geringste dagegen ausrichten. Die Lilien auf dem Durchmarsch nach oben – und wir taumeln mal wieder den elendigen Fangarmen des Abstiegskraken entgegen? Seit fast fünf Halbzeiten keine Eiserne Gegenwehr mehr auf dem Platz. Unser langjähriger Torwarttrainer Holger Bahra *mit sofortiger Wirkung (...) freigestellt*, wie Unions Webseite im kalten Bürokraten-Deutsch vermeldete. ... Ich fühle mich gelähmt, noch am nächsten Morgen, Seelenkater, hoffnungslos?

Nicht ganz. Genau in dem Augenblick, als es kurz vor der Pause – tödlicher Rückpass, des Keepers Notbremse, Rote Karte, Elfmeter, 0:2 – ganz dicke gegen uns kam, meldete sich meine Kleene, die seit etlichen Minuten völlig gebannt vor meinem Laptop gestanden hatte, energisch zu Wort: »Die Bösen haben den Ball geklaut!« Ihre Augen blitzten mich an. »Soll ich ihn zurückholen? Ich bin mutig!«

Klar soll sie ihn zurückholen, aber nicht allein. Ich, du – wir alle müssen wieder aufstehen, Stutzen hochziehen und ja, uns den verdammten Ball zurückholen. Schon morgen, wenn unsere Zweete gegen den alten Rekordmeister zum Derby antritt. Eisern Union!

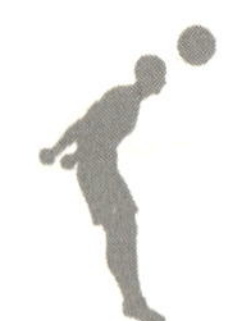

85. GRUND

Weil manches einfach besch... bleibt

Als ich mich am Sonntagmorgen auf den Weg zum Wohnzimmer begab, geriet ich bereits nach wenigen Schritten in eine Zeitschleife, die mich fast 38 Jahre Richtung Vergangenheit katapultierte. Bis dato hatte ich neunjähriger Oranienburger Steppke ausschließlich Hohenschönhausenfans gekannt, die als brave Söhne überzeugter SED-Genossen später linientreue Lehrer oder Offiziere werden wollten. Am Morgen des 4. Septembers 1976, an dem ich mit der S-Bahn nach Berlin fuhr, um in der Gartenstraße für die vermaledeite Schwimmstufe zu üben, lernte ich eine gänzlich andere Art weinroter »Fan-Kultur« kennen.

Am Ende des nahezu leeren Waggons saß ein Trupp Halbstarker, die den 1. FC Union auf eine Weise besangen, die ich nie zuvor gehört hatte. Plötzlich Stille, einer der Krakeeler erhob sich, trat in den Mittelgang. Halblange Haare, weinrot-weiß gestreiftes T-Shirt über bärigen Schultern, verblichene Röhrenjeans, ausgelatschte Germina-Turnschuhe. Seine ausgestreckte Rechte hielt ein Fahrtenmesser. Die Klinge einstichbereit voran, durchmaß der Hüne den S-Bahn-Waggon mit langsamen Schritten.

In meinem Hals ein Kloß, panische Angst umklammerte meine Magengegend wie ein zu eng geratener Mantel aus Blei. Schritt für Schritt kam der riesige Kerl direkt auf mich zu. Als er meine Bank erreicht hatte, blieb er stehen, sein Messer senkte sich in Richtung meiner Nase. Dann stapfte er weiter, bis zum hinteren Ende des Waggons, wo er kehrtmachte und, das Messer wieder voran, zu seinen Kumpanen zurückstakste. Kaum hatte er Platz genommen, erklang auf ein Neues der Schmähgesang. Ich nahm derweil mit aller Vorsicht das Ein- und Ausatmen wieder auf.

Am S-Bahnhof Schönhauser Allee musste ich raus, die Weinroten ebenfalls. Ich fürchtete ein weiteres Zusammentreffen, doch die Typen hatten anderes im Sinn. An der Straßenbahnhaltestelle versuchte der mit dem Messer, einem anderen Beffzen eine große, weinrot-weiße Fahne abzunehmen. Am Abend, bei *Sport Aktuell*, freute ich mich sehr, dass der Club dieser Arschlöcher mit 1:0 verloren hatte – gegen den 1. FC Union Berlin …

Am Stadion angelangt, begrüße ich Freunde, befinde ich mich endlich wieder im Heute. »Scheiß-Union!« – »Scheiß-Dynamo!«, schallt es aus dem Hexenkessel, es ist angerichtet. Der Gästeblock, prall gefüllt, hat alsbald keine Schalensitze mehr. Waldseite wie Gegengerade gut gefüllt und sangesfreudig. Sektor 4 als Pufferblock gesperrt, die elektronische Anzeigetafel außer Betrieb – die nächste Zeitschleife!

Zurück ins Heute – und Fußball! Wir singen: »Aloha Union-Zwee«, und die Besungenen attackieren den gegnerischen Strafraum, wie unsere Erste seit fast fünf Halbzeiten nicht mehr. »So geht Fußball also ooch!«, staunt neben mir der langhaarige Feuerwehrmann Jo: »Unsere Kleenen können dazu sogar noch Ecken!« Im Gästeblock das Logo unseres Vereins, verquickt mit dem derben Ausdruck für das weibliche Genital. *Kategorie C-Tarif – wenn der Schummelmeister über die Dörfer tingelt*, antwortet die Waldseite. Klarer Treffer für Union gegen verklemmte weinrote Debil-»Kultur«, und unserer Mannschaft gehört der Rasen! Ecke auf Ecke, ein Angriff jagt den nächsten, nur das Tor will nicht fallen! Zwei Mann links frei, doch der Ballführende wählt den Weg durch die zugestellte Mitte! Oder will er das Spielgerät in formvollendeter Schönheit hineintragen? Der Rasen brennt, jeder Quadratzentimeter ist heiß umkämpft, da vereinen wir uns mit den Unaussprechlichen zum Wechselgesang: »Dynamo!« – »Scheiße!« Wieder Treffer für Union, leider noch immer nicht in den Fenstern unseres Anzeige-Häuschens …

In der Pause Johnny Cash mit *Ring of Fire* – und in der 53. ein schlechter Witz von Tor. Unnötig, unerklärbar, vor allem aber: *gegen uns*! Union Zwee ackert weiter, noch immer vergeblich, während mich ein gegnerischer Spieler erneut auf Zeitreise schickt: Verbrauchtes Gesicht, dazu die damals unter Fußballern übliche Vokuhila-Frisur, der weinrote Streifen auf dem mir so verhassten Trikot – sehe ich da unten Mielkes Europacup-Versager spielen! Endlich erkenne ich: Die Trikots der Unaussprechlichen zeigen ein neues Logo, weil denen ihr altes ja nicht mal mehr gehört. Und sie spielen Regionalliga, genau wie unsere Zweete. Aber sie führen, verdammt! – und bald nicht mehr nur auf dem Platz.

Drüben auf der Haupttribüne sehe ich einen Mann rennen, mehrere verfolgen ihn. Immer mehr rennen, jetzt auch auf der Waldseite. Ordner im Einsatz, Polizeitruppen marschieren auf, Spiel unterbrochen, Bierbecher vs. Pfefferspray im Waldseiten-Biergarten, weinrot-weiße Fankultur? Leider … nicht … nur. Der strunzdummen Provokation einiger Unaussprechlicher folgte mal wieder die ebenso abgrundtief blöde Reaktion etlicher Unioner.

Als es weitergeht, nimmt Union Zwee, bis zur letzten Sekunde angefeuert von unseren Gesängen, wieder des Gegners Kasten unter Beschuss. Leider vergeblich, leider dazu mit diesem schalen Kategorie-C-Nachgeschmack. Wenn ich mir wie uns etwas von Herzen wünsche im Umgang mit gefährlichen Idioten aller Farbkombinationen, dann Folgendes: Egal, ob sie uns Messer, Stoffstücke mit einem ehemaligen Vereinslogo oder was auch immer vor die Nase halten – lachen wir drüber, statt ihr Spiel mitzuspielen. Seit dem 4.9.1976 verachte ich die Unaussprechlichen, ganz besonders aber solche Typen wie jenen mit dem Messer – egal, welche Farbkombination ihre T-Shirts zeigen. Und ab jetzt bitte wieder Fußball!

86. GRUND

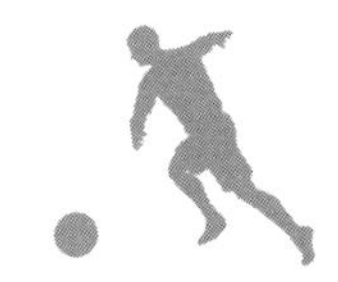

Weil's nicht die Tore sind

Seit Tagen Vorfreude pur: Zusammen mit Profikoch Ronny und Robert nach Köpenick fahren, vor der Falle unseren Freund Exil-Unioner Ritter K treffen, der heute endlich mal wieder im Wohnzimmer sein kann – und dann ab ins seit Tagen ausverkaufte schönste Fußballstadion der Welt! Chrissy Quiring bleibt für weitere zwei Jahre auch aufm Rasen Unioner, bestes Fußballwetter, strahlende Flutlichtsonne, dazu ein Gegner, dessen Fans zu den sangesstärksten der Liga gehören und dabei völlig ohne Schmähungen unseres Vereins auskommen! Obendrein waren unsere letzten beiden Heimspiele gegen den FC Sankt Pauli mit insgesamt elf Toren und jeweils siegreichem Ende für Union gesegnet. Tore würde es auch heute ohne Ende geben, schließlich kassierte in dieser Saison kein Verein mehr Buden als die Kiezkicker und wir!

»Auf geht's, Union – Kämpfen und Siegen!«, skandiert die Waldseite in eindrucksvoller Choreografie. Pauli gewinnt die Platzwahl, schickt unser Team gegens Zuckertor! Unsere Fußballgötter revanchieren sich umgehend: Kreilach passt lang und präzise nach vorn zu Stevie. Der lässt einen Verteidiger stehen, tanzt den Keeper aus, zieht ab – gaaaaanz knapp am linken Pfosten vorbei – *Eisern Union! …*

… Nachspielzeit, Freistoß für Pauli aus bester Torschuss-Position! Atem anhalten oder bedingungslos pfeifen, schreien! Der Schütze zieht ab, wildes Gerangel in unserem Strafraum, nun haut das Ding doch endlich raus! Ja, wir können klären – *Nein!*, zur Ecke! Noch einmal vollste Konzentration. Der Ball fliegt vor unser Tor, wieder »Hauen und Stechen« – endlich haut ihn ein Eiserner weit nach vorn und jetzt, jetzt, jetzt, untermalt vom urschreinahen Jubel: der doppelte Pfiff, DAS SPIEL IST AUUUUS! Vier Minuten, deren Spannung und Dynamik ihresgleichen suchen!

Die zwischen ihnen liegenden gut 88 Minuten der regulären Spielzeit verdienen allerdings klar den zweifelhaften Titel Grottenkick. Abstiegskampf pur nach unserem Darmstadt-Desaster, Not gegen Elend, der gängigen Phrasen gibt es viele. Über weite Strecken gehörte das Mittelfeld St. Pauli, trugen die Zweikampfsieger braune Trikots. Zum Glück zeigten sich die Kiezkicker vorm Tor ebenso »freundlich« wie unser Team. Allerdings fielen sie »besser«, aber der Schiri ließ sich an entscheidender Stelle von einer Schwalbe keinen Frühling vormachen. Auf unserer Seite sah ich einzig Chrissy Quiring eisern ackernd Akzente setzen, zuweilen im Zusammenspiel mit Christopher Trimmel.

»Was ist los mit uns?«, sprach hinter meinem Rücken jemand meine Gedanken aus. Die zogen, vom Spielgeschehen kaum gefordert, weiter ihre Bahn: Pauli ist zu knacken, wenn wir sie unter Druck setzen. Dummerweise sind vor allem *sie* es, die selbiges mit uns tun. Dann tauche ich völlig ab: Warum kann ich kein »normaler« Fußballgucker sein?, denke ich. Einer, der sich auf der Mattscheibe Weltspitzenspiele servieren lässt und umschaltet, wird es kurz mal öde. Oder ein hipper Event-Konsument, der bei zu geringem Unterhaltungswert das Stadion verlässt oder »seine« Mannschaft auspfeift, wenn sie mal 0:5 verlor und danach nicht sofort wieder loszaubert.

2. Halbzeit, unsere Fußballgötter legen los wie seit fast sechs Spielhälften nicht mehr! Parensen über rechts, passt auf Polter … verstolpert. Chrissy tankt sich vors gegnerische Tor durch, scheitert am Keeper, auch Koby schießt in Richtung Kasten. »Jetzt hamwerse, die ham ooch keene Lust mehr!«, brüllt mein Nachbar.

Knapp 20 Minuten, dann übernimmt Pauli wieder das Zepter. 71.: Sie kommen über links, der Gästeblock explodiert, aber der Schuss geht knapp daneben. Dann wird's unschön. Kreilach verletzt am Boden, Pauli spielt weiter. »Hier regiert der FCU!« kommentiert das Stadion. Chrissy liegt, ein Mitspieler leistet Erste Hilfe. Wohl die Muskeln, er ackerte ja auch wie kein anderer. Rudelbildung, es hagelt Gelbe für Union. Dann endlich scheint dieser krumpelige 0:0-Klassiker endgültig »gegessen«. Union schickt einen langen, harmlosen Ball Richtung gegnerisches Tor. Ein Pauli-Spieler nimmt sich seiner an und passt zu seinem Keeper, auf dass der ihn – ebenfalls weit, lang und sicher ebenfalls harmlos – Richtung Zuckertor schlägt. Sebastian Polter rennt dem ihm weit vorauseilenden Ball hinterher, wie man das als echter Stürmer eben so macht. Paulis Keeper dribbelt ein paar Meter, holt zum Schuss aus – und fliegt derart über die Murmel, dass die Polter direkt in den Lauf kullert. Sebastian nimmt die Kugel in aller Seelenruhe an, dreht sich um und lässt sie, aufreizend langsam, ins Tornetz rollen. Ein Treffer, wie gemacht für diesen Abend: in letzter Minute aus nichtigstem Nichts geboren – genau so, wie ich es schon so oft *gegen* uns erlebte. Jetzt aber ist es an uns Unionern, befreit aufzuschreien. »Meine Fresse!« Mit jenen zwei Worten fassten viele den sportlichen Teil dieses Fußballabends überaus treffend zusammen.

Vor der Falle umarme ich Krawalli, dann zum Bierwagen, wo mich Robert, Exil-Unioner Ritter K und Sohn umsorgen: »Komm ran, Nussi, du bist ja total unterhopft!« Der Exil-Ritter, dem *jedwedes* Unionspiel ein Besonderes ist, wieder mit Dauergrinsen, weil er endlich mal wieder für ein paar Stunden zu Hause ist! Auf dem Heimweg erinnere ich mich, dass ich heute seit Ewigkeiten mal wieder Straßentheater-Gott TeiChi traf, dazu Sam, Steini senior, Rolf, Jo, Dana, Zimmi, Ina … und plötzlich weiß ich wieder, warum ich kein »Fussi-Konsument« bin, sondern immer wieder zu Union gehe: Es sind die Menschen – *Eisern!*

87. GRUND

Weil Schulter an Schulter auch mit verschiedenen Vereinslogos funktioniert

Als Sebastian Polter in der Schlussminute der regulären Spielzeit – aus meiner Sicht einwandfrei durch den Wink eines Unioners namens Gott – direkt vorm gegnerischen Tor den Ball in den Lauf gespielt bekam, erfüllte mich nur ein Gedanke: Um Himmels willen, hau ihn rein! Einen Augenblick später schrie ich, so laut wie lange nicht mehr, Freude und Erleichterung aus mir heraus! 34 Punkte! Nur noch zwei Siege, und wir sind endgültig ausm Schneider.

Dass der FC St. Pauli nun noch tiefer im Abstiegskeller steht, machte mich allerdings bereits eine halbe Stunde nach Abpfiff traurig. Ich weiß, dass derzeit etliche Unioner Pauli nicht (mehr) mögen. Einem ist der Anhang zu politisch, sprich links, zu wenig rechts. Der andere sieht in dem Club vom Kiez ein Modelabel mit angeschlossener Fußballabteilung. Als ich neulich auf dem schwäbisch dominierten Spielplatz vor unserm Haus einen Lockenkopf mit Totenkopf-Shirt samt Vereinsemblem fragte: »Wir hören uns nächsten Freitag An der Alten Försterei?«, stierte der mich an, als hätte ich gerade versucht, ihn in eine Diskussion über die von ihm besonders an Freitagen bevorzugte Marke seiner Slips zu verwickeln. Da hatte ich wohl einen typischen »Kult-Club-Fan« aus der Prenzle-Berger Bionade-Szene erwischt, der den Verein vom Kiez ja so kultig und alternativ, so irgendwie anders findet. Bis dato war ich es gewohnt, dass mich St.-Pauli-Fans aufgrund meines Unionschal grüßten, gern auch mal freundschaftlich Faust an Faust.

Spielen wir gegen St. Pauli, suchen etliche unser Wohnzimmer auf, die sich ansonsten einen feuchten Kehricht um einen unserer beiden Vereine scheren und demzufolge keinen der im Stadion angestimmten Gesänge kennen. Nicht nur Pauli, auch Union ist mittlerweile hip geworden …

Dessen ungeachtet erlebe ich selten eine derartig entspannte An- und Abreise und nahezu nie einen derart supportenden Gästeblock wie in den Partien gegen die Bande vom Millerntor. Deren Stadion ist übrigens zusammen mit unserem Wohnzimmer einer der mittlerweile ganz wenigen Orte, an denen Profi-Fußball nicht in Banken- oder sonstigen Firmen-Arenen »eventisiert« wird. 16.895 Steh- gegenüber 12.738 Sitzplätzen[75], das gibt es – außer bei uns in Köpenick – nirgendwo sonst in Deutschland! Vor dem Spiel gehört auch am Millerntor das Stadion den Gesängen der Fans. Dann kommen *Das Herz von St. Pauli*, *Hells Bells* – und Fußball! Gut, eine Torhymne haben sie auch, aber auch die ist zumindest Rock'n Roll.

Genug davon. Ich will jetzt auch gar nicht vom Blutsbrüder-Freundschaftsspiel am 2. Juni 2004 erzählen, sondern vom 20. März 2015. Als ich besagte halbe Stunde nach Abpfiff am Bierwagen einen Mann mit braun-weißem Schal ausmache, gehe ich zu ihm und sage: »Ich hoffe, ihr packt das noch!«

Er winkt ab. »Wir sind hin … aber danke.« Wir stehen einen Augenblick stumm voreinander, dann sagt er: »Weißte, was ich heude am schlimmsten fand?«

»Nee.«

»Die Ordner wollten mich nich in euern Block lassen. ›Nich mit dem Schal‹, sacht der Kerl zu mir.« – »Na ja, ist ja vielleicht auch besser so«, will ich erwidern, doch der Paulianer kommt mir zuvor: »Seit Jahren steh ich bei jedem Pauli-Spiel bei euch auffe Waldseite. Spielt ihr bei uns, kommt mein Unionkumpel mit zu mir in'n Block!« Er lüftet die Jacke, dass ich sein Trikot sehen kann. Links ist es braun und zeigt das FC-St.-Pauli-Logo mit dem dreitürmigen Tor, rechts ist es rot-weiß und präsentiert die zweite Namenshälfte unseres damaligen Hauptsponsors. »Wir haben unsere Trikots auseinandergeschnidden und neu zusammengenäht. Das von meim' Kumpel zeigt links euer Logo!«

Der Mann sah nicht aus, als hätte er sich mit jener Sonderanfertigung jemals auf einer wie auch immer gearteten Modenschau blicken lassen. Das war Schulter an Schulter gelebte, ganz persönliche Fanfreundschaft im wahrsten, echtesten Sinne des Wortes. Viele meiner Unionfreunde hegen eine solche zu dem Verein vom Millerntor. Und ich sage: Mit dem FC St. Pauli und (dem außer uns einzigen Ostverein) Erzgebirge Aue stehen derzeit zwei Mannschaften auf den direkten Abstiegsplätzen, die ich dort absolut nicht gern sehe. Vielleicht merken wir erst angesichts dauerhaft verwaistem oder mit korrekt unpolitischen Erfolgs-Eventys der Marke Ochsenbrause & Co gefülltem Gästeblock, was wir an St. Pauli hatten.

12. KAPITEL

EISERNE PROFIS, EISERNE INSTITUTIONEN

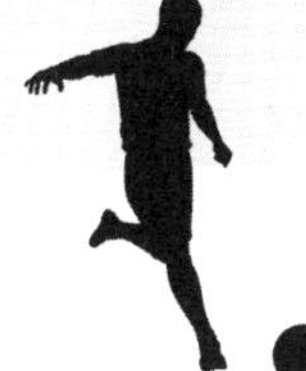

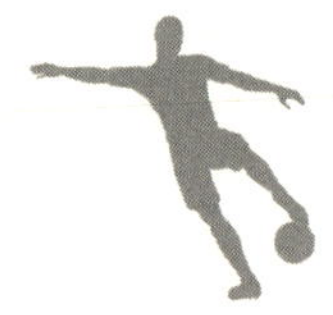

88. GRUND

Weil Ronny Nikol Fußballgott

Was zeichnet einen echten Unioner aus, egal ob auf dem Platz, auf den Rängen oder sonst wo im Leben? Er kämpft und siegt, er verliert, fällt, steht wieder auf. Wie mies es auch läuft, er sucht und findet eine Lösung – und kommt zurück! Für mich Naivling mindestens ebenso wichtig: Bei alledem ist und bleibt er im besten Sinne ein Mensch. Ich könnte mich auch kürzer fassen und all das und noch viel mehr in zehn Buchstaben packen: Ronny Nikol.

Ich lernte ihn, einen der wertvollsten Unioner aller Zeiten[76], erst nach seiner Fußballerkarriere kennen: am 31. Mai 2014 bei meinem finalen Lese-Derby mit Hertha-Knut. Als Cheforganisator Bancro ihn fragte, ob er für umme und 'nen juten Zweck mitmacht, sagte er sofort zu. Auf der Bühne las er zusammen mit Andreas »Zecke« Neuendorf aus Knuts und meinem Buch. Seit Jahren treffen beide Berliner Fußball-Legenden regelmäßig bei Begegnungen der Traditionsmannschaften von Hertha und Union aufeinander. Am 7. Juni 2014 kickten sie gar in *einer* Mannschaft. Deren Name? *Berliner Legenden*! Diese stellten sich in einem Benefiz-Spiel den *Bundesligalegenden*, um unter dem Motto *geBALLt gegen Armut* ein Feriencamp für Kinder zu finanzieren, deren Eltern sich so etwas niemals leisten könnten.

Ob sich Nikol und Zecke in ihren Profizeiten je im Hertha- und Uniondress auf dem Platz gegenüberstanden, weiß ich nicht. Gegen Herthas 1. Mannschaft stand *unser* Ronny mindestens einmal auf dem Platz, gegen Hertha II in mindestens vier Spielen. Am 15. August 1999, im Punktspiel der Regionalliga Nord-Ost, erzielte er vor 3.007 Zuschauern im Stadion An der Alten Försterei in der 63. den 1:0-Siegtreffer gegen die 2. Mannschaft der Charlottenburger! Es war eines jener 12 Tore, die der linke Verteidiger und Mittelfeldspieler für uns reinhaute.

Ein halbes Jahr später holte er sich beim Derby gegen Hertha II im Jahn-Tierpark zumindest eine Gelbe ab. Verwarnungen waren ihm nicht fremd, drei Mal sah er gar den Roten Karton – weil er verdammich noch mal ein Fighter ist. Einer, der sich vor allem durch sportlichen Einsatz auszeichnet denn durch einen Mangel an Fairness. Vom 25. Juli 1997 bis zum 25. März 2003 lief er insgesamt 228 Mal für unseren Verein auf.[77] Wenn in dieser derart wechselvollen Zeit jemand auf positive Weise Konstanz ausstrahlte beim 1. FC Wundervoll, dann er. *Während rechts jahrelang gekauft, probiert, verworfen und wieder gekauft wurde, spielte links – immer Nikol!*, vermeldet die akribisch wie liebevoll geführte Seite www.immerunioner.de. Als er 1997 kam, *stand Union mal wieder kurz vor dem Kollaps. (…) Im Gegensatz zu den Trainern und manchem prominenten Mitspieler blieb Nikol und erlebte den finanziellen und sportlichen Aufstieg des Vereins, der ins DFB-Pokalfinale, in die 2. Bundesliga und in den UEFA-Cup führte, als Stammspieler mit.*[78]

Beginnend mit dem 1. Spiel seiner 1. Union-Saison ackerte er sich in die Eiserne Stamm-Elf. Bereits 1995/96 hatte Nikol für den 1. FC Nürnberg in der 2. Bundesliga gekickt. Mit Union kämpfte er sich fünf Jahre später ins Unterhaus zurück. Später würde ihm selbiges noch einmal im Trikot von Rot-Weiss Essen gelingen. Auch hier gebührte ihm trotz einer Verletzung vorm Saisonfinale ein großer Anteil am Erfolg seiner Mannschaft.

Viele Quellen und Zeitzeugen sprechen ihm bei aller Hochachtung eine gewisse Schwäche bei Standards zu. »Seine Eckbälle – Katastrophe«, höre ich einen meiner Eisernen Freunde ausrufen. Einen von insgesamt drei Union-Elfern brachte er nicht in den Tormaschen unter. Am Dienstag, dem 6. Februar 2001 legt er sich beim DFB-Pokal-Halbfinale gegen Borussia Mönchengladbach in Spielminute 127 und beim Stand von 5:4 den Ball zum möglicherweise spielentscheidenden Elfer zurecht. Zweimal waren die Eisernen in Führung gegangen: Am Tag vor dem Anpfiff durch mehrere Hundert Fans, die den Rasen quasi in letzter Sekunde vom Schnee befreiten. Tags darauf, in der 27. Minute des derart erkämpften Spiels, erzielten unsere Fußballgötter das 1:0. Auch nach einem Doppelpack des favorisierten Gegners gab Union nicht auf und belohnte sich in der 80. mit dem sensationellen Ausgleich. Und nun, mittlerweile um 23.05 Uhr MEZ, lag alles an unserer bis heute wertvollsten Nummer 3 aller Zeiten …

Ronny wählt einen relativ kurzen, aber konzentrierten Anlauf, zieht in aller Ruhe ab, direkt in die Mitte des Tors. Der Keeper wendet sich leicht nach rechts, bevor er in die jetzt so entscheidende Mitte seines Gehäuses zurückfedert. Dort aber zappeln hinter ihm bereits die Maschen. Nie zuvor sah ich einen derart cool verwandelten Elfer! »Hätte er keine Ohren, hätte er im Kreis gelächelt, der Schlingel«, erinnerte sich mein Freund Bancro. Ronny schafft noch ein kleines Tänzchen, bevor ihn seine Mitspieler im Eisernen Jubel-Orkan unter sich begraben.

Diese Sternstunde unserer Historie liegt mittlerweile über 14 Jahre zurück. 2012 beendete Ronny Nikol seine Fußballkarriere. Sein nach wie vor intensiver Einsatz bei Benefiz-Aktionen rührt jedoch keineswegs daher, dass er seither zum Däumchendreher mutiert wäre. Ich bin sicher, er engagiert sich derart, weil er weiß, wie unendlich kostbar das Geschenk des Lebens ist. Sowohl vor wie nach seiner aktiven Zeit bei Union wurden ihm auf tragische Weise liebste Menschen genommen. Er stand wieder auf, lebte und arbeitete weiter, umsorgt bis heute liebevoll seine beiden Kinder. Sein Sohn spielt mittlerweile in der U13 des 1. FC Wundervoll. Vielleicht rufe ich auch ihn schon bald mit den beiden Familiennamen seines Vaters: *Nikol-Fußballgott!*

89. GRUND

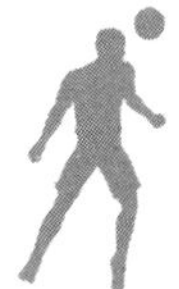

Weil »great Stuff« nach Hause zurückkehrte

Am Samstag, dem 21. März 2009, fand ich nach langer Stadion-Abstinenz den Weg zu meiner alten Fußball-Liebe aus Kinder- und Jugendtagen. Direkt vor meiner Haustür, im bei vielen Eisernen stark verrufenen Jahn-Tierpark, spielte der 1. FCU gegen den ruhmreichen Verein meiner Geburtsstadt. 8.560 Zuschauer waren gekommen, das Spiel gegen den FC Carl Zeiss Jena zu sehen, darunter ein gut gefüllter Gästeblock. Zunächst glaubte ich, in diesem Match halbwegs neutral bleiben zu können. Bereits während der Hymne und der direkt anschließenden Gesänge der Unioner wusste ich: Daraus wird nix! Der Union-Virus hatte mich längst wieder infiziert, obgleich das lange torlose Spiel alles andere als berauschend war. 79. Minute, nicht gerade zwingender Foulelfer für uns, Tusche haut ihn rein – und gut![79] Doch nicht der nervenstarke Torschütze fiel mir in unserer Mannschaft besonders auf, sondern ein baumlanger Kerl, der hinten nichts anbrennen ließ und gelegentlich im gegnerischen Strafraum für Wirbel sorgte. Besonders bei Standards war er, auch bedingt durch seine enorme Größe, äußerst gefährlich mit dem Kopf.

Ein paar Auswärts-Heimspiele später nahm ich meinen Freund Andreas mit in den Jahn-Tierpark. Der Schwabe mit bayrischen Wurzeln war vor vielen Jahren aus seiner ihm viel zu miefigen Heimat in die Hauptstadt geflohen. Berliner Fußball, da kannte der erfahrene Torhüter des TB Holzheim und leidgeprüfte Sechzger-Fan bisher nur Hertha. So war er bass erstaunt, plötzlich inmitten von 10.000 Unionern zu stehen. Hatte Andreas doch erwartet, wir würden zusammen mit 33–55 anderen älteren Herren auf der Umzäunung eines Traversen-freien Kunstrasenplatzes lümmeln. Der erste Kommentar meines Fußball-erfahrenen Freundes: »Ihr habt ja ’nen richtigen Mertesacker! Macht’n sicheren Eindruck, der Mann.«

»Stuffi ist das!«, erwiderte ich. »Christian Stuff.« Mittlerweile wusste ich, dass der 1982 geborene Berliner bei mehreren hiesigen Vereinen, unter anderem dem SC Empor, sein Handwerk erlernt hatte. Nach einem Schlenker nach Saarbrücken und Trier kickte er seit Anfang 2006 für Union und gehörte quasi sofort zur Stammformation. Regionalliga Nord, 3. Liga, Rückkehr in die 2. Bundesliga – Stuffi war dabei! Längst nicht nur ich freute mich jedes Mal, nannte Stadionsprecher Christian seinen Namen. Das von uns intonierte *Fußballgott!* kam bei ihm stets mit am lautesten. Klar schoss auch er ab und zu ’nen kapitalen Bock, zum Beispiel am 11. September 2011 beim Heimspiel gegen den 1. FC Ingolstadt. Das 0:1 der bis dato »nicht stattgefunden habenden« Gäste ging auf seine Kappe, na und? Hängte sich Stuffi eben noch einen Tick mehr rein als ohnehin und erzielte sieben Minuten später per Kopf den Ausgleich. Damit bereitete er den Boden für einen der schönsten Siege unseres 1. FC Wundervoll inklusive Tor des Monats durch Silvio.

Auf dem Platz gehörte Stuffi nie zu den Lautesten. Ruhig und besonnen, war er hinten der Fels in der Brandung, dazu auf seine eigene, überaus sympathische Art kämpferisch. Dass er zudem keine Angst vor großen Namen im gegnerischen Dress hat, bewies er unter anderem bei unserem legendären Derbysieg gegen Hertha BSC am 5. Februar 2011 im Oly. Unvergessen jenes Foto, das ihn Brust an Brust mit Raffael zeigt. Cool bis in die Haarspitzen schaut der 1,99 Meter-Mann auf seinen Widersacher herunter, der sich vor ihm aufgebaut hat wie die Miniatur einer Bulldogge. Verewigt ist diese Szene auf Stuffis Abschiedsshirt.

Dass Stuffi zu den wenigen gehört, dem der Verein zum Abschied ein solches widmete, versteht sich von selbst. Umso trauriger, dass er Ende der Saison 2013/14 tatsächlich gehen musste. Mittlerweile aussortiert, bestritt er sein letztes Spiel für den 1. FCU am 11. Mai 2014 An der Alten Försterei gegen 1860 München. 237 Mal ackerte er für uns auf dem Rasen. 2013 belegte er in der ewigen

Unioner-Liste mit 228 Einsätzen zusammen mit Olaf Reinhold und Ronny Nikol Rang 7. Was seine Einsätze in der 2. Bundesliga angeht, logierte er hinter Tusche und Kohle mit 108 Einsätzen gar auf dem 3. Platz.[80] Danke, lieber Matze Koch, für den kurzweiligen Statistikteil deines Buches!

Zusammen mit Stuffi verließ auch Keeper-Legende Jan Glinker, ebenfalls mit eigenem Shirt *Klinge packt zu*, unseren Verein, dazu Patrick Kohlmann und Marc Pfertzel. Stuff und Glinker gehören zu jenen Spielern, über die mein Unionfreund Uli sagt: »Mit denen hat man unserer Mannschaft leider ein jutet Stück Berliner Aufsässigkeit weggenommen.«

Dass Stuffis Herz nach wie vor das eines Unioners war, bewies er am 4. September 2014. Der 1. FCU hatte ein Benefiz-Spiel für die Kinder von Andreas Biermann angesetzt. Der ehemalige Unionspieler war im Sommer, nach langer, schwerer Depression, in den Freitod gegangen. Für die *Biermann-All-Stars* betrat in der 87. Spielminute Hansa Rostocks Kapitän Christian Stuff den Rasen. Dass Stuffi nur ein paar Minütchen spielte, lag daran, dass zwei Tage drauf Rostocks nächstes Spiel anstand. Das Erscheinen war ihm jedoch, da bin ich mir sicher, Ehrensache wie Herzenspflicht!

Umso trauriger, dass es schon bald nicht mehr lief zwischen Stuffi und seinem neuen Club. Aber das war ganz sicher ein Wink des *unserem* Verein ja ausdrücklich gewogenen Fußballgottes: Seit Januar 2015 ist Stuffi zurück bei Union! Bis Saisonende verstärkt er unsere Zweete, dann geht's ab ins Nachwuchsleistungszentrum. Einmal Unioner – immer Unioner, herzlich willkommen zu Hause, Christian Stuff-*Fußballgott!*

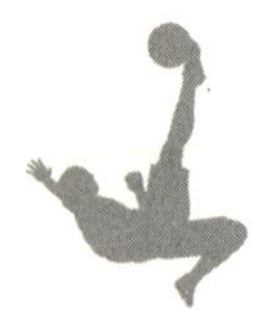

90. GRUND

Weil ein echter Unioner für uns spielt

»Nie aufgeben und immer wiederkommen!« – »Immer wieder uffstehen und sich nie unterkriegen lassen!«[81] Diese Antworten gaben Mathias Dächsel und Andreas Schwadten 2007 auf die Frage, was den viel beschworenen Uniongeist ausmache. Zu Tausenden singen wir es regelmäßig von den Rängen: »Auf geht's, Union, kämpfen und siegen!«

Einer, der all das seit gefühlt ewigen Zeiten lebt, ist ein waschechter, fußballspielender Berliner Junge, der am 1. Juni 2002 vom BSC Marzahn zur D-Jugend des 1. FCU wechselte. »Ich hab 'ne gute Jugend gespielt«, berichtet er 2014 im Dokumentarfilm *Union fürs Leben* – und fügt sofort hinzu: »Wiederum wurde mir gesagt, dass es für mich nicht reichen würde … Vielleicht auch wegen meinem Körper, weil ich schon immer der Kleine war, nicht kopfballstark und robust genug.«[82]

Sicher, mit 172 Zentimetern[83] von Fußsohle bis Haaransatz ist er bis heute nicht der Längsten einer, und jenes Urteil kann gerade für einen jungen Menschen *die* Steilvorlage für einen ausgewachsenen Depri oder einfach nur willkommene Ausrede dafür sein, dass er sich hängen lässt. Wo alle erdenkliche Mühe doch offenbar ohnehin vergebens wäre!

Aber nicht für einen echten Eisernen – egal, ob auf den Rängen, dem Platz oder sonst wo auf dieser Welt! Einen *echten* Eisernen wohlgemerkt, der nicht der Unionfahne hinterherläuft, sondern das, wofür sie steht, auch lebt, wie Andora und viele andere anmahnen. Mit anderen Wörtern: »Nie aufgeben …!«

Der mittlerweile 24-jährige Mann, von dem ich hier schreibe, nahm das über ihn gefällte Urteil: »Du schaffst das nicht« als Ansporn, erst recht alles dafür zu tun, »noch viel stärker (zu) werden.«[84]

Nach der Saison 2010/11, in der er bereits in 12 Pflichtspielen für Unions Profi-Team auflief, wurde er bei der Wahl des BFV[85] zum *Berliner Amateurfußballer des Jahres* gewählt. Da ich diese Zeilen schreibe, vermeldet seine Statistik 103 Pflichtspiele für unsere Profis[86]. Damit steht jener noch immer junge Mann in unserem aktuellen Kader hinter Michael Parensen (155 Einsätze) auf Rang 2. In Unions Zweitliga-Historie, angeführt von Torsten Mattuschka (299 Einsätze), liegt er derzeit mit 99 Spielen an 5. Stelle.

Sicher, es gibt den einen oder anderen Fußballer, der ihm an Körperlänge, Exzentrik wie Sambatechnik überlegen ist. Nach wie vor gehört er nicht immer zur Startformation. Doch in nahezu jedem seiner Spiele offenbart er »diese janz besonderen zwei, drei Minuten, in denen er alles gibt – und die allein schon seinen Einsatz mehr als rechtfertigen«, wie mein Freund Andy sagt. Ein anderer langjähriger Unioner skizziert seinen Stil, Fußball zu spielen, überaus präzise mit den Worten: »Leidenschaft vor Spielintelligenz, Kampf vor Schönspiel, *Da steht dit Tor!* statt Taktik-Geklügele und Rasenschach. – Super also!«

Ach ja, und Tore schießen kann jener abgrundtief echte Unioner und gelernte Mittelfeldmann ebenfalls. Letzten Sonntag haute Christopher Quiring per Kopf sein 18. für unseren 1. FC Wundervoll rein!

91. GRUND

Weil Christopher Quiring »Kämpfen und Siegen« auf den Rasen bringt

Apropos Tore. Etliche seiner 18 Pflichtspiel-Treffer durfte ich live miterleben. Ich liebe sie alle! Nicht nur, weil er sie *für unseren Verein* schoss. Mich beeindruckte vor allem, mit welcher Entschlossenheit und Wucht er sie erzielte. Besonders lebhaft erinnere ich mich an zwei seiner Buden sowie an eine, die ihm und damit uns leider versagt blieb.

Ich sehe es genau vor mir, wie er sich – es ist Jahre her und ich weiß nicht mehr, wie an jenem Tag unser Gegner hieß – die Kugel am Elfmeterpunkt zurechtlegt. Unser absolut treffsicherer Mann für jene Gelegenheiten, Kapitän Torsten Mattuschka, war aufgrund einer Sperre zum Zuschauen und Co-Kommentieren auf die Tribüne verbannt. Tusche drückte seinem jungen Mannschaftskollegen die Daumen. Als dieser das Ding arschcool wie sicher in die Tormaschen zimmerte, kommentierte der Capitano: »Der Junge hat Eier!«

Den zweiten Elfer, an den ich mich so genau erinnere, trat Quiring gegen die Sechzger. Nach 49 Minuten lagen wir 0:4 hinten, bevor Sebastian Polter in der 51. endlich den bis dato zugenagelten gegnerischen Kasten knackte. Einige Minuten und Eiserne Großchancen später wird Polter im Strafraum zu Fall gebracht, Elfmeter für Union! Jetzt schnell das zweite Tor, den Ball geschnappt, auf den Anstoßkreis gelegt – und weiter, das Wunder von der Wuhle vollbringen! Genau das ging, zumindest aus meiner Sicht, in diesen Augenblicken in Chrissy vor. Fest entschlossen, eben jetzt *seinen* Beitrag zur Aufholjagd seiner Mannschaft zu leisten, legt er sich die Kugel auf den Punkt – und verschießt! Aus meiner Sicht einzig, weil er keine Sekunde vergeuden wollte und deshalb überhastet agierte. Bis heute ist er für mich derjenige, dem ich das Auslassen einer derartigen Großchance aber so watt von *nicht* übel nehme!

Meine Sichtweise rührt wohl auch daher, dass ich Christopher Quiring längst in mein Eisernes Fanherz schloss, derart, wie keinen anderen unserer Fußballgötter. Einen gewichtigen Grund dafür lieferte mir Chrissy am 3. September 2012, dem Tag unserer bitteren Derby-Niederlage gegen Hertha BSC vor 16.750 Zuschauern im ausverkauften Stadion An der Alten Försterei: Seit der 30. steht es – zum dritten Mal im dritten Pflichtspiel gegen die Charlottenburger – 0:1 gegen uns. Nie fiel das Gegentor so spät, und nie zuvor zeigte sich Hertha derart kampfstark. Die ersten beiden Male hatten sie nach eigener Führung, selbstherrlich oder nicht, den Spielbetrieb eingestellt. Heute aber fighteten sie unbeirrt weiter.

54. Spielminute: An der Seitenlinie macht sich der Unioner bereit, der wohl so sehr wie kein anderer auf seinen Einsatz *gerade* in diesem Spiel brennt. Christopher Quiring kann es partout nicht erwarten, endlich den Rasen beackern zu dürfen – und ab geht's!

Unsere Fußballgötter geben alles, ganz besonders Quiring. Dann die 69. Spielminute: Von links kommt der Ball vors Tor, einen Tick zu hoch für Adam Nemec, dafür genau so, dass sich Chrissy mit aller Wucht der Murmel in den Lauf werfen kann. Entschlossen springt er nach vorn und wuchtet sie per Kopf in die Maschen!

Den meiner Kehle unmittelbar darauf entfliehenden Schrei spüre ich noch heute im Hals. All den Rot-Weißen neben mir, ja im gesamten Stadion, erging es keinen Deut anders. Seit der 30. lag ein Fluch auf uns, und Christopher Quiring hatte uns befreit! Sofort steht er wieder auf, klaubt die Pille aus dem Tornetz und rennt, Ball unterm Arm, gen Anstoßkreis. Seine Gesten dabei sprechen eine eindeutige Sprache: Das war's noch nicht, Eiserne, da jeht noch watt! *Auf geht's, Union, kämpfen und siegen!*

92. GRUND

Weil ein Eiserner Profi keine glattgebügelten Sprechblasen absondert

Aber Hertha ließ auch jetzt nicht locker und blieb obendrein hellwach. Nur vier Minuten später heißt es aus unserer Sicht: bitter unnötiger Ronny-Freistoß, haltbar, aber Gegentor – und ja: Heimniederlage im Stadt-Derby!

Gerade eben noch hatte uns Chrissys Joker-Tor auf den Rängen zur befreienden, hoffnungsvollen Ekstase verholfen, und jetzt? Als die Mannschaft, uns applaudierend, ihre Ehrenrunde dreht, trottet Chrissy als Letzter über den Rasen. Den Kopf gesenkt, wirkt er gleich noch kleiner, noch dazu, weil direkt neben ihm der hoch aufgeschossene Ritter Keule geht. Nahezu die gesamte Mannschaft hatte gekämpft, alles gegeben. Sie alle wirkten zerschlagen, jedes Trostes bedürftig, und doch sage ich: Keinen dort unten nahm *diese* Niederlage derart mit wie Christopher Quiring, welcher unseren 1. FC Wundervoll dereinst von den Rängen aus angefeuert und nicht nur mittels T-Shirt wie auf seine Haut gebrannter Bilder mehrfach seine Nähe zu Unions Ultras zum Ausdruck gebracht hatte.

Unvergesslich die nun folgenden, dank *Union fürs Leben* für hoffentlich alle Zeiten festgehaltenen Bilder: Stadion- und Pressesprecher Christian Arbeit fasst Quiring von hinten bei der Schulter, spricht auf ihn ein, tröstend zunächst, dann fordernd. Quiring will sich abwenden, doch Christian lässt nicht locker, stellt sich ihm in den Weg, packt ihn an beiden Schultern, spricht weiter auf ihn ein. Offenbar will er ihn dazu bewegen, sich den Fragen der Fernsehreporterin zu stellen, die hinter den eiligst aufgestellten Interview-Wänden genau auf *ihn* wartet. Chrissy bäumt sich auf, Christian beschwört, rüttelt ihn und hat ihn offenbar … überzeugt.

Die nächste Einstellung zeigt Quiring und die Journalistin, die ihm die überaus »spannende« Frage an den Kopf wirft, warum ihn gerade die Niederlage in diesem Stadt-Derby so schmerze. »Sie sagen's, iss'n Stadt-Derby«, lautet die Antwort des sichtlich um seine Fassung ringenden Unioners. Im Gästeblock feiern derweil die Herthaner ihr Team. »Ja, die jubeln in unserm Stadion, das kotzt mich an!«, kommentiert Quring sichtlich entnervt, dann fügt er, wieder etwas ruhiger, hinzu: »… na ja, muss man erst mal verdau'n.«

Damit ist alles hier Sagbare gesagt, offenbar jedoch noch nicht die Sendezeit gefüllt. Nur so kann ich es verstehen, dass die Fernsehfrau ihn nun auch noch fragen muss, ob es ihm denn ein Trost sei, das zwischenzeitliche 1:1 geschossen zu haben. Immerhin »das 1. Heimtor für Union«, wie sie leicht unterkühlt anmerkt.

»Ja klar, das Tor ist schon toll für mich«, hätte eine mögliche Antwort beginnen können: »Ich werd es mir rahmen lassen und ganz oben in meine Bewerbungsmappe für meinen nächsten, viel größeren Verein legen. Klar, mein Joker-Tor ist ein voller Erfolg, ich bin sehr glücklich, mir scheint die Sonne aus dem Allerwertesten!«

»Das ist mir scheißegal«, erwidert der Unioner stattdessen wie aus der Pistole geschossen, »hätten wir gewonnen, hätte von mir aus jeder hier ein Tor schießen können, aber wenn die Wessis hier in unserm Stadion jubeln, das …« Er vermag nicht, den Satz zu Ende zu bringen. Jetzt endlich hat die Journalistin ein Einsehen und entlässt ihn mit einem, nun ebenfalls ehrlich betroffenen, »Dankeschön.« Chrissy, dem die gesamte Situation hier von Anfang an höchst unangenehm war, macht auf den Hacken kehrt. Eilig verschwindet er in jener futuristischen Röhre, unserem alten Spielertunnel, nicht jedoch aus dem brutalen Licht der medialen Öffentlichkeit.

Wie kann er nur derart Bösartiges von sich geben, hieß es in Presse und asozialen Medien. Die Moralapostel überboten sich in ihrer »ehrlich entrüsteten« Bestrafungswut. Erinnere ich mich richtig, forderte jemand gar eine auf Lebenszeit ausgesetzte Sperre unseres Spielers. Fast staunte ich, dass niemand seine sofortige Verhaftung, strenge Festungshaft sowie den Einsatz berittener Blauhelmtruppen herbeizeterte. Wohl aber regte sich so mancher darüber auf, was sich dieser jungsche Kerl rausnehme, überhaupt das Wort »Wessis« in den Mund zu nehmen!

Zugegeben, der am 23. November 1990 geborene Christopher Quiring ist im politischen Sinne kaum ein Ossi zu nennen, was er wenige Tage später in einem Interview höchstselbst kundtat. Zudem ist jener von ihm benutzte Begriff eine Erfindung der Westberliner, also der von ihm als Wessis Gescholtenen. Mit ihr bezeichneten sie vor dem Mauerfall 1990 ihre Landsleute aus dem sich von Ost- und Nordseeküste bis zu den Alpen erstreckenden Westdeutschland. Dessen ungeachtet darf sich Christopher Quiring zu recht einen

Ost-Sozialisierten nennen, der vieles von dem annahm, was ihm seine Eltern vorlebten und bis heute vermitteln. Seitens seines Vaters dürfte auch und gerade die Liebe zu unserem 1. FC Wundervoll dazugehören.

Mir liegt es jedoch aus einem anderen Grund absolut fern, ihm auch nur eine in diesem Interview geäußerte Silbe zum Vorwurf zu machen. Seine Wut war grundehrlich, statt medienwirksam aufgesetzt, es war die Wut eines Unioners, der gerade eben zusammen mit seinen Mannschaftskollegen unter den entsetzten Augen Tausender Eiserner auf den Rängen das emotional womöglich wichtigste Spiel der gesamten Saison verloren hatte – und genau darüber, Sekunden später, auch noch öffentlich palavern sollte. Diese Wut, der er nicht etwa hemmungslos ihren Lauf ließ, sondern sie im Gegenteil mit aller Gewalt im Zaum zu halten suchte, ist mir tausendmal lieber als das übliche glattgebügelte Gebrabbel irgendwelcher Profi-Legionäre. Als ein solcher hätte er sich ja wirklich freuen können über sein Joker-Tor. Ich bin sicher, nahezu jeder Unioner schloss Christopher Quiring an jenem denkwürdigen Tag noch fester in sein Herz als ohnehin schon. Ich für meinen Teil freue mich jedes Mal, wenn er für uns spielt – und dann, genau zum richtigen Zeitpunkt, mit aller Entschlossenheit explodiert. Eisern Union, Christopher Quiring!

93. GRUND

Weil wir mindestens einen ganz besonderen Unionprogramm-Verkäufer haben

Aufgefallen war er mir schon lange. Spieltag für Spieltag registrierte ich diesen freundlichen Unioner mit dem grauen Bart und dem auch schon etwas angegrauten Haupthaar, welches er gelegentlich länger wachsen ließ, warum wohl? Ob ich ihn mal danach frage?

Immer wieder sah ich ihn im Gespräch mit Stadionbesuchern, während er gleichzeitig – hinter dem von mir genutzten Eingang zur Gegengeraden, direkt neben der Waldseite – aus einem Bauchladen heraus das »Unionprogramm zum Spiel« seiner offensichtlich sehr geneigten Leserschaft antrug. Als Programmheftverkäufer war er zu den Heimspielen natürlich nie alleine. Überall im Stadion und drum herum wird das mittlerweile viermal in Folge beste Stadionheft der 2. Bundesliga den Unionern und ihren Gästen angeboten. Inzwischen ist der nächste Wettbewerb gelaufen, und das Unionprogramm errang den Titel des Vizemeisters hinter dem ebenfalls viermaligen Vorjahressieger der 1. Bundesliga, 1. FC Nürnberg. »Was trauen sich Nürnberg, absteigen und den Wettbewerb ›verfälschen‹!«

Aber zurück zu unserem Unionprogramm-Verkäufer. Offenbar war er bei den Unionern bekannt wie der oft zitierte »bunte Hund«. Viele Fans, alte wie junge, schüttelten ihm die Hand, wechselten ein paar Worte, mitunter kritische in Richtung Trainer, Spieler, oder Vereinsgremien. Aber auch genügend Positives konnte der Mann entgegennehmen. Längst grüßte ich ihn und holte mir pünktlich vorm Spiel mein Programmheft. Ein Artikel von Christoph Biermann in *11 Freunde*[87] verriet mir schließlich, wer dieser Unioner war: *... der einzige Fußballfunktionär in Deutschland, dem noch Brecht-Zitate einfallen.*[88] Mitglied im Aufsichtsrat, Vorsitzender des Wirtschaftsrates 1. FC Union e.V., Ehrenmitglied des V.I.R.U.S., erledigte er als Bauchladen-Verkäufer auch noch den Job eines, wie Biermann schreibt, *lebenden Kummerkasten*(s) mit dem Ohr an der Basis. Das gibt es im nationalen Profifußball garantiert nur bei meinem 1. FC Wundervoll!

Doch ist die Nähe dieses Mannes zum Unionprogramm keineswegs eine symbolische. Als die damalige Führung unseres stark angeschlagenen Vereins im Sommer 1997 auf Anregung von Unionfans beschloss, die Redaktion des zukünftig »Eisernen Programmheftes« in Fanhände zu legen, war es jener freundliche Unioner, der sich mit seiner Familie als Unionsponsor und Druckerei-Inhaber bereit erklärte, den Fans zu helfen, wo immer es nötig wäre. Nicht nur Unionfan Götz Geserick, zugleich Redaktionsleiter des Programmheftes, absolvierte vor dem Erscheinen jeder Ausgabe eine Nachtschicht am Druckerei-Computer, sondern auch der Inhaber des Ladens oder mindestens einer seiner Leute. Jene Druckerei heißt mittlerweile *vierC print+mediafabrik GmbH & Co. KG* und druckt das Unionprogramm bis heute. Der Vollständigkeit halber zu guter Letzt noch der Name jenes multifunktional für unseren Verein tätigen Programmheft-Verkäufers hinterm Kassenhäuschen der Gegengerade: Jochen Lesching.

Ach, und gefragt habe ich ihn natürlich auch nach seiner gelegentlich längeren Haartracht. Da sah er mich lange an, musterte meine inzwischen von der Natur erzwungene Kurzhaarfrisur und antwortete: »Du hast offensichtlich noch nie mit der richtigen Haarlänge bei rauem Wetter auf der Gegengeraden oder einem Segelboot in voller Fahrt gestanden, und der Wind fuhr dir heftig in die Haare und zerzauste sie? Das ist ein Gefühl, das wir Alten uns in den Sechzigerjahren, zusammen mit der Musik der Beatles, Stones und anderer Bands, mühsam und dabei erwachsen werdend, eroberten. Ab und an brauche ich das heute noch, dieses Gefühl aus alten Zeiten; das hat viel für sich, denn es hält die eigenen Erinnerungen wach und hilft gelegentlich, aktuelle Jugendkultur und unsere Ultras besser zu verstehen. Ich gebe zu und oute mich freimütig als einer der ›Ultraversteher‹ bei Union. Denn gut und richtig war es immer, erst etwas zu verstehen, bevor man es beurteilt oder gar verurteilt – und das nicht nur in Sachen Jugendkultur. Übrigens, und zur Haarlänge noch was sehr Persönliches: Auch nicht schlecht, wenn da noch Haarwuchs ist!« Bei alledem konnte er das Mitleidvolle seines Blickes auf mich nicht ganz verbergen.

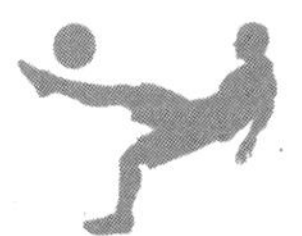

94. GRUND

Weil Unioner rasante Biografien vorzuweisen haben

Christoph Biermann sieht unseren Verein als *Magnet für all jene, deren Lebenswege eher Buckelpisten sind.*[89] Das ist nicht weniger als *die* präzise Zusammenfassung von Jochen Leschings Biografie. Geboren 1941 in Mülheim an der Ruhr, aber eigentlich stammt seine Familie, der Clan, aus dem »Dreieck« Herne, Gelsenkirchen, Essen, Bochum. In einem »Fußballdreieck« tief im Westen begann es also mit ihm, mitten im Pott und mitten im Krieg. Die Familie flieht aus dem täglichen Bombenhagel nach Osten und landet auf einem Bauernhof in Thüringen. Er wächst in Unterwellenborn nahe Saalfeld auf. Nach Abitur und nachfolgender Berufsausbildung als Elektriker geht er zum Studium für Energetik und Energiewirtschaft nach Ilmenau und Dresden, bevor es ihn 1969 nach Ostberlin verschlägt. Daselbst motiviert ihn ein Bekannter mit den Worten: »Komm doch mal mit zu Union!« Sportbegeistert war Lesching seit eh und je, Fußball hatte er bei den Dresdner Brauereien und in der BSG Stahl Maxhütte in Unterwellenborn gespielt, also warum nicht? Union trat an jenem Tag gegen den FC Carl Zeiss Jena an. Aus alter Verbundenheit mit seiner »Fluchtheimat« Thüringen besuchte Jochen Lesching am 26. April 1969 zum ersten Mal das Stadion An der Alten Försterei. Fortan hatte er den Union-Fußball auf dem Schirm, aber jenem Stadionbesuch folgten in den nächsten Jahren nur einige wenige. Weit stärker beschäftigte ihn die Rockmusik als kulturtheoretisches Phänomen. Seine Aufmerksamkeit galt dem »Sozialen Gebrauch von Rockmusik in der DDR«. Musik in jeglicher Ausführung und das politisch-satirische Kabarett begleiteten sein Leben seit jeher, zum Beispiel als Leiter und Texter des Studentenkabaretts »Die TUnichtguten« an der TU in Dresden. Als Mitglied der Gruppe Pasaremos war er in die Bewegung des Politischen Liedes einbezogen. Zu den Weltfestspielen der Jugend und Studenten 1973 in Berlin trug er Mitverantwortung für die Produktion von Liedern zu diesem internationalen Jugendtreffen. Gegen den Widerstand engstirniger Kulturfunktionäre setzte er mit durch, dass im Rundfunk der Weltfestspiel-Song *Wir sind überall auf der Erde*[90] produzieren wurde. »Das ist zu amerikanisch!«, stößt es einigen Oberen auf. In der Tat erinnert der Song textlich wie musikalisch an *We Shall Overcome*, den berühmten Protestsong der US-amerikanischen Bürgerrechtsbewegung mit Gospel-Wurzeln. »Was habt ihr gegen die musikalischen Traditionen von den Baumwollfeldern der USA?«, lautet Leschings Argument. Die Entscheidung über dieses Lied fällten die zumeist jungen Leute auf der Straße: Sie sangen es einfach!

1976 und 1977 ist er Technischer Leiter eines Festivalorchesters und Chores der Musikhochschulen aus Berlin, Dresden, Leipzig und Weimar. Vor 100.000 Zuhörern auf dem Berliner Bebelplatz und ein Jahr später in der Deutschen Staatsoper intoniert dieses gigantische Ensemble Beethovens Neunte Sinfonie. Die Qualität der Musik ist Lesching wichtig – nicht etwa, dass alle Musiker im FDJ-Hemd auftreten, was wiederum einigen Funktionären gehörig gegen den Strich geht.

Beruflich verschlägt es ihn schließlich ins Kulturministerium, wo er sich aufgrund seiner kulturtheoretischen Untersuchungen zum sozialen Gebrauch von Rockmusik mit der Förderung von Amateur- und Profibands beschäftigt. Mitte der Achtziger landet er im Friedrichstadtpalast. Weil er gut mit den Technikern *und* den Künstlern kann, soll er zur Gewerkschaftswahl als Betriebsvorsitzender antreten. Lesching besteht auf geheimer Abstimmung mit Wahlkabine. Über 850 Angestellte des Hauses stimmen für ihn, es gibt sieben Gegenstimmen. »Die Sieben kenne ich!«, rief ein Bühnentechniker vom Schnürboden bei der Verkündung dazwischen. Im Theaterhaus sieht sich Lesching als Interessenvertreter aller Beteiligten. »Jeder« soll zu seinem Recht kommen! Im Friedrichstadtpalast heißt es Tag für Tag: »Der Lappen muss hoch! – The

Show must go on!« Oft steht da der Gewerkschaftsboss zwischen Chefetage und Belegschaft. »Du musstest stetig auf der Hut sein, dass du nicht als Wurscht verkauft, sprich zwischen den Fronten zerrieben, wirst«, erinnert sich Lesching.

Endgültig unbeliebt bei einigen Leitungskadern macht er sich 1986. Interessanterweise beschweren sich diesmal sogenannte »parteilose Kommunisten« aus dem Friedrichstadtpalast beim ZK der SED: »Das waren solche Zeitgenossen, die nach der Wende immer schon für Perestroika gewesen waren.« Auf der alljährlichen Betriebsversammlung gab er als Gewerkschaftschef und »oberster Interessenvertreter« eine Analyse des Jahres, die weit über den Tellerrand des Theaters hinausging. Es ist jene Zeit des Michail Gorbatschow, Glasnost und Perestroika! Lesching ist klar, dass seine Worte nach oben gemeldet werden. Kaum hat er die Rede gehalten, informiert er per Telefon den Vorsitzenden der Gewerkschaft Kunst, seinen Chef: »Auf deinem Tisch liegt eine Rede von mir. Lies sie bitte mal rasch durch, damit du den Inhalt kennst. Gleich kommt ein Anruf aus dem Großen Haus (ZK).«

»Stimmt genau!«, erwidert sein Chef nur wenig später. »Die haben sich beschwert, dass du im Friedrichstadtpalast Glasnost und Perestroika einführen willst.« Lesching kann heute darüber schmunzeln, dann lacht er. »Auch das habe ich überlebt. In solchen Zusammenhängen fällt mir aus meiner aktiven Zeit im Studentenkabarett an der TU Dresden immer ein Text von Erich Kästner ein: ›Wird's besser? Wird's schlimmer? Fragt man alljährlich. Seien wir ehrlich: Leben ist immer lebensgefährlich!‹«

In der Wendezeit arbeitet Lesching an der Gründung einer neuen und frei gewählten Gewerkschaft Kunst, Kultur, Medien mit, die im Januar 1990 erfolgt. Lesching wird zum 1. Stellvertreter der Vorsitzenden gewählt. Wenig später sind die Karten im neuen Deutschland völlig »NEU« gemischt: »Der Westen tat, was des Westens Sache ist: Konkurrenten werden geschluckt. Unbedingt auch, wenn es vermeintlich die politischen Gegner sind aus den

›finstersten Zeiten des Kalten Krieges‹. Aber ›Kapital‹ hält sich doch nicht mit Ideologien auf, oder? Es ist von Natur aus kreativ, innovativ und produktiv. Konkurrenz belebt das Geschäft, heißt es. Aber nur so lange, bis der Konkurrent mit eigener Kreativität lästig wird. Dann muss er weg, mit allen Mitteln!? Natürlich kreativ, innovativ, produktiv, wie das so die kapitale Natur fordert.«

Im Jahr 1990 hieß das: Der DGB will die zahlreichen Gewerkschaftsmitglieder aus dem Osten als Mitglieder haben – aber auf gar keinen Fall unter eigener Führung, auch nicht, wenn die frei gewählt wurde! Andererseits waren da die eigenen handfesten Interessen. Den etwa 2.500 Künstlern als Mitglieder in der IG Medien (West) standen etwa 35.000 Mitglieder der neuen und frei gegründeten Gewerkschaft Kunst, Kultur, Medien aus dem Osten gegenüber, was den Organisierungsgrad von Künstlern in der IG Medien schlagartig enorm erhöhen würde! Weiter kam hinzu, dass ›die da‹ aus dem Osten gut ausgebildete Künstler, Funk- und Fernsehleute waren, erfolgreich auf Bühnen, in den Medien, in Galerien und vielen anderen Kultureinrichtungen. Viele Künstler und Ensembles waren weltweit bekannt wie anerkannt. Lesching fallen in diesen Zusammenhängen immer wieder Analogien zum Fußball um 1990 ein. »Auch hier: gut ausgebildete Fußballer aus dem Osten, und hinter ihnen her ein übergewichtiger Manager, einzig durch einen Bundeskanzler zu bremsen.«

Lesching schlussfolgerte aus all dem: »Wenn ihr uns schon haben wollt, dann kommen wir erhobenen Hauptes zu euch, und dazu haben wir auch das Recht! Wir kommen aus einem basisdemokratischen Prozess, basisdemokratischer geht's gar nicht!« Seit März 1990 war er kooptiertes Mitglied im Hauptvorstand der IG Medien. Sein Standpunkt: »Wenn die IG Medien auf ihrem nächsten Gewerkschaftstag nicht beschließt, mit uns zusammenzugehen, wird es in Deutschland eine weitere Kunst-Gewerkschaft geben!« Wie einst von den Betonköpfen der altbekannten Couleur, hagelte es nun harsche Kritik aus West-Köpfen mit offensichtlich unklarer

Couleur. Auch der Betonanteil war noch nicht identifiziert. Der hörbare Unterschied bei den Zurechtweisungen: »Früher klangen sie vorwiegend sächsisch, jetzt schwäbisch. Hätte nur noch gefehlt, dass sie mir einen gewissen Mangel an Disziplin vorgeworfen hätten«, erinnert sich Lesching. Für den Gewerkschaftstag der IG Medien im November 1990 in Stuttgart bereitet er einen Diskussionsbeitrag vor. Seine ersten Sätze sollten lauten: »Ich bin ein Gesamtdeutscher, im Ruhrgebiet geboren, aufgewachsen in Thüringen, studiert in Sachsen und erwachsen geworden in Berlin, gewissermaßen zwischen den Welten, nahe dem Eisernen Vorhang. Wir alle hier auf dem Gewerkschaftstag sind voller unterschiedlicher Erfahrungen, haben Erkenntnisse gewonnen und jeder hat Leben gelernt. Wir sollten neugierig sein aufeinander, fern von ideologischem Ballast und längst geschlagenen Schlachten. Wir haben die große Chance, es zukünftig besser zu machen.« Mit dem Tenor seines Diskussionsbeitrages will er verdeutlichen, dass die neu gegründete Gewerkschaft Kunst, Kultur, Medien mit ihren Mitgliedern aus dem Osten eine selbstbestimmte Wortmeldung der Künstler und Kulturarbeiter aus der ehemaligen DDR ist, die substanziell zum Gelingen der Deutschen Einheit beitragen kann und wird. »Hatten doch gerade Künstler aus dem gesamten deutschsprachigen Raum seit vielen Jahren in der damals geteilten Welt mit ihrem Schaffen immer auch den politischen Wandel und die Annäherung im Denken der Menschen befördert. Es müssen weiter Allianzen durch gegenseitige Akzeptanz geschaffen werden, in denen *alle* gewinnen könnten. Ganz wichtig auch der gegenseitige Respekt: Augenhöhe muss die Handlungsebene sein, nicht der Bauchnabel!«

Lesching machte den Fehler, den Text seines Beitrages zuvor Kollegen aus dem Vorstand seiner Gewerkschaft zur Kenntnis zu geben. Hier hatten einige längst den neuen »vorauseilenden Gehorsam« verinnerlicht, und es sprach sich offenbar bis Stuttgart rum. Die Folge: Sieben Mal meldete sich Lesching auf dem Gewerkschaftstag zu Wort, sieben Mal fand er keine Berücksichtigung.

Auf dem Rückflug nach Ostberlin beschloss er: »Das war's dann erst mal mit der Interessenvertretung in solch einem System, kümmere dich mal mehr um dich selbst und dein Umfeld!«

Er zieht es durch und steht von einem Tag auf den anderen vor der Frage: Wo kriege ich Arbeit her? Der Renner jener Tage: Finanzdienstleistungen verkaufen! Bereits nach einem ersten Verkaufsseminar bei einer der einschlägigen Firmen ist ihm klar: »Den Leuten einen Haufen Kohl verkaufen, den sie gar nicht gebrauchen können, das ist Betrug – nichts für mich!« Er entsinnt sich an seine Zeit als Elektriker und wagt wieder mal was Neues: Leuchtreklame, Neonwerbung?! Aus seiner alten Heimat, dem »Fußballdreieck« Herne, Gelsenkirchen, Essen, Bochum, wohin er offenbar noch immer gute Verbindungen hat, ganz exakt aus Essen von der Firma Menden-Buchstaben, besorgt er sich das Rohmaterial, und los geht's: *Alles begann zur Jahreswende 1990/91 im Wohnzimmer und Keller der Familie Lesching. Von einschlägig bekannten Lichtwerbeherstellern wurden Halbfertigprodukte gekauft und mittels eigener Computertechnik und Schneidplottern beschriftet. (…) Seit Mitte der 90er Jahre entwickelte sich das Familienunternehmen von der Druckerei und Werbewerkstatt zu einer hochmodernen Produktionsagentur mit eigener Fertigung.*[91]

Was zunächst als *Elsen-Druckerei* firmiert, bekommt alsbald den Namen *vierC*, womit wir wieder beim 1. FC Union Berlin angelangt sind.

95. GRUND

Weil unsere Vereinszeitschrift nicht nur von Fans geschrieben und gestaltet, sondern auch produziert wird

Viele der zu Leschings Zeiten im Friedrichstadtpalast angestellten oder auftretenden Künstler hielten es, sofern sie sich für Fußball interessierten, eher mit den Unaussprechlichen aus Hohenschönhausen. Was seine Kollegen von der Technik anging, befand er sich dagegen inmitten von Unionern. Lesching rückte wieder näher an Union heran und spielte z. B. auf den Hartplätzen an der Hämmerlingstraße mit seiner Betriebsmannschaft Fußball. Das jedoch war in der Wendezeit, erst recht nach Gründung der Druck- und Werbewerkstätten der Familie Lesching zum Jahreswechsel 1990/91, wieder Geschichte. Er fand kaum Zeit, sich dem Unionfußball intensiv zu widmen. Dessen ungeachtet, hatte er in all den Jahren Unions Wege und Leiden verfolgt. Auch das vehemente Engagement der Unioner für ihren Verein war ihm nicht entgangen.

1996 treten einige alte Kollegen aus dem Friedrichstadtpalast an ihn heran: »Mensch Jochen, Union geht's richtig schlecht. Keine Sponsoren, kein Geld, wir können auf kurz oder lang nicht mal mehr unsere Vereinszeitschrift rausgeben.« Er überlegt nicht lange, erwidert: »Wenn ihr das Papier bezahlt, stellen wir die Zeitung drucktechnisch kostenlos her.«

1997, mittlerweile gehört die Firma der Leschings zu Unions Sponsoren, kommt es in einer Köpenicker Kneipe zu jenem folgenreichen Gespräch, von welchem ich dir, liebe Leserin und lieber Leser, bereits in meinem ersten Buch über unseren 1. FC Wundervoll erzählte: »Maiky von Nike«, der vom seinerzeitigen Hauptsponsor eingesetzte »Sanierer« Unions, folgte der Idee des enthusiastischen Fans Götz Geserick, die Produktion des Eisernen Stadionhefts auszulagern und in die Hände einiger »Union-Bekloppter« zu übergeben. Zu diesem Zwecke hatte er seinen Ideengeber sowie drei von dessen Kumpels in eine Köpenicker Kneipe gebeten, um sie zu fragen: »Traut ihr euch das zu?«

Weder Götz Geserick, noch Stefan Hupe, Union-Fotograf Schmidte oder »Seemann« Andreas Freese hatten bis dato einen Fatz Ahnung, wie man eine solche Zeitung fertigt, produziert und Spieltag für Spieltag an den Start bringt. Dass sie dennoch einstimmig wie entschlossen »Na logo!« antworteten, lag erstens daran, dass sie nun mal echte Unioner waren und dieses Heft selbstständig für Unioner machen wollten, und zweitens wohl an den bereits genossenen Bieren. Der dritte gewichtige Grund für ihre Zuversicht dürfte in jedem Fall der Umstand gewesen sein, dass »Maiky von Nike« zu jenem Treffen einen weiteren rührigen Unioner eingeladen hatte, welcher zugleich Chef einer gewissen, damals noch so genannten, Elsen-Druckerei war: Jochen Lesching. Zusammen mit der Familie Lesching starteten die vier ihre Mission: »Wenn Union schon stirbt, dann wenigstens mit 'nem geilen Programmheft!«

Hier kam auf Leschings Seite zweifellos eines der von Christoph Biermann erwähnten Bertolt-Brecht-Zitate zum Tragen: *Um uns selber müssen wir uns selber kümmern.*[92] Die Jungs wollten also etwas Eigenes auf die Beine stellen, ein Unionprogramm, welches voll und ganz echt Union war – also los! Fortan hatten also nicht nur Götz und seine Kumpels vor jedem Spiel einen Riesenberg Arbeit zu bewältigen, sondern auch die Leschings. Die Nächte vor jedem Spiel verbrachten sie oder ihre Leute mit Götz am Druckerei-Computer. Alsdann schleppten sie die noch druckwarmen Hefte ins Stadion, auf dass sie pünktlich zur Öffnung der Kassenhäuschen daselbst zum Verkauf bereitlagen.

Leider standen in jenen Tagen dort auch stets ein paar Gerichtsvollzieher bereit, um alles Zählbare aus den Kassen des oft nicht liquiden Vereins umgehend zu entfernen. Aus diesem Grund organisierten die Leschings und die Programmierer, wie sich Götz' Truppe bis heute nennt, auch den Vertrieb aus eigener Kraft. Fortan verkauften Leschings, zusammen mit ein paar Leuten von vierC, Unionfotograf Schmidtes Tochter und weiteren Familienangehörigen der Programmierer das Unionprogramm aus dem Bauchladen. Schließlich gehörten die Hefte rechtlich vierC, und diese Truppe war zahlungsfähig und hatte somit gute Beziehungen zu Fiskus und Sozialkassen. Durch die so hergestellte finanztechnische Ordnungsmäßigkeit konnte Union korrekte Einnahmen generieren, die nicht nur für die Deckung der von den Programmierern und vierC gering gehaltenen Produktionskosten reichten. Ein stolzer fünfstelliger Betrag floss Jahr für Jahr in die Kasse unseres damals stetig klammen Vereins und half so ein Stück weit mit, Angestellte zu bezahlen, Briefmarken zu kaufen und dergleichen mehr.

»Es war chaotisch – aber es funktionierte!«, lässt mich Lesching Ende 2014 wissen, bevor er nicht ohne Stolz hinzufügt: »Von 1997 bis heute gab kein einziges Unionspiel ohne Programm! Zwei, drei Spiele fielen aus, aber dafür konnten wir ja nichts. Das Programm jedenfalls war immer am Start.«

Seit vielen, vielen Jahren ward An der Alten Försterei kein lauernder Gerichtsvollzieher mehr gesichtet. Dass Jochen Lesching dennoch bis zum heutigen Tag, sofern er irgend die dafür nötige Zeit findet, das Unionprogramm eigenhändig mitverkauft, hat einen gänzlich anderen Grund: »Über diese Schiene hab ich den direkten Kontakt zu den Fans!« Das Ohr an der Basis, wie es Biermann in seinem Artikel schrieb, ist Lesching eben keine Last, sondern eine Mischung aus Bedürfnis und Notwendigkeit.

96. GRUND

Weil Wirtschaftsrat zwar trocken klingt aber auch viel Nektar bringt

Um uns selber müssen wir uns selber kümmern.[93] Das von Christoph Biermann erwähnte Brecht-Zitat steht nicht nur symbolisch für Jochen Leschings Lebensweg, sondern vor allem für jene ur-eiserne Organisation, die er vor mittlerweile gut elf Jahren mit ins Leben rief.

Herbst 2003: Keine zwei Jahre nach DFB-Pokalfinale, Aufstieg in die 2. Bundesliga und UEFA-Cup-Teilnahme steckt der 1. FC Union Berlin im Tabellenkeller fest, und das ist nicht mal das Schlimmste. Auch wirtschaftlich und mental liegt der Verein am Boden. So mancher Funktionär sieht Union als Bühne seiner Eitelkeit oder gar als Selbstbedienungsladen ohne Kasse. Gremien blockieren sich gegenseitig, zu hohe Spielergehälter fressen schwarze Löcher in die Vereinskasse, Union ist nach 1997/98 ein weiteres Mal in seiner Existenz bedroht.

Ein Mann, der seit Kindesbeinen Unioner, mit seiner Firma seit vielen Jahren Unionsponsor sowie seit 2004 Präsident des 1. FC Union Berlin ist, schreibt 2014 über jene Tage: *Union musste wieder das werden, was der Name bereits verspricht: eine Einheit von Menschen, die für ihren Verein gemeinsam einstehen.*[94] Dirk Zingler, Autor jenes Satzes, stand nicht allein da mit seinen Gedanken um unseren 1. FC Wundervoll. Er dachte dabei sowohl als Fan wie als Sponsor, und es war nicht von ungefähr auf einem Sponsoren-Informationstreff, als er und sein Union-Sponsor-Kollege Peter Wachalski ihre Idee entwickelten, *ein Gremium neben dem Fußballverein* zu gründen, *das die Interessen der Sponsoren in solchen prekären Situationen wahrnehmen soll.*[95]

Neun weitere Unternehmen und insbesondere solche unionverrückten Sponsoren wie Thomas Koch, Joachim Gehricke, Jochen und André Lesching, die gemeinsam mit Dirk Zingler und Peter Wachalski auch heute noch als Gründungsmitglieder des damals zu findenden Gremiums dabei sind, machten sich an die Arbeit. Ihre Überlegungen führten zu Konzeptentwürfen, so manches wurde verworfen, anderes weitergedacht, Unterstützer gesucht und gefunden. Der Zusammenschluss bekam Satzung und Namen. Am 1. März 2004 schließlich gründete sich, von keinem Medium erwähnt, der *Wirtschaftsrat 1. FC Union e.V.* Zum ersten Vorsitzenden wurde Dirk Zingler gewählt.

»Gemeinnutz geht vor Eigennutz, lautete unsere Devise!«, lässt mich Jochen Lesching 2014 wissen. »In erster Linie trachteten wir *nicht* danach, etwas für uns und unsere Firmen zu tun. Der Fußballverein musste gerettet werden, das allein zählte! Also stand im Mittelpunkt unserer Bemühungen der 1. FC Union Berlin. Und der bestand selbstredend nicht nur aus Sponsoren. Jeden Tag, jede Stunde wurde uns klarer: Da waren die Vereinsmitglieder, zum großen Teil Jahrzehnte dabei, alles Leute, die den Fußball bei Union lebten und liebten. Was hatten all die Unioner schon durchgemacht, ja erlitten. Ob wir wollten oder nicht: Auch deren Interessen galt es zu vertreten!«

Wie aber sollte die dazu vom Wirtschaftsrat zu leistende Arbeit konkret aussehen? Sämtliche konzeptionellen Überlegungen wurden über den Haufen geworfen, als die Lage eskalierte: Im Frühjahr 2004, drei Spieltage vor Saisonende, wurde nicht nur Unions Abstieg aus dem Profifußball besiegelt. Zu den millionenschweren Verbindlichkeiten, die den angeschlagenen Verein drückten, forderte der DFB im Lizenzierungsverfahren für die Regionalliga von Union die Hinterlegung einer Liquiditätsreserve von letztendlich 1,46 Millionen Euro, das Ganze musste innerhalb von 26 Tagen gestemmt werden!

Die Antwort der Unioner, die heute in zahlreichen Geschichtsbüchern steht, trug den martialischen, dem Ernst der Lage angemessenen Namen: *Bluten für Union*. Spektakulärster Bestandteil dieser Kampagne zweifelsohne die Blut- und daraus folgenden Geldspenden zahlreicher Fans. Neben ihnen und dem Verein selbst oblag es jener Handvoll »Eisenblütiger« Unionsponsoren, besagte 1,46 Millionen Euro zusammenzutragen. Plötzlich also war sie da, jene große, alles entscheidende Aufgabe des Wirtschaftsrats: Die finanzielle Rettung unseres 1. FC Wundervoll! »Dafür arbeiteten wir in jenen Tagen unter Hochdruck«, erzählt mir Jochen Lesching 2014, »auch, indem jeder von uns tief in die eigenen Taschen griff.« Die Sensation glückte, im Zusammenspiel von Fans und Mitgliedern, Wirtschaftsrat und Sponsoren sowie dem Investor Dr. Michael Kölmel. »Einzig in dieser Union konnte das unmöglich Scheinende gelingen. Keine jener drei Säulen hätte hier fehlen dürfen!«

Die Unioner aus dem Wirtschaftsrat, allen voran Dirk Zingler, sagten sich: Auf diesem Erfolg dürfen wir uns nicht ausruhen! Der

Verein muss dauerhaft auf sichere Füße gestellt werden, sportlich, wirtschaftlich und mental. Und ja, letztendlich sollten bei Union endlich wieder echte Unioner das Sagen bekommen! Jochen Lesching wurde Ende 2003 von Unionmitgliedern dem amtierenden Aufsichtsrat des 1. FC Union für eine Kooptation vorgeschlagen. Mit Dirk Zingler (2004), Thomas Koch (2004) und Dirk Fischer (2010) erhielten im Laufe der nächsten Zeit weitere Wirtschaftsräte ein Mandat für das höchste Gremium des Vereins. Am 1. Juni 2004 berief der Aufsichtsrat einstimmig Dirk Zingler zum Präsidenten des 1. FC Union Berlin. Mit seiner Ernennung legte er seine Mandate als stellvertretender Vorsitzender des Aufsichtsrates und als Vorsitzender des Wirtschaftsrates nieder. Die Mitglieder des Wirtschaftsrates wählten Thomas Koch zum neuen Vorsitzenden; 2005 übernahm Jochen Lesching von ihm den Vorsitz.

Mit dem erfolgreichen Abschluss der Aktion »Bluten für Union« und der darauf folgenden personellen Neuaufstellung des 1. FCU wurde der Fußball im Stadion An der Alten Försterei finanziell gerettet und grundlegend umgestaltet, gewissermaßen wieder vom Kopf auf die Füße gestellt. Was Uneingeweihten hier womöglich wie die feindliche Übernahme eines Fußballvereins durch ein Wirtschaftsgremium anmutet, ist genau das Gegenteil. Lesching hat dazu eine unmissverständliche Position, die er mir auch zehn Jahre nach den geschilderten Ereignissen sehr akzentuiert vorträgt: »Alles, was ab Ende 2003 und bis zum Anfang der Spielzeit 2005/06 zunächst vom Wirtschaftsrat und dann von den sich organisierenden neuen Vereinsgremien auf den Weg gebracht wurde, bedeutete für den 1. FC Union erste kleine, aber spürbare Schritte in eine selbstbestimmte und von vielen heißen Herzen gestaltete Zukunft. Seitdem ist jeder kleine Erfolg bei Union der Beginn von etwas Neuem, vor allem von neuen Fragen. Auf diese Weise suchte fortan der 1. FC Union seinen Weg in die Zukunft. Nichts kam von allein. *In Bereitschaft sein ist alles* (Hamlet). Von Union mussten die Fragen gestellt, Antworten gefunden werden. Wohin führt der Weg den

1. FCU, wo liegen unsere Perspektiven? Das alles geriet damals in Bewegung, kräftig und druckvoll, bedurfte aber stets neuer Impulse: *In Bereitschaft sein,* unbedingt und immer!«

Der Wirtschaftsrat 1. FC Union e.V. stand damit an der Wiege des heutigen 1. FCU. Und er leistete dabei einen ihm gemäßen eigenständigen Beitrag. Zugleich wurde mit »Bluten für Union« und der personellen Neuaufstellung des Vereins die Gründungsphase des Wirtschaftsrates abgeschlossen. Es begann eine neue Etappe seiner Entwicklung. Die Inhalte und Gegenstände der Arbeit mussten unter neuen Bedingungen fortgeführt bzw. neu bestimmt werden. In dem Maße, wie Union weiter wuchs, entwickelte sich auch der Wirtschaftsrat 1. FC Union e.V. zu einem stabilen und intensiv geführten Netzwerk für den gesamten Fußballclub. Dank zu sagen ist jedem echten Unioner, auch und gerade jenen, die in dem hier erwähnten Gremium mit dem so trocken klingenden Namen bis heute ihr Herzblut für unseren Verein dreingeben und zugleich ordentlich Nektar saugen für unseren 1. FC Wundervoll.

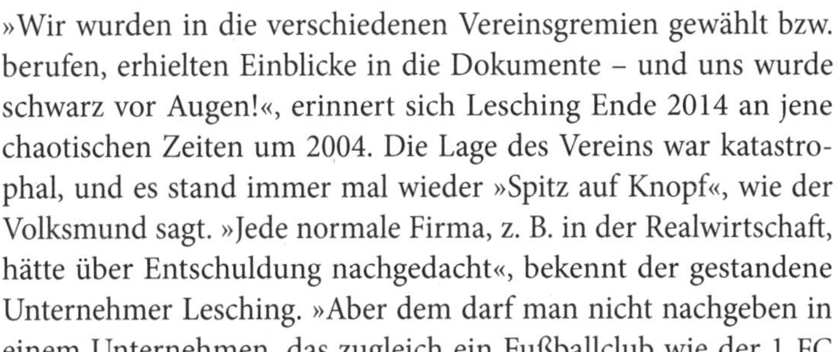

97. GRUND

Weil Schulter an Schulter für Eisern Union

»Wir wurden in die verschiedenen Vereinsgremien gewählt bzw. berufen, erhielten Einblicke in die Dokumente – und uns wurde schwarz vor Augen!«, erinnert sich Lesching Ende 2014 an jene chaotischen Zeiten um 2004. Die Lage des Vereins war katastrophal, und es stand immer mal wieder »Spitz auf Knopf«, wie der Volksmund sagt. »Jede normale Firma, z. B. in der Realwirtschaft, hätte über Entschuldung nachgedacht«, bekennt der gestandene Unternehmer Lesching. »Aber dem darf man nicht nachgeben in einem Unternehmen, das zugleich ein Fußballclub wie der 1.FC Union Berlin ist! Wir hatten um die 4.000 Mitglieder, viele seit

Jahrzehnten im Verein, und die bauten auf uns, die Unioner in den Gremien. Glücklicherweise kann man sich kaum noch erinnern, wie uns die Probleme umgetrieben haben. Und wenn es uns heute, daran gemessen, recht gut geht, sollten wir nie vergessen, dass nichts an unserer heutigen Lage selbstverständlich ist: ›Und niemals vergessen, Eisern Union!‹ Damals hat uns oft eine Zeile aus der Unionhymne den Rücken gerade gemacht: ›Wir werden ewig leben!‹ Manchmal kann Pathos eben toll helfen.«

Aber nicht nur er half, viele Menschen waren es, die so manches vom Kopf auf die Füße stellten. Auch der Wirtschaftsrat wirkte bei der nachhaltigen Entwicklung des 1. FC Union Berlin kräftiglich mit. Die allgemein spürbaren Aktivitäten dieser verschworenen Gemeinschaft provozierten gelegentlich Fragen wie: Was tut ihr eigentlich? Ist der Wirtschaftsrat so eine Art Aufsichtsrat light? Oder gar ein Staat im Staate? Die Doppelfunktionen einiger Mitglieder im Wirtschaftsrat und in Gremien des 1. FC Union bestätigen das Fragenbedürfnis. Leschings Antwort: »Die Vereinsmitglieder haben meine Kollegen und mich in den Aufsichtsrat gewählt, und wir sind von diesem Moment an einzig und allein dem Fußballverein und den Mitgliedern des 1. FC Union Berlin gegenüber rechenschaftspflichtig. Da darf nichts vermischt oder verwechselt werden, andernfalls funktioniert das System der Demokratie nicht. Auf keinen Fall dürfen und wollen wir mit dem Wirtschaftsrat ein Gegengewicht zum Fußballverein herstellen. Union zu retten, waren wir angetreten. Nun, da dies gelungen und die Vereinsgremien neu aufgestellt, mussten wir unsere eigenen Themen und Gegenstände finden sowie spezifische Programme entwickeln.«

Da dreht sich zunächst viel um Unions Sponsoren, was wiederum auf den gesamten Verein ausstrahlt. Ausdruck dessen ist zum Beispiel das seit 2005 jährlich erscheinende Branchenbuch *Von Unionern Für Unioner*. Darin stellen Unionsponsoren wie Unionmitglieder ihre Gewerke und Gewerbe im eisernen Familienkreis vor, auf dass Arbeitgeber und Arbeitnehmer zueinanderfinden, getreu dem Motto: *Das Geld, das Können und die Freude können doch auch gerne in der Familie bleiben.*[96]

Ebenfalls seit 2005 existiert das Eiserne-Business-Frühstück (EBF) für die Mitglieder des Wirtschaftsrates und Gäste aus dem Sponsorenkreis oder Sympathisanten. Unternehmer treffen sich zur goldenen Morgenstunde um 7 Uhr und tauschen unternehmerische Erfahrungen aus: »Was ist los in Wirtschaft und Politik? Was tangiert uns davon, und wie laufen unsere Firmen? Dass es den Unternehmen gut geht, kommt nun mal oft daher, dass wir mit unserem Verein als Werbepartner wirtschaftliche Erfolge erzielen. Und das wiederum bildet die Grundlage dafür, dass wir Union auch mal zusätzlich unterstützen können. Beispielsweise wenn in Südafrika die AF II gebaut wird oder die Fans eine Choreo gestalten wollen. Übrigens ist beim EBF das Thema Fußball ein Tabu; ausgenommen, der Cheftrainer ist zu Gast«, betont Lesching.

Zum gemeinsamen Gucken der Auswärtsspiele in der Eisern Lounge werden Sponsoren und ihre Freunde unter dem Motto *Auswärts Zuhause* eingeladen. Diesen Veranstaltungstyp hat der Wirtschaftsrat für Union entwickelt und inzwischen dem Vermarktungsteam zur eigenständigen Nutzung übergeben. Ähnlich das Vorgehen beim Branchenbuch: Der Wirtschaftsrat hob es mit aus der Taufe und übernahm für viele Jahre die Finanzierung. Jetzt trägt sich das Branchenbuch selbst, und die Finanzierungshilfe ist nicht mehr nötig.

In den seit 2010 veranstalteten *StadionGesprächen An der Alten Försterei* sorgen Persönlichkeiten aus Politik, Wirtschaft, Sport und Kunst für einen Blick weit über den Stadionwall hinaus, und der Wirtschaftsrat riskiert mit seinen Gästen einen Blick hinaus ins pralle Leben. Auch mit der deutlichen Absicht, reales Leben ins Stadion hereinzuholen. Eingeladen werden die Mitglieder des Wirtschaftsrates, Unionsponsoren, Wirtschaftspartner und ausgewählte Gäste sowie Sympathisanten von Union.

Im Jahre 2007 akquirierte der Wirtschaftsrat in Zusammenarbeit mit dem Eisernen V.I.R.U.S. die Firma *Silicon Sensor* als neuen Hauptsponsor für zwei Jahre. Den Stadionbau 2008/09 begleitete er unter anderem mit dem Buchprojekt *Stadion An der Alten Försterei, Das Buch zum Bau*[97]. Die Alte-Försterei-Aktie, verbunden mit dem Neubau der Haupttribüne, wäre ohne sein Wirken nicht denkbar gewesen. Etliche Wirtschaftsrats-Mitglieder ließen ihr Wissen in die Vorbereitung jenes bis heute einzigartigen Börsengangs einfließen. So trägt Ehrenmitglied Peter Wachalski nicht von ungefähr den Ehrennamen »Mr. Aktie«.

Die Ultraszene unterstützt der Wirtschaftsrat unter anderem mit dem Druck ihres Fanzines *Waldseite*. Mit der Herausgabe von Sam Paffs Cartoon-Band *Voll dit Leben! Mit Eisern Union!* (2013) sowie der Mit-Herausgabe des Buchs zum Weihnachtssingen *23.12. Neunzehn Uhr* (2013) zeigte sich der Wirtschaftsrat gar als Kunst-Mäzen. Von jedem verkauften Sam-Paff-Buch gingen drei Euro an Unions Nachwuchsleistungszentrum sowie an die Alte Försterei 2 in Südafrika. Dieses Projekt wird darüber hinaus vom ersten Tag an vielfältig und umfassend durch den Wirtschaftsrat unterstützt. Bei allen Aktivitäten steht die Netzwerkidee im Mittelpunkt und wird intensiv gelebt! Selbstverständlich stellt sich das Team des Wirtschaftsrats auch sportlichen Herausforderungen wie dem Drachenboot-Fun-Cup des Eisernen V.I.R.U.S. – keine Feier ohne Meier, könnte man sagen!

Dass es im Hause Union nun schon viele Jahre nicht mehr darum geht, das pure Überleben unseres Vereins zu sichern, dass es nach den Abstiegen in die Regional- und Oberliga alsbald wieder aufwärts ging und wir alsbald die siebente Saison am Stück in Liga 2 spielen, dass unser Verein wirtschaftlich solide aufgestellt ist, im knallharten Wettbewerb des Profi-Fußballs besteht und *trotzdem* nach wie vor *echt Union* ist – dass alles und noch viel mehr ist untrennbar mit der nunmehr elfjährigen Arbeit jener Eisernen aus dem Wirtschaftsrat verbunden, eben *Schulter an Schulter für Eisern Union.*

98. GRUND

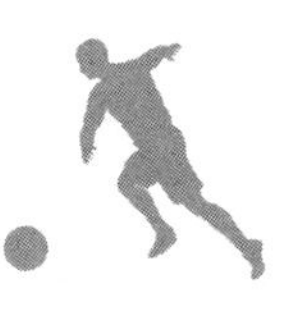

Weil wir uns nach wie vor um uns selber kümmern

Wer den Film *Und freitags in die Grüne Hölle* gesehen hat, weiß: Das Auseinanderfallen der realsozialistischen Gesellschaft auf ostdeutschem Boden offenbarte sich, nicht ausschließlich, aber überaus deutlich, in den Fußballstadien. Dass dies keineswegs Zufall war, begründet Lesching wie folgt: »Fußball ist zu allen Zeiten ein Brennspiegel gesellschaftlicher Entwicklungen mit durchaus schwankender Tiefenschärfe in den unterschiedlichen Prozessen.« Gegenwärtig spiegelt sich in ihm vor allem die rasante, alle Lebensbereiche erfassende Globalisierung. Seit 2005 widmet sich das weltweit aufgestellte Firmenimperium eines Österreichers unter Hochdruck der Fernsehsportart Nummer 1. Das seinen Firmennamen tragende Fußball-Produkt betreibt mittlerweile Filialen in Salzburg, New York, Sogakope (Ghana), Campinas (Brasilien), einer Stadt in Sachsen, dem Salzburger Stadtteil Liefering und in Pasching, ebenfalls in des Inhabers Heimatland gelegen. Von der derzeit in Sachsen stationierten Filiale wissen wir: Das ist kein Verein, in dem Mitglieder irgendwas zu melden haben. Ja, du kannst dort nicht mal eintreten, allenfalls gegen ein horrendes jährliches Entgelt »Fördermitglied« ohne jedwedes Stimmrecht werden. Klar, eine Firma ist keine Demokratie, weit eher gleicht sie einer nach dem Führer-Prinzip funktionierenden Diktatur.

Dass sich das Imperium jenes Österreichers nach Extremsport, Eishockey oder der Formel 1 schließlich auch der Fernsehsportart Nummer 1 mit ihren schier unermesslichen Werbeeinnahmen zuwandte, liegt auf der Hand. Ebenso, dass gerade dieser Sport jenen Titel innehat. Fußball an sich ist nicht planbar – und dadurch von seinem Potenzial her spannender als das großartigste Drama von Altmeister Shakespeare. »Der spannendste Krimi ist letzten Endes mit Kalkül ausgedacht«, so Lesching, »beim Fußball ergibt sich das Drehbuch erst während des Spiels, umrahmt und mitbestimmt von der Kommunikation zwischen Rasen und Rängen.«

Was Letztere betrifft, offenbart der Fußball sein einzigartiges, Gemeinschaft stiftendes Potenzial. Lesching zitiert hier gerne frei nach Ottmar Hitzfeld: »Ich kann mich nicht erinnern, dass zwei Menschen aus völlig unterschiedlichen gesellschaftlichen Kreisen Arm in Arm aus einem Opernhaus, einem Museum oder dem Bundestag gekommen sind, jedoch aus einem Fußballstadion sehr oft.« Besonders, wenn auf den Rängen tatsächlich noch Gutverdiener neben Erwerbslosen, Intellektuelle neben Arbeitern, Omi und Opi neben Halbstarken und Steppkes stehen. Und wo ist das noch heute, in Zeiten der auch im Fußballstadion angekommenen Gentrifizierung, nahezu ungebrochen so? Zum Beispiel auf den drei Stehplatz-Traversen des Stadions An der Alten Försterei. Im Wohnzimmer unserer Eisernen Familie, die sich auch um jene kümmert, denen wie meinem Freund Hannes selbst die neun Euro für einen ermäßigten Stehplatz auf der Waldseite im Portemonnaie fehlen.

Seit jeher bietet Fußball die ideale Bühne, Frustrationen abzubauen, den Zwängen der Arbeits- oder Familienwelt für ein paar Stunden zu entkommen. »Wenn es ihn nicht gäbe, müssten wir ihn erfinden!«, schmunzelt der längst nicht nur Brecht-feste Fußballfreak Lesching. Diese Wirkung entfaltet der Fußball zweifellos am stärksten, wenn er selbst im Mittelpunkt steht, statt als Anlass zur Einnahme von sündhaft teurem Sekt & Häppchen, als Hintergrund für 08/15-Klatschpappen-Mugge, unterbrochen von unzähligem Werbejingles und sonstigen Produktinformations-Gemalle zu schrumpfen.

Dass wir Unioner bis heute den in großen Arenen immer mehr verschwindenden Fußball pur leben können, liegt architektonisch in jedem Fall daran, dass unser Wohnzimmer auf drei von vier Seiten mit Stehplatz-Traversen eingefasst ist. Dass dem so ist und auch, dass Unioner beim Stadionbau selbst mit anpackten, statt auf die

Millionen eines Ölscheichs oder Brause-Vertreibers zu warten, die natürlich einen nach *ihrem* Gutdünken ausgestatteten Palast in die Wuhlheide gesetzt hätten, liegt an der in unserem Verein von allen Beteiligten gewollten und von vielen auch praktizierten Mitbestimmung. Getreu jenem hier schon mehrfach zitierten Brecht-Satz. Dass auch Union auf Sponsoren angewiesen ist, liegt auf der Hand. »Natürlich haben wir starke Verbündete, aber eben die Richtigen, die zu uns passen«, gesteht Lesching. »Nämlich solche, die genau wie wir sagen: *Um uns selber müssen wir uns selber kümmern!*«

Wohin entwickelt sich unsere bis eben noch so friedlich scheinende Gesellschaft? Werfen wir einen Blick in unsere Fußballstadien! Und hat unsere in letzter Zeit immer stärker attackierte Demokratie überhaupt noch eine Chance? Schau doch mal im Stadion An der Alten Försterei vorbei. Besuche ein Heimspiel des 1. FC Union Berlin, oder eine der vom Wirtschaftsrat ins Leben gerufenen und alsdann dem Verein übergebenen öffentlichen Veranstaltungen.

13. KAPITEL

ENDE GUT, ALLES GUT?

DIE SAISON 2014/15, TEIL 6

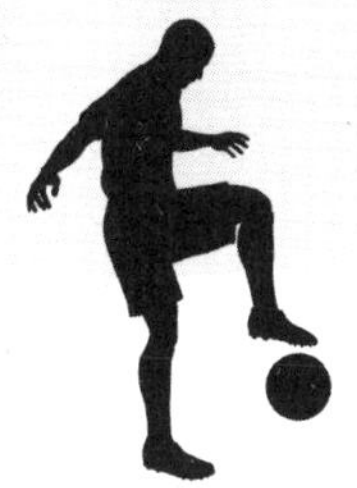

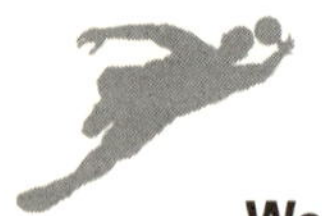

99. GRUND

Weil ich mal Urlaub von Union brauche, mit Union natürlich

Nach zwei zermürbend zähen, unter den gegebenen Umständen jedoch geradezu glücklich zu nennenden Unentschieden meines Vereins entschied ich mich am Sonntag, das Fürth-Spiel zusammen mit meiner Freundin Carola im Vereinsheim von Fortuna Pankow zu verfolgen. Vereinsheim – allein schon der Name zog mich magisch an. Zum letzten Mal hatte ich ein solches vor 34 Jahren in meiner damaligen Heimatstadt betreten. Stahl Oranienburg spielte in der Bezirksliga Staffel Nord, und im Vereinsheim stand das Hausmeister-Ehepaar Wrege hinterm Tresen, um ihren Gästen Bier, Bockwurst oder Buletten zu verkaufen. Für uns Kinder gab's Cola statt Gerstensaft, alles für heute kaum vorstellbare Pfennigbeträge. Vielleicht war's die Sehnsucht nach meinen Kindertagen, die mich am Sonntag zum Fortuna-Sportplatz in der Kissingenstraße zu Pankow führte.

Vorm Vereinsheim glüht der Grill. Jungs im Fortuna-Trainingsanzug und mit Sporttaschen zwischen den Knien trinken auf dem Freisitz ihr Nach-dem-Spiel-Bier. Drinnen begrüßen mich Carola und ihr Eiserner Begleiter Michael. »Was wollter'n trinken?« stellt meine Freundin die schönste aller leicht zu beantwortenden Fragen in den Raum. Sie bleibt nicht unbeantwortet.

Carolas Wohnungsnachbar, Eberhard Klonovsky, genannt Ebs, ist Fortunas Ehrenpräsi. Deshalb ist sie heute hier. »Ebs hat früher mal bei Wismut Aue gespielt, deshalb müssen wir heute Konferenz gucken«, erklärt sie mir. Nichts dagegen, Konferenz schont meine Nerven. Grüner Rasen beruhigt mich, wenn Union nicht auf ihm spielt. Außerdem bin ich immer für Aue, außer wenn sie gegen uns spielen. Genau so, bloß umgekehrt, geht es dem in Ehren ergrauten Präsidenten mit Union. Seine Frau, zu DDR-Zeiten eine Leistungssportlerin, verrät mir mit einem Lächeln: »Ick muss ja für Union sein, ick bin ja Berlinerin.« Für Aue geht es um alles, für mich vor allem darum, diesen Tag möglichst stressarm zu überstehen.

Der Bildschirm ist groß und der Ton leise genug, dass ich die Kommentatoren nicht verstehe – wunderbar! Das Gemurmel im Raum südostdeutsch eingefärbt, mit dem Ehrenpräsidenten und einem Herrn, den er Seppel nennt, geben zwei Erzgebirger den Ton an. Ebs ist übrigens nicht der einzige Exfußballer im Raum. »Der da drüben«, deutet der Ehrenpräsi auf einen schlanken Mann im Trainingsanzug: »Daniel Herold hat mal bei euch gespielt, mit'm Seier Olaf. Heute ist er Trainer bei uns.« Kurz darauf jubeln wir über das 1:0 von Maxi Thiel, der heute nach elend langer Verletzungspause erstmalig wieder dabei ist. Super Einstand, hoffentlich nicht zu früh. … Bei der nächsten Umschalte, 20. Minute, hindert die Querlatte Fürth am Ausgleich. Auf die Art scheint es weiterzugehen. »Wenn unser Live-Ticker Fürth lobt, verheißt das nichts Gutes«, orakelt Carola nach einem Blick auf ihr Smartphone. In der 31. endlich wieder eine Eiserne Großchance, wunderbar herausgespielt von Kobylanski, leider nicht ebenso abgeschlossen. Pause, und unsere Fußballgötter führen noch immer! In Aue derweil ein trostloses 0:0. »Das kann ich mir nich länger mit anseh'n«, kommentiert der Ehrenpräsident die Bilder aus seiner Geburtsstadt. Er geht hinaus, seine I. Herren haben gleich Anstoß. Im Fernseher erblicke ich eine Zaunfahne unserer Auswärtsfahrer. Sie zeigt einen kahlköpfigen, ernst dreinblickenden Hünen mit Schlips und Kragen. Der Schriftzug *Kämpfen Holly* sagt, dass seine Freunde in ihren Gedanken bei ihm sind. Rebellen-Holly ist heute nicht im Stadion. Er hat Knochenkrebs, drei Tage später werden ihm die Ärzte nach Jahren voller Schmerzen ein Knie herausnehmen.

»Tor in Fürth!«, verstehe ich nun leider doch den Kommentator in der Flimmerkiste. Dann jubelnde grün-weiße »Streifen-Hörnchen«. Hälfte 2 ist noch keine fünf Minuten alt, und es steht 1:1. Auch in Aue läuft es suboptimal. »Genauso wie gegen Sandhausen!«, schimpft der pünktlich zum Anpfiff zurückgekehrte Ehrenpräsi, »und *die* schießen dann das Tor!« Scin Satz passt mindestens ebenso gut auf unseren 1. FCU – und schon heißt es: Tor in Aue!«

Der neue Spieler der Erzgebirger war gerade mal 28 Sekunden auf dem Platz, als er einen Freistoß gnadenlos zum 1:0 verwandelt. Es ist Aues zweites Tor in den letzten acht Spielen ... Fortuna Pankow hingegen liegt mittlerweile 0:1 im Rückstand.

»Tor in Fürth!« Wir zucken zusammen, um wenige Sekunden später, genau wie unsere Spieler auf dem Bildschirm, die Arme hochzureißen und uns in selbigen zu liegen. Wie ewig habe ich nicht mehr gejubelt, wie befreiend so ein Aufschrei ist! Und klasse herausgespielt: Ecke Schönheim, Parensen goldrichtig, erzielt quasi im Vorbeigehen unsere Führung! Wie schade, dass seine Zeit bei uns womöglich ihrem Ende entgegengeht. Der Mann ist und bleibt für mich ein *echter* Eiserner ...

Der Rest ist bekannt und zuvor tausend Mal erlebt. Kurz vor Schluss »natürlich« das Tor auf der falschen Seite, wäre ja auch zu schön gewesen. Aber das Bier ist kühl, Steaks und Würstchen knackig, der Senf aus Bautzen und die Preise für alles erinnern mich fast an meine Kindheit. Obendrein scheint die Sonne – und draußen gibt's Fußball. Wir geleiten den Ehrenpräsi und seine Frau auf den Sportplatz seiner Fortuna. »Wir sind wenig, aber geil!«, singen ein Dutzend junge Männer, und: »Auf geht's, Pankower Jungs / Schießt ein Tor für uns!« Dem Gegner, FSV Hansa 07 aus Kreuzberg, widmen sie: »Nur weil ihr Hansa seid, seid ihr noch kein Rostock!« Alles mit Humor, keinerlei Feindseligkeit in der Luft, alles sportlich im besten Sinne des Wortes, auch aufm Platz. Zur Sache geht's trotzdem. »Sei ruhig da drinne!«, ermahnt der Ehrenpräsi Hansas Keeper, als der die Aufmerksamkeit des Schiris zu erringen trachtet. »Wismut Aue, Wismut Aue!«, zollen ihm die Sänger ihren Applaus.

Als ein Hansaspieler seinen Einwurf mit weitem Anlauf die Seitenlinie entlang einleiten will, fragt ihn der Ehrenpräsi mit scharfer Stimme: »Wie viele Meter willst'n noch klau'n?« Artig geht der

Mann etliche Schritte zurück, um abermals anzulaufen. »Nu hatter doch wieder geklaut«, lacht Ebs. Bald jedoch hat er auch *hier* genug. »Wir sehen uns drinne … das kann ich mir nich länger anseh'n.« Ebs darf das sagen und so handeln. Er hat den Laden hier aufgebaut, inklusive jener gemütlichen Kneipe namens Vereinsheim. Der Kreisligist hat heute 600 Mitglieder, etliche von ihnen verfolgen zusammen mit uns das Spiel. Leider sehen sie und wir kein Tor mehr.

Drinnen lasse ich meinen Fußballausflug im Kreise älterer Fortunen ausklingen: 2. Halbzeit Bremen gegen Hamburg. Ich sah heute 2. Bundesliga, das Spitzenspiel der Kreisklasse A, Staffel 1 und Bundesliga – und spürte keinen großen Qualitätsunterschied. Entspannt war's, und der Gesang der Fortuna-Pankow-Fans mit Herz. Ein schöner Kurzurlaub mit Vollpension, danke Carola und Fortuna! Und nächsten Sonntag wieder Union im Stadion!

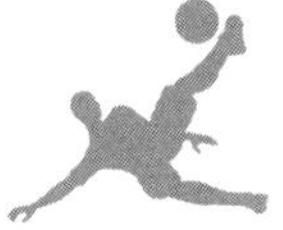

100. GRUND

Weil auch die »Kicherkurve« eisern ist

Meine Unionfreundin Poschi hatte mich eingeladen, das Ingolstadt-Spiel an einem Ort zu verfolgen, den ich nie zuvor betreten: Sektor 4 neben dem Gästeblock, wo beim zweiten Teil von *Dem Morgengrauen entgegen* nur noch ganz wenige Schals kreiseln, wo die Menschen meckern und lästern, statt sich die Kehle heiser zu singen, wie es sich für Unioner gehört! Von Poschis Reisegruppe wusste ich: Etliche von ihnen hatten als Steppke mit Papa auf der Gegengeraden gestanden. Von dort waren sie als junge Wilde rüber auf die Waldseite gezogen. Nun, im gesetzten Mannesalter angelangt, hatten sie am anderen Ende des Stadions ihre Heimat gefunden, in der von ihnen so getauften Kicherkurve.

Nach Bier und Wurst für alle geht es endlich die Treppen hinauf. »Erst mal jenießen!«, lässt mich Poschi auf der obersten Stufe innehalten. Vor uns die prall gefüllte Waldseite, auch die Gegengerade weist keine Lücke mehr auf. Das Stadion singt sich ein, und wir suchen in aller Ruhe die idealen Treppenstufen für uns neun. Rechts in Sektor 3 sehe ich Opi und Bernd, unerreichbar hinterm Zaun. »Haste schon Sehnsucht?«, fragt Poschi, und ich denke: »Ja«, als ich gefühlt allein »Na und?« und »Fußballgott!« rufe.

Die Hymne immerhin singt man auch hier, der Mann neben mir untermalt von ein paar lässigen Tanzschritten. … Anpfiff, die Waldseite singt & hüpft, links von uns trommeln dezent die Gästefans. 5. Minute: Gegnerischer Freistoß landet bei einem, der mutterseelenallein vor unserem Tor steht, 0:1. … Unsere Mannschaft ackert, ausrechenbar wie glücklos gegen einen abgezockten, ja oft hundsgemeinen Gegner. »Den vierten Ball krieg'nwa dann wieder!«, macht die Kicherkurve ihrem Namen alle Ehre. »Iss hier irgendwo 'ne Steckdose? Der Handyempfang soll jetzt so jut sein.« Der Himmel wird immer grauer, und ich erlebe Spiel und Stadion akustisch wie durch Watte. Waldseite wie Gegengerade singen irrsinnig weit weg, die Gästefans bedienen offenbar völlig gesangslos ihre Schlaginstrumente, auf dem Rasen »bemüht« sich unsere Mannschaft. Das Team des Tabellenführers hält die Beine still, oder sie fallen im richtigen Moment hin.

»Wisster watt?«, meldet sich der neben mir zu Wort. »Nächstet Mal bringen wir uns Anglerstühlchen mit und kloppen jemütlich'n Union-Skat während des Spiels!« Ausreichend Platz ist da, und das Spiel unserer Mannschaft gerade Skat-affin – da verfehlt Chrissy Quiring unbarmherzig knapp das gegnerische Tor! Sofort erschallt es auch hier »Eisern Union!« … Dann der Halbzeitpfiff, was *hier* bedeutet: genug Zeit für einen vorschriftsmäßigen Gang aufs Klo. Dann zum allzeit Warteschlangen-losen Kicherkurven-Grill oder, wie es die wundervolle Poschi praktiziert, am Getränkestand eine Runde Bier für die gesamte Reisegruppe geordert.

»Dit wird unsre Halbzeit!«, ruft der neben mir, und schon erzittern die gegnerischen Tormaschen. Leider abgepfiffen, schade, und wieder war es Chrissy! Die Ingolstädter fallen weiterhin gut, weiter zumeist erfolgreich. Als einer unserer Spieler den Ball verfehlt, höre ich: »Dit issn Allrounder! Der kann allet, aber nüscht richtich!« Wie sich aufm Platz anfühlt, wissen die neben mir. Einige kicken in einer Fanclub-Mannschaft, die gerade das Halbfinale des Unionpokals erreichte. Etliche fahren wie Poschi auswärts, und mein Nachbar ist nicht erst seit heute Meister im erfolgreich praktizierten Aberglauben. Sein Konzept, liegt Union scheinbar hoffnungslos zurück: Mischen! Selbiges meint das ausgiebige Wechseln seines Standorts während des Spiels. »Kuusi, misch mal!«, heißt es prompt, und Kuusi »mischt« los. Erstmalig erfolgreich erwies sich seine Taktik am 28. Mai 1988 in Karl-Marx-Stadt, als Union unmittelbar vor Abpfiff das für alle Zeiten legendäre 2:3 erzielte.

»Eisern!«, brüllt weit unter uns ein einsamer Rufer. »Union!«, antwortet die Reisegruppe wie aus einem Mund. »Eisern!«, klingt es erneut zu uns rauf, und jetzt fallen auch einige neben uns mit ein. Mitten in unserem Mini-Wechselgesang und Kuusis Rumgerenne die Stufen rauf und runter bedient Fabian Schönheim unseren Käpten im gegnerischen Strafraum. Damir legt punktgenau auf Björn Jopek ab, und Jopi knallt das Spielgerät wuchtig und nicht minder punktgenau unter die Torlatte! Augenblicklich explodieren Waldseite, Gegengerade, große Teile der Haupttribüne und die *gesamte* Kicherkurve. Ein gewaltiger Stein fällt mir vom Herzen, und direkt hinter mir schreit einer: »Nu *jewinnt* ooch mal, ick will ma wieder Sex mit meiner Frau haben!« Augenblicklich zirkelt Jopi einen Freistoß beherzt an der Mauer vorbei. Unmittelbar vor dem Keeper setzt der Ball auf, springt über dessen Arme an den linken Innenpfosten, von wo aus er gnadenlos in die Maschen flutscht. Schreien, Abklatschen, Umarmen – wenige Minuten, die mich vergessen lassen, dass sich das Leben durchaus auch mal schwer anfühlen kann.

Leider spielten nun auch die Ingolstädter wieder Fußball. Leider hatten sie dabei das immer wiederkehrende Pelztierchen auf ihrer Seite: Standard, Strafraum-Gestocher, Gegentor. Mist, schade, aber unsere Mannschaft hatte gekämpft, in entscheidenden Augenblicken brilliert – und ich einen Eisernen Fußballnachmittag in bester Gesellschaft erlebt. Danke, liebe Poschi, lieber Kuusi, liebe Erfinder des treffenden Namens Kicherkurve. Hier wohnen Lästerzungen, die im rechten Augenblick alles Frotzeln vergessen. Ewig war es mir nicht mehr vergönnt, ein Uniontor herbeizusingen wie jenes 1:1 von heute. Also danke, lieber Björn Jopek, für die schönsten 75. Spielminute, die ich je erlebte.

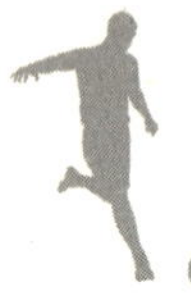

101. GRUND

Weil mir nicht jeder Gegner ein Feind ist

Viele von uns haben einen sogenannten Zweitverein, also einen, zu dem sie halten, wenn Union gerade nicht spielt. Für die einen ist es St. Pauli, für andere Celtic Glasgow, Schalke, Hertha, Gladbach, Bremen, Bayern, Barça, usw. usf. Fast jeder von uns hat seine ganz besonderen, zumeist sehr persönlichen Gründe für diese Wahl. Bei mir liegt es daran, dass meine Liebe aus dem Erzgebirge kommt und mir mittlerweile viele ihrer Landsleute ans Herz gewachsen sind. Mit ihnen jener Verein, dem selbst *die* Erzgebirger ganz fest die Daumen drücken, die sich nicht die Bohne für Fußball interessieren: der FC Erzgebirge, vormals BSG Wismut Aue. Damals wie heute bestechen Aues Spieler weder durch superhohe Gehälter noch spielerische Brillanz denn durch unbedingten Kampfgeist. Ich halte den Veilchen seit Jahren ganz fest die Daumen, außer sie spielen gegen uns! Dann sind sie mir, zumindest während des Spiels, ein Gegner wie jeder andere. Normalerweise.

Als beide Mannschaften am 9. Mai 2015 im Stadion An der Alten Försterei aufeinandertreffen, ist die Situation, drei Spieltage vor Saisonschluss, folgende: Unsere Fußballgötter hatten eine Woche zuvor in der Münchner Arroganz-Arena das bis dato in 13 Spielen

Unmögliche vollbracht und den TSV 1860 München geschlagen! In der 19. Minute schoss Sebastian Polter nach meisterhaftem Zuspiel von Chrissy das mit 71 km/h womöglich schnellste Hackentor aller Zeiten! Damir Kreilach und noch einmal Sebastian Polter stellten in der Schlussphase die Weichen endgültig auf Klassenerhalt dank 41 Punkten! Aue dagegen stand mit 31 Zählern auf dem Relegationsplatz, und die beiden hinter ihnen Platzierten hatten ihre Spiele bereits gewonnen. Natürlich wollte ich dennoch Union siegen sehen, und doch war mir eigenartig mulmig auf meinem Weg ins Wohnzimmer …

Bereits lange vor Anpfiff grüßte wieder mal das Murmeltier namens Bahn-Streik, welches die Oranienburger Frösche zu einer Eisernen Fahrradtour An die Alte Försterei inspirierte. Auch die Gästefans hatten sich was einfallen lassen: Unter dem Motto *Mit 5.000 PS nach Berlin zum Auswärtsspiel bei Union* legten etwa 70 erzgebirgische Motorradfahrer die etwa 300 Kilometer bis nach Köpenick zusammen auf ihren Maschinen zurück. Da wollten unsere Eisernen Biker nicht abseits stehen. Sie nahmen ihre veilchenblauen Kameraden vor Berlin in Empfang und donnerten zusammen mit ihnen zum Stadion. Hier reichten sie einander die Hände und wünschten sich gegenseitig alles Gute fürs Spiel. Eine Geste, die mir bis heute eine Gänsehaut auf den Nacken zaubert.

Im Stadion brandet ungewohnter Jubel auf, als Stadionsprecher Christian die Erzgebirger im prall gefüllten Gästeblock begrüßt. »Wismut, Wismut!«, brüllt hinter mir ein Friedrichshainer Kämpe. »Sachma, watt war'n damals los mit dir im Schacht?«, fragt sein Nebenmann besorgt. »Mann, die dürfen nich absteigen!«, erwidert der Kämpe, »die und wir sind die letzten beeden Ost-Mannschaften der Liga!«

Aue gewinnt die Platzwahl, schickt unser Team gegen das Gesetz in Hälfte 1 Richtung Zuckertor. »Danke«, murmele ich. Macht's mir leichter, auch jetzt gegen die »Schachtscheißer« zu sein. Union legt los wie die Feuerwehr. Ecke, Kopfball, knapp übers Tor. Aue stolpert, wankt, aber fällt nicht. Ihre Fans geben alles, laut schallt ihr Wechselgesang »Wismut!« – »Aue« durch unser Stadion. Kurz darauf bricht Chrissy in Messi-Manier durch die gegnerische Abwehr, leider ohne Torerfolg. Den feiern kurz drauf, bei ihrem ersten Angriff überhaupt, die Erzgebirger! Der Kämpe und ich starren uns an. Weder er noch ich haben das gewollt, und doch fühlt sich dieser Treffer für mich anders an als alle bislang 48 Gegentore dieser Saison. Sieben Minuten später fast das 0:2, zum Glück Abseits. »Vorwärts BSG«, singen die Erzgebirger, da verhindert Daniel Haas per Fuß den Ausbau ihrer Führung. Unions Antwort: Jede Menge Pässe ins Nirgendwo.

In der Halbzeitpause verabschieden wir einen 1920 geborenen Unioner. Er war bereits Mitglied bei unserem Vorgänger Union Ob. gewesen! Weiter geht's: Die Auer fallen viel und »erfolgreich«, während der Schiri uns einen klaren Eckstoß versagt. Drei Minuten später tanzen unsere Tormaschen: 0:2! Mir wird's eng um den Hals. Keine Geschenke wolle man den Gästen machen, hieß es vorm Spiel, und jetzt bricht unser Team da unten vollends auseinander? Zwei Minuten später fasst sich der gerade eingewechselte Martin Kobylanski ein Herz und schießt aus 22 Metern voller Wucht aufs Auer Tor: 1:2! Wir sind zurück, und noch fast eine halbe Stunde zu spielen! … Sie vergeht bleiern und zugleich viel zu schnell, schon ist unsere letzte Chance zum Ausgleich versiegt. Schön ist anders!

Auf meinem Weg zum Trostbier im Coé begegnen mir immer wieder Aue-Fans. »Vielen Dank, Union!«, rufen sie mir zu, aus vielen Autos mit Erzgebirger Kennzeichen schallt es: »Eisern!« Nichts davon klingt hämisch. »Ihr kummt doch ah gern zu uns, und mir kumme gern zu eich!«, lässt mich eine Frau mit langem veilchenblauen Schal wissen. Mir bleibt nur, zu erwidern: »Nun seht aber zu, dass ihr drin bleibt!«

Auch die Eisernen Biker haben einen Gruß an ihre südostdeutschen Kollegen: *War eine tolle Aktion, kommt gut zurück in Eure Heimat! Wir sehen uns in der nächsten Saison.*[98] Das hoffe auch ich, aber bitte unter anderen Umständen! Auch wenn ich weiß: Ost-Vereine werden es in Zukunft kaum leichter haben, die Klasse zu halten oder gar aufzusteigen.

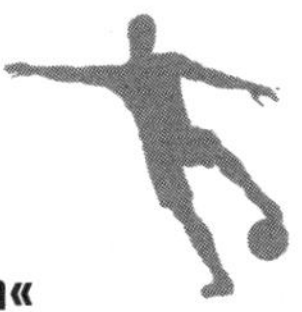

102. GRUND

Weil »Unioner für's Leben«

Am 24. Mai 2015 stand er an, der letzte Spieltag der Saison. Guter Gegner, ausgezeichnetes Wetter, ausnahmsweise *kein* Bahnstreik – und mal wieder vorab der erste Höhepunkt. Im März hatten sich 1.827 von uns als Knochenmarkspender registrieren lassen. Wunderbar, aber jede Auswertung einer abgegebenen Speichelprobe kostet 50 Euro. Woher die nehmen? Das Wuhlesyndikat hatte die Idee, Schweißbänder mit den Initialen und Rückennummern unserer beiden an Krebs erkrankten Spieler Lisa Görsdorf und Benny Köhler fertigen zu lassen und im Stadion gegen eine Spende von fünf Euro abzugeben. Die fließen, auch dank des Herstellers der schmucken Dinger, voll und ganz aufs Konto der Deutschen Knochenmarkspenderdatei. »Mann, du schwitzt doch wie Sau!«, bewarb gleich hinter der Einlasskontrolle ein Verteiler die helfenden Schweißbänder. Ich schwitzte längst noch nicht, aber logo schlug ich zu!

Vor Spielbeginn wie immer der Abschied von einigen Unionern aufm Platz, darunter drei Langgediente: Holger Bahra, Björn Kopplin und Björn Jopek. Besonders Jopis Weggang tut mir weh, er selbst musste sich seine Tränen mit dem Trikot wegwischen. Das dem allem folgende Spiel gab's dann auch noch. Dieses Mal verfolgte ich es zusammen mit Profikoch Ronny, Schmü, Exil-Unioner Ritter K sowie den Familien Sporti und Roski in deren Wohnzimmerecke. Sie alle stehen da, wo es auf der Gegengeraden am lautesten ist, am Anzeige-Häuschen, direkt neben der Waldseite.

Beim Intro der Hymne, mitten im Meer all der von uns hochgehaltenen Schals, belehrte Frau Roski ihren Nachbarn: »Watt, du siehst nüscht? Brauchst nüscht zu sehen, sei einfach glücklich!«

Die ganze Zeit über eingeschränkte Sicht hast du ganz oben in der Ecke, wo die Werbung für die wirklich erstklassige Eberswalder Wurst leider den Blick auf Zuckertor und Waldseite versperrt. Ich stand etwas weiter unten – und bekam trotzdem kaum was vom Spiel mit. Zu sehr fesselten Vorsänger und Ultra-Block meine Aufmerksamkeit. Massenhaft erhobene Arme, und schon brach sich der Wechselgesang brachial hämmernd Bahn, während Käpten Kreilach einen Freistoß nur knapp nebens Braunschweiger Tor zimmerte. »F-C-U-Fußballclub Union Berlin«, klingelt es in meinem rechten Ohr, von links klimpern dazu zahlreiche Schlüsselbunde. … Unten auf dem Rasen wollen alsbald die Braunschweiger den Ball dringender als unsere. Knapp übers Tor, kurz darauf haarscharf links vorbei. »Den habick drin jesehn«, sah es Herr Roski genau wie ich. »He FC Union …!«, skandiert die Waldseite. Der Support ist, zumindest in dieser Ecke unseres Wohnzimmers, tausend Mal heftiger als das Spiel.

Endlich Pause, Entspannen bei Glückwünschen & Co, dann plötzlich Stille. Jedwedes Gespräch versiegt, während Stadionsprecher Christian mehrmals ansetzen muss, als er den Brief der Hinterbliebenen unseres Familienmitglieds Hanna vorliest. Hanna war 18, als sie vor wenigen Tagen ermordet wurde. Meine Linke spielt mit dem Schweißband an meiner Rechten. *Unioner gegen Krebs / Unioner für's Leben* steht darauf – genau das liebe ich an unserer Eisernen Familie: Als Unioner stehst du nicht allein da, wenn dich das Leben in den Hintern tritt! Wie quälend, dass niemand von uns verhindern konnte, was Hanna in jener Nacht widerfuhr. Ihr Leben ausgelöscht, lange, lange vor ihrer Zeit, etwas Schlimmeres gibt's wohl nicht auf dieser Welt. Unsere höchste Saisonniederlage, jedweder kleinliche Streit, alle Zankerei kommt mir plötzlich so absolut nichtig vor. Das Schweißband an meiner Linken wird mich ewig an Hanna, die ich nie persönlich kennenlernte, erinnern. »Du da oben, pass gut auf uns auf!«, ruft Christian Richtung Himmel, bevor wir Hanna dreifach donnernd unseren Gruß zurufen. *Unioner für's Leben* spendet mir in diesem Augenblick vielmalig Hoffnung. Darunter auch jene wahrscheinlich hoffnungslos naive: Beim nächsten Mal verhindern wir, dass eine oder einer von uns derart zu früh aus dem Leben gerissen wird. Hannas Familie alle Kraft der Welt, zumindest dabei können wir jetzt vielleicht ein klein wenig helfen!

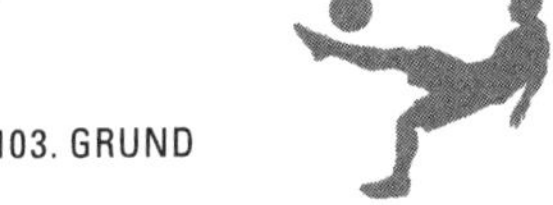

103. GRUND

Weil Eiserner Jubel keine trennenden Zäune kennt

Kurz darauf, oh Irrsinn des Lebens, wieder Fußball. Und was für welcher! Union ackert und drückt. Keine drei Minuten sind vergangen, da weiß ein Braunschweiger und zukünftiger Unioner dank Eisernem Pressing im eigenen Strafraum keine Antwort auf die Frage: Wohin spiele ich jetzt den blöden Ball? Er passt zu dem Mannschaftskameraden, der ihm am nächsten steht, doch den verlangt es längst nicht so vehement nach dem Spielgerät wie unseren Fabian Schönheim. Kurzerhand drischt Fabi das Ding in die Maschen und lässt uns ohrenbetäubend jubeln!

Kurz darauf das 2:0, doch der Schiri hatte den Ball nach Freistoß für Union noch nicht freigegeben. Schade, aber Union macht weiter Druck. Schon die zweite Flanke von links, direkt in Richtung Tor verlängert: einmal drüber, einmal daneben. »Dit dritte Ding jeht rin!«, ruft neben mir einer. 59. Spielminute, wieder schneller Angriff von Union. Maxi Thiel passt auf Sebastian Polter. Der lässt einen Verteidiger aussteigen, verlädt den Torwart, und ehe zwei weitere Braunschweiger die Lücke vor ihrem Kasten schließen, zappelt dort bereits das Netz. Wow, welch geiler Spielzug!

Stevie macht fast das 3:0, bevor die Gäste knapp über unser Tor schießen. Der Eisernen Feierlaune tut's keinen Abbruch. »Steht auf, wenn ihr Unioner seid!«, bringen wir in der 76. gehörig Bewegung auf die Haupttribüne. Plötzlich erschallt von ganz rechts, zur Melodie eines uralten Hits von Benny: »Union Uh-Ah-Ah, das ist Fußball wunderbar!«, direkt gefolgt vom massiv donnernden »Eisern! – Union!«-Wechselgesang zwischen Waldseite und Gegengerade. Das Spiel trudelt derweil vor sich hin, bis Jan Hochscheidt unsere Hintermannschaft ausschaltet und den Ball, frei vor unserem Tor stehend, wuchtig an den Pfosten knallt. Von dort aus fliegt er zum Glück ins Spielfeld zurück, in die Arme von Daniel Haas. Unser tapferer Keeper wäre hier machtlos gewesen. Wäre, hätte – schon lässt uns der kaum vernehmbare Schlusspfiff barbarisch jubeln. Nach Fast-Zusammenbruch, *Mit aller Gewalt – Klassenerhalt* am Ende ein fantastischer Platz 7! Ausgerechnet die 7, Bennys Rückennummer! Die ziert nun auch die Rücken aller Unioner aufm Platz, auf einem eigens gefertigten Shirt – und sie meint nicht den Tabellenplatz!

Die Mannschaft dreht ihre Runde, Benny Köhler ist dabei! Vor der Waldseite zelebrieren sie zu unserem Gesang einen irren Union-Pogo. Sebastian Polter feiert heftiger als nach seinem Tor. Der Kerl passt derart gut An die Alte Försterei! Wüsste ich es nicht anders, würde ich alles darauf wetten, dass er in Köpenick geboren wurde, mit Blick aufs Wohnzimmer! Wie wunderbar, wäre er tatsächlich bei uns geblieben! Ein untersetzter, äußerst flinker Flitzer komplettiert die Partygemeinde dort unten auf dem Rasen. Wir jubeln, als er den ihn verfolgenden Ordner alt und langsam aussehen lässt, sich ins Getümmel der Mannschaft rettet. Die Eisernen Profis nehmen ihn in ihrer Mitte auf, feiern zusammen mit ihm und lassen sich gar von ihm anführen. Mit ausgebreiteten Armen dirigiert er sie Richtung Waldseite. Schließlich applaudiert er der Mannschaft und uns, begibt sich auf den Weg Richtung Gegengerade. Er ist fast am Zaun, als der ihn verfolgende Ordner zum wütenden Sprint ansetzt.

Laute Pfiffe begleiten den Ordnungshüter. Lauter Jubel brandet auf, als sich der Verfolgte in letzter Sekunde übern Zaun rettet. So feiert Union, noch lange, lange Zeit an diesem bei aller Trauer wunderbaren Tag.

Er lässt mich nicht vergessen, dass diese Saison uns Unionern jede Menge Nerven und Kraft kostete. Tusches Weggang, Tabellenletzter-Abstiegskampf, Trainer-raus-Diskussionen und so manche andere Zerreißprobe, obendrein die Krebserkrankungen etlicher Unioner, ja die tragischen Tode mehrerer Familienmitglieder, deren Zeit in unserer Mitte doch noch lange, lange nicht abgelaufen war!

Derweil läuft bereits die Vorbereitung auf die neue Saison. Etliche Neuzugänge sind verpflichtet, zum Glück bleibt Michael Parensen. Bereits jetzt wird unsere Profimannschaft von einigen als heißer Aufstiegskandidat gehandelt. Hatten wir vor Kurzem doch schon mal, oder? Ist es eines Tages tatsächlich so weit, erwarten uns eine Menge neuer Herausforderungen und Konsequenzen, deren Härte wir jetzt nicht mal ahnen. Nun, wir werden erleben, wie es kommt, aber nach wie vor wünsche ich uns vor allem etliche Dinge, die am Ende alle auf eines hinauslaufen: dass wir Unioner eine Familie bleiben, die zusammen feiert und trauert, deren verschiedene Zweige sich streiten mögen, aber dennoch Schulter an Schulter zusammenstehen, kommt es drauf an. Und ich wünsche mir vor allem, dass wir auch in Zukunft *Die Kranken* sind, die füreinander einstehen, tritt den einen oder die andere von uns das Leben mal wieder so richtig in den Hintern. Auf dass unser Verein bei allem angestrebten sportlichen Erfolg auch weiterhin seinem Namen gerecht bleibt. *Union leben*, das gilt eben längst nicht nur an Spieltagen! Apropos jener wunderbare Tag des letzten Spiels dieser Schicksals-Saison: Ich ließ ihn zusammen mit einigen Freunden an einem Eisernen Ort ausklingen, von dem ich dir gleich zu Beginn des folgenden Kapitels erzähle:

14. KAPITEL

VON KÖPENICK BIS LATEGANSVLEI

EISERNE ORTE

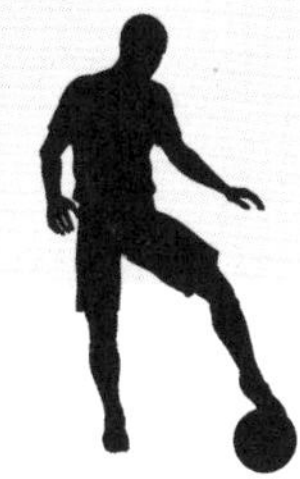

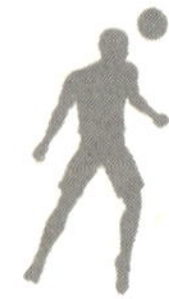

104. GRUND

Weil unweit des Wohnzimmers meine Kuschelecke steht

Mone erblickte in Friedrichshagen das Licht der Welt, als einziges Mädchen zwischen sechs Jungs. »Mein großer Bruder ist Unioner und nahm meine Geschwister mit ins Stadion«, vertraute sie mir an. »Ich dagegen musste heimlich Fußball spielen, weil meine Oma was dagegen hatte!« Mone lernte bereits als Teenie, hart zu arbeiten. »Das Geld für meinen Eintritt An der Alten Försterei musste ich mir selbst verdienen. Meistens aber wartete ich im Wald bis zum Pausenpfiff und ging zur 2. Halbzeit gratis rein.« Union gehört zu ihrem Leben, auch als offiziell Erwachsen-Werdende: »Die anderen machten nach der Jugendweihe-Zeremonie Party, aber ick rannte in Hackenschuhen und Blazer ins Stadion. Pünktlich vor Anpfiff stand ick uff meinem Platz neben der alten (und damals einzigen) Anzeigetafel.«

Mone ist sportlich wie ehrgeizig, bald trainiert sie ein eigenes Cheerleader-Team. »Mit dem Berliner Meister kam dit Geld, unter anderem durch Auftritte beim Sechstagerennen, im Fernsehen oder uffm Fußballplatz, notgedrungen bei Unions Westberliner Lokalrivalen Tennis Borussia.« Als Cheerleaderin im lila-weißen Dress erlebte sie das legendäre Derby gegen den Verein ihres Herzens. »Niemals vergesse ick unsere Runde nach'm Spiel, das Abklatschen mit meinem Bruder im Gästeblock! Auf der Heimreise, ick jezwungenermaßen noch immer in TeBe-Klamotten, wollte mich die Polizei permanent vor den ›bösen‹ Unionern beschützen!«

Ein weiteres Highlight: »Die Einladung meiner Wuhlebanausen ins VIP-Zelt beim Abschiedsspiel von Texas. Die Jungs brachten unseren Helden dazu, mir von hinten die Augen zuzuhalten, da war ick echt sprachlos!« Unionfotograf Schmidte sorgte mit seiner Kamera dafür, dass dieser Augenblick für alle Zeiten festgehalten ist. Dass es Mone in letzter Zeit kaum noch ins Stadion schafft, liegt an ihrer beruflichen Selbstständigkeit …

Mirko wurde in der Hämmerlingstraße geboren, sein erstes Unionspiel live im Stadion erlebt er mit zwölf. Mit 14 verdient er pro Spieltag satte 15 Ostmark als Ordner An der Alten Försterei. 1989 hält es ihn, wie viele andere, nicht mehr in der größten DDR dieser Welt. Über Ungarn flieht er nach Frankfurt am Main, von dort geht's gen Westberlin, nach der Wende wird er in Mitte ansässig. Eine Disco-Bekanntschaft bringt ihn zurück nach Köpenick, wo er 2001 in eine Kneipe namens Coé mit einsteigt. 2004 übernimmt Mirko den Laden. Dass er sich auch im Mecki-Dorf als Wirt engagiert, bringt ihn nach vielen Jahren wieder mit Union in Verbindung. 2004 zweigt er eine gesamte Sommersaison lang von jedem verkauften Bier zehn Cent für den klammen, in seiner Existenz bedrohten Verein ab.

Sein Laden hat noch aus Zeiten des Vorbesitzers keinen guten Ruf, so ist Mirko froh, als er 2009 mit dem Coé in ein neues Gebäude umziehen kann. »Da war früher'n Bäcker drin«, erinnert er sich. »Die Räume kannte ick aus meiner Kindheit in- und auswendig. Brauchte ick mir nich mal ankieken, als ick den Laden übernahm!« Eine Menge ist zu tun, um aus der ehemaligen Bäckerei ein Lokal zu machen, das Mirkos Vorstellungen entspricht. Er packt es an, alsbald zusammen mit Mone. Aus ein paar Wochen Aushilfe wird alsbald mehr, beruflich und privat. »Mone kniete sich rin wie nur irgendwatt!«, erinnert sich Mirko. Beide werden ein Paar, führen den Laden schließlich gemeinsam. Dass sich im Coé vieles um Fußball im Allgemeinen und um Union im Besonderen dreht, hatte Mirko bis dato bewusst vermieden. »Ick kannte inzwischen etliche aus Hohenschönhausen, da wollte ick vorprogrammierten Stress vermeiden.« Dann jedoch steigt Union in die 2. Bundesliga auf, sämtliche Spiele laufen auf TV. »Watt nun kam, damit hab ick nie und nimmer jerechnet!«, bekennt er heute. »Zu Unions erstem Auswärtsspiel hatte ick um die 90 Leute im Laden, darunter knallharte

Unioner und Familien mit Kindern!« Diese Mischung findet sich bis heute im Coé, dazu fast immer Gästefans, aber auch Leute, die mit Fußball nichts am Hut haben. Mone dazu: »Unser Ziel war es immer, einen Ort zu schaffen, an dem sich Jung und Alt wohlfühlen und zu bezahlbaren Preisen essen & trinken können. Hier darf jeder sein, wie er ist, vorausgesetzt, er benimmt sich!« Wer das nicht kann, darf früher gehen. Und wer gar versucht, die Zeche zu prellen, hat die Rechnung ohne die Wirtin gemacht. Mone ist verdammt schnell, obendrein eine Kämpfernatur.

Mein Freund Matze Howorka war es, der mich zum ersten Mal mit in »sein« Coé schleppte. Mone und Mirko begrüßten mich wie einen alten Bekannten. Sie hatten mich beim Lesederby gegen Hertha-Knut gesehen, und ihre Gastfreundschaft sorgte dafür, dass ich seitdem nach jedem Spiel zu ihnen gehe. Egal, ob ich hinten »nur« Fußball gucke, wahlweise im Raucher- oder Nichtraucherbereich, ob ich vorn Platz nehme und zu Fußball, Bier oder Bowle ein auf Mirkos reichhaltiger Speisekarte vermerktes Gericht genieße oder einfach nur Sven Gestresst ein paar Kartoffelecken vom Teller klaue – stets befinde ich mich hier in bester Gesellschaft.

Wie groß war meine Verzweiflung, als ich neulich auf meinem Heimweg vom Coé meine gesamten Ausweispapiere in der U-Bahn verlor. Ein ehrlicher Finder ließ mich bereits einige Tage später aufatmen, und dank Mone wird mir so ein Mist nie wieder passieren. Als ich nach dem letzten Heimspiel im Coé landete, überreichte sie mir einen knallroten, eigenhändig mit Unionaufnäher veredelten Brustbeutel. Der bietet nicht nur Platz für sämtliche Ausweise und Dauerkarte, sondern zudem für Stift und Notizblock. »Brauchste ja schließlich als Schreiber!« Mir standen die Tränen in den Augen, und ich wusste endgültig: Das Stadion ist unser Wohnzimmer, aber meine Kuschelecke ist das Coé, Am Generalshof 3 im wunderschönen Köpenick.

105. GRUND

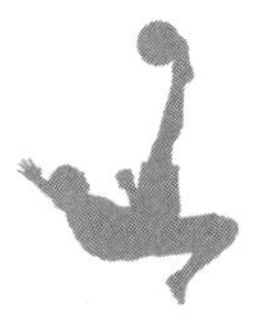

Weil sich im blau-weißen Meer eine rot-weiße Insel erhebt

Ich bin sicher, Norbert Schwarz gehörte dereinst zu jenen Ostdeutschen, die an ihrem sozialistischen Vaterland mit all seinen tollen Errungenschaften nur eines zu schätzen wussten: Einzig hier gab es den 1. FC Union Berlin. Seit vielen, vielen Jahren war Norbert Stammgast im Stadion An der Alten Försterei, wo er, wie es Unioner nun mal halten, Spieltag für Spieltag seine Mannschaft nach vorn brüllte und sang.

Irgendwann in den Achtzigern hielt es Norbert dennoch nicht mehr aus in der größten DDR dieser Welt. Der gebürtige Berliner zog ein paar Kilometer westwärts, was damals hieß: Er reiste aus nach »Berlin West«, in ein anderes Land, ein anderes Weltsystem, gefühlt auf einen anderen Planeten. Er landete in Charlottenburg, quasi in Rufweite zum Berliner Olympiastadion, im Herzen des blau-weißen Herthalandes. Oder besser, mitten im blau-weißen Meer. Schließlich waren es jene Zeiten, da in den Farben und durch eine Hochsicherheitsmauer getrennte Ost- wie Westberliner Fußballfreunde immer wieder ein und dasselbe Lied anstimmten. Es erzählte von Wind und Meer, die da zusammenhielten wie Hertha und Union. Zur blau-weißen Hertha konnte Norbert von nun an gehen, wann immer er wollte. Seinen 1. FC Union und das Stadion An der Alten Försterei dagegen würde er, blieb alles, wie es war, niemals wiedersehen.

Norbert kam an in Charlottenburg, und doch gehörte sein Fußballherz *seinem* rot-weißen Club aus Köpenick. Aber es blieb ja nicht alles so, wie es war. Die DDR ging unter und mit ihr die Norbert auferlegte Bannmeile um das Stadion seines 1. FC Wundervoll. Es lag von nun an auch politisch in der gleichen Stadt wie jener, in die er einst ausgereist. Was blieb, war die fußballgeografische Fan-

Trennung zwischen seiner blau-weißen neuen Heimat und jener rot-weißen seines Herzens. Und niemand sang mehr öffentlich von Wind und Meer, die da zusammenhielten wie irgendwas. Hertha und Union waren jetzt Konkurrenten, um die Publikumsgunst und in der Saison 2010/11 gar erstmals um Punkte in der 2. Bundesliga.

Und was macht ein rot-weißer Unioner, den es ins blau-weiße Meer verschlug? Na klar, er schüttet darin eine rot-weiße Insel auf! Mitten in Charlottenburg eröffnete Norbert eine Unionkneipe, von der ich – erstmalig und zunächst völlig ungläubig – im Unionprogramm unseres ersten Derbys gegen Hertha am 17. September 2010 las.

Erst gut dreieinhalb Jahre später lernte ich Norberts in der Kaiserin-Augusta-Allee 42 gelegene Lokalität »Zum Straßenfeger« persönlich kennen. Ihr Name spielt darauf an, dass sich in unmittelbarer Nachbarschaft der große Recyclinghof der Berliner Stadtreinigung befindet. Am 31. Mai 2014 war der »Straßenfeger« Austragungsort des großen Finales meines Vorlese-Derbys gegen Knut Beyer, dem Autor von *111 Gründe, Hertha BSC zu lieben*, von dem ich dir in Grund 19 erzählte.

Seit Sommer 2010 weht über Norberts Laden die große Unionfahne im Wind. Auch ein Blick durch die Fensterscheiben oder auf die Tafel über der Seitentür verraten, für welchen Verein das Herz des Wirts schlägt. Direkt vis-à-vis des »Straßenfegers« hängt aus einer anderen Kneipe, wie sollte es hier anders sein, die Herthafahne. »Zu Anfang haben sich die Leute natürlich über das Rot-Weiß gewundert«, erzählte mir Norbert. »Ein paar Mal war meine Fahne auch schon weg, aber dann ging ich da mal rüber. Wir redeten Tacheles, seitdem is' alles jut.« Längst zieht es auch etliche Herthafans eher in Norberts Laden als in jenen schräg rüber.

»Außerdem ist der Straßenfeger seit 2014 offizielles Vereinslokal der Union Rebellen«, betont deren Schatzmeister Nobse »Opi« Szupriczynski. »Unsere Oase sozusagen. Aber auch Nichtunioner sind jederzeit, selbstverständlich auch zu den Auswärtsspielen unserer

Fußballgötter, auf unserer rot-weißen Insel willkommen. An ihrem Gestade kann ein jeder landen und ein gepflegtes Bier trinken, beziehungsweise wie bei Muttern essen. Koch Ralle wirbelt in der Küche und sorgt dafür, dass die Speisen munden. In dieser Lokalität Eisbein zu essen, ist ein absoluter Hochgenuss.« – »Und nicht zu vergessen die Erdbeerbowle!«, fügt Rebellen-Präsi Bancro vehement hinzu, »die sucht auf dieser Welt vergeblich ihresgleichen! Für uns Rebellen ist der Feger einfach die geilste Kneipe der Welt. So 'ne urige Berliner Stampe, in der du immer das Gefühl hast, unter guten Freunden zu sein.«

Ist nun das Anziehende des Straßenfegers vor allem der Qualität von Getränken & Speisen, den hier geltenden Preisen, der Gemütlichkeit oder dem vielen Rot-Weiß geschuldet? Keine Ahnung, ich weiß nur eins: Ob Fußball-, Vorlese- oder sonst welches Derby – alle Tage gilt hier jener Satz, den Gerald Karpa bereits vor jenem ersten Wind-gegen-Meer-Duell ins Unionprogramm schrieb: *Im »Straßenfeger« treffen sich Fußballfans, keine Feinde.*[99]

106. GRUND

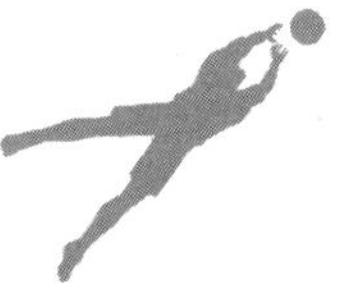

Weil es im tiefsten Dunkel ein rettendes Licht gibt

Eisiges Dunkel umgibt mich. Dass ich überhaupt was sehe, liegt am Schnee. Nur hier unten am Strand versinke ich nicht bis zu den Knien darin. Wenn es in unserer gnadenlos zersiedelten Welt etwas wie totale Einsamkeit gibt, dann jetzt und hier. Vor wie hinter mir keine einzige Laterne, und die Sterne verstecken sich hinter dichten Wolken. Noch schützt mich der Schneeanzug vor dem eisigen Nass, welches hier seit Tagen regiert und nahezu allen menschlichen Zivilisationsanstrengungen lässig Einhalt gebietet. Das Meer ächzt unter dem Panzer aus Eis. »238, 239 …«, zähle ich mechanisch meine Doppelschritte. Ich konzentriere mich darauf, sie möglichst gleichmäßig zu setzen. Nur so habe ich die Chance, genau an der richtigen Stelle in den tiefen Schnee einzutauchen, den rettenden Weg ins Insel-Innere nicht zu verpassen. Der erste Versuch muss sitzen, spätestens beim zweiten sind meine Sachen durchnässt. Während ich weiter Fuß vor Fuß setze, denke ich an mein Ziel – und an meine Liebe, die ich mittlerweile 261 Doppelschritte hinter mir in der Dunkelheit weiß.

Wir hatten es für eine super Idee gehalten, unseren 1. Hochzeitstag auf der romantischen Ostsee-Insel Hiddensee zu feiern. Schon, dass wir mitten im Winter heirateten, um so auch in der kalten Jahreszeit einen Tag der Freude zu haben, fanden wir toll … vor einem Jahr. Wir hatten eben nicht bedacht, dass eine Hochzeitstags-Reise im Winter Tücken haben kann. Mit dem Zug nach Stralsund, kein Problem. Auch der Anschluss auf die Insel Rügen klappte, aber in Bergen war Schluss. Weder Taxi noch Bus vermochten, sich durch die zugeschneiten Straßen zum Ableger der Hiddensee-Fähre zu kämpfen. Die zum Einsatz gebrachte Schneefräse war im kalten Weiß stecken geblieben. Abgeschnitten auch der Rückweg, der Zugverkehr gen Berlin war ebenfalls zusammengebrochen. Uns blieb nichts weiter, als im teuersten – weil einzig offenen – Hotel des Ortes um ein Obdach zu bitten. Es ward uns gewährt, mit freundlichem Ton und ohne Aufpreis! Nicht nur in der afrikanischen Wüste steigt der Preis für einen Schluck Wasser oder einen rettenden Ersatzreifen oftmals schlagartig an. Doch der Herr dieses Hotels, ein ehrwürdiger Meister seiner Zunft, dachte nicht daran, zusätzliches Kapital aus unserer Not zu schlagen.

Wir saßen also im Warmen fest, umsorgt von gutem Essen, Sauna und in einem hellen, wenn auch weit über unserem Normalbudget liegenden Zimmer. Der folgende Tag, unser Hochzeitstag, brachte keine Verbesserung unserer Lage, und im Fernsehen lief *The Day After Tomorrow*. Wir folgten der Eiswerdung der Nordhalbkugel unserer Erde mit stetig banger werdenden Blicken. Erst die uns vom Hotelier zum Frühstücksbuffet servierte Nachricht, Taxi wie Fähre würden vorerst wieder fahren, ließ uns jubeln. Wenn schon gefangen in Schnee und Eis, dann wenigstens auf Hiddensee!

Das war 5 Tage her. Vier Nächte hatten wir in dem einsamen Dünen-Haus unserer Freundin Marion verlebt. Gerade brach die fünfte an, und wenn ich mich nicht verzählt hatte, kam nun, nach von meinen Füßen hoffentlich exakt gesetzten 984 Doppelschritten, der richtige Aufgang durch die Dünen. Ich fühlte mich wie in *Dornröschen* – und ich hoffte sehr, dass ich jener Prinz war, dem es gelang, die tödliche Dornenhecke lebendigen Leibs zu überwinden.

Meine Füße versanken knietief im Schnee – egal, weiter, es ging um meine beiden Lieben. Jene, die im Dünenhaus meiner harrte, und jene, zu der es mich jetzt so unbändig hinzog. Gestern Abend hatte ich Lars angerufen. Erst nach vielmaligem Klingeln war er rangegangen. »Hi, hier ist Nussi, kann ich morgen zu dir kommen?«

»Ist's wieder so weit?«, kam es vom anderen Ende. »Wann denn?«

»18 Uhr.« Stille, endlose, quälende Stille, dann: »Okay, komm rum, ich bin da.«

»Hurra!«, schrie es in mir, sowohl gestern am Telefon wie jetzt, da ich gewahrte: Ich war *richtig* abgebogen. Jetzt scharf nach links, vor mir erblickte ich die erste einsam blinkende Laterne. Ich hatte wohl den richtigen Weg erwischt – und da war auch schon die kleine Brücke und hinter ihr jenes halbrunde Gebäude, das Ziel meiner Sehnsucht!

Das Haus, ja die gesamte Anlage lagen im Dunkel. Da nahte der Lichtkegel einer Taschenlampe. »Hi«, brummte die schwarz vermummte Gestalt, bevor sie die Tür aufschloss und das Licht einschaltete. Pünktlich 18.00 Uhr hatte Lars seine Suppe auf dem Feldkocher, stand das erste frisch gezapfte Hasseröder vor mir auf dem Tisch, hefteten sich unsere Blicke auf den immens großen Flachbildschirm, wo der 1. FC Union Berlin vor 9.118 Zuschauern im Stadion An der Alten Försterei gegen Rot-Weiß Oberhausen antrat.

Das Spiel endete mit einem glanzlosen wie wichtigen 1:0 für Union durch John Jairo Mosquera in der 60. Minute – aber ich war vor allem überglücklich, dass es hier dank Lars, der dereinst in der Jugend des 1. FCU gekickt hatte, einen Ort gab, an dem Eiserne selbst bei meterhohem Schnee & Eis die Spiele ihrer Mannschaft verfolgen konnten. Leider weilt Lars mittlerweile nicht mehr auf der Insel und erlitt zudem einen Herzinfarkt. Doch soll es ihm schon wieder bedeutend besser gehen. Lieber Lars, wo immer du jetzt bist, ich wünsche dir das Beste und sage im Namen all jener Unioner, die es je auf die Insel Hiddensee verschlug und die dank deiner niemals ein Spiel unseres Teams verpassten: Danke!

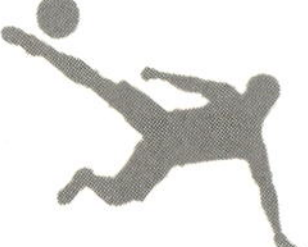

107. GRUND

Weil ich einen Leser habe, auf dessen Leserschaft ich mächtig stolz bin

Am 23. Januar 2014 erreichte mich via Internet die Nachricht eines gewissen Dario Urbanski: *Hallo Frank, Dein Buch ist auch in Südafrika angekommen! Eiserne Grüße aus Oudtshoorn, Dario.* Zwei Fotos zeigten das Cover meines im Herbst 2012 erschienen *111 Gründe, den 1. FC Union Berlin zu lieben* vor strahlend blauem wie majestätisch wolkengekröntem Sonnenuntergangshimmel, inmitten von lauter stolz aufgerichteten, langhalsigen Riesenvögeln. Strauße, Südafrika, Oudtshoorn & Eisern, da war doch was! Richtig, im Unionprogramm hatte ich den Reisebericht eines Unioners gelesen, der erzählte, ein nach Südafrika ausgewanderter Exiler baue daselbst einen Fußballplatz für die Kinder des nahe gelegenen Dorfes.

Nach einer meiner Lesungen war ein Mann zu mir an den Büchertisch gekommen, hatte ein Buch gekauft und gesagt: »Schreib ma rin: ›*Für Dario*‹! Dit is der Typ, der da unten die Alte Försterei 2 baut, dit Buch jeht nach Südafrika.«

Nun also war es dort gelandet – bei einem Menschen, dessen Leserschaft mich bis heute außerordentlich stolz macht. Ja, der zu den ganz wenigen Helden gehört, die mir geblieben sind. 1995 war der in Potsdam geborene Dario zusammen mit seiner Frau Carmen aus dem Brandenburgischen nach Südafrika ausgewandert, genauer gesagt in die Nähe der 60.000 Einwohner zählenden Stadt Outshoorn, mitten in der Halbwüste Kleine Karoo gelegen.

Oudtshoorn gilt als das Zentrum der südafrikanischen Straußenindustrie, welche Anfang des 20. Jahrhunderts ihre Glanzzeit erlebt hatte. Die Zeiten, da sich die »Straußenbarone« eine goldene Nase verdienten, Tausende Landarbeiter beschäftigten und sich von denen ihre »Federpaläste« erbauen ließen, sind lange vorbei. Carmen und Dario immerhin bauten sich hier mit viel Arbeit eine neue Existenz auf. Nahe dem Vorort Lategansvlei betreiben sie eine Straußenfarm sowie bald auch ein Gästehaus. Anders als in den beiden größten »Erlebnis-Farmen« verzichten die beiden bewusst auf das äußerst publikumswirksame Straußenreiten. »Das ist Tierquälerei«, sagt Dario – und auch sonst ticken seine Frau und er anders. In jedem Fall anders als »normale« Auswanderer aus dem reichen Nordeuropa. Lategansvlei zählt etwa 400 Einwohner, von denen gut die Hälfte arbeitslos ist. Es herrscht Armut, die auch die gut 60 Kinder des Ortes betrifft. Die Urbanskis sind keine kleingeistigen Dünkel-Träger, die da selbstherrlich predigen: »Uns geht's gut, weil wir fleißig sind und g'schickt wirtschaften! G'schickter jedenfalls als die Eingeborenen hier.« Im Gegenteil, von denen fühlten sie sich vom ersten Tag an als Neuankömmlinge freundschaftlich aufgenommen. Statt sich also von den Dorfbewohnern eine hohe, stacheldrahtbewehrte Mauer mit schmiedeeisernem Tor ums Grundstück bauen zu lassen, also eine strikte Trennung von wohlhabender Touristeninsel und armer Landbevölkerung zu leben, bringt Dario von Anfang an Farmgäste und Dorfbewohner zusammen. Die Schule des Ortes unterstützt er, indem er in seiner alten Heimat Patenschaften für Kindergarten-, Vorschul- wie Schulkinder und obendrein diverse Unterrichtsmaterialien organisiert. Sponsoren wie die Katarina-Witt-Stiftung oder ein Lüneburger Gymnasium helfen, eine hier in der Halbwüste bestens arbeitende Solaranlage und ein neues Klassen-Haus zu errichten. Kindergarten und Vorschule beziehen separate Räume. Die Patenschaften ermöglichen es, dass alle Kinder Kleidung und täglich ein warmes Essen bekommen. Dass Letzteres auch gesund ist, dafür sorgt nicht zuletzt der eigens zu diesem Zweck angelegte Schulgarten. Zahlreiche Gemüse- und Salatbeete, liebevoll gepflegt von den Schulkindern unter Anleitung ihrer Lehrer, bereichern den Speiseplan. Bei alledem war Dario dabei, legte selbst Hand an, besorgte finanzielle Hilfe aus Europa – kümmern, machen, tun, wie man im Berlin-Brandenburer Raum zu sagen pflegt.

»Ick will einfach Danke sagen, dass uns die Leute hier so freundlich uffjenommen haben«, begründet er sein Engagement, noch immer im besten Slang seiner alten Heimat, »ick will ihnen watt zurückjeben.«

Und dann kam irgendwann doch der Moment, an dem der waschechte Exil-Unioner Dario Urbanski – zumindest aus meiner Sicht – vor allem an sich selbst dachte. Heute gibt es in der Kleinen Karoo dann doch ein schmiedeeisernes Tor, hinter dem sich ein von vieler Hände Arbeit geschaffenes Paradies erstreckt, dessen Pracht sämtliche »Federpaläste« der alten »Straußenbarone« erblassen lässt, aber das ist schon wieder eine neue Geschichte.

108. GRUND

Weil ein Unioner nun mal'n Stadion baut

Heimweh habe er nicht, wird Dario zitiert, seit 1995 war er nicht mehr in Deutschland. Und doch gibt es zwei Dinge, die ihn nach wie vor mit seiner alten Heimat verbinden. Er war und bleibt ein

Anhänger der in deutschen Landen so gern betriebenen schönsten Nebensache der Welt – und er ist auch knapp 9.623 Kilometer jenseits von Köpenick ein 150-prozentiger Eiserner, sprich: süchtig nach Union! Wird ein Spiel unserer Fußballgötter im Fernsehen übertragen, fiebert er vor dem Gerät mit. Und er erweist sich als skrupellos genug, den in ihm steckenden Virus auf andere zu übertragen.

Als seine neue Heimat im Jahre 2010 Austräger der Fußballweltmeisterschaft ist, beobachtet er, wie die Kinder des Dorfes, angesteckt vom medialen Großereignis, auf Schotterstraßen gegen den Ball treten. Eine höchst gefährliche Angelegenheit! Die Autos rasen über die Wüstenpisten, ohne jede Rücksicht auf spielende Kinder. Zahlreiche Beschwerden der Anwohner über diesen permanent todesnahen »Bolzplatz« – einen anderen haben die Kids hier nicht – landen bei Dario, und dem wird siedend heiß klar: »Wir müssen schnell handeln, bevor etwas passiert!«

Getrieben vom Instinkt des Unioners und mit dem Wissen im Hinterkopf, dass es in der Steinwüste Kleine Karoo im Umkreis von 100 Kilometer keinen einzigen Fußballplatz gibt, stiftet er die Kinder und deren Eltern an, auf seiner Farm Steine beiseite zu räumen und einen Schotterplatz zu planieren. Ein provisorischer, aber geschützter Bolzplatz entsteht – und wie soll der heißen? Alte Försterei 2 natürlich!

Darios nächster Schachzug folgt auf dem Fuße: Statt seine Idee eines Fußballplatzes mitten in der Wüste schön für sich zu behalten, erzählt er seinen Farmgästen davon. Unter denen befinden sich selbstredend etliche alte und neue Kumpels – Unioner also, und so nimmt alles seinen Lauf. Dem ausführlichen Reisebericht des Eisernen Farmbesuchers Rainer Schönknecht im Unionprogramm folgen weitere Artikel sowie begeisterte Diskussionen in einschlägigen Foren: Watt is' los? Ein Unioner baut 'ne Alte Försterei in der Wüste? Warum erst jetzt? Da sind wir doch dabei! Schon hat der Eiserne V.I.R.U.S. ein entsprechendes Spendenkonto eingerichtet. Die umtriebige Supporter-Truppe wirft zudem eine Fahne mit unserem Motto *Einmal Unioner – immer Unioner* auf den Eisernen Binnenmarkt, je ein Euro geht aufs Spendenkonto. Das ist in Windeseile mit über 18.000 Euro gefüllt. Auch der Wirtschaftsrat 1. FC Union e.V., der unter anderem Sam Paffs Cartoon-Band *Voll dit Leben mit Eisern Union* herausgibt, bestärkt Dario in seiner Sucht. Von jedem verkauften Buch fließt ein Betrag in Unions zukünftige »Außenstelle« in Lategansvlei. Mathias Bunkus vom *Berliner Kurier* greift die Geschichte ebenfalls auf und hält sie mit zahlreichen Beiträgen im Gespräch.

Höchste Zeit also, dass aus dem planierten Schotterviereck ein auf in Massen herangekarrtem Mutterboden sprießender Rasenplatz samt Bewässerungsanlage wird, welcher gesäumt ist von Sanitäranlagen und Umkleiden, Letztere insbesondere für das zukünftige Mädchen-Team. Wie bitte? Mädchen, die Fußball spielen, das ist doch nicht normal! Zumindest (noch) nicht in Südafrika! Schert Urbanski einen planierten Schotterstein! Weiß er doch zu gut, dass auch die holde Weiblichkeit sehr wohl vom Fußballfieber erfasst werden kann.

Was sich hier so leicht & locker in ein paar Zeilen dahinschreibt, bedeutete in Wirklichkeit irrsinnig viel Arbeit für viele, viele Hände, das Ganze unter sengender Sonne, kurzum: Stadionbau 2.0 unter Wüstenbedingungen. Minutiös weist Dario jeden ausgegebenen Cent im Unionforum aus. Seine Sucht-Kollegen aus Eisern-Land sollen schließlich sehen, was das von ihnen gestiftete Geld konkret bewirkt. Und die Berliner Unioner sind schlichtweg begeistert über den sensationellen Fortgang des Eisernen Stadionbaus inmitten der Steinwüste.

109. GRUND

Weil du auch 9.623 Kilometer jenseits von Köpenick An der Alten Försterei Fußball kieken kannst

Alsbald herrscht schiere Ungeduld, ja geradezu Frust unter den Kindern von Lategansvlei. Dürfen sie doch ihren geliebten ehemaligen Schotterplatz fortan nicht mehr benutzen – fast ein ganzes, elend langes halbes Jahr! Die Grassamen müssen keimen, zum Rasen heranwachsen. Dieser muss gedeihen, ja stetig gepflegt werden. Besonders die zwölfjährige Samuellina Fortuin, ihres Zeichens Kapitän des Mädchenteams, kann es kaum erwarten, dass die Bauarbeiten abgeschlossen sind und sie endlich wieder der schönsten Nebensache der Welt nachgehen darf, die längst auch ihre Sucht geworden ist. »Samuellina ist Fußballerin«, lässt mich Dario mit einem Schmunzeln wissen. »Sie wusste es nur nicht, bevor ich hier anfing den Platz zu bauen. Sie motiviert unsere Mädels und bringt sie auf den Platz!«

Auch, dass es hier nicht nur um Fußball geht, hat der 150-prozentige Eiserne allen hier längst »eingeimpft«. Wann immer er den Kids ein »Eisern!« zuruft, antworten sie lautstark im Chor: »Union!« *Eisern Union* steht auch in roter Schrift auf weißem Grund auf dem Eingangstor zum Paradies der Fußballverrückten von Lategansvlei. Und am 8. November 2013 öffnet es sich endlich nicht mehr nur zur Arbeit, sondern zur feierlichen Übergabe an die kickenden Kinder. Vom Mutterverein aus Berlin sind die Unioner Mario Bachmann und Joachim Gericke (Letzterer ist Mitglied des Wirtschaftsrats) zugegen. Bachmann kam nicht mit leeren Händen. Zu seinem 50. Geburtstag hatte er sich, statt seiner Person huldigenden Präsenten, Geschenke für die Kinder von Lategansvlei gewünscht: jede Menge Fußballschuhe und rote Uniontrikots für die Mädchenmannschaft.

Gericke übergibt einen Scheck aus dem bisherigen Buchverkauf an die Lehrerin der Dorfschule, dazu symbolisch den goldenen

Schlüssel fürs neue Stadion und ein von allen Unionspielern unterschriebenes Mannschaftstrikot unseres Profiteams. Er hat eine Rede vorbereitet, die er jedoch stecken lässt und lieber frei von der Leber weg als Unioner zu Unionern spricht: »Ihr habt gehört, was wir zu Hause mit unserm Stadion gemacht haben. Wir sind sehr froh und sehr stolz, dass ihr das Gleiche mit *eurem* Stadion hier getan habt und weiter tun wollt. Und wir sind stolz, dass wir als Unioner euch dabei helfen dürfen!«

Die Dankesrede der Kinder verliest, in deutscher Sprache, niemand Geringerer als Samuellina Fortuin: »Nachdem 2010 hier in Südafrika das Fußballfieber ausbrach, wurde viel Geld in den Bau neuer Stadien investiert. Leider hat man dabei nicht an uns Kinder gedacht, die auch gern Fußball spielen. Dank der Sammelaktion der Unionfans wurde drei Jahre nach der WM ein Traum für uns wahr. Dafür möchte ich mich im Namen aller Kinder bei euch bedanken. Ihr seid unser Vorbild«, kann sie noch sagen, bevor ihr Tränen kurz die Sprache nehmen. »Ich möchte Ihnen heute versprechen, dass wir nicht nur das Union-Logo auf unseren Trikots tragen«, fährt sie schließlich fort. »Union ist tief in unseren Herzen …« Hier versagt dem stolzen Mädchen endgültig die Stimme und sie verbirgt ihr weinendes Antlitz in Gerickes Armen.

Später stellen sich Gericke und Bachmann den Kids auf dem Platz und ackern als Eiserne Gesangslehrer. »Dö dö dö döp döp – dö dödödödödöp dödöp dödöp – Union!«, zelebrieren sie mit den Jung-Unionern den bei Siegen unserer Fußballgötter An der Alten Försterei zu Köpenick angestimmten Evergreen. Nicht nur die Grassamen, auch die Saat des hoffnungslos Unionsüchtigen Dario Urbanski war spätestens mit diesem Tag voll aufgegangen.

»Wie gesagt, wir wollen lediglich den Kindern hier eine sorgenfreie Kindheit bieten. Im Vordergrund steht die Schule, und erst dann kommt die schönste Nebensache der Welt!«, versucht Dario bis heute, sein Tun zu verharmlosen. Ich aber sage: Er hat in Lategansvlei schamlos den Uniongeist verbreitet, getreu dem Motto: Bist du durstig, musst du was trinken, und willst du in der Wüste Fußball spielen, musst du dir eben ein Stadion bauen!

110. GRUND

Weil Eiserne Träume lebbar sind

Schon lange muss Dario die Spiele seines 1. FC Wundervoll nicht mehr allein am Fernseher verfolgen. Ist es mal wieder so weit, holt er die Kinder, die dabei sein wollen, mit seinem Pickup ab – und schon heißt es für alle: »Auf geht's, Union, kämpfen und siegen!« Auch sonst gucken die Kids gelegentlich bei ihm in die Flimmerkiste. »Ein Freund schickt ab und zu mal eine DVD. Ist zum Beispiel wegen Dauerregen kein Training möglich, ziehen wir uns zum Gucken in unser Mannschaftsquartier zurück.«

Aber das Fernsehen ist hier längst nicht nur reiner Zeitvertreib. »Jedes Spiel der Kinder wird mitgeschnitten, um es später auszuwerten«, erzählt mir Dario. »So können sie nachmachen, was gut funktioniert, und erkennen mit eigenen Augen ihre Fehler. Ich bin schließlich kein ausgebildeter Trainer.«

Auf dem Platz herrscht täglich Betrieb. Drei Schulen nutzen mittlerweile die Alte Försterei 2 für den Sport, und auch die Kindergartenkids von Lategansvlei lieben es, sich im Stadion auszutoben. Das auf der gesamten Welt typische Kreischen bolzender Kinder gehört hier längst zur normalen Tonkulisse. Oft übernehmen Väter das Training, selbst ein Eiserner wie Dario kann schließlich nicht rund um die Uhr auf dem Platz ackern.

Außerdem obliegt ihm zu allem die überaus schwierige Aufgabe, die nötige Übersicht zu behalten und auch mal Nein zu sagen. Der Rasen braucht schließlich seine Erholungszeiten und erfordert tägliche Pflege, die weit über das regelmäßige Sprengen hinausgeht. Steht ein Spiel an, laufen die Wassersprüher alle drei Stunden.

Genau wie in unserem Köpenicker Wohnzimmer wurde auch in Lategansvlei seit der Eröffnung am 13. November 2013 noch eine Menge gebaut. Dereinst lediglich Darios Traum, erhebt sich dicht am Spielfeldrand eine »kleine« Tribüne. Auf ihren überdachten Treppenstufen finden 250 Menschen Platz. »Bei 40 Grad im Schatten hält das sonst kein Zuschauer aus«, weiß Dario aus eigener Erfahrung. Mittlerweile ziert sie, ähnlich unserer neuen Haupttribüne in Köpenick, das Union-Logo, die Namen etlicher Sponsoren sowie der Schriftzug: *Stadion An der Alten Försterei 2 / Oudtshoorn – Lategansvlei.*

Die Hinweisschilder für Toiletten oder VIP-Bereich sind allesamt made in South Africa. Allerdings ähneln sie auffallend Daniel »Boone« Blauschmidts Originalen im Köpenicker Wohnzimmer. Nur dass hinter dem Schriftzug *Stadion An der Alten Försterei* jeweils eine *2* steht. »So'n bisschen Original muss schon sein«, schmunzelt Dario.

Eine rote Backsteinwand ist den zahlreichen Partnern und Sponsoren der Alten Försterei 2 gewidmet. Zu den wichtigsten gehören die Fans des 1. FC Union Berlin, des FC Carl Zeiss Jena sowie von Eintracht Braunschweig. Und nicht zu vergessen: Die Fritz-Henkel-Stiftung und das Straussennest, die Farm der Urbanskis.

Um Dario und seinen Mitstreitern bei den Kosten für die tägliche Pflege der Anlage unter die Arme zu greifen, hatte der Eiserne V.I.R.U.S. die Idee, Dauerkarten für die Alte Försterei 2 für 50 Euro das Stück zu verkaufen. Der Kartenverkauf lief gut an, aber ein paar freie Plätze gibt es wohl noch …

Die Spiele Farmgäste gegen die Kinder von Lategansvlei haben mittlerweile allerdings zunehmend an Spannung eingebüßt. Die Kids sind einfach zu gut, da heißt es für die Farmgäste: Null Chance! Das allerdings tut dem allseitigen Spaß am gemeinsamen Spiel keinerlei Abbruch. Die Auftritte der Gäste, zumeist aus Deutschland, sind Dario nach wie vor äußerst wichtig: »Ich muss ja nicht zwei Mal die Woche meine Rasselbande trainieren – und dann passiert nichts! So viele Gegner haben wir hier in ihrer Altersklasse nicht, da kommen unsere Gäste immer gut an! Außerdem lernt man sich so schneller kennen, und jeder bekommt die Chance, Vorurteile abzubauen!«

Das ist ihm ebenso wichtig wie die Leistungen der Kids in der Schule oder auf dem Platz – und alles zusammen viel, viel wichtiger als der rein sportliche Erfolg. »Hand aufs Herz, Dario«, bedränge ich ihn dennoch, »träumst du manchmal davon, dass hier eines Tages das gesamte Spielfeld von Tribünen eingefasst ist, auf denen sich Tausende Menschen die Stimmen wund singen, genau wie in Köpenick?«

Er schüttelt den Kopf. »Eine Ortschaft mit 400 Einwohnern braucht wohl keine original Alte Försterei, das wäre dann doch übertrieben. Wir haben jetzt 250 Sitzplätze – 100 mehr, als Leute zu den Spielen kommen. Aber man sollte nie NIE sagen«, fügt er lächelnd hinzu, »wer weiß wie sich das hier alles noch entwickelt.«

Auch, dass einige der Kinder in ein paar Jahren für die Kaizer Chiefs oder einen großen europäischen Club auflaufen, klingt aus heutiger Sicht reichlich übertrieben – und dennoch: »Die Berliner haben hier nicht nur neue Arbeitsplätze geschaffen, sondern auch eine Bühne, auf der sich die Jungs und Mädels aus unserer Gegend präsentieren können!«, betont Dario. »So etwas gab es hier vorher nicht, Talente wurden schlichtweg übersehen! Klar werde ich vor Stolz platzen, wenn's einer unserer Jungs eines Tages tatsächlich in die Liga schaffen würde! Aber mal ehrlich, wie realistisch ist das denn?«, kommt er sofort wieder auf den Boden zurück. »Und wenn's passiert, will ich den Jungen natürlich im Uniontrikot sehen!«

Das zumindest ist keine reine Zukunftsmusik. Der elfjährige Herman Piedt aus Lategansvlei landete am 13. Juni 2015 um 14.00 Uhr auf dem Flughafen Berlin-Tegel. Am 15. Juni erwartete ihn ein Probetraining bei den Kids des 1. FC Union Berlin.

»Die Reise sollte für klein Herman ein Dankeschön für ein hartes Schuljahr sein«, betont Dario. »Er war bereits zwei Mal Klassenbester, und wenn einer diese Reise verdient hat, dann er.« Dann schließt Urbanski die Augen und wird zum 150-prozentigen Eisernen Visionär: »Herman Piedt schießt das 1:0 für Union im Champions-League-Finale gegen …, na ja, träumen kann man ja. Und ohne Leute wie Roberto Opitz, Rainer Schönknecht, Joachim Gericke, Mario Bachmann und diese unglaublichen Fans von Union Berlin wäre das alles hier lediglich ein bloßer Traum *geblieben.*«

Wie gesagt, Heimweh nach Deutschland hat Dario nicht. Zumindest fast nicht … wenn es da nicht diesen einen, süchtig machenden Fußballclub gäbe. Was es für ihn bedeutet, würde sein 1. FC Wundervoll tatsächlich eines Tages in die 1. Bundesliga aufsteigen, weiß Dario genau: »Bei Unions erstem Bundesligaspiel An der Alten Försterei bin ich auf jeden Fall dabei – live im Stadion!« Einen Augenblick später reißt ihn die Gegenwart aus unserem Gespräch. Die südafrikanischen Schulferien sind gerade mal zwei Stunden alt, da stehen 14 Kinder auf dem Platz und wollen spielen. »Ich muss mal schnell raus, ihnen 'nen Ball geben«, verabschiedet sich Dario. »Die Kids wollen spielen, dafür ist der Platz schließlich da!«

EIN WORT ZUM SCHLUSS ODER

111. GRUND

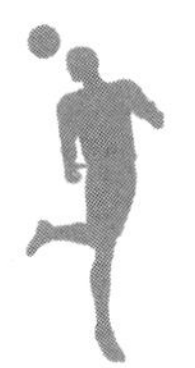

Weil Eisern Union

Der Ball rollt wieder An der Alten Försterei, wie wunderbar! Viele neue Gesichter auf dem Rasen – und in mir vor allem der Wunsch, dass sich »Jung« und »Alt« alsbald zu einem Eisernen Team zusammenfinden, das gemeinsam kämpft und somit nicht nur im Streit um die goldene Ananas, sondern auch und gerade in der alles entscheidenden Liga siegt. Wie sagte Dario: »Träumen darf man ja …«

Mir mindestens ebenso wichtig: Dass auch *wir* auf den Rängen unseren Tugenden treu bleiben. Dass wir selbst an schlechtesten Tagen Schulter an Schulter alles geben für unseren 1. FC Wundervoll. Die Zeiten werden nicht leichter. Ganz sicher betreten in den kommenden Jahren weitere schwerstens »Geld-belastete« Retortenvereine die professionelle Fußballbühne, während mein Späti-Kumpel Hannes, genau wie viele andere von uns, arge Probleme haben werden, sich den Besuch unseres Wohnzimmers zu leisten.

Vergessen wir alle niemals, woher wir kommen, dass es absolut geil ist, nunmehr die 7. Saison am Stück Profifußball in Köpenick zu feiern – und dass in Not geratenen Familienmitgliedern vor allem eines gebührt: unser aller Eiserne Hilfe, ein jeder so, wie er kann. Und vielleicht ist ja die eine oder der andere von uns bereits morgen gefordert, die Inschrift des rot-weißen Schweißbands *Unioner gegen Krebs – Unioner für's Leben* in die Tat umzusetzen und janz in echt Knochenmarkt zu spenden?

Und jaaa, ich freue mich irrsinnig, endlich wieder inmitten all der anderen »Bekloppten« zu stehen, zu grölen, unseren Verein und das Leben zu feiern!

Du hast deinen Job verloren? Lass uns heute zusammen singen: *Eisern Union!*

Du hast keine Kraft mehr, null Bock auf nichts? Ich weiß da was: *Eisern Union!*

Deine Frau hat euer Geld verzockt? Die nächsten Biere bezahle ich! *Eisern Union!*

Dein Mann hat dich betrogen? Pennbeutel der, *Eisern Union!*

Du bist völlig vereinsamt? – *Auf keinen Fall mit Eisern Union!*

Danke!

Ich bedanke mich bei all denen, die mir bei meiner Arbeit an diesem Buch halfen – ob mit spendierten Bieren, mit Geschichten, konstruktiver Kritik, ihrer Zuneigung, ihrer Liebe. Danke, ihr Wundervollen! Namentlich danke ich an dieser Stelle Andora, Robert Anton, Christian Arbeit & The Breakers, Union-Rebellen-Präsi Bancro, Lieblingsfeind Knut Beyer, Mathias »Bunki« Bunkus, Carola Caplan, Annette Ehrlich & Großer Olli, den eisgrauen Kämpen von Motor Friedrichshain Süd, Götz Geserick & Die PROGRAMMierer, Sven Gestresst, Rolf Glemser und Konsi, Hannes, Matze Howorka & Königin Bia, Isa, Feuerwehrmann Jo und Dana, Exil-Unioner Ritter K, Kalle-Rock, Gerald Karpa, Sven Klebba, Susi Kopplin, Krawalli, Roland Krispin & KRISPIN, Klaus Kuhfeld & Chris Görlitz, Vonni Laurisch, Grit Lehmann, Jochen Lesching, Micha Lösche, Matti Michalke, Mone & Mirko vom Coé, Uli Mücke, Sven Mühle, Ronny Nikol, Petra, Anke und Brigitte Nussbücker, Sam Paff, Eiserne Plauze & Hertha Tanja, Poschi, Profikoch Ronny, Familie Roski, Sammy, Alex Schimpke, Schmü, Schnacko, Andy Schwadten, Familie Sporti, den Steinis & Wolfgang aus Ludwigsfelde, Norbse »Opi« Szupriczynski, Norbert & Der Strassenfeger, TAZ-Unioner Olaf, TeiChi Teichmann, Denice Toews-Hennig, Dario Urbanski, Andreas B. Vornehm, Alex Wettermann, George und Jeannette Zielke, Dirk »Zimmi« Ziminske

Anmerkungen

1 Siehe: www.youtube.com/watch?v=UiqeZS1yOMU (Zugriff am 25.11.2014)

2 Wolfgang Matthies in einem Interview mit Matze Koch, in: Matthias Koch: »Immer weiter, ganz nach vorn«, Die Geschichte des 1. FC Union Berlin, Die Werkstatt, Göttingen, 2013, S. 88

3 Zuzüglich der bereits am 12.4.1953 gegründeten SG Dynamo Dresden

4 Neue Fußballwoche, Beilage »Berliner Fußball«, 24. Januar 1966

5 Ebenda

6 Ebenda

7 Unionprogramm Nr. 15 2014/15, vierC Berlin, S. 56

8 Am 13. Juni 1964 und 8. Mai 1965 als SC Aufbau Magdeburg, am 1. Juni 1969 und 1. Mai 1973 als 1. FC Magdeburg

9 http://www.leipzig-online.de/sportmuseum-leipzig.html, Zugriff am 20.02.2015

10 Leider musste Stefan Wolff aus gesundheitlichen Gründen passen, sodass nur Klaus Schulze mit nach Leipzig fahren konnte.

11 Dieses Datum hat reinweg nichts mit den Ereignissen des Jahres 1953 zu tun. Jener Termin ergab sich schlicht und ergreifend aus purem Zufall.

12 Zu erwähnen hier sicher ebenfalls das Finale 1975 (BSG Sachsenring Zwickau vs. SG Dynamo Dresden 2:2 nach Verlängerung, 4:3 im Elfmeterschießen)

13 Zunächst war Union in der 1. Runde des Europapokals der Pokalsieger 1968/69 FK Bor aus Jugoslawien zugelost worden. Nach dem Protest einiger westlicher Fußballverbände gegen die Niederschlagung des Prager Frühling durch die Armeen des Warschauer Vertrags und der damit einhergehenden Neuauslosung hätten es unsere Pokalhelden mit Dynamo Moskau zu tun bekommen.

14 Siehe: www.cyclopaedia.de/wiki/Fan-%28Begriffsklaerung%29, Zugriff am 07.01.2015

15 Der Duden in 12 Bänden; das Standardwerk zur deutschen Sprache, hg. vom Wissenschaftlichen Rat der Dudenredaktion, Dudenverlag Leipzig, Wien, Zürich, 21., völlig neu bearbeitete und erweiterte Auflage, hg. Von der Dudenredaktion auf der Grundlage der neuen amtlichen Rechtschreibregeln, 1996, Band 1: Rechtschreibung der deutschen Sprache, S. 273

16 An dieser Stelle ein Eisernes Danke an die Programmierer. Grundlage meiner Daten sind Eure Statistiken in: Unionprogramm Nr. 1, Saison 2014/15, vierC Berlin, 2014, S. 47

17 Siehe CD: »Und freitags in die Grüne Hölle, Bonus: 20 Jahre nach der Hölle, Icestorm, Berlin 2007

18 Sam Paff, Voll dit Leben! Mit Eisern Union!, vierC, Berlin, 2013, S. 78

19 www.fc-union-berlin.de/profis/spielplan/detail/DFB-Pokal-1-FC-Heidenheim-gegen-1-FC-Union-Berlin-9202J/, Zugriff am 11.11.2014

20 Berliner Kurier vom 14. September 2014, gesehen auf www.berliner-kurier.de/1--fc-union/die-tabelle-luegt-nicht-endlich-den-teufelskreis-durcbrechen, 7168992, 28405006.html, Zugriff am 11.12.2014

21 Berliner Kurier, 30.08.2014, gefunden auf: www.berliner-kurier.de/ 1--fc-union/tragoedie-bei-union-tusches-flucht-ist-ein-eisernes-trauerspiel,7168992,28271028.html, Zugriff am 11.11.2014

22 https://www.youtube.com/watch?v=FRvkijTDXBM, letzter Zugriff am 03.04.2015

23 Ebenda

24 Ton Steine Scherben: Wenn die Nacht am tiefsten, David Volksmund, Hamburg 1975

25 Friedrich Schiller: Prolog zu Wallenstein
26 Sam Paff: Voll dit Leben! Mit Eisern Union, edition else, Berlin 2013, S. 103
27 Johann Wolfgang von Goethe, Faust, Der Tragödie erster Teil, Vers 1692
28 Ebenda, Verse 1701–1704
29 Sam Paff, Voll dit Leben! Mit Eisern Union, edition else, Berlin 2013, S. 103
30 Ebenda, S. 37
31 Ebenda, S. 59
32 Ebenda, S. 64
33 Ebenda, S. 43
34 Ebenda, S. 61
35 Günter »Jimmy« Hoge bestritt von 1966 bis 1970 89 Spiele für Union (bereits seit 1964 kickte er bei Unions direktem Vorgänger TSC Berlin). Er war Unions erster Nationalspieler und gehört bis heute zu den größten Idolen der Unionfans.
36 Siehe: www.youtube.com/watch?v=UiqeZS1yOMU, Zugriff am 14. November 2014
37 Und freitags in die »Grüne Hölle«, Ein Film von Ernst Cantzler, DVD, Icestorm, Berlin 2008
38 Ebenda
39 http://www.youtube.com/watch?v=UiqeZS1yOMU, aufgerufen am 14.11.2014
40 Siehe u.a.: http://de.wikipedia.org/wiki/Mantra, Zugriff am 23.04.2015
41 Mancher mag an dieser Stelle einwenden, dass ja auch die momentan in Leipzig stationierte Filiale einer globalen Brause-Promotion aus dem Osten stamme. Diese verlängerte Werkbank des aus Österreich stammenden Global-Players zähle ich bewusst nicht zu den Ost-Vereinen, zumal sie außerdem ja kein Verein ist.
42 Zu ihm mehr in den Gründen 81 und 82
43 Frank Willmann: Das Düweldrama, Tagesspiegel online, 22.10.2014: www.tagesspiegel.de/sport/willmanns-kolumne-das-dueweldrama/10874234.html, Zugriff am 09.02.2015
44 Ebenda
45 Die völlig irre Diskussion zweier Unioner, aufgezeichnet von Steven Jahn, In: Berliner Kurier, 16.11.2014, gefunden auf: www.berliner-kurier.de/1--fc-union/die-voellig-irre-diskussion-zweier-unioner-trainer-raus-rufe-gehoeren-nicht-ins-stadion,7168992,29059648.html, Zugriff am 10.02.2015
46 Ebenda
47 www.fc-union-berlin.de/verein/aktuelle-meldungen/details/Elfriede-Kumpert-verstorben-1005J/, Zugriff am 19.02.2015
48 Ebenda
49 Ebenda
50 1. FC Union Berlin, SG Dynamo Dresden, FC Rot-Weiß Erfurt, 1. FC Magdeburg, SV Babelsberg 03, dazu die 2. Mannschaft von Energie Cottbus
51 Siehe u.a.: Der Tagesspiegel vom 27.04.2008: www.tagesspiegel.de/berlin/union-berlin-drittligaspiel-kostet-400-000-euro/1221122.html, Zugriff am 22.01.2015
52 Bundesliga bei Bild, gesehen auf https://www.youtube.com/watch?v=FMIP_oQTEGs, aufgerufen am 1.12.2014
53 Ebenda
54 Siehe Sebastian Karkos: Unioner Chaoten, Wie tief brennt sich das Fanfeuerwerk in Unions Kasse?, BZ vom 29.11.2014, gelesen auf: www.bz-berlin.de/berlin-sport/union-berlin/wie-tief-brennt-sich-das-fan-feuerwerk-in-unions-kasse, Zugriff am 01.12.2014
55 Siehe: Nachschuss von Mathias Bunkus, Berliner Kurier, 29.11.2014, gefunden auf: http://mobil.berliner-kurier.de/1--fc-union-berlin/nachschuss-union-berlin-gegen-erzgebirge-aue- so-waere-pyro-eine-echte-bereicherung-,23600650,29193106.html, Zugriff am 01.12.2014
56 Ebenda
57 Zum Beispiel das von AFTV gedrehte und auf dem YouTube-Kanal des 1. FC Union Berlin zur Verfügung gestellte Video: https://www.youtube.com/watch?v=o_lQTeiR8qU oder, offensichtlich aus einem Erzgebirger Block aufgenommen: https://

www.youtube.com/watch?v=o_lQTeiR8qU, Zugriff jeweils am 01.12.2014

58 Siehe: https://www.facebook.com/dirk.dergutaussehende?fref=ts, Zugriff am 08.12.2014

59 Mathias Bunkus: Union – 20 Punkte sind so Party« in Berliner Kurier, 12.12.2014, S. 22

60 Ebenda

61 Oder, wie es Roland Krispin so treffend ausdrückte: »Fastbeinaheplattenrelease-konzert«

62 Christian Wolter: Rasen der Leidenschaften, edition else, Berlin 2011, S. 159

63 www.fc-union-berlin.de/profis/aktuelle-meldungen/ detail/-Willkommen-in-Berlin-Der-1-Union-Berlin-und-der-SC-Union-06-spielen-bei-freiem-Eintritt-fuer-Fluechtlinge-und-Berliner-18108a/, Zugriff am 28.05.2015

64 Ebenda

65 Ebenda: »Dennoch reiste das Team nach Kiel, trat dort am 28. Mai 1950 gegen den HSV an und unterlag mit 0:7 Toren.«

66 Stephan Fischer: Gemeinsam für Flüchtlinge, Union 06 und 1. FC Union spielen für den guten Zweck, In: Neues Deutschland, 19.01.2015, gefunden auf: www.neues-deutschland.de/artikel/958878.gemeinsam-fuer-fluechtlinge.html, Zugriff am 19.01.2015

67 Als Quelle gibt Frank Börner im Programmheft an: Die Union-Statistik, Verlag Harald Voß, 5. überarbeitete und erweiterte Auflage, Berlin 2012

68 Siehe: www.fc-union-berlin.de/profis/aktuelle-meldungen/detail/Benjamin-Koehler-schwer-erkrankt-18133x/ Zugriff am 5.2.2015

69 www.fcn.de/news/artikel/teamcheck-union-aufbruchstimmung-an-der-wuhle/, Zugriff am 16.02.2015

70 Ebenda

71 So zitiert von Alt-Unioner Zimmi aus dem Fan-Forum von Chemie Leipzig

72 So die Botschaft der viele Meter langen Eisernen Zaunfahne am 1. März 2015 im AKS zu Leipzig Leutzsch

73 Alte Försterei TV

74 Zitiert aus einem am 1.8.2013 auf Unions Website geposteten Artikel: www.fc-union-berlin.de/verein/aktuelle-meldungen/details/-gemeinsam-SEHEN-UNION-leben-Union-sammelt-fuer-Aniridie-Forschung-686J/, Zugriff am 28.01.2015

75 www.stadionwelt.de/sw_stadien/index.php?stadion=millerntor-stadion&folder=sites&site=stadionguide_d&id=212, Zugriff am 23.03.2015

76 2006, bei der Wahl zum »Wertvollsten Unioner aller Zeiten« wählte ihn der Eiserne Anhang auf Platz 9

77 Daten nach: www.immerunioner.de/nikol-ronny.htm, Zugriff am 17.02.2015.

78 Ebenda

79 Siehe www.fc-union-berlin.de/profis/spielplan/detail/3-Liga-1-FC-Union-Berlin-gegen-FC-Carl-Zeiss-Jena-2432A/, Zugriff am 02.02.2015

80 Siehe: Matthias Koch: »Immer weiter – ganz nach vorn«, Die Geschichte des 1. FC Union Berlin, Die Werkstatt, Göttingen 2013, Statistikteil ab S. 409

81 Siehe CD: »Und freitags in die Grüne Hölle, Bobus: 20 Jahre nach der Hölle, Icestorm, Berlin 2007

82 Christopher Quiring über sich selbst, zitiert aus dem Dokumentarfilm »Union fürs Leben« von Frank Marten Pfeiffer und Rouven Rech, Verleih: Weltkino, Deutschland 2014

83 Siehe www.fc-union-berlin.de/profis/team/detail/Christopher-Quiring-29c/2010-11-1Q/, Zugriff am 24.02.2015

84 Zitiert aus dem Dokumentarfilm »Union fürs Leben« von Frank Marten Pfeiffer und Rouven Rech, Verleih: Weltkino, Deutschland 2014

85 Berliner Fußball-Verband

86 Siehe Unionprogramm Nr. 11, Saison 2014/15, S. 39

87 Christoph Biermann: Und niemals vergessen …, In: 11 Freunde Nr. 137, 11 Freunde Verlag GmbH & Co KG, Berlin, April 2013, S. 28-33
88 Ebenda, S. 28
89 Ebenda, S. 31
90 Text: Reinhold Andert, Hartmut König, Musik: Wolfram Heicking
91 www.vierc.de/mediafabrik/gestern-heute.htm, Zugriff am 23.01.2015
92 Keiner plagt sich gerne, Musik: Grigori Schneerson bzw. Paul Dessau, Text: Bertolt Brecht, bekanntester Interpret: »Barrikaden-Tauber« Ernst Busch, gefunden u.a. auf: www.kampflieder.de/liedtext.php?id=597, Zugriff am 12.01.2015
93 Ebenda
94 10 Jahre Schulter an Schulter für Eisern Union, Wirtschaftsrat 1. FC Union Berlin e.V. 2004-2014, edition else, Berlin 2014 (Die Broschüre enthält keine Seitenzahlen, weshalb ich diese hier auch nicht angeben kann)
95 Ebenda
96 Ebenda
97 Erschienen 2009 bei edition else
98 https://www.facebook.com/Eisernebiker?fref=ts, Zugriff am 14.05.2015
99 Gerald Karpa: Rot-weiß in blau-weißem Luftraum, in: Unionprogramm Nr. 5 2010/11, vierC Berlin, 17. September 2010, S. 48

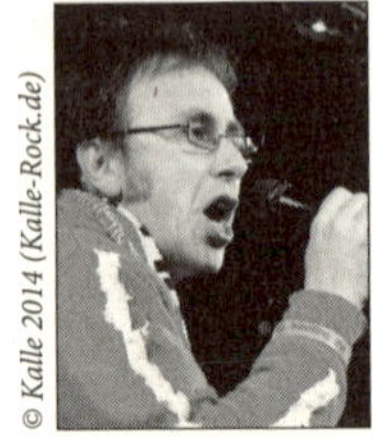

© Kalle 2014 (Kalle-Rock.de)

FRANK NUSSBÜCKER, Baujahr 1967, ist ein Unioner, der seine Schrippen als Schriftsteller & Ghostwriter verdient. Wohnt seit 1988 in Berlin, heute mit Liebe, Tochter und Katze. Als Kind lernte er den Mythos 1. FCU kennen. Als Erwachsener lernt er, Union zu leben. Seit seinem Buch 111 GRÜNDE, DEN 1. FC UNION ZU LIEBEN darf er im Stadion nicht mehr unentschuldigt fehlen.

Frank Nussbücker
111 GRÜNDE, UNIONER ZU SEIN
Eine Liebeserklärung an die wundervollsten Fans der Welt

ISBN 978-3-86265-508-3
ZWÖLFTERMANN – Das Programm für Fußballfans von Schwarzkopf & Schwarzkopf |

KATALOG
Wir senden Ihnen gern kostenlos unseren Katalog.
Schwarzkopf & Schwarzkopf Verlag GmbH
Kastanienallee 32, 10435 Berlin
Telefon: 030 – 44 33 63 00
Fax: 030 – 44 33 63 044

INTERNET | E-MAIL
www.zwoelftermann.de
info@schwarzkopf-schwarzkopf.de